# 地方立法权限

THE JURISDICTION OF
LOCAL LEGISLATION

曹海晶　王　岩　著

社会科学文献出版社
SOCIAL SCIENCES ACADEMIC PRESS (CHINA)

# 目 录

绪 论 ·········································································· 1

## 第一章 地方立法解析 ·········································· 23
第一节 地方立法的概念 ········································ 23
第二节 地方立法的特征 ········································ 34
第三节 地方立法的原则 ········································ 40

## 第二章 地方立法权限的制度实践 ························ 63
第一节 立法权限概述 ············································ 63
第二节 中央与地方立法权限划分 ························ 77
第三节 地方立法权限划分 ·································· 102

## 第三章 地方立法权限的模糊性 ························ 130
第一节 法律中的模糊性 ······································ 130
第二节 地方立法权限模糊性的规范体现 ·········· 151
第三节 地方立法权限模糊性的消极影响 ·········· 168

## 第四章 地方立法权限的明确化 ························ 175
第一节 解释进路的选择 ······································ 175
第二节 中央和地方立法权限的明确化 ·············· 201
第三节 地方立法权限模糊性的限制 ·················· 230

**第五章　地方立法权限争议的解决机制** …………………… 259
　第一节　地方立法权限争议概述 …………………………… 259
　第二节　我国地方立法权限争议解决的主要机制 ………… 265

**第六章　明确地方立法权限的现实挑战** …………………… 283

**参考文献** …………………………………………………… 301

# 绪　论

## 一　研究背景

自1979年《中华人民共和国地方各级人民代表大会和地方各级人民政府组织法》（以下简称《地方组织法》）首次以法律的形式确认地方立法权[①]以来，经过20余年的立法实践，以2000年《中华人民共和国立法法》（以下简称《立法法》）的出台为标志，我国基本上建立了具有中国特色的地方立法体制，极大地调动了地方立法主体的主动性和积极性。总体上讲，地方立法在引导、促进、保障区域经济和民主政治的发展、推动地方改革开放有序深入地进行等方面发挥着重要的作用。然而地方立法在蓬勃发展的过程中始终受到权限范围不明的困扰，我国现有法律对地方立法权限规定得比较笼统，导致实践中地方立法权限的边界过于模糊，立法越权、立法重复和立法冲突时有发生，这给地方立法资源的优化配置以及地方立法功能的发挥带来了消极影响。党的十八届四中全会讨论通过的《中共中央关于全面推进依法治国若干重大问题的决定》要求明确地方立

---

[①] 地方立法权不同于地方立法活动，两者最明显的区别在于是否具有法律上的明确依据。有学者考证，我国的地方立法活动可上溯至新民主主义革命时期，早在第二次国内革命战争时期，中国共产党为了巩固革命根据地和人民武装力量，便开始运用地方立法的形式进行革命政权建设，如1928年12月湘赣边工农兵苏维埃政府制定的《井冈山土地法》，1929年4月红四军进入兴国县后制定的《兴国土地法》，都属于新民主主义革命时期的地方立法（参见陆德山、石亮天《我国地方立法研究》，吉林大学社会科学论丛编辑部，1988，第25页）。不过，新民主主义革命时期的地方立法活动不同于本书所界定的地方立法活动，由革命政权的特殊性质决定，将彼时的地方立法活动理解为革命措施更为恰当，通常所论的地方立法活动往往是在正式国家政权架构下划分立法权限之后进行的，所以，一般情况下对地方立法历史的回顾肇始于新中国成立之后，1979年通过的《地方组织法》规定省级人大及其常委会有权制定地方性法规，正式的地方立法活动始于此。

法权限范围，为地方立法的发展指明了具体的方向。2015年及2023年修正的《立法法》则进一步完善了地方立法体制。

从两次修正的内容来看，《立法法》对整个地方立法体制的改造，主要从主体和权限两个方面着手。其中，主体方面表现为地方立法主体的扩容，即依法赋予设区的市、自治州地方立法权。据统计，截至2023年3月底，我国的行政区划版图内共有设区的市289个、自治州30个。此外，基于部分不设区的市的实际立法需求，全国人大在依法赋予设区的市地方立法权的同时，决定广东省东莞市和中山市、甘肃省嘉峪关市、海南省儋州市也享有相应的地方立法权。据此，在地级市范围内，我国享有地方立法权的城市共323个，数量远远超过《立法法》修正前49个较大的市的地方立法主体数量。权限方面体现为在已有的规范框架下对部分地方立法权限（主要是设区的市的立法权限）有所细化并加以限制。所谓细化，是相对于《立法法》修正前较大的市的立法权限而言的，修正前的《立法法》并没有对较大的市的立法权限作出具体的界分，只是加以原则性地笼统规定；所谓限制，是相对于设区的市自身的立法权限范围而言的，2015年修正的《立法法》将设区的市的立法权限限于规定城乡建设与管理、环境保护、历史文化保护等立法事项，[①] 2023年修正的《立法法》则将设区的市的立法权限拓展为城乡建设与管理、生态文明建设、历史文化保护、基层治理等立法事项。[②] 同时，为进一步规范地方行政机关的立法行为，《立法法》规定："没有法律、行政法规、地方性法规的依据，地方政府规章不得设定减损公民、法人和其他组织权利或者增加其义务的规范。"[③] 这就表明了设区的市的地方立法权并不是无限扩张的，地方立法主体只能在有限的范围内行使立法权。地方立法主体的"扩"与地方立法权限的"缩"，是中央与地方立法关系博弈的必然结果。地方立法主体的扩容，体现了中央立法机关对地方立法诉求的积极回应；地方立法权的限制，在某种程度上反映出中央立法机关对地方立法冒进主义的担忧，同时也表现了中央维

---

[①] 参见《立法法》（2015年修正）第72条第2款以及第82条第3款之规定，实际上这些被《立法法》限制的立法事项的范围还是比较宽泛的，基本上涵盖了修正前较大的市立法所涉及的领域。

[②] 参见《立法法》（2023年修正）第81条第1款以及第93条第3款之规定。

[③] 参见《立法法》（2023年修正）第93条第6款之规定。

护社会主义法制统一的决心和意志。

遗憾的是,《立法法》的修正依然没有改变地方立法权限边界模糊不清的状态。尽管立法者划定了地方立法事项的范围,但这些立法事项并未因地方立法主体不同而有所区分,针对《立法法》所列的城乡建设与管理、生态文明建设、历史文化保护、基层治理等立法事项,地方立法主体既可以制定地方性法规,也可以制定地方政府规章,至于何种事项制定地方性法规,何种事项制定地方政府规章,则无法从现行的《立法法》规定中找到明确的依据,这就有可能出现同一种事项究竟是制定地方性法规还是制定地方政府规章的权限争议。这种争议既可能表现为地方立法上的乱作为,也可能表现为地方立法上的不作为。为何立法者在《立法法》修正时回避了地方立法权限边界的难题?地方立法权限边界模糊的症结在哪里?厘定地方立法权限边界的思路该如何明晰?这些问题的解决有赖于理论界和实务界的深入探讨与研究,笔者对上述问题的思考源于长期从事地方立法的工作实践,本书正是围绕地方立法权限边界一系列问题进行研究的成果总结。

## 二 研究综述

从国家立法体制的视角来看,地方立法权限研究主要涉及中央与地方立法之间的权限划分,其研究的重点在于如何确保中央集权与地方自治之间"理"与"力"的平衡。从地方立法体制的视角来看,地方立法权限研究主要涉及地方立法权的主体、内容、形式、效力、监督、冲突及其解决等,其研究的重心在于确定地方立法权限的边界,以充分发挥地方立法效能。通常对地方立法权限的研究集中在法学、行政学和政治学领域,对相关问题的讨论往往需要进行跨学科的对话交流,不同视域的观察也有助于深化对研究对象的认识。因此,对地方立法权限的研究需要有广阔的理论视野、开放的思维方式和包容的理论姿态。综合我国地方立法权限的研究成果,可以将相关的理论研究分为以下三个阶段。

### (一) 理论准备阶段

国内对地方立法权限的研究从 20 世纪 80 年代已经开始,由于制度建设方面的不足,理论界对地方立法权限的研究较为分散,对一些基本概念的界定尚未形成共识。但这一阶段的研究还是有不少真知灼见的,相关的成果填补了国内理论研究的空白,为下一阶段的理论研究提供了明确的思路和方向。这一阶段的理论成果分述如下。

1. 论文方面

知网文献资料的搜索结果显示,最早关注地方立法权限划分问题的论文是学者信春鹰的《对我国地方立法权限的初步探讨》,[①] 该论文初步探讨了地方性法规的权限范围,显然作者并不认同地方政府规章制定权属于地方立法权,不过这种观点在当时相当主流,[②] 尽管作者对地方性法规权限的论述较为原则化,但敏锐的问题意识使得该论文成为研究地方立法权限的起点。尹万邦的《关于地方立法权限的探讨》一文对地方立法权限的认识更加深入,[③] 这篇论文在地方立法权限研究中的理论地位值得关注,因为它在论述地方立法权限时已然突破了地方立法仅指代地方人大立法的局限,认为地方立法权包括地方人大立法权与地方政府立法权,同时,该论文认识到地方立法权限研究不仅要关注地方立法权的内容,还要区分不同地方立法的权力边界,这种区分意识主要是通过地方人大常委会制定法规性文件的视角体现出来的,虽然论文并没有对两种地方立法权进行具体的界分,但这种理论观念在20世纪80年代还是比较有前瞻性的。

2. 著作方面

20世纪80年代专门研究地方立法的著作较少,笔者搜集到的有陆德山、石亮天合著的《我国地方立法研究》,该书主要介绍了不同地方立法主体的权限问题,作者提出以地域性作为地方立法主要划分标准,民族自治地方的立法权限强调地域性与民族性的结合,特别行政区的立法权限强调地域性与特别性的结合,[④] 应该说这些标准都是非常笼统的,因而对地

---

① 参见信春鹰《对我国地方立法权限的初步探讨》,《法学杂志》1984年第2期。
② 尽管1982年修正的《地方组织法》赋予了省、自治区、直辖市人民政府以及省会所在城市和经国务院批准的较大的市的政府制定规章的权力,但这种权力从属于"县级以上的各级人民政府所行使职权"的一部分,因而,当时的理论界对地方政府制定规章的权力属性产生了较大争议,争议的焦点在于地方政府制定规章的权力究竟是属于地方立法权还是属于行政执法权,信春鹰的观点至少代表了大多数学者的一种认识。1995年修正的《地方组织法》第60条单独规定了地方政府规章制定权的条款,其后,理论界逐渐统一了对地方政府规章制定权属于地方立法权的认识。
③ 参见尹万邦《关于地方立法权限的探讨》,《法学杂志》1986年第3期。
④ 陆德山、石亮天:《我国地方立法研究》,吉林大学社会科学论丛编辑部,1988,第40~42页。

方立法实践的指导意义较为有限。中国社会科学院法学研究所吴大英、刘瀚、陈春龙、信春鹰、周新铭5位学者所撰写的《中国社会主义立法问题》也讨论了中央与地方立法权限的区分问题，作者认为我国既不能像某些单一制国家那样强调中央集权，也不能完全仿效联邦制国家的权力分散。在具体规定上不宜采取罗列事项的办法，而应该将灵活性和原则性结合起来，在法律上以纲要式的规定划分立法范围。[1] 在我国刚刚恢复法制建设的特殊时期，这种宜粗不宜细的立法思路，可以充分调动地方立法的积极性，赋予地方更多的立法自主权，因而具有一定的历史合理性。但过于概括和原则性的立法规定是以牺牲法律的明确性为代价的，其给予地方立法的指引与其说是宽泛的，不如说是模糊的，这也是科学立法研究经常质疑的一个问题。同时，该书区分了地方政府规章与地方性法规的界限，主要从制定机关、规定事项、主从地位、效力等方面进行区分，不过并没有将地方政府规章归结为法的范畴，而是将其视为有别于地方性法规的行政措施。此外，20世纪80年代值得注意的著作还有两部学术会议论文集，分别是张国华主编的《中国社会主义法制建设的理论与实践》[2] 和黄曙海、彭恩刚编的《政府法制工作的理论与实践》。这两部学术会议论文集中有部分论文讨论了地方立法权限的问题。以后者为例，《试论地方政府立法在我国立法体制中的地位》一文剖析了规章作为法的规范属性，进而论证了地方政府立法权存在的必要性；[3]《行政立法与地方政府法制工作初探》一文也着重论证了地方政府制定规章的职权是地方行政立法权。[4]

**（二）理论探索阶段**

到了20世纪90年代，理论界对地方立法权限的研究趋于集中，从大的社会背景来看，社会主义市场经济体制的逐步建立以及依法治国、建设社会主义法治国家治国方略的确立，有力地促进了地方立法实践，学者在探讨地方立法权限区分时已经开始注意理论模式的建构、国外经验的借鉴

---

[1] 吴大英等：《中国社会主义立法问题》，群众出版社，1984，第90页。
[2] 张国华主编《中国社会主义法制建设的理论与实践》，鹭江出版社，1987。
[3] 黄曙海、彭恩刚编《政府法制工作的理论与实践》，新华出版社，1989，第209～213页。
[4] 黄曙海、彭恩刚编《政府法制工作的理论与实践》，新华出版社，1989，第198～206页。

以及国内立法的反思，理论研究的视野更加开阔，研究的范围拓展至中央与地方立法权限的划分，而对于地方立法权限的区分也出现了更为具体、细化的标准，这一阶段的研究成果为《立法法》的制定奠定了坚实的理论基础。这一阶段的理论成果分述如下。

1. 论文方面

在对地方立法权限进行专门研究的论文中，较具代表性的主要有陈端洪的《划分地方立法权限几个问题的探讨》、梁国尚的《地方人大和政府的立法权限究应如何界定》、陈斯喜的《论我国立法权限的划分》以及李林的《关于立法权限划分的理论与实践》。[①] 陈端洪在文中认为地方立法权限争议表现在中央与省级权力机关的立法权限划分以及省级权力机关与行政机关的立法权限划分两个方面，应当以事项的重大与否来区分中央与地方立法权限，该文列举了应该制定法律而不应该制定地方性法规的事项，利用排除性规定限制了地方性法规的立法事项范围，值得肯定的是，该文对地方性法规与同级政府规章调整范围的划分标准进行了探讨，具体有法律依据标准、事项性质标准及对公民权利义务影响标准等。而梁国尚在文中则明确对地方人大和政府在立法方面的职权范围进行了六个方面的具体界定，该理论成果对今后相关课题的研究产生了深远的影响。陈斯喜认为立法权限的划分应解决三个方面的问题。一是划分中央与地方立法权限的问题，其思路在于首先明确中央的专属立法权限，那么地方立法的空间主要体现在实施中央立法的事项、不属于中央专属立法权但中央尚未立法的事项、中央授权地方立法的事项，然后应该明确"不抵触"原则的具体含义。二是划分权力机关与行政机关立法权限的问题，其关键在于明确"根据"原则的含义。三是界定自治地方的立法权限的问题，其关键在于确定自治条例和单行条例能够变通的范围。李林和陈斯喜两位学者研究立法权限的视角基本一致，但前者解决问题的思路和方案更加深入和具体，在探讨中央和地方立法权限划分的问题时，李林也赞同明确中央专属立法权限，认为在事项内容上限定地方立法权限比较困难，因而宜从形式要件上

---

[①] 分别参见陈端洪《划分地方立法权限几个问题的探讨》，《法商研究（中南政法学院学报）》1994年第3期；梁国尚《地方人大和政府的立法权限应如何界定》，《法学杂志》1994年第5期；陈斯喜《论我国立法权限的划分》，《中国法学》1995年第1期；李林《关于立法权限划分的理论与实践》，《法学研究》1998年第5期。

对地方立法进行限制，具体来说，地方立法应该遵循"不抵触"原则、"不重复"原则和"不越权"原则。此时期涉及地方立法权限的博士学位论文共计六篇：中国社会科学院陈端洪博士的《论我国的地方立法》（1993年）、北京大学庄春英博士的《论我国立法制度的建立、发展和完善》（1994年）、中国社会科学院杨临萍博士的《论中国立法体制》（1996年）、中国社会科学院高克强博士的《论我国中央与地方权限的划分》（1996年）、中国人民大学戚渊博士的《论立法权》（1996年）、北京大学干爱民博士的《论中央立法与地方立法的关系》（1999年）。上述文献大都论及了地方立法权限问题，但该问题仅仅作为论文的一部分内容，相关研究未能深入展开。

2. 著作方面

20世纪90年代关于立法研究的学术著作陆续出现，其中涉及地方立法权限研究的有周旺生的《立法论》、许俊伦的《地方立法论》、唐孝葵等主编的《地方立法比较研究》、王盛林主编的《地方立法概论》、刘海亮主编的《中国地方法制建设》、郭道晖等主编的《立法——原则·制度·技术》、谢庆奎主编的《当代中国政府与政治》、李步云与汪永清主编的《中国立法的基本理论和制度》、徐向华的《中国立法关系论》。其中，周旺生认为，地方立法的范围没有明确、具体的界限，很容易造成地方立法与中央立法以及地方行政之间在相互关系和职权范围上模糊不清的局面，中国在自己经验不足、理论研究不够的情况下，宜借鉴国外的一些经验，采取限制与列举相结合的方式来规定地方立法的范围。相对来说，立法中限制性的规定较为完善，但列举性的规定较少，因而应对地方可以就哪些事项进行立法加以列举性规定，也可以列举职权范围内不宜或者不必以地方立法加以解决的事项。[①] 在上述几部有关地方立法的专著中，集中对地方立法权限进行研究的是王盛林主编的《地方立法概论》，该书认为，地方立法权限的范围取决于中央和地方权力的划分，确定中央和地方权力界限主要依据两种不同的权力来源理论和国家结构形式，即以地方主义理论为渊源、以地方分权自治为基础的联邦制国家结构形式及以国家主义理论为渊源、以中央集权为基础的单一制国家结构形式。由我国的特殊国情决定，

---

[①] 周旺生：《立法论》，北京大学出版社，1994，第457页。

我国的立法体制颇具中国特色，法律主要以纲要式规定划分了中央和地方立法权限范围，而在地方立法权限范围划分方面主要采取了间接性限制和列举的方法，这将使得地方立法的范围具有不确定性。① 徐向华在《中国立法关系论》一书中用专章探讨了中央与地方立法的关系，研究了中央和地方进行立法分权的理论逻辑，简言之，分权意味着国家权力横向和纵向的配置，地方立法权不过是被配置的权力部分，具体划分中央与地方立法权限时应该选择合适的方法：其一，明确中央专有的立法事项；其二，明确地方立法不得染指的事项和确定地方立法可以自主决定的事项，而不能停留在相对模糊的规定之上；其三，明确共有立法范围，对既未列举由中央立法又未排除于地方立法之外的"中间地带"，可有选择地明文确定为中央和地方共有的立法范围。总之，应该本着"能细则细，不能细则粗"的原则去处理权限划分问题。② 上述著作论证了分权理论作为地方立法权限划分的理论基础的合理性，对地方立法权限划分的理论框架进行了有益的探讨，并尝试从中央与地方立法关系入手划分地方立法权限，这种研究思路拓展了地方立法权限划分的理论视野，提升了地方立法权限研究的理论高度，对此后相关问题的研究具有积极的启示意义。

### （三）理论争鸣阶段

步入21世纪，《立法法》的制定成为地方立法权限研究新的契机。《立法法》既为地方立法权限的界定提供了规范依据，也成为理论界中地方立法权限研究的规范素材，学者围绕《立法法》对中央及地方立法权限的规定展开广泛、深入的讨论，相关理论研究的视角也突破了立法关系的限制，出现了一大批跨学科、多领域的研究成果，而且研究呈现专门化的趋势，如对中央与地方立法关系的专门研究、对地方立法权的专门研究、对地方人大及其常委会权限划分的专门研究等。在相对统一的理论话语体系中，学术界的交流能省却不少概念界定的烦琐流程，因而研究的主题能够结合地方立法的实际朝纵深方向拓展，理论界出现"百花齐放、百家争鸣"的繁荣局面。尤其在党的十八届四中全会以后，《立法法》进行了两次较大范围的修正，地方立法主体的扩容及地方立法权限的限制必将带来

---

① 王盛林主编《地方立法概论》，山东人民出版社，1993，第149~161页。
② 徐向华：《中国立法关系论》，浙江人民出版社，1999，第21~68页。

新的理论诉求，推动地方立法权限的研究进入一个崭新的阶段。这一阶段的理论成果分述如下。

1. 论文方面

随着《立法法》的出台，围绕《立法法》研究地方立法权限的论文竞相发表，其中影响较大的主要有河北省人大常委会研究室的《地方性法规与政府规章立法权限研究》、杨树人的《论我国地方立法权限的明细化》、马岭的《地方立法权的范围》、朱振进的《地方立法权限之再审视》，桂宇石与柴瑶在《关于我国地方立法的几个问题》一文中也讨论了一般地方立法权限的问题。[1] 其中，河北省人大常委会研究室在文中明确了区分地方性法规与政府规章立法权限应掌握的基本原则，并对地方性法规与政府规章立法权限进行了详细的划分，该文对地方人大立法具有较高的参考价值；杨树人在文中论证了我国地方立法权限明细化的必要性，并提出划分权限的五项标准；马岭在文中通过探讨中央和地方立法权的分工大致确定地方立法权的范围，但就地方性法规与政府规章立法权限划分问题着墨较少；朱振进在文中回顾了我国地方立法权限的演变轨迹，从宏观和实践层面探讨了对地方立法权限的具体把握问题；桂宇石等在文中指明了《立法法》在地方性法规与政府规章立法权限划分方面的缺陷。这一阶段的论文主题发生了明显的转向，即从价值层面的论证转向具体的实践层面，这要归功于《立法法》的制定与实施，研究者将重心放在地方立法权限划分的方式方面，以期为地方立法者提供更为明确的立法指引。

党的十八届四中全会以后，围绕 2015 年《中华人民共和国立法法修正案（草案）》的内容，理论界陆续发表了一系列学术论文，其中涉及地方立法权限的集中讨论如下议题。

一是有关地方立法主体的扩容和地方立法权限的限制问题。地方立法在权限上的"收"和在主体上的"放"引发了学者的合理性质疑。秦前红、刘怡达认为，主体扩容兼具治理和民主层面的双重价值，有利于满足

---

[1] 分别参见河北省人大常委会研究室《地方性法规与政府规章立法权限研究》，《人大研究》2007 年第 3 期；杨树人《论我国地方立法权限的明细化》，《中共四川省委党校学报》2009 年第 4 期；马岭《地方立法权的范围》，《中国延安干部学院学报》2012 年第 3 期；朱振进《地方立法权限之再审视》，《观察与思考》2013 年第 5 期；桂宇石、柴瑶《关于我国地方立法的几个问题》，《法学评论》2004 年第 5 期。

城市对地方立法的需求，促使社会治理路径转变，降低立法试错成本。主体扩容的风险在于地方立法素质的欠缺可能使地方立法主体难以担当地方立法重任，地方立法监督的缺失可能导致地方立法权的滥用。地方立法权限的限制则可能抑制地方立法的需求，地方立法分权可能会导致地方私益合法化、地方保护主义法律化等。[①] 郑毅同样认为，全面赋予设区的市立法权具有潜在的风险：其一是可能形成"法出多门"的局面，导致法律适用的紊乱，影响法制统一；其二是造成地方保护主义和区域壁垒的进一步固化；其三是导致地方立法质量参差不齐，使不同地方的居民无法享有同样的法制保障；其四是与司法体制改革的趋势相悖逆。[②] 上述观点促使我们对《立法法》修正后地方立法权的行使保持清醒的认识，有助于我们加强对立法风险的防范。伊士国表达了对设区的市立法权扩容可能产生风险的担忧，认为应当通过加强设区的市立法能力建设、健全设区的市立法权的监督制度、加强立法中的公众参与、健全相关立法等途径，对其进行防控。[③] 王春业则对设区的市立法赋权表达了乐观的看法，认为当前设区的市地方立法空间不足，无法满足地方治理法律规范供给的需求，应当全面扩大地方立法空间，即无须限于三方面立法事项，法律保留事项之外的其他立法事项都应当被纳入设区的市地方立法范围。[④] 也有学者注意到了地方立法主体扩容及地方立法权限限制后在实践中实现的反效果，限制过多，削弱了地方政府规章的可欲性，导致地方政府规章进入集体休眠的状态。[⑤] 还有学者认为，2015年修正的《立法法》在实现地方立法主体扩容的同时，也对地方立法权限作出相应的限制，但设区的市立法权限范围表述的模糊性导致其自施行起即存在争议，催生了设区的市立法在法规项目、体例和条文三个方面的同质化现象。[⑥]

二是有关地方立法权限划分的具体研究。刘松山认为，科学划分地方

---

[①] 参见秦前红、刘怡达《地方立法权主体扩容的风险及其控制》，《海峡法学》2015年第3期。
[②] 参见郑毅《对新〈立法法〉地方立法权改革的冷思考》，《行政论坛》2015年第4期。
[③] 参见伊士国《论设区的市立法权扩容的风险及其防控》，《政法论丛》2017年第4期。
[④] 参见王春业《论设区的市地方立法空间的释放》，《天津行政学院学报》2021年第1期。
[⑤] 参见汪自成、衣婧《"休眠"的地方政府规章——以〈立法法〉第82条为重点的分析》，《西部法学评论》2022年第2期。
[⑥] 参见黄喆《设区的市立法同质化问题之破解》，《法商研究》2023年第2期。

性法规与政府规章的权限，应以推进国家治理体系和治理能力现代化为指导思想，遵循下列基本原则：其一是有利于人大及其常委会统一行使国家权力原则；其二是符合法定职权原则；其三是符合具体情况和实际需要原则；其四是容忍地方性法规与政府规章的共享空间原则；其五是节约立法资源原则。根据上述原则，地方性法规与政府规章的权限可作四个方面的大体划分：其一是地方性法规的事项；其二是地方政府规章的事项；其三是地方性法规与政府规章的共享事项；其四是地方性法规与政府规章互不染指的事项。① 武芳认为，地方性法规和地方政府规章适当划分标准可以概括为以下几点。首先，上位法对两者调整范围作出明确规定的，直接依照上位法规定进行适当划分。其次，上位法关于两者调整范围的规定不明确而引发争议时，应当根据我国宪法和法律关于地方人大及其常委会和地方政府的职权规定，对两者调整范围进行适当划分。地方人大及其常委会和地方政府职权所涉领域相似时，地方政府根据法定职权可以独立进行决策的事项，纳入地方政府规章的调整范围。属于应当由地方人大及其常委会决定的重大事项，纳入地方性法规的调整范围。当地方人大及其常委会和地方政府对事项"重大"程度的判断出现分歧时，地方人大及其常委会应当发挥主导作用作出判断，地方政府应当执行。最后，上位法关于两者调整范围的规定缺失，且在地方人大及其常委会和地方政府的职权范围内也难以作出判断时，面对不属于法律且与上位法规定不发生抵触的专属立法事项，应当制定地方性法规。此外，地方性法规的制定条件不成熟时，可以先行制定地方政府规章。② 郑毅讨论了较大的市立法事项范围的问题，认为对其立法事项范围不宜作扩大解释，应当由人大进行立法解释以平息争议。③ 上述学者都着重从学理上阐释地方立法权限界定的问题。也有学者认为地方立法权限的划分是一个实务层面操作的问题，应该转换视角来进行更为实际的研究。向立力提出在社会主义法律体系业已形成的背景下，地方立法权限空间依然存在，当前地方立法所遇到的主要矛盾是地方

---

① 参见刘松山《地方性法规与政府规章的权限界分》，《中国法律评论》2015年第4期。
② 参见武芳《论地方性法规和地方政府规章权限范围的界定》，《湖北经济学院学报》2016年第5期。
③ 参见郑毅《对我国〈立法法〉修改后若干疑难问题的诠释与回应》，《政治与法律》2016年第1期。

政府基于地方性事务的行政管理权所产生的立法需求与有限地方立法权产出不足之间不对称的矛盾，国家法律应尝试给予地方立法权限空间，将地方性事务的界定留由地方立法去探索，适当放松地方立法权限的解释口径。[①] 还有学者并不完全赞同划分地方立法权限的研究尝试，苗连营认为划定立法权限范围具有一定的局限性，面临着理论和实践上的诸多挑战，《立法法》更应该关注事后审查监督机制的健全与完善。[②] 我们认为，《立法法》修正后对地方立法权限划分的研究具有重要的理论意义和现实意义。一方面，学理上对立法规范的解释深化了对规范主义视角下解释理论的认识；另一方面，学理上的研究为地方立法实践中立法权的行使乃至《立法法》的进一步完善提供了有力的智识支持。然而，地方立法权限的具体划分不但要知其然还要知其所以然，如何加强对地方立法事项范围的逻辑论证依然是目前理论研究亟待解决的问题。

三是有关中央与地方立法权限划分的研究。封丽霞认为中央与地方立法事权的划分需要明确以立法调整事务的"影响范围"或"外部性程度"作为基本标准，同时应当建立央地立法事权划分的适时变动与动态调整机制、充分发挥司法的间接微调功能。[③] 刘雁鹏对中央与地方立法权限的划分标准进行了补充，认为应当在以立法权的性质为划分标准、以重要程度为划分标准、以影响范围为划分标准的基础上辅之以"财权与事权相统一"的标准。[④] 沈广明提出应以公共服务为中心划分中央与地方立法权限，中央立法侧重于制定为提供公共服务设置国家机构、组织、制度等内容的框架性法律以及部分直接规范公共服务的组织、运行的细则性法律，地方立法则系制定直接规范公共服务的细则性法律。央地之间细则性立法事项的权限划分应当以"便利服务"为标准，即由地方立法更便利公共服务的立法事项，应当纳入地方立法的范围，地方立法难以有效应对而通过中央立法能更好地实现公共服务这一目标的立法事项应当属于中央立

---

[①] 参见向立力《地方立法发展的权限困境与出路试探》，《政治与法律》2015年第1期。
[②] 参见苗连营《立法法重心的位移：从权限划分到立法监督》，《学术交流》2015年第4期。
[③] 参见封丽霞《中央与地方立法事权划分的理念、标准与中国实践——兼析我国央地立法事权法治化的基本思路》，《政治与法律》2017年第6期。
[④] 参见刘雁鹏《中央与地方立法权限划分：标准、反思与改进》，《河北法学》2019年第3期。

法的范围。① 此外，地方立法权限研究中还出现了一些崭新的理论主张。秦小建将地方立法赋权视作控制地方决策恣意的立法手段，认为只有明确地方性法规、地方政府规章的权限，才能将地方决策纳入立法控制，最终实现地方立法赋权的改革目的。② 邓佑文则主张运用赋权目的的解释方法解读设区的市立法权限条款，设区的市立法权限的划分应当遵循立足地方实际、突出地方特色、发挥地方自主权、保持地方立法适度四项立法原则，归纳起来就是满足地方自主治理法治化的需要。③ 张淑芳首提地方立法客体的概念，作者在文中列举了地方立法的排除性事项，详细分析了地方立法客体的基本范畴，而这些事项及范畴也即理论界经常讨论的立法权限范围，④ 但冠以立法客体的称谓是否科学值得商榷。尤其是对于地方立法客体概念提出的理论意义及实践价值为何，作者给出的阐释比较模糊，从法哲学意义上理解，主客体属于法律关系的范畴，对于立法行为来说，其构成要件应该是行为主体、行为对象以及行为结果，作者试图将立法行为分为行为主体和行为客体，实则抛开了客体所在的法律关系范畴，这是容易让人困惑的地方。⑤ 李建新则以国家治理现代化为视角，认为应当保障地方作为现代治理体系中治理主体的法律地位，保留地方对于纯属地方事务相对自主的立法空间，从而使地方获得与其地方治理匹配的立法权，即在特定领域的专属立法权。⑥ 该观点明确主张地方立法主体基于治理的需求，可以拥有相应的专属立法权，对我国地方立法权限的划分具有一定的启发意义。

---

① 参见沈广明《论中央与地方立法权限的划分标准——基于公共服务理论的研究》，《河北法学》2020年第4期。
② 参见秦小建《立法赋权、决策控制与地方治理的法治转型》，《法学》2017年第6期。
③ 参见邓佑文《论设区的市立法权限实践困境之破解——一个法律解释方法的视角》，《政治与法律》2019年第10期。
④ 参见张淑芳《地方立法客体的选择条件及基本范畴研究》，《法律科学（西北政法大学学报）》2015年第1期。
⑤ 法学意义上的客体通常是在法律关系的范畴内进行界定的，客体作为法律关系的要素承载的是某种可实现的利益，这种利益存在于法律规范的预设当中，可以说，法律关系客体的源头在于立法行为，但立法本身并不形成法律关系，在所有研究立法行为的专著、教材当中，尚未有立法法律关系之说，这不同于因行政权行使而产生的行政法律关系以及因司法权行使而产生的诉讼法律关系。
⑥ 参见李建新《现代治理体系构建中的地方治理定位与地方立法权限》，《河南财经政法大学学报》2023年第2期。

2. 著作方面

这一时期的学术著作主要分为以下几种类型。

（1）有关立法的综合性研究著作

如陈伯礼的《授权立法研究》、戚渊的《论立法权》、曹海晶的《中外立法制度比较》、李林的《立法理论与制度》、汪全胜的《制度设计与立法公正》、江国华的《立法：理想与变革》、谢勇等主编的《立法权配置与运行实证研究》、陈俊等的《中国的立法体制研究》等。这一类著作的研究主题虽为立法，但有关立法权或者立法权限的论述为地方立法权限研究提供了具有借鉴意义的思路。如《授权立法研究》一书在"授权事项"一章探讨了立法权限的划分问题；[1]《论立法权》一书论证了立法权的性质及其与主权的关系，在"立法权的范围"一章讨论了立法权的界限问题；[2]《中外立法制度比较》一书在"立法权限制度"一章研究了我国现行的立法权限制度，并从比较法学的角度介绍了西方国家的立法权限制度，为我国立法权限制度的完善提供了可取的立法经验；[3]《立法理论与制度》一书在"中国立法权限划分"一章厘清了划分立法权限的思路并总结了权限划分的方法，讨论了中央与地方、权力机关与行政机关、权力机关之间、民族自治地方以及授权立法主体的立法权限划分问题；[4]《制度设计与立法公正》一书对我国中央与地方立法权配置体制的现状进行了考察，并提出优化配置的目标与原则；[5]《立法：理想与变革》一书在"我国立法权的配置体制"一章探讨了立法权在中央层面的平行配置体制和地方立法权的配置体制；[6]《立法权配置与运行实证研究》一书在前三章分别探讨了中央与地方国家权力机关立法权配置、地方人大与其常委会立法权分配以及地方人大及其常委会与同级政府立法权分配的问题；[7]《中国的立法体制研究》一书在"中国立法体制中中央与地方的立法权限划分问题研究"一章中从纵

---

[1] 陈伯礼：《授权立法研究》，法律出版社，2000，第175~205页。
[2] 戚渊：《论立法权》，中国法制出版社，2002，第16~27、41~52、134~140页。
[3] 曹海晶：《中外立法制度比较》，商务印书馆，2016，第147~203页。
[4] 李林：《立法理论与制度》，中国法制出版社，2005，第304~363页。
[5] 汪全胜：《制度设计与立法公正》，山东人民出版社，2005，第42~52页。
[6] 江国华：《立法：理想与变革》，山东人民出版社，2007，第77~109页。
[7] 谢勇、肖北庚、吴秋菊主编《立法权配置与运行实证研究》，民主与建设出版社，2018，第36~64、100~136、157~172页。

向角度探讨了我国中央与地方立法权限划分的问题，提出了中央与地方立法权限划分体制改革的基本思路。①

（2）有关地方立法的综合性研究著作

如汤唯等的《地方立法的民主化与科学化构想》、崔卓兰等的《地方立法实证研究》、阮荣祥主编的《地方立法的理论与实践》、武钦殿的《地方立法专题研究——以我国设区的市地方立法为视角》、李克杰的《设区的市地方立法——理论探讨与实证研究》等，这一类研究涉及地方立法多个领域的问题，但都以专章的篇幅研究地方立法权限划分的问题，和第一类成果相比，其研究的针对性更强。《地方立法的民主化与科学化构想》一书在"地方立法权限的合理划分"一章探讨了地方立法权限的科学设置问题。即一方面要合理调节地方立法与中央立法的关系，包括地方立法与最高国家权力机关立法的关系、地方立法与最高国家行政机关立法的关系以及授权立法者与被授权立法者的关系；另一方面要合理调配地方立法主体之间的关系，包括地方人大与其常委会的关系、自治立法与一般地方立法的关系、地方性法规和地方政府规章的关系以及地方立法和其他规范性文件的关系。②《地方立法实证研究》一书在"地方立法权"一章着重研究中央与地方立法权限划分及地方专属立法权的问题，具体提出了划分中央与地方立法权限的基本原则和制度化措施，并论证了地方专属立法权的可行性、意义、操作步骤及其可能范围。③《地方立法的理论与实践》一书在"地方立法视野下的政府规章"一章中揭示了地方性法规与地方政府规章存在的问题，如重复立法、越位立法、错位立法及缺位立法等，从立法、利益、监管等方面分析了上述问题产生的原因，对如何理顺两者之间的关系进行了简要的探讨，并着重研究了地方政府规章制定权限的本质及其限制。④《地方立法专题研究——以我国设区的市地方立法为视角》一书从纵向和横向两个视角对设区的市地方立法权限进行了划分。⑤《设区的市

---

① 陈俊等：《中国的立法体制研究》，经济科学出版社，2021，第187～261页。
② 汤唯等：《地方立法的民主化与科学化构想》，北京大学出版社，2002，第140～153页。
③ 崔卓兰等：《地方立法实证研究》，知识产权出版社，2007，第40～102页。
④ 阮荣祥主编《地方立法的理论与实践》，社会科学文献出版社，2008，第83～101页。
⑤ 武钦殿：《地方立法专题研究——以我国设区的市地方立法为视角》，中国法制出版社，2018，第12～25页。

地方立法——理论探讨与实证研究》一书则侧重对《立法法》修正以后原较大的市地方立法权以及新赋权设区的市地方立法权的运行进行实证观察，并集中探讨了地方立法能力提升和地方立法规范化的问题。① 此外，中国立法学研究会编辑出版的《地方立法的理论与实践》（2015～2017 年辑）也收录了有关地方立法权限研究的年会论文，及时、充分反映了地方立法学者最新的研究成果。②

（3）有关地方立法权限的专门性研究著作

这一类著作涉及的有关地方立法权限划分的问题更加具体、细化。其中，研究中央与地方立法关系的有封丽霞的《中央与地方立法关系法治化研究》、孙波的《中央与地方关系法治化研究》。《中央与地方立法关系法治化研究》一书作为系统研究中央与地方立法关系的专著，从历史变迁、规范文本、制度分析及实证研究等不同维度揭示了我国中央与地方立法关系的现状及产生问题的症结所在；③《中央与地方关系法治化研究》一书则对我国中央与地方关系的主要问题及后果进行反思，对地方立法"不抵触"原则和地方性事务范围进行了深入的探讨，并研究了中央与地方立法权限争议的司法解决机制。④ 研究地方立法权的有王釜屾的《地方立法权之研究——基于纵向分权所进行的解读》，该书详细梳理了地方立法权的发展脉络并在应然层面和现实层面对地方立法权的现状进行了反思。⑤ 研究地方政府立法权的有陈军主编的《地方政府立法权研究》，该书从理论、规范、实务等不同角度对地方政府与地方人大的立法权限划分及具体行政管理事项的范围进行了积极的探索。⑥ 研究地方人大与其常委会立法权限划分的有肖巧平的《地方人大与其常委会立法权限划分研究》，该书对地

---

① 李克杰：《设区的市地方立法——理论探讨与实证研究》，中国政法大学出版社，2018，第 250～291 页。
② 分别参见张春生、朱景文主编《地方立法的理论与实践（2015 年辑）》，法律出版社，2015；朱景文、沈国明主编《地方立法的理论与实践（2016 年辑）》，法律出版社，2017；朱景文、沈国明主编《地方立法的理论与实践（2017 年辑）》，法律出版社，2018；朱景文、沈国明主编《地方立法的理论与实践（2018 年辑）》，法律出版社，2019。
③ 封丽霞：《中央与地方立法关系法治化研究》，北京大学出版社，2008，第 277～490 页。
④ 孙波：《中央与地方关系法治化研究》，山东人民出版社，2013，第 202～247 页。
⑤ 王釜屾：《地方立法权之研究——基于纵向分权所进行的解读》，浙江工商大学出版社，2014，第 55～86、125～188 页。
⑥ 陈军主编《地方政府立法权研究》，中国法制出版社，2012，第 83～144 页。

绪 论

方人大与其常委会立法权限不明的现状及其原因进行了分析论证，对完善地方人大与其常委会立法权限划分提出了具体的建议。[①] 研究地方立法创制权的有曹瀚予的《地方创制性立法研究》，该书围绕着地方立法的创新问题，对地方立法创制权的界限进行了详细的阐述，主张适度释放地方创制性立法空间。[②] 有关法律冲突、法规审查的研究也会涉及地方立法权限的边界探讨问题，这方面的代表性著作有刘莘主编的《国内法律冲突及立法对策》、马怀德主编的《我国法律冲突的实证研究》。其中，《国内法律冲突及立法对策》一书揭示了我国立法冲突的普遍现象，诸如中央与地方立法之间等的立法冲突，作者认为立法权限不清是造成立法冲突的重要原因；[③]《我国法律冲突的实证研究》一书以 A 市的地方立法为考察对象，着重对地方立法冲突进行实证分析，并提出减少立法冲突的对策建议。[④] 还有学者将研究视角聚焦于市级立法权的理论问题与实践问题，代表作为郑毅的《设区的市级地方立法权的改革与实施》、杨惠琪的《市级立法的权能、实践与优化——以主体扩容为分析背景》。其中，《设区的市级地方立法权的改革与实施》一书重点探讨了设区的市立法权、自治州立法权以及经济特区立法权三者之间的关系，对自治州二元立法权和经济特区二元立法权在立法实践中实施的难题提出了科学的解决方案，比较全面地论证了设区的市级地方立法权进行制度改革涉及的理论盲区问题。[⑤]《市级立法的权能、实践与优化——以主体扩容为分析背景》一书在探讨我国市级立法权配置合理性的基础之上，全面展示了我国市级立法在现有制度安排下的实践情况，提出了优化市级立法的具体思路。[⑥] 值得注意的是，2014 年 9 月 6 日，第五届中德宪法论坛——立法权限划分学术研讨会在北京举行，会议主题为立法权限划分，《立法权限划分——中德比较》一书便是这次

---

[①] 肖巧平：《地方人大与其常委会立法权限划分研究》，法律出版社，2015，第 55～90、133～140、177～191 页。
[②] 曹瀚予：《地方创制性立法研究》，中国社会科学出版社，2023，第 159～189 页。
[③] 刘莘主编《国内法律冲突及立法对策》，中国政法大学出版社，2003，第 38～44、74～77 页。
[④] 马怀德主编《我国法律冲突的实证研究》，中国法制出版社，2010，第 29～71 页。
[⑤] 郑毅：《设区的市级地方立法权的改革与实施》，法律出版社，2020。
[⑥] 杨惠琪：《市级立法的权能、实践与优化——以主体扩容为分析背景》，中国法制出版社，2021。

学术研讨会的论文集，涉及地方立法权限划分的主要有两篇论文，即王锴的《论地方立法权》和谢立斌的《地方立法与中央立法相抵触情形的认定》。其中，王锴研究了地方立法权的基本理论和实务问题，如地方立法权的来源、主体、内容、效力位阶以及监督等，并专门探讨了我国中央立法权和地方立法权的界分问题以及地方立法与中央立法之间的"不抵触"问题；[1] 谢立斌在文中主要探讨了地方立法与中央立法相抵触的具体情形，该问题的解决对于划分地方立法权限范围具有重要的意义。[2] 此外，近年来理论界出现了研究地方立法权配置的专著，代表作为宋方青、姜孝贤、程庆栋合著的《我国地方立法权配置的理论与实践研究》，[3] 该书从立法权的纵向配置、横向配置和内部配置等不同角度，系统地探讨了我国地方立法权配置的理论基础、立法依据以及运行问题，并为我国地方立法权的科学化配置以及规范化配置提供了建议。地方立法权的配置必然涉及中央与地方之间、省与设区的市之间的纵向权限划分问题，地方性法规与地方政府规章之间的横向权限划分问题，以及地方人大与其常委会之间、地方人大各专门委员会之间的内部权限划分问题，但地方立法权配置并不等同于地方立法权限划分，前者可以涵盖立法权从无到有的过程，后者必须以既存的立法权限为前提，因而，地方立法权配置研究不仅要探讨现有地方立法权限的划分问题，还要探讨地方立法权限的制度创新问题。

综上所述，从研究的内容来看，国内法学界对地方立法权限研究的论文大多涉及问题的某个方面，因而不能顾及问题的全部，而涉及地方立法权限研究的著作通常是将其作为书中的某一部分展开论述的，故而受限于整部著作的主题而无法加以系统研究，即使是这样，上述研究在部分理论命题的论证方面也已然达成共识，如对地方立法的界定、对地方立法权限研究范围的界定等。从研究的视角来看，大多数学者从现有法律制度的规定出发，以法解释学的方法对地方立法权限的界定进行规范分析，或以比较分析的方法通过借鉴国外地方立法权限划分的经验来完善国内立法，也

---

[1] 中国政法大学中德法学院主编《立法权限划分——中德比较》，中国政法大学出版社，2015，第94～110、115～117页。
[2] 中国政法大学中德法学院主编《立法权限划分——中德比较》，中国政法大学出版社，2015，第135～144页。
[3] 宋方青、姜孝贤、程庆栋：《我国地方立法权配置的理论与实践研究》，法律出版社，2018。

有学者以实证研究的方法借助于地方立法的实践调查来探索地方立法权限划分的解困之道。从研究的效果来看，学术界的部分研究成果已经为立法者所吸收并转化为现实的法律规范，如学者对地方立法"不重复"原则的呼吁、对地方立法权限的研究都不同程度地反映在《立法法》修正的内容里面。然而，学术界对地方立法权限的研究仍然有待于进一步拓展，诸如地方立法事项范围的划分问题尚未取得明显的理论突破，学者的努力多集中在研究如何划分地方立法事项的范围上，对范围确定的事实判断多于价值判断，对法律规范的合理性评价较少，这种谨慎保守的研究尽管保证了法律的稳定性，但也使得关于立法问题的讨论相对封闭，因此亟须转换思路，寻求理论研究的突破口，尽量避免出现研究成果对立法部门指导作用受限的尴尬局面。

### 三 研究对象

#### （一）地方立法

地方立法是相对于中央立法而言的立法活动，是中央与地方进行立法分权的产物，作为一国立法体制中的重要组成部分，地方立法具有不同于中央立法的特殊性、法律地位和作用。但并非所有的国家都存在地方立法，一国地方立法存在与否，取决于该国立法体制的安排，如果仅仅是一级中央立法体制，地方立法断无存在之可能，即使在实行地方立法的国家，地方立法的职权范围也因国家结构形式不同而有所区别。一般来说，联邦制国家中央与地方立法的分权程度要高于单一制国家，地方立法的自主性大于从属性，地方享有广泛的立法权，而在单一制国家，地方立法往往是有限度的，地方一般不享有专属立法权，对此，本书将在分析地方立法体制时予以详细介绍。研究地方立法权限的划分之所以从地方立法着手，是因为地方立法的层次构成直接影响地方立法权限的划分，而地方立法的范围和地方立法权限的划分具有相当程度的重合性，所以地方立法的研究将成为本书的开篇议题。

#### （二）立法权限

依据国家权力分工的不同，可将国家权力分为立法权、行政权和司法权，立法权的行使主要涉及立法权的归属、范围、程序、效力等一系列的问题，立法权限就是立法权能够行使的限度，这种限度通常由法律加以规定，所以，立法权限是立法权受到法律限制的结果。研究立法权限的意义在于防止立法专制擅权、为立法者提供明确的立法标准而不至于越权立法；从另一个层面来讲，立法权限的研究也为立法监督提供了依据。尽管立法权限多由法律规定，但理论界对立法权限的探讨往往会超出立法的范畴，比如立法权限的界定问题。有些学者认为应将立法权限等同于立法权，有些学者认为立法权限就是指立法权行使的边界范围，也有些学者认为立法权限不但要解决限度的问题，还要关注立法权的限制问题，这些观点是本书要关注的问题，本书还将探讨立法权限划分的模式和方法等问题，立法权限的相关研究将为地方立法权限划分提供理论依据。

### （三）地方立法权限

地方立法权限主要是指地方立法权运行的范围，具体解决地方立法主体可就哪些事项立法的问题，我国《立法法》对地方立法权限的划分作了相应的规定，首先明确了中央专属立法的事项，这些事项属于地方立法禁止涉猎的领域，其次明确了地方可以立法的事项，但这些事项规定得比较抽象，包括《立法法》修正的内容尚不能明确地方立法所涉及的具体事项范围，最后对地方人大及其常委会的立法权限作了划分。依据《立法法》的规定，地方立法主体在行使立法权方面取得了一定的立法成就，但也因立法界限比较模糊而出现立法冲突或者立法不作为的情况，为尽可能减少乃至避免上述情况的发生，有必要对地方立法权限进行清晰的划分，这也是本书的研究主题。然而，地方立法权限的研究是一个比较宏大的课题，以我国的地方立法体制为例，地方立法权限研究将会涉及不同立法主体之间的权限划分问题。首先是中央与地方立法的权限划分问题，主要有中央立法与一般地方立法[①]的权限划分、中央立法与民族自治地方立法的权限划分、中央立法与经济特区立法的权限划分以及中央立法与特别行政区立法的权限划分问题。其次是地方立法之间的权限划分问题，主要有地方人

---

① 这里的一般地方立法主要是指省、自治区、直辖市和设区的市、自治州的地方制定地方性法规和地方政府规章的活动，不包括民族自治地方立法（特指民族自治地方制定自治条例和单行条例）、经济特区立法（特指经济特区基于全国人大及其常委会授权而制定的效力不超过经济特区地域范围的立法）及特别行政区立法的活动。

大与其常委会之间的权限划分、民族自治地方立法与一般地方立法之间的权限划分、经济特区立法与一般地方立法之间的权限划分、特别行政区立法与一般地方立法之间的权限划分、地方性法规和地方政府规章之间的权限划分问题。本书对地方立法权限的研究基本涵盖了上述不同立法主体之间的权限划分范围。除研究地方立法权限划分之外，本书还研究了地方立法权限划分产生冲突时的法律解决机制。

## 四 研究框架

本书研究的主题是地方立法权限的划分，主要任务是确定地方立法主体的权限以及研判不同地方立法主体的权限边界，即明确地方立法主体可就哪些事项以何种形式立法，本书所有的内容安排都将围绕这一核心问题展开。为此，本书主要采用实证研究和规范分析的方法，以我国地方立法实际运行的状况为考察对象，以我国现行的地方立法规范体系为分析依据，兼以价值分析、历史分析、比较分析、个案分析等方法来研究这一问题的解决方案，现将全书的内容架构分述如下。

全书首先从绪论部分展开，主要阐明了研究主题的社会背景及其实践价值，综合评述了国内相关研究的现状，并介绍了本书的研究对象及研究框架。

第一章主要探讨地方立法的一般理论问题。通过界定地方立法的概念、特征、原则以形成对地方立法的一般性认识，通过分析地方立法的作用以凸显研究地方立法权限的现实意义，最后介绍我国现行地方立法体制以确定地方立法权限的研究范围。

第二章主要研究立法权限的基础理论及我国的立法现状。首先，研究立法权限的基础理论问题，从法律意义和法学意义的不同角度去探讨立法权限概念的界定，通过分析影响立法权限划分的多种因素以深化对立法权限的理论认识；其次，通过比较不同国家和地区立法权限划分的制度规定以利于我国吸收先进的立法经验；最后，对我国地方立法权限的立法现状进行分析，主要以我国现有的法律文本为依据进行论述。

第三章主要揭示我国地方立法权限模糊的现状。首先，引介了语言学中的模糊性理论，探讨了该理论在立法中的应用；其次，从法律文本角度分析，结合《中华人民共和国宪法》（以下简称《宪法》）、《立法法》、

《地方组织法》等法律文本对地方立法权限的规定，通过文义分析、逻辑分析、系统分析、历史分析等法解释学的方法梳理我国现行立法在地方立法权限模糊性方面的规范体现；最后，从实践运行角度考察，针对地方立法实践中出现的立法重复、越位、错位、缺位的情况展开论述，以此作为地方立法权限模糊性的现实写照，突出说明解决该问题的理论紧迫性。

第四章主要介绍地方立法权限明确化的整体思路。主要从两个步骤展开：第一步，划定中央与地方立法权限的边界，为此应该选择适合我国实际情况的立法分权模式，认真贯彻"不抵触"原则并积极探索地方性特色以确定中央与地方立法的界限；第二步，划定地方立法权限之间的边界，主要解决地方性法规和地方政府规章之间的权限划分问题，尤其是设区的市地方性法规与地方政府规章之间的权限划分问题，为此应该对地方性事务进行明确的界分并对行政管理事项进行具体的划定。

第五章主要讨论地方立法权限争议的解决问题。如果说权限划分是对地方立法权限争议的预防手段的话，那么通过备案审查、法律解释、询问答复、立法清理等手段所形成的是解决地方立法权限争议的事后机制，本书将对不同的解决方式进行系统的比较研究，明确其适用的情形。

第六章主要评估地方立法权限明确化面临的现实挑战。《立法法》修正后，地方立法主体剧增并因此形成新的地方立法格局，这就对地方立法权限划分提出更为迫切和现实的理论需求，地方立法权限划分将遇到何种挑战？书稿在本章着重对五个方面的议题进行了深入的探讨。

# 第一章
# 地方立法解析

本章通过解析地方立法的概念、特征、原则等一般理论问题，系统地阐述了地方立法与地方立法权限之间的依存性。首先，地方立法概念应当在立法体制的框架内界定，立法权限是立法体制的核心问题，地方立法是中央与地方立法权限划分的产物；其次，地方立法的从属性、自主性和地方性，体现了地方立法与中央立法之间的差异，这些差异直观地表现在地方立法权限方面，地方立法权限划定了地方立法的边界，使其明显区别于中央立法；最后，地方立法活动所遵循的法治原则、民主原则和科学原则，旨在强化地方立法的正当性基础，表明地方立法是受限制的立法活动，进一步揭示了地方立法权限的重要性和必要性。总之，地方立法的重心系于地方立法权限，对地方立法一般理论的把握，有助于深刻理解地方立法权限的意义和功能。

## 第一节 地方立法的概念

理论界对地方立法概念的界定经历了一个长期的过程。在《立法法》出台之前，由于学者对地方立法主体、内容、形式、种类等要素的研究尚未形成统一的结论，故而地方立法在内涵和外延方面的认识存在较大的争议，不过在《立法法》颁布实施之后，学术界对地方立法的研究大都秉持法教义学的原则，《立法法》对地方立法的相关规定成为理论研究的立足点，因而，学者对地方立法概念的界定基本上可以达成共识。

## 一　基本理论问题

地方立法概念的界定并非如我们想象得那样直观，许多学者在为地方立法下定义时直接采用开门见山的方式，这种简单处理的方法隐含了一定的理论前提和制度背景，只是这些前置条件在概念当中往往被有意或无意地忽略了。当然，对于专业领域内的人士而言，在理解地方立法概念时他们会自觉地架构那些被隐含的理论要素，但对于非专业人士而言，他们却无法复原呈现在眼前的这些概念的本真面目，因此，在界定地方立法概念之前，需要澄清一些容易让人困扰的理论问题。详言之，在探讨地方立法概念时，我们必须在充分理解立法概念的基础上界定地方立法，同时，我们必须结合一个国家现有的立法体制去理解地方立法的内涵和外延，正如陈端洪博士所言，对地方立法这一概念的理解取决于人们对于立法与立法体制的认识。[1] 更重要的是，当界定了地方立法概念之后，我们必须解释清楚这样的概念是否具有普遍性，或者仅具有历史地域性。当然，应结合一个国家的时代背景去理解，只有这样，我们才能看清地方立法概念的轮廓，准确把握地方立法概念的实质内核。

### （一）立法与地方立法

1. 中西古籍中的立法概念

当前立法学著作对立法一词进行词源考察的角度基本相同，大多从古今中西典籍中找寻立法一词的出处，所涉内容多言立法之重要性。以《商君书》为例，《商君书·更法第一》曰："伏羲、神农，教而不诛。黄帝、尧、舜，诛而不怒。及至文、武，各当时而立法，因事而制礼。"《商君书·算地第六》曰："故圣人之为国也，观俗立法则治，察国事本则宜。"《商君书·修权第十四》曰："国之所以治者三：一曰法，二曰信，三曰权。法者，君臣之所共操也；信者，君臣之所共立也；权者，君之所独制也。人主失守则危，君臣释法任私必乱。故立法明分，而不以私害法，则治。"上述引文中的立法意义各有不同，《更法》回顾周文王、周武王顺应时势而立法，说明立法应因时制宜；《算地》论证圣人治国之道在于观俗立法，

---

[1] 陈端洪：《论我国的地方立法》，博士学位论文，中国社会科学院，1993，"摘要"。

说明立法应植根于实际国情；《修权》则强调立法的功能在于区分公私界限，不可以私害法。可见，早在两千多年前我国的政治家对立法的实施和价值就已经有了较为深刻的认识。清代法学家沈家本在《旗人遣军流徒各罪照民人实行发配折》中谓："窃维为政之道，自在立法以典民。法不一则民志疑，斯一切索隐行怪之徒，皆得乘瑕而蹈隙。故欲安民和众，必立法之先统于一法。一则民志自靖，举凡一切奇邪之说，自不足以惑人心。"① 所谓"典民"意即通过立法引导并规范民众行为，沈氏在奏折中亦强调了法制统一的重要性。总括而言，我国古籍所论立法乃"设立法制"之谓，且以设立维持治安之刑罚法制为主。② 在古代西方，立法一词也被广泛使用，古希腊思想家柏拉图著《理想国》《法律篇》《政治家篇》，亚里士多德在《尼各马可伦理学》《政治学》等著作中有许多关于立法的表述，如亚里士多德在《尼各马可伦理学》第十卷幸福部分中论证了立法学的重要性：幸福不是品质，而是因其自身而值得欲求的、合德性的实现活动。③ 一个人只有在健全的法律下成长，才能获得正确的德性，这就需要通过共同的制度或者个人来实施教育，但只有懂得立法学才能做到这一点，因为，法律可以使人变好。④ 需要说明的是，古代典籍虽然述及立法一词，但并未将立法一词作为概念加以规范化的定义和诠释，真正将立法一词概念化是立法学作为独立学科之后的事。

2. 近代西方的立法概念

近代以来，西方学者关于立法概念的界说较多，据周旺生教授考证，"当代西方学者关于立法概念的界说主要有两种：第一，过程、结果两义说。认为立法既指制定或改变法的一个过程，又指在立法过程中产生的结果即所制定的法本身。第二，活动性质和活动结果两义说。认为立法是制定和变动法因而有别于司法和行政的活动，同时又是这种活动的结果，而这种结果又和司法决定不同"。⑤ 学者戚渊则将西方学者对立法

---

① 沈家本撰《历代刑法考：附寄簃文存》（全四册），中华书局，1985，第2032页。
② 罗传贤：《立法程序与技术》，（台北）五南图书出版公司，2001，第3页。
③ 〔古希腊〕亚里士多德：《尼各马可伦理学》，廖申白译注，商务印书馆，2017，第331～334页。
④ 〔古希腊〕亚里士多德：《尼各马可伦理学》，廖申白译注，商务印书馆，2017，第343～346页。
⑤ 周旺生：《立法学教程》，北京大学出版社，2006，第54页。

的定义总结为形而下与形而上两种，形而下的定义为，立法（Legislation）一词乃指制定法律或产生法律的过程（The process of making laws or to the laws resulting from that process），或规定或制定法律之行为，或制定法律之权力（The act of giving or enacting laws; the power to make laws），而形而上的定义则把立法作为一种发现和宣布至高无上原则的行为，这种原则体现的是一种实质性的、永恒不变的正义，它们凭着自身内在的优越性而值得普遍遵循，全然不用顾及那些支配共同体物质资源的人们的态度。① 形而下与形而上之分是从哲学意义上对西方立法研究所作的分类，其本意在于区分形式意义上的立法和实质意义上的立法，这样的区分与西方法律文化中自然法与实在法的分类有异曲同工之妙。

3. 立法一般概念的界定

国内学者对立法概念的解释通常有广义和狭义之分，"广义的立法主要是指法的制定，即指有关国家机关在其法定的职权范围内，依照法定程序，制定、修改、补充和废止规范性文件的活动。狭义的立法，专指国家最高权力机关（或称国会、国家立法机关等）制定、修改、补充、废止基本法律（或称法典）和基本法律以外的法律（或称普通法律）的活动"。② 比较广义和狭义的立法概念可以发现，两者主要存在立法主体及立法形式的区别。广义的立法概念中，立法主体的范围比较广泛，包括了一切有立法权的立法主体，立法形式既包括了中央立法和地方立法，又涵盖了权力机关立法和行政机关立法；狭义的立法概念中，立法主体仅指中央立法机关，立法形式也仅限于法律。由此可以看出，若就狭义的立法概念论，是不存在地方立法一说的，不过，通常对立法概念的理解是从广义上着手的。需要说明的是，上述解释虽然可以反映立法的某些特征，却不能反映立法的一般特征，为此应该把握立法的一般概念，揭示出不同历史阶段、不同国情之下和不同种类立法的共同本质属性，我们认为，就立法的一般概念而言，立法是指享有立法权的主体依据一定的职权和程序，创立和确定法的规范的专门活动。③

---

① 戚渊：《论立法权》，中国法制出版社，2002，第10~11页。
② 朱力宇、叶传星主编《立法学》，中国人民大学出版社，2015，第17~18页。
③ 曹海晶：《中外立法制度比较》，商务印书馆，2016，第11页。

立法的一般概念表明：第一，立法是一种活动而非结果，这是立法区别于法规范的明显特征，尽管结果说在英美法国家有其适用的价值，但立法活动是创造立法结果的活动，两者并未完全割裂，因而并不存在理解上的障碍；第二，立法是特定主体进行的活动，是以国家政权的名义所进行的活动，通常由享有立法权的国家机关为之，至于立法权由哪个机关或者哪些机关所享有，这在不同历史时期、不同国家有不同的表现形式，既包括议会立法，也包括司法立法、行政立法以及封建时代的君主立法；第三，立法是依据一定的职权和程序所进行的专门活动，享有立法权的主体并不能随意立法，它必须依据自己享有的特定级别、特定种类的立法权在特定事项范围内并依据特定的程序进行特定形式的立法活动；第四，立法是享有立法权的主体通过制定、认可、修改等形式创立和确定法规范的活动。

4. 理解地方立法概念的理论预设

地方立法的概念应该体现出立法的一般性，同时表现出地方立法的特殊性。在把握了立法的概念及其特征之后，我们对地方立法概念的界定就有了一些预设的理论前提：首先，地方立法是一种立法活动；其次，地方立法是地方立法机关进行立法的活动，并非在任何时代、任何国家均存在地方立法活动；再次，地方立法是地方立法机关依据一定的权限进行立法的活动，地方立法机关能够进行哪一级别的立法、能够就哪些事项立法、能够制定哪些类型的法规范都由法定的权限规定；最后，地方立法必定具有法规范的形式，并非任何地方国家机关制定规范性文件的活动都可归类于地方立法，如县级国家权力机关制定和发布的决议就不能算作地方立法。

## （二）立法体制与地方立法

### 1. 立法体制的概念

立法体制是立法研究中不可忽视的重要领域，其重要性在于立法体制事关一国立法权限的划分，然而，理论界对立法体制概念的界定尚有分歧，关于立法体制概念的观点较多，概括起来有如下几种类型。

第一种观点认为立法体制是有关立法权限划分的制度，可归结为一要素说。如有学者认为，立法体制是指有关立法权限划分的制度，它既包括横向结构上同级国家权力机关和国家行政机关之间的立法权限划分,也包括纵向结构上中央和地方的国家机关之间的立法权限划分。①

第二种观点认为立法体制是有关国家机关立法权限划分及其相应机构设置的系统或者体系,可归结为二要素说。如有学者认为,立法体制是由立法权限划分和有权立法的国家机构共同构成的制度体系,核心是立法权限划分。②

第三种观点认为立法体制是立法主体设置、立法权限划分与立法权运行的体系和制度。如有学者认为,"立法体制是关于立法权、立法权运行和立法权载体诸方面的体系和制度所构成的有机整体,其核心是有关立法权限的体系和制度。立法体制是静态和动态的统一,立法权限的划分是立法体制中的静态内容;立法权的行使是立法体制中的动态内容;作为立法权载体的立法主体的建置和活动,则是立法体制中兼有静态和动态两种状态的内容"。③

第四种观点认为立法体制是参与立法的主体具有什么影响立法的手段、在立法过程中如何运作的制度。具体有三个方面的内容:一是参与立法的主体,即具有影响立法的手段的社会主体,包括享有立法权的国家机关,专门从事立法工作的、享有立法权的国家机关的工作机构,社会上参与立法活动的公民、团体和政党;二是影响立法的手段,不同的立法主体,具有不同的影响立法的手段,享有立法权的国家机关影响立法的手段就是立法权,其他不享有立法权的立法主体影响立法的手段更是多样;三是影响立法的运作机制,主要解决参与立法的主体在立法的什么阶段可以采取何种影响立法的手段的问题。④

从上述观点来看,学者对立法体制概念的构成要素有不同的认识,大体上可以总结为一要素说、二要素说及三要素说,前三种观点对立法体制概念的构成虽有不同的理解,但都认为立法权限的划分是立法体制最核心的要素。立法权限的划分实质上是对不同立法权进行边界的划定,

---

① 朱力宇、张曙光主编《立法学》(第3版),中国人民大学出版社,2009,第117页。
② 刘莘主编《立法法》,北京大学出版社,2008,第107页。
③ 周旺生:《立法学》(第2版),法律出版社,2009,第145页。
④ 李步云、汪永清主编《中国立法的基本理论和制度》,中国法制出版社,1998,第91~92页。

其目的在于使得不同的立法权在各自的界限范围内运行，以防出现立法权的冲突。划分立法权限一般会涉及如下问题。其一，哪些国家机关可以享有立法权？其二，立法主体能够享有哪些立法权？其三，不同立法权之间的关系为何？其中，第一个问题涉及立法主体的设置，第二个问题涉及立法权限划分的内容，第三个问题涉及不同立法权之间的效力，这些问题是立法权限划分所要通盘考虑的。可见，立法权限划分本身就是一个规模性的问题群（集），应该从系统论的观点来分析研究，从这个意义上讲，前三种观点并没有本质上的区别，都是围绕立法权限划分问题展开论述的。至于为何会出现构成要素的差异，原因可能在于对立法体制一词在认识上的差别。有学者就认为，《简明社会科学词典》对汉语中"体制"一词的释义为"关于国家机关、企业事业单位的机构设置、隶属关系和权限划分等方面的体系和制度的总称"，并未将体制的含义局限在权限划分上，同时，社会中关于经济体制、政治体制这些概念的含义都可以为立法体制的界定提供一定的参考、借鉴，因而不应将立法体制等同于立法权限划分，此外，还应该从立法体制的"立法大局"出发，关注立法权运行及立法主体的建制和活动问题。[①] 第四种观点也可归结为三要素说，但其对立法体制的认识重点在于考虑哪些手段可以影响立法以及这些手段可以在哪些阶段影响立法，我们认为，如果进行详细的阐释，该观点也可能会获得和前三种观点较为一致的理论效果，不过其语言的表述很容易让人误解，比如认为立法体制实质是在探讨立法的外部影响机制，而对影响机制的认识本身就是过于宏大的问题，难以进行具

---

[①] 周旺生：《立法论》，北京大学出版社，1994，第130~131页。立法体制一词涵盖的范围究竟有多大在理论界颇有争议，较早时期就有学者将立法体制划分为立法权限体制、立法机关的设置体制、立法权的行使体制、规范性法律文件体制和立法方面的监督体制，该学者还认为有必要区分立法体制和立法权限体制，有关立法权限划分的制度应该冠以立法权限体制的名称而非立法体制，参见张善恭主编《立法学原理》，上海社会科学院出版社，1991，第89页。也有学者认为立法体制就是立法制度，两者之间的差异不过是翻译所致，尽管该学者在正文中采用了立法制度的称谓，在附录介绍了西方七国的立法体制，但两部分的内容并无根本的区别，显然作者有意淡化了两者的界限，参见李林《立法理论与制度》，中国法制出版社，2005，第449页。周旺生教授认为，立法制度主要由立法主体、立法权限、立法权运作过程、立法监督、立法与有关方面的关系这五个方面的制度构成。这些制度中的主要制度构成立法体制，参见周旺生《立法论》，北京大学出版社，1994，第125页。尽管存在上述争议，但区分两者的理论意义为何并未见深入的探讨。

体的界定，从定义学的角度来理解，第四种观点并不是一个明确的概念。相对而言，第三种观点比较接近体制一词的本义，本书接受第三种观点对立法体制概念的界定。立法体制就是以立法权限划分为核心而形成的相关制度体系，该观点也得到了理论界的普遍认同。

2. 立法体制的类型

立法体制在不同的国家有不同的表现形式，有学者认为，"一个国家采取的立法体制，是受该国的国体、政体、国家结构形式、历史传统、民族构成乃至经济、文化和科技等一系列因素的决定和影响的"。[①] 一个国家的立法体制从根本上受该国的政体和国家结构形式的影响，而国体、经济、文化、科技、民族构成、历史传统等因素从不同层面对立法体制产生相应的影响，我们可以根据不同的标准对立法体制进行分类。

第一，根据作为立法权权源的权力机关类型的不同，可以将立法体制分为单一型立法体制和复合型立法体制。单一型立法体制是指由同一国家机关行使立法权的立法体制，在单一型立法体制之下，大多数国家是由中央国家机关中的一个机关独立行使立法权；复合型立法体制是指由两个及以上不同类型的国家机关分别行使立法权的立法体制。当今世界各国，多数实行的是单一型立法体制，也有少数实行复合型立法体制，如冰岛、芬兰、厄瓜多尔、智利等国的总统和议会共同行使立法权，比利时、丹麦、荷兰等国的国王和议会共同行使立法权。

第二，根据中央和地方行使国家立法权的情况，可以将立法体制分为一级立法体制和二级立法体制。一级立法体制是指仅由中央一级立法主体行使立法权的立法体制。实行一级立法体制的国家又有不同的情形：有的国家的立法权由专门行使立法职能的立法机关即议会来行使，如哥斯达黎加、海地等国；有的国家的立法权由国家元首单独行使，梵蒂冈便属于这种情形。二级立法体制是指国家立法权分别由中央一级立法主体和地方一级立法主体行使的立法体制，如加拿大、美国、墨西哥、澳大利亚等国家的立法体制即属于这种类型。

考虑到立法体制的分类是相对的，同一国家的立法体制依据不同的分类标准可能被归为不同的类型，本书选取的只是其中较为重要的分类标

---

① 朱力宇：《立法体制的模式问题研究》，《中国人民大学学报》2001年第4期。

准。此外，许多国家的立法体制只能大致划归于某一类型，而且即使是属于同一类型的各国立法体制，彼此之间也存在许多差异，这也是在研究立法体制时需要注意的问题。

3. 立法体制中的地方立法

如果说立法体制的核心在于立法权限的划分，那么，地方立法活动的范围无疑取决于地方立法权限的划分结果。当我们探讨地方立法的时候，实质上也隐含了立法体制在中央和地方立法权限划分上的可能性，只有在明确中央和地方立法权限划分的国家才存在地方立法权，才会产生地方立法活动，同时，这意味着实行一级立法体制的国家并不存在地方立法活动。当然，从世界地方立法发展的趋势来看，或许地方立法是每一个国家都要面临的问题，但就目前的情况来看，对地方立法的研究还不能脱离一国的立法体制，地方立法主体的设置、地方立法权限的划分以及地方立法权的运行等问题都源于一国立法体制的制度安排，这也解释了为何要在立法体制的框架下来理解地方立法。

## 二　地方立法的概念阐释

前文已经述及，在《立法法》颁布实施之前，学术界对地方立法的界定争议较大，主要表现在对地方立法主体、地方立法形式的把握存在不确定性，比如有权制定规章的地方政府属不属于地方立法主体、与此相关联的地方政府规章属不属于地方立法的表现形式等。《立法法》出台之后，理论界对地方立法的认识逐渐趋于一致，一般认为，地方立法是指有权的地方国家机关，依照一定职权和程序，制定、修改和废止效力不超过本行政区域范围的法规范的专门活动。[①] 构成地方立法的要素，主要体现在如下几个方面。

---

① 尽管在理论上我们将地方立法界定为一种立法活动，然而作为结果的地方立法和作为活动的地方立法并没有进行严格的区分，无论是在理论界还是在实务界，这种习惯上的话语表达在其意义的理解方面并未形成交流上的障碍，甚至获得了某种程度上的默契，有鉴于此，本书在地方立法概念的运用上也采取淡化处理的办法，若无特殊的说明，地方立法既可以指活动意义上的立法，也可以指结果意义上的立法。如本节提到的地方立法主体中的地方立法宜从活动意义上来理解，但形式上的地方立法则从结果意义上来理解更为合适。

一是地方立法主体。地方立法主体是享有立法权的地方国家机关，具体而言，是指依据法律规定或者授权可以行使立法权的地方权力机关和地方行政机关，依据最新《立法法》之规定，我国当前的地方立法主体主要有两大类：一类是省、自治区、直辖市和设区的市、自治州的人民代表大会及其常委会，另一类是省、自治区、直辖市和设区的市、自治州的人民政府。我国除港澳台之外共有22个省、5个自治区和4个直辖市，在《立法法》修正之前，只有"较大的市"才是地方立法主体，当时我国共有49个"较大的市"，包括27个省会市、18个经国务院批准的"较大的市"以及4个经济特区所在地的市。《立法法》修正之后，关于"较大的市"的相关表述修改为"设区的市"，《立法法》直接赋予"设区的市"地方立法权。据统计，截至2023年3月底，我国有设区的市289个、自治州30个，此外，全国人大在依法赋予设区的市地方立法权的同时，决定广东省东莞市和中山市、甘肃省嘉峪关市、海南省儋州市也享有相应的地方立法权。

二是地方立法权。立法权是一项重要的国家权力，也是一国主权的重要组成部分，相对于行政权、司法权而言，立法权主要解决立法主体能够行使哪些立法权力的问题，这些立法权力包括制定、修改和废止法规范的权力，地方立法权同样如此。但凡与地方立法行为相关的权力都可以归结为地方立法权，如立法提案权、立法调查权、立法审议权、立法公布权、立法否决权、立法批准权、立法备案权、立法解释权等。需要说明的是，地方立法概念中的"依照一定职权"主要指代地方立法权，但地方立法主体的职权并不限于地方立法权，以我国地方权力机关为例，除地方立法权之外，地方权力机关还拥有其他职权，如重大事项决定权、人事任免权以及对本级人民政府和人民法院、人民检察院实施的监督权等。

三是地方立法形式。对于作为地方立法形式的规范性法律文件，依据地方立法主体的不同，可作如下划分。第一，地方性法规，地方性法规是指地方国家权力机关依照法定的职权，根据本行政区域的具体情况和实际需要，在不同法律和行政法规相抵触的前提下制定和颁布的规范性文件。第二，自治条例和单行条例，关于它们的含义，学术界一般采用全国人大常委会法制工作委员会的观点，即"自治条例是民族自治地方的人民代表大会依照当地民族的政治、经济、文化的特点制定的全面调整本自治地方事务的综合性规范性文件，单行条例是民族自治地方的人民代表大会依照当地民族的政治、经济、文化的特点制定的调整本自治地方某方面事务的规范性文件"。① 第三，地方政府规章，地方政府规章是地方行政机关根据法定的权限和程序制定的、在本行政区域范围内实施的规定、办法、规则等规范性文件的总称。第四，经济特区法规、浦东新区法规及海南自由贸易港法规，作为我国地方立法的特殊形式，"经济特区法规是指经济特区所在地的省、市的人大及其常委会根据全国人大的授权决定制定的在经济特区范围内实施的法规"。② 2021年6月10日，十二届全国人人常委会第二十九次会议分别通过《全国人民代表大会常务委员会关于授权上海市人民代表大会及其常务委员会制定浦东新区法规的决定》（以下简称《授权决定》）和《中华人民共和国海南自由贸易港法》（以下简称《海南自由贸易港法》），分别授权上海市人大及其常委会制定浦东新区法规、海南省人大及其常委会制定海南自由贸易港法规，2023年修正的《立法法》对浦东新区法规和海南自由贸易港法规进行了规定，自此，我国地方立法体系中增加两种新的地方立法形式。其中，浦东新区法规是指上海市人大及其常委会根据全国人大常委会的授权决定制定的在浦东新区实施的法规。海南自由贸易港法规是全国人大常委会依法授予海南省人大及其常委会就贸易、投资及相关管理活动制定的在海南自由贸易港范围内实施的法规。

---

① 乔晓阳主编《〈中华人民共和国立法法〉导读与释义》，中国民主法制出版社，2015，第254页。

② 乔晓阳主编《〈中华人民共和国立法法〉导读与释义》，中国民主法制出版社，2015，第251页。经济特区法规的定义和性质在学术界争议较大，关于经济特区法规的定义，有学者认为指被特别授权的经济特区的人大及其常委会和人民政府所制定的规范性法律文件，参见汤唯等《地方立法的民主化与科学化构想》，北京大学出版社，2002，第3页。实际上，我国《立法法》仅确认了经济特区所在地的省、市人大及其常委会的授权主体资格，对经济特区所在地的省、市人民政府的授权主体资格则未作明文规定，但全国人大及其常委会的历次授权决定当中，均确立了经济特区所在地的省、市人民政府可以根据授权决定制定经济特区政府规章的立法权限，在经济特区立法实践当中，依授权决定制定的政府规章大量存在并发挥重要作用。结合最新《立法法》的规定，关于经济特区授权立法的条款并未修正，这已经表明了立法者的立场，我们认为，全国人大及其常委会的授权决定与《立法法》之间发生冲突时，应以后者为准。关于经济特区法规的性质，争议点在于经济特区的立法权究竟是国家立法权还是地方立法权，从经济特区立法的主体、权限及法规效力等因素来判断，经济特区法规依然属于地方立法，只不过是特殊的地方立法，以此来区别于一般地方立法。

## 第二节 地方立法的特征

地方立法是我国社会主义立法体系的重要组成部分，因而它同中央立法一样，具有立法活动的一般特征，如立法主体的特定性、立法职权的法定性、立法效力的强制性、立法活动的程序性与技术性等，但地方立法毕竟不同于中央立法，其法律地位、作用都具有一定的特殊性，表现出一些迥异于中央立法的特征，主要有以下几个方面。

### 一 从属性

从法律地位来看，在一国的立法体制中，中央立法往往居于首要地位，地方立法居于从属地位。无论是单一制国家还是联邦制国家，立法体制的宏观框架和主要方面都由中央立法作出规定。在单一制国家，只能由中央立法作出规定，地方立法无权作出规定。在联邦制国家，各成员国或各州也可就本成员国或本州的立法体制作出规定，但这些规定与联邦立法确定的联邦立法体制的基本原则一般不得相左，大多是联邦立法的具体化或变通性、补充性规定，[1] 因此，单一制国家的地方立法、联邦制国家各成员国或各州的立法都是国家立法体制的具体环节，它们在不同程度上隶属于中央立法。

从法律效力来看，中央立法的效力高于地方立法的效力。地方立法的法律地位决定了地方立法在形式、内容方面应该与中央立法保持某种程度的一致性，在立法时应以中央立法为依据，特别是单一制国家的地方立法，主要以贯彻中央立法的意志为重要使命，强调地方立法不得与中央立法相抵触，"不抵触"原则不仅指地方性法规的内容不能同法律、行政法规相冲突，也指地方立法的事项不能涉及在中央立法权限范围内的事项。这种限制体现了我国立法体制具有明显的层次性和规范等级，表明了中央立法效力的至上性。

从立法程序来看，地方立法在公布后的一定时间内，由其制定或者批

---

[1] 周旺生：《规范性文件起草》，中国民主法制出版社，1998，第546页。

准的机关报送备案机关进行审查，以消除规范性法律文件之间的冲突，备案机关的立法监督权充分表明了地方立法在程序上受到中央立法的制约。我国当前立法的效力位阶也表明，地方立法作为下位法不得违反中央立法的规定，否则，下位法就不能适用，将被改变或者撤销。这意味着改变或者撤销正是中央立法统率地方立法的一种方式。

## 二 自主性

尽管地方立法在一国立法体制中属于次要和从属地位，但这并不意味着地方立法已沦为中央立法的附庸，只能被动地、机械地服从于中央立法。中央立法的宏观性和基础性决定了其规范的事项通常都是国家、社会和公民生活中具有全局性的基本问题，而地方立法主要用于调整地方社会关系，解决局部性的地方问题；就整个立法领域而言，总有一些立法的空白领域不适于用中央立法填补，地方立法便获得相应的立法空间。申言之，地方立法主体既可以就基于地方实际的地方性事务或者地方行政管理事项进行立法，以充分满足地方管理的立法需求，也可以在中央立法无法详尽规定或者不宜具体规定的情况下进行补充立法，以填补中央立法没有规定或者规定比较笼统的漏洞，还可以在中央立法尚付阙如暂不具备立法条件的情况下先行立法，以不断积累和总结经验，为中央立法创造条件。总之，地方立法主体可以在不违背中央立法的前提下，根据本地区政治、经济、文化发展的要求自主立法。[①]

需要注意的是，地方立法的自主性和地方立法的从属性并不冲突，地方立法的两种属性在不同国家的地位并不相同，有的国家地方立法的自主

---

[①] 当前理论界基本上认可将自主性立法与执行性立法、补充性立法、先行性立法并列作为地方立法形态的观点，但若就自主性本身的哲学意义进行解读，上述结论值得探究。所谓的自主性是指行为主体能够按照自己意愿行事的特性，自主性意味着理性的、有意识的自由选择，自主性立法体现了地方立法主体在立法形式、内容等方面的能动性，就执行性立法而言，立法主体应该立足于地方实际的需求，因地制宜，合理行使立法裁量权，需不需要进行执行性立法、在何种范围内进行执行性立法实际上都取决于地方立法主体的自主决定，因而执行性立法也体现了立法的自主性，至于补充性立法和先行性立法则更加直接地表明了地方立法的自主性，正是基于哲学意义上的理解，我们认为，将自主性立法和执行性立法、补充性立法、先行性立法作为并列性的分类是不尽合理的，从自主性最广泛的意义上理解，执行性立法、补充性立法、先行性立法均体现了地方立法自主性的特征。

性表现得比较明显，有的国家地方立法的从属性则显得更为重要，还有的国家地方立法的两种属性难分伯仲。在我国现阶段，地方立法的从属性仍是主要属性，"在新的形势下，地方立法的主要任务应当体现为进一步贯彻落实宪法法律，解决本地的实际问题和具体特殊矛盾"。[1] 但地方立法的自主性同样不能忽视，传统的中国体制历来强调高度的中央集权，它是以牺牲公民和社会发展的巨大代价来换取社会的长期稳定的。权力服务于统治、服务于秩序而不服务于民众利益、服务于发展。其表现就是中央权力强大，而地方权力弱小；政府权力强大，而社会权利弱小；国家权力强大，而公民权利弱小。[2] 我国改革开放的过程是一个承认或扩大地方立法权或者说是权力下放的过程，不断扩大地方立法权是我国改革开放的客观要求，只有高度重视地方立法的自主性，才能充分满足地方民主政治和市场经济发展的立法需求。综上，地方立法既要有自主性，又要坚持从属性，如果过于凸显自主性，则易出现跃进式立法、越权式立法，甚至陷入地方保护主义的泥淖，危及社会主义法制的统一；如果过于强调从属性，地方立法将会变得机械僵化，不利于充分发挥其积极主动性。所以，只有将两者有机统一起来，地方立法建设才能具有旺盛的生命力。

## 三 地方性

从地方立法主体来看，地方立法主体是行使地方立法权的地方国家机关，包括地方人民代表大会及其常务委员会和地方人民政府，具体而言，指省、自治区、直辖市、设区的市、自治州的人民代表大会及其常委会以及人民政府，因而地方立法主体具有地方性，中央立法机关不能代为制定地方立法。需要指明的是，中央立法机关制定的专门解决地方问题的法律或者行政法规，仍属于中央立法，不属于地方立法，如《中华人民共和国香港特别行政区基本法》（以下简称《香港特别行政区基本法》）不属于地方立法，[3] 同样，《中华人民共和国民族区域自治法》（以下简称《民族区域自治法》）虽然解决的是国内民族问题，主要适用于民族自治地方，

---

[1] 吴天昊：《社会主义法律体系形成后的地方立法创新》，《政治与法律》2012年第3期。
[2] 王建华、杨树人：《地方立法制度研究》，四川人民出版社，2009，第15页。
[3] 崔卓兰等：《地方立法实证研究》，知识产权出版社，2007，第7页。

但依然属于中央立法，而不是地方立法。

从地方立法调整的事项范围来看，地方立法带有明显的地方色彩，主要表现为地方立法调整的事项范围多限于地方性事务，所谓地方性事务，从广义上讲，但凡发生在某个地方的大大小小的事务都可以被称为地方性事务，不过，《立法法》所称的地方性事务显然范围较小，只有发生在特定行政区域内需要地方立法机关通过立法予以调整的事务才能称得上是地方性事务。以近年来发生在某地的狗肉节事件为例，该地一年一度的荔枝狗肉节引起了爱狗者与当地食狗者之间的对立冲突，一时间关于取消狗肉节、禁食狗肉的呼声此起彼伏，中国政法大学公共决策研究中心和北京市伟博律师事务所为此举办了"动物福利与动物保护立法：'玉林狗肉节'的制度反思"研讨会。有学者主张尽快出台相关法律，使得保护动物有法可依："在社会发展不同时期，有不同的时期需求，人们对动物保护的情感需求，应予以考虑，设立《动物保护法》，不但是保护濒危物种，更重要是保护更多为人类服务的动物。"也有学者主张："全民保护动物条件不太成熟，但是贫穷不是虐待的借口，我提出的版本是反虐待保护法，不能残忍地对待动物。"[①] 为动物福利立法乃世界大势所趋，但我们无意讨论为动物进行国家立法的必要性和可行性问题，我们只关注一个问题：究竟什么是规制"玉林狗肉节"的最佳渠道。答案是显而易见的，举办"玉林狗肉节"是典型的地方性事务，依照《立法法》的规定，玉林市人大将获得地方立法权，完全可以在现有的法律制度框架下对狗肉的屠宰、检疫、运输、买卖、消费等环节通过地方立法的形式予以明确规制。与此相对照的是，同样与犬类相关的地方性事务在不同的地方却有不同的表现，许多地方针对宠物类犬专门制定了管理办法，如上海市人大常委会制定了《上海市养犬管理条例》，广州市人大常委会也制定了《广州市养犬管理条例》。当然，究竟何为地方性事务，我国《立法法》没有进行明确的界定，在实务上主要源于地方人大自身的判断，这就给地方立法带来了极大的不确定性，这也是本书需要着重探讨的一个理论问题。

从地方立法的效力来看，其效力范围具有明显的地方性。地方立法采

---

① 《专家争议狗肉节：即便安全也不能吃》，一财网，https://www.yicai.com/news/3935481.html，最后访问日期：2023年5月19日。

取域内效力原则,即只在制定它的地方国家权力机关或者行政机关所管辖的行政区域内生效,地方立法效力的地方性还体现在地方立法只对本行政区域内的公民、法人或其他组织产生效力。地方立法效力的地方性决定了地方立法无法产生域外效力,那么对于跨区域的地方性事务地方立法可以有何作为?通常类似问题主要通过中央立法予以解决,但是近年来区域协同立法的立法模式值得理论界关注。区域协同立法是地方立法发展到一定阶段的必然产物,是应对区域一体化发展的立法模式。2022年修改的《地方组织法》首次以法律的形式明确了区域协同立法的地位。[1] 2023年修正的《立法法》则在此基础上加以改善,使区域协同立法机制更加健全。在协同立法效力位阶上,将"可以开展协同立法"进一步明确为"可以协同制定地方性法规"。在制定程序上,规定省市两级行政区可以建立区域协同立法工作机制。[2] 作为一种崭新的立法模式,区域协同立法是指两个或者两个以上地方立法主体根据立法协议,分别依照法定的立法权限和程序,就跨行政区域事务制定内容相互协调的立法并相互承认其立法效力的立法活动。究竟哪些跨行政区域的事务可以进行区域协同立法,并无明确的依据。区域协同立法必然涉及区域之间具有共同性或者牵连性的问题,从已有的地方立法实践来看,区域协同立法事项主要集中在环境保护方面,2020年,京津冀共同发布三地《机动车和非道路移动机械排放污染防治条例》。该条例由京津冀三地同步起草、同步修改、同步通过,是京津冀第一个协同立法的实质性成果,也是我国首部对污染防治领域作出全面规定的区域协同立法。当然,区域协同立法也可以在历史文化保护事项方面有所作为,如为协同推进大运河文化保护传承利用,京津冀三地人大常委会有关工作机构共同起草了《关于京津冀协同推进大运河文化保护传承利用的决定》,三地人大常委会主任会议分别提请常委会会议审议。2022年11月25日,北京市人大常委会率先表决通过了《北京市人民代表大会常务委员会关于京津冀协同推进大运河文化保护传承利用的决定》;2022年11月29日和12月1日,河北省人大常委会和天津市人大常委会分别通

---

[1] 依《地方组织法》第10条第3款、第49条第3款规定,省、自治区、直辖市以及设区的市、自治州的人大及其常委会根据区域协调发展的需要,可以开展协同立法。

[2] 参见《立法法》第83条之规定。

过了《河北省人民代表大会常务委员会关于京津冀协同推进大运河文化保护传承利用的决定》《天津市人民代表大会常务委员会关于京津冀协同推进大运河文化保护传承利用的决定》，二者均自2023年1月1日起施行。值得注意的是，区域协同立法除调整上述领域事项之外，还转向了社会经济发展领域的事项，如成都市人大常委会与德阳市、眉山市、资阳市人大常委会共同调研起草、同步审议表决，并于2022年12月8日同步公布了《成都市人民代表大会常务委员会关于协同推进优化成德眉资区域营商环境的决定》，该决定于2023年1月1日起实施。一般认为，影响范围没有超出本行政区域的立法事项，是单独立法的调整对象，只有影响范围超出本行政区域的立法事项，才可能是区域协同立法的调整对象。只有协同立法无力解决的事项才应当配置给统一立法，协同立法无力解决的事项主要是指那些超出协同立法功能界限的事务，若参与协同立法主体过多，跨行政区域事项过于复杂，上级立法机关将进行统一立法，《中华人民共和国长江保护法》便是例证。长江流经11个省级行政区，并且，长江流域的立法事务涉及规划、资源保护、水污染防治、生态环境修复、绿色发展等诸多极为复杂的问题，这已经超出了协同立法的功能界限，于是，上级立法机关直接进行了统一立法。[①] 我们认为，区域协同立法是在特殊地缘条件下实施的一种立法模式，这种立法模式并非旨在实现联合立法，而是通过商议统一地方立法的适用标准，尽可能减少跨区域执法所面临的依据不统一的困扰，从局部地方立法来看，区域协同立法"消融"了地方立法的部分地方性，但从全国的整体立法格局来看，区域协同立法只不过是体现相近地缘条件下地方立法共同的地方性罢了。

地方立法的地方性还体现在地方立法的地方特色方面。地方特色是地方立法的灵魂，"从本质意义上讲，一件地方性法规或地方政府规章，它所作出的规范，只要是较好地体现和反映了当地社会生活发展的具体情况和实际需要，并能有效促进和保障其所规范调整的客观事物健康发展，它自然就具有地方特色，就会受到社会各界或有关方面的关注和支持，达到立法的预期目的和效果"。[②] 地方社会关系的复杂性、地方不同区域的差异

---

[①] 参见程庆栋《区域协同立法层级关系困境的疏解》，《法学》2022年第10期。
[②] 李培传：《论立法》，中国法制出版社，2011，第169页。

性、地方立法对象的个别性决定了地方立法必须具有鲜明的时代特征和地方特色,不同地方在经济发展、地理环境、历史传统、人文习俗等方面各具特色,都有其特殊的事项需要地方立法加以规范。这就要求地方立法充分考虑本地区、本民族的立法需要和接受程度。具体而言,地方立法主体应明确本地区特殊的立法事项,调整地方特殊的社会关系,解决地方特殊的政治、经济、文化、资源问题。在长期的实践中,各地人大在地方立法上总结出了许多宝贵的经验。江苏省人大提出了"不抵触、有特色、可操作",后来又增加了"少而精";海南省人大提出了"适度超前、有特色、可操作";甘肃省人大提出了"不抵触、有特色、可操作"和"急需先立";武汉市人大提出了"不抵触、少搬抄、有特色、可操作";郑州市人大提出了"不抵触、相衔接、有特色、可操作";等等。可见,强调地方立法的特殊性成为立法者的共识。像《中关村国家自主创新示范区条例》就因其鲜明的地方特色被学术界誉为促进和扶植企业自主创新的典范,《青岛市海水浴场管理办法》也体现了地方特色的治理经验。[1] 同样,为促进硒资源的保护与利用,恩施州人大立法机关制定了《恩施土家族苗族自治州硒资源保护与利用条例》,该地方性法规亦是地方特色立法的一次成功尝试。[2] 总之,地方立法的地方特色要求其必须从地方实际出发,以解决发生在本区域内的中央立法难以解决的或者不适宜由中央立法解决的问题。

## 第三节 地方立法的原则

地方立法的原则是贯穿于地方立法过程中的、反映地方立法活动的客观规律与基本要求的、具有普遍指导意义的准则,是地方立法主体进行立法活动的基本准绳,它体现了地方立法的基本价值理念。坚持地方立法的原则,有利于协调各种立法活动,使地方立法能够以统一的精神品格发挥

---

[1] 赵静波:《地方立法特色的缺失及其规制——以地方立法"抄袭"为视角》,《地方立法研究》2017年第6期。
[2]《恩施土家族苗族自治州硒资源保护与利用条例》已由恩施土家族苗族自治州第八届人民代表大会第二次会议于2018年1月8日表决通过,自2018年8月1日起施行。

作用。《立法法》根据我国具体的国情和多年的立法实践经验，规定了我国的立法原则，主要有法治原则、民主原则、科学原则三大原则，这些原则是一般立法活动所必须遵守的行为准则，自然也成为指导地方立法行为的根本法则，如何贯彻和落实这些原则也是地方立法研究中比较重要的理论课题。

## 一 法治原则

### （一）法治原则的含义

提到现代法治理念，我们一般会想到古希腊思想家亚里士多德，其在《政治学》中曾精湛地对法治加以描述："法治应包含两重意义：已成立的法律获得普遍的服从，而大家所服从的法律又应该本身是制订得良好的法律。"[①] 这个定义概括了法治的两重意义：其一，法律必须具有权威性，能够获得民众普遍的服从；其二，法律必须是良法，此所谓法治为良法之治。以现代人的思维去看待，亚里士多德对法治的理解和立法活动具有内在的关联性，无论是强调良法还是强调法律的权威性，都是对立法活动提出的具体要求，因为良法是其获得权威性的基础，法律不能凭空产生，只能通过立法机关依据法定的职权、按照法定的程序去制定，立法的过程是否民主、是否科学则是所立之法是否良法并具有权威性的必然考量，足见立法在实现法治中的重要作用。

关于法治的现代意义，英国著名的法学家戴雪早在100多年前就有系统的阐述。这就是学术界所熟悉的法治三原则："除非明确违反国家一般法院以惯常方式所确立的法律，任何人不受惩罚，其人身或财产不受侵害"；"任何人不得凌驾于法律之上，且所有人，不论地位条件如何，都要服从国家一般法律，服从一般法院的审判管辖权"；"个人的权利以一般法院提起的特定案件决定之"。[②] 戴雪的法治三原则学说对于反对封建特权、保护公民权利自由具有积极的意义，并对20世纪西方的法治理论研究产生

---

[①] 〔古希腊〕亚里士多德：《政治学》，吴寿彭译，商务印书馆，1965，第199页。
[②] A. V. Dicey, *Introduction to the Study of the Law of the Constitution*, London: Macmillan and Co. Limited, 1926, pp. 183 – 201, 转引自秦前红《宪法原则论》，武汉大学出版社，2012，第177页。

了深远的影响。

20世纪西方的法治理论研究大致可以划分为形式法治与实质法治两大路径。形式法治的主张者以分析实证主义法学派为代表，推崇"法律至上"原则，专注于法的规则性探讨；实质法治的主张者以新自然法学派为代表，强调法的正义或曰合法性，强调法治对于个人基本自由与权利的保障。[①] 当然，在经历了长时间理论的争鸣和政治实践的磨砺之后，法治的内涵愈加丰富，其适用的领域也更加广泛，以至于美国学者布莱恩·塔玛纳哈将法治描述成"超级难定义的一个概念"，认为其容易导致思维在歧路上蔓延，在此方面，它与"善"的概念相当，就是谁都支持，但对于它究竟是什么样的看法，却差别很大。[②] 这种言论虽然有一定的代表性，如《牛津法律大辞典》把法治看作"一个无比重要的、但未被定义，也不能随便就定义的概念"，但这并不意味着法治毫无确定性可言，相反，法治的重要性在世界范围内已经达成广泛的共识，法治概念也普遍见于重要的国际文件当中。总的来说，法治原则的核心是，"国内的所有人以及机构，无论是公共机构还是私立机构，都应接受法律的约束，并且享有法律的利益，而法律则是公开制定的、在公布之后生效的（一般而言），并且在法院公开执行的"。[③]

法治同样为我国当代学术界所重视，20世纪80年代，法学界进行过"人治与法治"的大讨论，讨论的结果使得理论界充分意识到法治对国家政权建设、对公民权利保护的重要性，反映在制度层面，法治原则作为我国基本的治国方略被载入《宪法》。党的十八大提出"科学立法、严格执法、公正司法、全民守法"十六字方针，从立法、执法、司法、守法四个方面构建了国家治理现代化的法治结构。党的十八届四中全会首次以全会的形式专题研究部署全面推进依法治国。

### （二）法治原则在立法领域内的体现

《立法法》第5条规定："立法应当符合宪法的规定、原则和精神，依照法定的权限和程序，从国家整体利益出发，维护社会主义法制的统一、

---

① 陈剩勇：《中国法治建设的法文化障碍》，《浙江学刊》2002年第1期。
② 〔英〕汤姆·宾汉姆：《法治》，毛国权译，中国政法大学出版社，2012，第8页。
③ 〔英〕汤姆·宾汉姆：《法治》，毛国权译，中国政法大学出版社，2012，第12页。

第一章 地方立法解析

尊严、权威。"该条款蕴含了立法的法治原则,法治原则在党的十九大报告中被概括为"依法立法"原则,[①] 这是执政党工作报告中首次专门阐述立法的合法性问题,合法性是任何立法正当性的源头保障,从这个意义上讲,法治原则必将成为今后我国立法活动的重大指引。法治原则的含义主要体现在如下几个方面。

1. 立法活动的合宪性

法治首先是宪法之治,践行法治首先应保证宪法所规定的国家的各种基本制度和政策具有极大权威性而不至于被破坏,进而保证国家各种基本制度和政策的贯彻和落实。宪法无权威,自然会影响到各种具体法律的权威,[②] 因而,立法活动必须具有合宪性,这就要求任何立法活动都要符合宪法的基本原则,自觉维护宪法的权威。我国宪法规定:"中央和地方的国家机构职权的划分,遵循在中央的统一领导下,充分发挥地方的主动性、积极性的原则。"[③] 此条款规定了中央和地方国家机构职权划分的基本原则,同时也是中央与地方立法权限划分的根本准则。我国宪法同样规定:"一切法律、行政法规和地方性法规都不得同宪法相抵触。"[④] 该条款则强调了宪法至上的效力原则。此外,我国宪法第100条和第116条对省、直辖市、设区的市以及民族自治地方人大立法机关的立法权限进行了明确的授予,上述规范成为指导和制约地方立法的依据。需要讨论和关注的问题是:一旦出现立法违宪的情况,宪法是否具有相应的监督和救济机制?在我国,行使违宪审查权的是全国人大常委会,由于行政机关、司法机关缺乏司法审查的权力,立法的违宪审查在我国也没有真正启动,从这个意义上讲,审查立法违宪应当适用"穷尽法律救济"原则,否则,动辄以宪法作为依据进行审查必然使得宪法统领的法律体系存在被架空的可能。

2. 立法权限的法定性

立法权限法定由立法权的性质决定,立法职权是国家立法权的具体化,它具有国家的强制性、主导性和支配性,因而立法职权必须有明确的

---

① 党的十九大报告明确提出,"推进科学立法、民主立法、依法立法,以良法促进发展、保障善治"。
② 李步云:《论法治》,社会科学文献出版社,2008,第244页。
③ 《宪法》第3条第4款。
④ 《宪法》第5条。

43

法律界限和要求。首先，立法权限法定意味着地方立法主体的法定性。法律有关立法权限的规定并不是孤立地规定权限本身，而是有比较、有分类地区分不同立法主体的立法权，这种区分在形式上明确了立法权的归属，在实质上则确定了立法权之间的界限，因而立法权限总是与立法主体相关联，谁拥有立法权限同样由法律直接规定。其次，立法权限法定意味着地方立法权的内容必须来源于法律的规定。地方立法主体只能够行使法律上明确授予的职权，法律明确规定的调整事项范围成为地方立法权能够作用的领域，地方立法主体不能行使法律尚未规定的职权，更不能擅自逾越法律规定的立法权限进而侵犯其他地方立法主体的立法权。最后，立法权限法定意味着地方立法权的有限性。从字面意义上理解，权限不仅有权力的限度之意，还有权力的限制之意，地方立法权受到的限制表现在多个方面。一是职权的限制。凡不属于地方政权机关管理的事项，地方没有立法权。如关于国家主权、公民基本宪法权利、国家政治经济基本制度、司法制度等事项，必须由中央统一立法。二是地域的限制。地方立法只能涉及本行政区域内的各项事务，并在本行政区域内有效。三是效力的限制。地方立法的执行和适用要服从中央立法，以中央立法为先，当发生法律冲突时，必须坚持"层级服从"原则，首先适用中央立法。[①] 这些无一不是运用法律规定的方式予以限制，限制的方式有的比较原则化，有的比较明确化，既体现了法律不同程度的限制，也表明了立法者对限制地方立法权持比较谨慎的态度，此外，地方立法权的有限性也意味着地方立法应该受到法律的规制和监督，地方立法权不能成为专断的权力，更不能沦为地方利益的保护伞。

3. 立法程序的法定性

立法程序是指立法主体在制定、修改或者废止规范性法律文件过程中的工作方法、先后次序和步骤，其内容"主要包括立法准备、提案、人民请愿案、委员会审查、院会三读、复议、行政命令监督之程序"。[②] 立法程序是实现立法正当化的过程，也是限制立法恣意的制度配置，立法程序法定强调立法的基本环节都应当依法运行，强调立法运作的规则性、严肃

---

① 汤唯等：《地方立法的民主化与科学化构想》，北京大学出版社，2002，第69页。
② 罗传贤：《立法程序与技术》，（台北）五南图书出版公司，2001，第393页。

性，只有实现立法程序的法定性，以制度约束立法行为，才能将各种人治因素，如长官意志、主观随意性、行政权力干预等排除在立法程序之外，净化立法环境和立法过程。[①] 在现代社会中，立法程序通常由法律法规加以规定，《立法法》《规章制定程序条例》《法规规章备案条例》等法律法规为地方立法的程序提供了法律依据，为彰显地方法程序正义、实现立法民主和立法高效率的有机统一提供了完善的规则机制，也为树立地方立法的权威奠定了坚实的制度基础。

## 二 民主原则

### （一）民主的精义

民主（democracy）一词可追溯到古希腊时期，与其他以 cracy 结尾的词一样，如 autocracy（独裁统治）、aristocracy（贵族统治）和 bureaucracy（官僚制），民主也源于希腊语 kratos（意思是权力或者统治），因此民主的意思就是"人民统治"（rule by the demos，希腊语 demos 最初指穷人和多数，但这里指人民）。与民主相关的问题主要有以下几个。其一，究竟谁是人民？其二，人民该如何统治？其三，统治的范围有多大？上述问题远非一个概念能解决，因而民主的概念有多种，[②] 有学者统计，托克维尔在《论美国的民主》一书中关于民主的含义就有十九种之多。从这个意义上讲，和法治的概念一样，很难确定民主的准确含义，美国学者萨托利在转述奥维尔对民主概念的评论时称："民主之类的词语不仅没有公认的定义，甚至建立这种定义的努力也会遭到各方的抵抗……任何政体的捍卫者都声称他所捍卫的是民主政体，深恐一旦民主跟任何一种意义挂钩，便有可能使他们无法再去利用它。"[③] 国内学者雷大川在描述语言的政治意义时，为说明语言混乱给政治理论建构带来的影响，他以民主概念作为实例，指出为民主建构统一的定义之所以遭到各方的抵抗，其中极为重要的因

---

① 徐向华主编《立法学教程》，上海交通大学出版社，2011，第 65 页。
② 〔英〕安德鲁·海伍德：《政治学》（第 2 版），张立鹏译，中国人民大学出版社，2006，第 84～85 页。
③ 〔美〕乔万尼·萨托利：《民主新论》，冯克利、阎克文译，上海人民出版社，2009，第 16 页。

素即是民主的含义越不统一，民主的概念越容易被操控、被歪曲、被盗用。① 对此，托克维尔早就发过严厉的警告："我们使用'民主'和'民主统治'这些词语的方式，导致了极大的混乱。除非提供这些词语的明确定义，并对此取得一致，否则人们就只能生活在无法摆脱的思想混乱之中，从而使那些煽动家和暴君大获其利。"②

一般而言，民主主要在下面两个意义上使用：第一，民主是一种国家制度，主要相对于专制政体而存在，指由人民行使国家权力，从事国家管理；第二，民主是一种权利形态，意味着人民有参与国家管理的"平等权利"，民主权利通常和自由、平等、法治、人权等法律价值观念联结在一起。美国学者科恩指出："民主是一种社会管理体制，在该体制中社会成员大体上能直接或间接地参与或可以参与影响全体成员的决策。"③ 他进一步认为，看某一社会在多大程度上实现了民主，需要依据许多因素来确定：决定政策中参与的广度、参与的深度以及在哪些问题上参与确实或可能有效。因而，像人类社会中大多数事务一样，民主是一个程度问题，而且是一个多级的程度问题。④ 科恩对民主的认识对我们理解民主的概念具有深刻的启示意义，我们认为，民主是一种多数人参与决策以实现其利益的社会管理制度，这即意味着：其一，民主是一种社会成员参与决策的管理体制；其二，参与决策的方式有直接民主或者间接民主；其三，民主是有效维护社会成员利益的一种方式；其四，民主广泛存在，之所以不同不是有无的问题，而是程度的问题。

**（二）民主原则的解读及其制度实践**

民主立法亦即立法民主化。有学者认为："立法的民主化主要体现为立法主体的广泛性、立法行为的制约性、立法内容的平等性和立法过程的程序性。"⑤ 也有学者认为，立法的民主化包括立法机构的民意代表性、立法程序的民主性、立法过程中的人民参与、立法的公开化以及对立法的监

---

① 雷大川：《政治：一种语言的存在——兼论政治语言学的建构》，《文史哲》2009 年第 2 期。
② 转引自〔美〕乔万尼·萨托利《民主新论》，冯克利、阎克文译，上海人民出版社，2009，第 16 页。
③ 〔美〕科恩：《论民主》，聂崇信、朱秀贤译，商务印书馆，1988，第 10 页。
④ 〔美〕科恩：《论民主》，聂崇信、朱秀贤译，商务印书馆，1988，第 37～38 页。
⑤ 周旺生：《立法学》（第 2 版），法律出版社，2009，第 128 页。

督等环节。① 我们认为，鉴于民主概念的不确定性，民主化一词也可以在不同的领域以不同的角度去理解，立法民主化的界定虽然在表述上表现出较大的差异，但其欲表达的法律意义应该是统一的，即立法的过程需要以民主方式通过民主的手段予以推进，同时立法的内容需要体现民主的实质并以立法的形式加以维护，因此，立法民主化的概念不宜过于宽泛，从某种意义上讲，地方立法民主化的过程就是民主原则在地方立法过程中的实现过程。

就我国的立法实践来说，改革开放以来，立法民主化理念早已在我国立法中有所体现，但"民主立法"这个提法却是在进入 21 世纪后才正式使用的。有学者对"立法民主化"在全国人大会议中的提炼过程进行了归纳："九届全国人大第四次会议的常委会工作报告提出'力争做到立法决策的民主化、科学化'。十届全国人大以来，第二次会议的常委会工作报告提出'坚持立法为民'；第四次会议的常委会工作报告要求'立法民主化迈出新步伐'；第五次会议的常委会工作报告使用了'科学立法、民主立法继续推进'的提法。党的十七大进一步明确提出'要坚持科学立法、民主立法'"。② 此外，党的十八届四中全会强调要"深入推进科学立法、民主立法"，从"力争做到"到"继续推进"再到"坚持"乃至"深入推进"，反映出国家对立法民主化的认识有一个从理念到实践、从试验到经验的探索性过程，习近平总书记在党的二十大报告中提出，全过程人民民主是社会主义民主政治的本质属性，是最广泛、最真实、最管用的民主，在地方立法中体现全过程人民民主理念，成为新时代地方立法工作中探索的实践课题，其结果必将使地方立法转变为广泛的、真实的、管用的民主实践。目前，民主已经成为指导我国立法工作的基本原则。③《立法法》确认的民主原则，其含义主要涉及两个方面：一是从实质上看，立法的内容应体现广大人民群众的意志和利益；二是从形式上看，立法的过程应体现社会主义民主，充分保障人民通过多种方式参与并监督立法活动。对于民主立法来说，这两个方面不可或缺，民主立法的内容体现了立法的价值取

---

① 郭道晖主编《当代中国立法》，中国民主法制出版社，1998，第 165 页。
② 李林主编《中国法治建设 60 年》，中国社会科学出版社，2010，第 116~117 页。
③ 《立法法》（2023 年修正）第 6 条第 2 款规定："立法应当体现人民的意志，发扬社会主义民主，坚持立法公开，保障人民通过多种途径参与立法活动。"

向，而民主立法的过程则彰显了立法的程序正义，因此，立法的民主原则主要体现在两个方面，即立法内容的民主化和立法过程的民主化。

1. 立法内容的民主化

立法内容的民主化是对立法本质属性的要求，立法内容的民主化强调立法的内容要以民意为基础，立法内容的民主化是由我国社会主义国家的本质所决定的，我国是人民民主专政的社会主义国家，马克思主义认为，"民主制独有的特点，就是国家制度无论如何只是人民存在的环节"，"不是国家制度创造人民，而是人民创造国家制度"。[1] 在马克思主义经典理论当中，人民是和民主制度联结在一起的，只有充分享有民主权利的主体才可以称为人民，人民通过各种国家制度表达和实现自身的意志和利益，作为国家制度的主要组成部分，立法更应该表达和维护人民的共同意志。普列汉诺夫于1903年（当时他还是一个革命的马克思主义者）在俄国社会民主工党第二次代表大会上提出："对每一个民主原则都不应该孤立地、抽象地去看待，而应该把它同可以称为基本民主原则的那个原则联系起来看，这个原则就是人民的利益是最高的法律。"列宁非常赞赏普列汉诺夫提出的这一马克思主义原则，认为这段话"恰恰对我们今天的时代具有根本意义的问题发表了意见"。[2]

尽管所处的时代背景已经有所不同，但人民的利益是最高的法律这一观点在立法学领域仍有其理论价值和现实意义。从法律的角度认识，社会主义立法内容实质就是人民利益在法律领域内的表达，是人民意志在法律领域内的转化。立法内容的民主化意味着立法内容应该以民主为价值目标，在宪法原则、政体形式、国家结构、立法体制等方面均体现出民主原则，将民主原则贯穿于法律规则的制定当中；同时，立法内容的民主化也意味着立法的内容要确认和保护公民的权利和自由，尽管立法民主化的本质在于立法体现了人民的意志和利益，但人民并非一个密不可分的整体，[3] 它是一个集体概

---

[1] 《马克思恩格斯全集》（第1卷），人民出版社，1956，第281页。
[2] 《列宁全集》（第33卷），人民出版社，2017，第192~193页。
[3] 在西方国家，人民几乎指代全体公民，如在卢梭的公共意志论看来，人民就是通过共同或集体利益联结起来的一个有凝聚力的实体，这种意义上的人民是一体且不可分割的。当然也有人认为所有的共同体都存在分裂与异见，所以人民在实践中指多数人，不过这里的多数人依然是通过共同或集体利益联结起来的多数人。

念，是由许多利益和观念相互冲突的个体组成的，① 因而表达人民的利益或者权利的时候，其所要指代的核心意义是构成人民的个体的权利，否则，单纯谈论人民的概念是极其空洞的，从这个意义上讲，谈论权利不能离开个体主义的背景，谈论人民利益更要以公民具体的权利和自由为依托。因此，立法内容的民主化要求确认并落实公民的自由和民主权利，立法保障公民权利的多寡、强弱，是衡量立法内容的民主化程度的一个标尺。②

2. 立法过程的民主化

立法活动的整个过程总体上包括立法准备阶段、由法案到法的阶段以及立法完善阶段，有学者对此进行了详细的描述：第一阶段为法的创生阶段，包括立法规划、立法预测、立法论证、立法起草、法案征询意见等；第二阶段为法的形成阶段，包括法案的提出、会议议程的安排、法案审议前的准备、立法审查、立法审议、立法听证、立法协调、法案的修改、法案的表决和法案的公布等；第三阶段为法的完备阶段，包括法的修改、法的废止、法的解释、立法纠偏以及规范性文件的系统化活动，如法的清理、编纂等。这三个阶段的结合构成了完整的立法活动过程。③ 立法民主化应该体现在立法活动的各个环节中。

以立法起草为例，立法起草是立法过程中极其重要的一个环节，由现代立法的专业性、技术性决定，法案的起草工作只能由专业法律人士来承担，由此形成的法案很难摆脱法律人的影响，立法的专业化和立法的民主化很容易形成立法上的悖论，这也是代议制民主理论易遭遇的困境："随着社会分化和复杂性的增大，专业性的法案起草机构和委任立法方式的作用也越来越大。这里存在着立法程序的民主主义原理和职业主义原理之间的张力。"④ 解决立法专业化和民主化之间矛盾的关键在于提高立法起草过程中的民主化程度，如应该鼓励法律专家、法案利害关系人和公众广泛参与。其中，法律专家需要保证其自身与法案无直接利益关系，专业的知识背景、缜密的法律思维及丰富的法律实务经验有利于法律专家在立法起草过程中发挥建设性作用；法案利害关系人作为利益主体有权利在立法起草

---

① 张千帆：《宪法学导论》，法律出版社，2004，第464页。
② 李林：《立法理论与制度》，中国法制出版社，2005，第73页。
③ 王爱声：《立法过程：制度选择的进路》，中国人民大学出版社，2009，第29页。
④ 季卫东：《法治秩序的建构》，中国政法大学出版社，1999，第33页。

过程中表达自身的利益诉求及理由，为此，立法者可以通过调查会、听证会、座谈会等形式让法案利害关系人参与起草的过程。从社会互动的角度看，法文件的制定其实是提供公共产品与服务的决策者与接受这种公共产品与服务的公民之间沟通、协商、交涉的博弈过程，① 因而，法案利害关系人的民主参与可以有效化解立法过程中的利益对峙问题，起到缓冲带的作用；至于公众参与立法起草过程，通常是社会公众借助大众传媒的方式向起草者反映意见，如通过报纸媒体及网络媒体广泛征求和听取社会公众意见等，为进一步适应信息化、网络化的发展趋势，网络直播、微博、微信公众平台等也成为社会公众参与立法的新媒体手段。

需要明确的是，为了充分实现立法过程的民主化，必须重视并保证立法程序的公开性，即要求立法过程中的每一阶段、每一步骤及立法结果都对社会公开，以使社会公众及时获取立法资料和立法信息。立法公开是公众有效参与立法的基本前提，经由程序的公开，公众可以见证体现自身意志和利益的立法形成的过程，有助于增强公众对立法结果的认同感和服从感，进而有利于立法目的的实现。此外，立法公开也为立法监督提供了条件，能够在一定程度上防止立法权的异化和腐败。2015年修正的《立法法》增加立法公开的内容，正是充分考虑到立法公开在立法民主化中的特殊作用才决定的。

## 三 科学原则

### （一）科学性的界定

科学一词最早来源于拉丁语 scientia，具有普适知识的含义，基本属于哲学范畴。14世纪引入英语词语 science，意同知识。17世纪欧洲大陆发生科学革命之后，科学演变为以数学和实验为主要内容，主要表明"自然科学"之意。② 近代以来，人们对科学的含义的理解较为泛化，康德给科学下过一个定义："每一种学问，只要其任务是按照一定的原则建立一个完整的知识系统的话，皆可被称为科学。"③ 康德的定义对我们很有启发，因为它

---

① 于兆波：《立法决策论》，北京大学出版社，2005，第180页。
② 李醒民：《科学论：科学的三维世界》（上卷），中国人民大学出版社，2010，第3页。
③ 〔德〕汉斯·波塞尔：《科学：什么是科学》，李文潮译，上海三联书店，2002，第11页。

包含了科学的几个主要成分：一是科学与知识有关，所谓知识就是被证明为真的陈述；二是科学是知识系统，即科学是通过采用一定的方法或程序而达到的某种结果；三是这个系统必须具有说理性与论证性，即康德的按照一定的原则而建立的完整的知识系统。我国《辞海》把科学定义为"运用范畴、定理、定律等思维形式反映现实世界各种现象的本质和规律的知识体系"，[①] 这一定义指明了科学的内涵，说明了科学就是主观认识（通过范畴、定理、定律等思维方式）对客观实际的反映，就是主观认识符合客观实际，就是认识和掌握事物发展的本质和客观规律。依据研究对象、研究目的、研究方法及研究功用等多方面因素的不同，可将科学分为自然科学和社会科学，就产生的时间而言，自然科学要早于社会科学，自然科学的发展为人类认识和研究社会现象提供了动力、技术和方法论的支持，社会科学是以社会现象为研究对象的科学，其任务是研究并阐述各种社会现象及其发展规律，通常所谓的法律科学多是社会科学意义上的一种学科分类。

### （二）科学原则的解读及其制度实践

在完成对科学概念的界定之后接下来应该探讨科学立法的含义，不过，有学者对这种认识逻辑提出了质疑，认为"从科学的界定，特别是从科学等同于自然科学的界定出发来论述科学立法，实际上是把自然科学作为衡量立法的标准。而这样的理解意味着科学包含着某种绝对真理的属性，具有绝对正确的可靠性……科学的可靠性是具有阶段性和相对性的。以一个只有相对可靠性的事物作为标准一成不变地遵循是存在僵化危险的"。[②] 我们认为，理解科学立法离不开对科学概念的界定，究竟科学是否意味着以自然科学作为衡量立法的标准，关键要看立法领域内对科学本质的认识和把握。在立法领域内遵循的科学标准应该是社会科学意义上的而非自然科学意义上的，立法中的科学是真理性与价值性的统一，并不像自然科学那样排斥价值判断；立法中的科学属于社会意识形态，是阶级性与社会性的统一，并不像自然科学那样可以跨越不同阶级而被广泛接受；同时，立法中的科学具有民族性，不同的民族文化差异对社会科学的研究都将产生不同程度的影响，并不像自然科学那样可以跨越民族和国界而被一

---

[①] 夏征农主编《辞海》，上海辞书出版社，2002，第919页。
[②] 黄瑶、庄瑞银：《科学立法的源流、内涵与动因》，《中山大学法律评论》2014年第4期。

致认可。就立法的本质而言，立法是人民意志之反映，立法者的意志并不是凭空产生的，而是由一国客观的经济基础起决定性作用的。因而，立法者在立法时必须使自己的主观理念符合客观实际，努力探求并遵循立法应遵循的客观法则。从这个意义上讲，立法本身就蕴含了科学性的要求，可见，科学立法在社会科学范畴内是可能存在并且可以实现的。① 所谓科学立法，是指立法主体在充分认识和尊重客观规律的基础上，立足于我国的实际和立法的客观需求，使立法活动实现主客观的有机统一。

科学原则在我国立法实践中的确立，也经历了一个从产生到逐渐发展的演变过程。在立法研究领域，科学更多指的是实事求是、从实际出发。如全国首部统编法理学教材所阐述的科学原则，其基本的内涵是"从中国实际出发"，② 立法学专著中较早阐释立法基本原则时相应的指称是"实事求是"，③ 科学立法最初专指用来解决科研体制问题的立法活动。④ 2000 年公布施行的《立法法》第 6 条正式确立了立法的科学原则，⑤ 这标志着立法的科学原则实现了由观念形态向法律化和制度化的转变。2006 年十届全国人大四次会议通过的《中华人民共和国国民经济和社会发展第十一个五年规划纲要》首次提出了科学立法这一名词，⑥ 至此，科学立法这一称谓

---

① 也有学者对立法科学化和科学立法进行严格的区分，其立论的依据在于引用毛泽东同志在《反对党八股》中对"化"的解释，即"'化'者，彻头彻尾彻里彻外之谓也"[《毛泽东选集》（第 3 卷），人民出版社，1991，第 841 页]。由于立法本身牵涉意志、价值、利益等主观性较强的因素，因而不可能达到完全的科学化的标准，所以立法科学化的口号难称科学，因而称科学立法更加适宜，而且这和中央的提法相一致，参见崔英楠《"立法科学化"提法质疑》，《人大研究》2010 年第 5 期。我们认为，人们对于"化"字的字义理解存在一种极端化的倾向，"化"字本身的含义有多种，与我们研究意义相关的含义主要是"表示转变成某种性质或状态"，即带有变化的某种状态都可以用"化"的意义来表示，因而彻底地转变只是"化"的可能意义而非唯一意义，从这个角度去理解，立法科学化并非将立法等同于科学，而是用一种科学的标准去衡量立法的过程及其结果，因而科学立法与立法科学化在本质意义上并无区别，尽管本书也会采用科学立法的概念，但这并不意味着本书将立法科学化的概念以殊义对待。
② 参见孙国华主编《法学基础理论》，法律出版社，1982，第 242～250 页。
③ 参见吴大英等《中国社会主义立法问题》，群众出版社，1984，第 145～155 页。
④ 陈先贵：《科研体制改革必须科学立法》，《科学学与科学技术管理》1984 年第 8 期。
⑤ 《立法法》（2000 年制定）第 6 条规定："立法应当从实际出发，科学合理地规定公民、法人和其他组织的权利与义务、国家机关的权力与责任。"
⑥ 该纲要第 43 章第 2 节明确提出："贯彻依法治国基本方略，推进科学立法、民主立法，形成中国特色社会主义法律体系。"

在全国人大的决议中被正式确立，立法工作迈入形式合理性与实质合理性并重的新时代。2007年党的十七大报告对此予以重申，2012年党的十八大报告进一步将科学立法确定为法治建设的基本方针之一，2014年党的十八届四中全会强调要深入推进科学立法。从"有法可依"到"科学立法"的发展，回应了全面推进依法治国、建设"法治中国"、实行"良法善治"对立法工作的迫切要求，标志着我国的立法工作从"数量型"发展向"质量型"发展转变。① 执政党主张在法律层面的体现就是《立法法》修正的相关内容。② 我们认为，科学原则应该包含以下几方面含义。

1. 立法观念的科学化

立法受观念的影响是显而易见的，任何立法者在立法的过程中都会自觉或者不自觉地受某种观念的支配，而这种观念有可能是理性、科学的，也有可能是非理性、错误的，由此所产生的立法结果并非都能经得起社会实践的检验。如今，我国已经步入了有法可依的立法时代，但在立法观念上仍然存在不少认识上的误区，亟须我们进行理论上的澄清和反思。实现立法观念的科学化，唯有观念的嬗变才能促成立法活动的良性运行，具体而言，立法观念的科学化应该注意以下几方面的问题。

首先，应坚持从实际出发的立法观念。立法从实际出发是科学立法的应有之义。我们强调立法是从实际出发而不是从理论出发，也不是从书本和概念出发，更不是直接照搬照抄西方国家的经验，乃是坚持了立法中的唯物主义。对此，有学者阐释了彭真等国家立法机关领导人对立法从实际出发的认识，③ 其要点包括：其一，立法从实际出发，既包括现在的实际，又包括历史的实际，为此，应该注重吸收传统法制中的积极因素，重视立法的历史经验；其二，立法从实际出发，即要求我国的立法工作必须以我国的国情为根本依据，不能脱离、超越社会主义初级阶段的基本国情；其三，对于地方立法而言，由于各地的经济、政治和文化的发展极不平衡，

---

① 易有禄、武杨琦：《科学立法的内涵与诉求——基于"法治建设新十六字方针"》，《江汉学术》2015年第2期。
② 《立法法》（2015年修正）第6条规定："立法应当从实际出发，适应经济社会发展和全面深化改革的要求，科学合理地规定公民、法人和其他组织的权利与义务、国家机关的权力与责任。法律规范应当明确、具体，具有针对性和可执行性。"
③ 刘松山：《国家立法三十年的回顾与展望》，《中国法学》2009年第1期。

地方立法主体应该根据本区域的实际来进行立法。

其次，应强化发挥立法的引领和推动作用的立法观念。党的十八届四中全会明确提出，建设中国特色社会主义法治体系，必须坚持立法先行，发挥立法的引领和推动作用。立法在经济社会发展的不同阶段发挥作用的重点和方式有所不同。新中国成立伊始，为巩固革命政权和发展国民经济，立法主要发挥法的保障和制裁作用。改革开放时期，实行社会主义市场经济体制，立法比较强调法的规范和保障作用。当前，中国特色社会主义法律体系初步形成，国家各方面建设已经实现有法可依，立法被寄予发挥引领和推动作用的厚望，这一观念丰富了传统法学理论对法的作用的理解。发挥立法的引领和推动作用，就要通过适度超前的立法去引导实践、推动改革，正确处理改革变动性与法律稳定性的关系，以更好地促进社会主义经济、政治、文化、社会和生态文明建设。①  总之，立法必须适应经济社会发展和全面深化改革的要求，党的十九大报告明确提出，全面深化改革总目标是完善和发展中国特色社会主义制度、推进国家治理体系和治理能力现代化。当前的立法应该着眼于改革领域的具体实际，充分发挥其在引领、推动和保障改革方面的作用，在法治的轨道内不断推进改革开放伟大事业。

再次，应审视"宜粗不宜细"的立法观念。改革开放以后，国家工作的重心转移到了社会主义经济建设上来，党的十六届三中全会明确提出"发展社会主义民主、健全社会主义法制"的重大方针，国家和社会生活各个领域亟须立法调整，但当时的立法工作并不能适应形势发展变化的需求。于是，"宜粗不宜细"的立法观念成为共识，并逐渐上升为我国立法工作的指导思想，在特定的历史条件下，这种观念推动我国立法工作走上了快车道。有学者统计，1978 年以后我国的立法进入快速发展期，立法数量总体呈上升趋势。1979 年至 2013 年，全国人大及其常委会的立法数量为 437 件，是改革开放前国家立法数量的 5.33 倍；除少数年份外，绝大多数年份国家立法数量在 10 件以上，而改革开放前仅有两年的国家立法数量超过 10 件。与此同时，全国人大及其常委会以外的立法主体的立法数量更是急剧攀升。②

---

① 王波：《法治新时代地方立法的挑战、机遇和对策》，《中山大学法律评论》2015 年第 2 期。
② 易有禄、武杨琦：《科学立法的内涵与诉求——基于"法治建设新十六字方针"》，《江汉学术》2015 年第 2 期。

但是，大量的法律法规很难获得切实地遵守、适用和执行，有些法律法规过于笼统，实施起来要予以具体化的解释；有些法律法规的条文内容过于空洞，缺乏可操作性；有些法律法规的条文内容缺乏明确性，语义含糊，容易产生歧义，导致司法不公；等等。立法缺乏执行力的原因有多个方面，其中"宜粗不宜细"的观念难辞其咎，这种观念为立法的模糊性扩大了操作空间，影响到法制的统一适用，破坏了法律的权威性，应该说，"宜粗不宜细"的立法观念只是在特定历史条件下提出的权宜之策，如果我们把它作为一项立法的指导思想长期推行下去，则有违法律的基本属性和价值。① 新修正的《立法法》规定，法律规范应当明确、具体，具有针对性和可执行性。实质上就体现了一种立法观念的转变，即不能在"粗"的观念指导下片面追求立法数量和立法规模，而应该在"细"的观念下重视立法质量和立法效益的提高。当然，考虑到法律的原则性及灵活性，在立法中应辩证地看待"粗"和"细"的关系，什么时候"宜粗不宜细"，什么时候"宜细不宜粗"，均应以调整的社会关系及规范的对象事项为考虑的出发点。总的来说，应该以"宜细不宜粗"为原则，以"宜粗不宜细"为例外。

最后，应转变倚重经济立法的立法观念。改革开放45年是我国社会主义市场经济体制不断完善发展的45年，也是我国立法工作取得辉煌成就的45年。45年来，为了巩固我国经济体制改革的成果，我国颁行和完善了大量的经济法律法规，及时调整了市场经济不同发展阶段中出现的各种利益冲突，切实维护了经济体制转型中国家、集体、企业和个人的合法权益，从根本上保障了改革开放事业的顺利进行。这种以经济立法为重点的立法格局不仅在中央立法层面存在，而且广泛存在于地方立法层面。有学者对广东、浙江、江西、湖南、四川、甘肃6省人大及其常委会和省人民政府1980年至2007年制定的地方性法规与地方政府规章总数进行统计分析，结果数据表明，地方经济立法在该6省的地方立法总数中均已超过半数，平均占比约达55%。② 与此相对应的是，涉及社

---

① 曲玉萍、刘明飞：《反思"宜粗不宜细"的立法观念》，《长春师范学院学报》（人文社会科学版）2006年第3期。
② 朱力宇主编《地方立法的民主化与科学化问题研究——以北京市为主要例证》，中国人民大学出版社，2011，第32页。

会服务和民生保障的立法数量较少,以上海市地方立法为例,上海市现行有效的 148 件地方性法规中,涉及社会服务和民生保障领域的仅 18 件,约占立法总数的 12%。[1] 在经济立法占主导地位的同时,其他立法不得不退居次要位置,"在这种立法思路之下,人的单一性突现了,人不但在经济上成了经济人,而且在社会生活的各个方面,特别是在法律方面都成了经济人,变成了以经济为尺度的'单向度的人'","在这种思路之下,立法的真正品格与丰富多样性消失了,演变为经济发展的影子,亦步亦趋,这样的立法在一定的意义上也可称为'单向度的立法'"。[2] 当前,我国的社会改革已经进入了攻坚期和深水区,矛盾风险多,各种社会利益关系错综复杂,立法者应积极回应多元利益主体的诉求,关注民生,加强社会服务领域内的立法建设。对此,党的十八届四中全会明确提出"依法加强和规范公共服务,完善教育、就业、收入分配、社会保障、医疗卫生、食品安全、扶贫、慈善、社会救助和妇女儿童、老年人、残疾人合法权益保护等方面的法律法规",可以说这为民生保障领域内的立法指明了方向。

2. 立法制度的科学化

立法制度是立法活动、立法过程所必须遵循的各种实体性和程序性规则的总称。立法制度的科学化是科学立法的前提和基础,科学的立法观念和立法技术均有赖于科学的立法制度予以定型,并通过制度的实施而得以实现。[3] 立法制度的科学化涉及立法权限的合理划分、立法主体的合理配置、立法程序的科学设计以及权利与义务、权力与责任的合理规定等问题。

首先,立法权限的合理划分。立法权限的划分主要解决立法主体行使立法权力的范围及边界问题,社会多元化利益诉求导致社会主体对立法的诉求也有所不同,能否满足这些立法诉求以及在怎样的范围内满足这些立法诉求取决于立法权限的划分,为此,应该对立法权限进行优化配置,保证立法权明确、具体、合理,否则,将出现无权立法、越权立法、重复立法等无序立法的现象。立法权限的划分主要从两个方面入手:一是解决中央立法权限与地方立法权限的划分问题,二是解决地方立法内部权限的划

---

[1] 郑辉:《上海人大立法三十年:历程、经验、前瞻》,《人大研究》2010 年第 5 期。
[2] 周旺生主编《立法研究》(第 4 卷),法律出版社,2003,第 463 页。
[3] 朱力宇主编《地方立法的民主化与科学化问题研究——以北京市为主要例证》,中国人民大学出版社,2011,第 35 页。

分问题。从现有立法的规定来看，我国法律对立法权限的规定较为原则化，至少有下列立法权限需要进一步明确划分：中央和地方立法权限的划分、地方人大与其常委会立法权限的划分、地方人大与地方政府立法权限的划分以及地方立法专属权限的划分等。如何实现立法权限的合理划分是科学立法要解决的问题，也是本书重点研究的问题，对此本书将在后文进行专门探讨。

其次，立法主体的合理配置。立法主体的配置主要解决谁拥有立法权、谁有资格行使立法权的问题。我国现行立法主体的构成体系是集中与适度分散相结合，具有二级多层次的特点。即分为中央立法主体和地方立法主体二级，在中央和地方立法主体中还存在层次不同的立法主体。概括起来，可以分为制定法律的立法主体，制定行政法规的立法主体，制定地方性法规的立法主体，制定地方政府规章的立法主体，制定自治条例和单行条例的立法主体，制定军事法规和军事规章的立法主体，制定特别行政区法律的立法主体。《立法法》修正之后，立法主体已有的格局发生了变化，地方立法的主体扩展至设区的市，理论界就地方立法主体扩容的合理性问题展开了多角度的研究，比如有学者认为，地方立法主体的进一步扩容，不仅可以消除原有立法体制因地方立法权配置不均衡导致的弊端，而且对全面推进依法治国、全面深化改革、促进国家治理体系和治理能力现代化具有重要意义。与此同时，地方立法主体的进一步扩容存在危及法制统一和地方立法能力不足等的风险，[①] 上述判断反映出理论界对地方立法主体扩容心存担忧。此外，经济特区特别授权性立法主体的资格在社会主义市场经济体制已经较为完善、全球经济一体化的条件下是否有存在的必要，也是立法主体实现合理配置需要讨论的问题。

再次，立法程序的科学设计。现代立法比较注重立法程序的设计和运用，无程序即无立法，遵从立法的各项程序已成为立法活动的前置性要件。科学的立法程序设计有利于规范公共权力、保障民主权利、提高立法效益并实现立法公正。具言之，科学的立法程序设计，可以将立法权控制在其权限范围内，实现对立法权运行过程的动态控制，防止立法权的异化

---

[①] 马英娟：《地方立法主体扩容：现实需求与面临挑战》，《上海师范大学学报》（哲学社会科学版）2015 年第 3 期。

及滥用；可以保障社会公众广泛参与立法，通过沟通、交涉、协商和论证来促进立法决策的理性化；此外，科学的立法程序设计，使立法者在统一的程序规则下有章可循，可以有效避免杂乱拖沓的立法行为，以最优的立法资源配置获得公正的立法结果。当然，现实中的立法程序未必如此完美，因为立法程序的设计本身也是一个反复推敲和利益博弈的过程。立法程序在设计和运行的过程中都会产生不少矛盾，以地方立法程序为例，其可能存在如下问题：其一，地方性法规草案多由地方人大常委会会议、专门委员会和政府提出，而且以政府提出居多，一定程度上不利于民意的充分表达；其二，地方性法规草案大多由政府起草，难以避免出现注重部门利益和保护主义的情况；其三，法规草案审议过程中地方人大常委会用于审议法规的时间安排过少，不利于准确、全面表达审议意见，三个审次审议重点不够明确，不利于提高立法效率，审议采用分组形式讨论而无法展开有效的讨论，不利于实现决策的民主化；其四，表决公布过程中一般采用整体表决方式，即由与会表决者对整部法案进行赞成与否或者弃权的表决，不能真实、充分反映与会人员的意志，尤其当个别条款出现重大分歧时，整体表决的弊端更是暴露无遗。要完善立法程序，关键要立足于地方立法的根本实际，重视程序设计的可行性和可操作性，而不是照搬照抄西方的立法工作经验，这才是科学设计立法程序的精髓所在。由此，地方立法程序的设计应该着眼于保障地方人大代表和常委会成员能够充分发挥立法主体作用，拓宽法规起草的渠道，实行委托专家起草或者招标起草；同时，应改革会期制度，明确各审次内容，推行立法审议辩论制度，建立个别条款单独表决制度。上述措施有的在地方立法中已经开始施行，有的已经被地方立法规定为程序性条款，以个别条款单独表决为例，此处的个别条款主要指分歧较大的重要条款，2006年5月26日下午，湖北省第十届人大常委会第二十一次会议在对《湖北省城市市容和环境卫生管理条例（建议表决稿）》表决之前，先对第42条第（三）项中的有关占道经营违法行为实行"暂扣物品"的规定，进行单项表决，表决结果为赞成24票、反对25票、弃权7票，由于赞成票未获得常委会全体组成人员56人的半数，"暂扣物品"的规定从该条例中删除。会议紧接着对该条例进行表决，并以高票通过。对法规草案的某一条款或某项内容实行单项表决，在全国地方立法史上尚属首次。随后，重要条款单独表决作为立法经验在地方立法实践中得到推广，有些省份还将此以立法的形式固定下来，截至2011年底，全国已有山西、吉林、黑龙江、安徽、福建、江西、海南、重庆、云南、四川、甘肃11个省、市人大常委会建立了针对争议较大条款的单独表决机制。① 当然，有的措施仍有待于地方立法实践的进一步检验。

最后，权利与义务、权力与责任的合理规定。合理规定公民、法人和其他组织的权利与义务、国家机关的权力与责任，既是对立法者提出的基本要求，又是科学立法需要着重解决的问题，接下来就两个问题分别进行阐释。

其一，权利与义务的合理规定。法律上的权利与义务是构成法律关系的基本要素，也是形成法律规范的核心内容。任何立法都是确定人们的权利与义务并使之规范化、制度化的过程，权利与义务之间的关系结构透视着不同法律制度的价值取向和价值序列，由此形成权利与义务价值并重的倾向、权利本位的价值侧重倾向、义务本位的价值侧重倾向等不同的价值论主张。② 权利与义务的合理规定的核心在于构筑社会主义法律权利与义务的价值模式。但无论何种价值模式都会面临如何看待和评价法律权利与法律义务关系的问题，一般认为，权利与义务是一种对立统一的关系，权利与义务相互依存、相互对应且相互转化。就现有的法律规定来看，权利与义务的具体对应方式有以下几种。第一，理性对应与非理性对应。前者是权利与义务对所有主体共有的、均等的对应，后者却是一部分人只享有权利（特权）、另一部分人只尽义务的对应。第二，规范上的等值对应和非等值对应。前者是指在法律规范上，权利与义务两者大体是等值的、对应的，即一项权利对应一项义务，后者则指权利与义务在规范上是不等值的，一项义务对应多项权利或多项义务对应一项权利。第三，显性对应和隐性对应。前者是指在法律上明示了权利与义务的一一对应关系，而后者是指在法律上只明示了权利与义务对应的某一方面，而另一方面则隐含其中，如宪法规定了公民的基本权利，隐含了禁止国家侵犯公民权利并对公民权利进行保护的义务，刑法一般规定的是禁止性规则，但在这些禁止性

---

① 值得注意的是，在开地方立法个别条款单独表决先河之后，2015年7月30日，湖北省第十二届人民代表大会常务委员会第十六次会议通过了修改《湖北省人民代表大会及其常务委员会立法条例》的决定，正式将重要条款单独表决程序赋予地方性法规效力。
② 参见陈云生《权利相对论——权利和义务价值模式的建构》，人民出版社，1994，第311~346页。

规则的背后，却隐含着对与禁止相关的权利的认可与保护。因此，不能仅以纸面上的规则数量判断权利与义务在分配时的规则对应关系，而必须注意这种隐含的对应关系。[①] 立法如何合理规定公民、法人和其他组织的权利与义务？我们认为需要把握好以下几个原则：一是注意权利与义务在量上的对等关系，使权利的行使和义务的履行能够在量上保持动态的平衡；二是注意充分发挥权利规范对义务承担的激励功能以及义务规范对权利实现的保障功能，两种功能的充分发挥旨在完成共同的法律使命，即保障自由和维护秩序；三是注意权利救济和法律制裁条款的合理设置，权利的规定不能仅仅是纸面上的规范，更要转化为现实的利益，同样，义务的规定不能仅仅停留在法律上的宣示，更应该体现出真实的强制力，针对权利无法实现和义务不被履行的情况，法律应该设计相应的预防和监督机制。

其二，权力与责任的合理规定。权力与责任是权利与义务在公法领域的特殊表现形式。公法理论认为，权责一致是描述权力与责任关系的应然状态，权责一致的理论基础在于权力既非与生俱来，又非神授，而是来自人民。作为权力的行使者必须按照人民授予权力的理论来行使权力，滥用权力或者违法行使权力将承担相应的政治责任或者法律责任。因而，权力的授予必然伴随着责任的规定，权力和责任总是相互依存的，无权力的责任是无的放矢，无责任的权力则如同野马脱缰。《立法法》在设定国家机关权力的同时，要考虑到国家机关应承担的责任，坚持国家机关权力与责任相统一的原则。合理规定国家机关的权力与责任，关键要正确认识权力与责任的本质和功能，从本质上看，权力是公共组织对社会进行强制性管理的资格，其功能在于管理和支配，责任则是对权力公共性的法律保障，其功能在于制约和服务。当责任体现为对权力的制约功能时，法律责任的作用对象为权力，其存在充分保证了权力行使的公益性、有序性。然而，责任的语词意义并不限于此，责任不仅意味着不利的法律后果，还意味着分内职责，对于国家机关而言，权力本身意味着义务，也意味着职务上的责任。当权力主体履行职责时，责任的作用对象不再是权力而是社会，那么，责任的功能不再是制约而是服务，即国家机关有责任服务于社会的需要，因此，立法不能局限于国家机关的管理功能，也要兼顾国家机关的服

---

[①] 谢晖：《法学范畴的矛盾辨思》，山东人民出版社，1999，第237页。

务职责。综上，立法对国家权力与责任的合理规定既要体现权力与责任的一体性，又要注意权力与责任的两面性，就像在行政法领域内，既强调建设有限政府又强调建设服务型政府，其立论的实质与立法对权力与责任的要求并无二致。

3. 立法技术的科学化

立法技术是立法者在立法活动中所采用的实现立法科学化的技巧与方法的总称。立法技术和立法活动密切相连，立法技术水平的高低直接决定了立法质量的优劣，立法技术对于提高立法的科学化程度，准确地调整立法关系，有效地反映立法者、执政者的意愿，具有重大的意义。立法技术有许多分类方法，其中根据研究的视角不同，可将立法技术分为宏观立法技术和微观立法技术。宏观立法技术，是指立法者在进行立法预测、立法决策、立法规划、法规清理与完善的过程中形成的技巧与方法；微观立法技术，是指立法者在处理法的内容结构、外部结构，表述法的语言时运用的技巧与方法。近年来，有关立法技术的研究成果逐渐增多，学者对于如何提高立法技术水平发表了不少看法，我们认为，实现立法技术的科学化，应注重做好以下几方面的工作。

一是立法预测的科学化。立法预测是指运用一定的方法和手段，对立法的发展趋势进行评估和测算。科学的立法预测要求以客观实际作为预测的基础，充分利用现代科学技术手段获取一切与立法预测相关的数据信息，并进行数据的挖掘、清洗、整理、分析，为立法预测提供有效的信息依据。

二是立法规划的科学化。立法规划是指有权主体依照法定的职权和程序对将来准备实施的立法工作的具体部署。科学的立法规划能够为立法指明可行的道路，使立法者合理、适当地掌控整个立法进程。要实现立法规划的科学化应按照客观规律的要求来制定立法目标和安排立法项目，要顾全大局，分清主次和轻重缓急，把握立法重点，合理安排立法项目的次序，保证最迫切的立法需求首先得以满足。

三是立法决策的科学化。立法决策是指立法主体依照法定的职权就立法活动中的实际问题作出某种决定的行为。立法决策广泛存在于立法活动当中，任何立法问题都要借助立法决策予以解决，科学的立法决策应该建立在尊重和把握客观规律的基础之上，为此需要建立合理的决策机制，以科学的预测、计算为依据，采用科学的方法搜集准确的决策信息，并通过规范的决策程序来实施。

四是立法语言的科学化。立法语言是用以表述立法意图、设定法律规范的专门语言文字。语言文字是成文法最基本的构成要件，借助于语言文字这一载体，立法者的立法思想、立法意图、立法内容以及立法政策才得以完整表达，才能进行有效的传播，才能准确地为司法者、执法者及守法者所理解并适用。正如英国哲学家休谟所言，"法与法律制度（如所有制）是一种纯粹的'语言形式'。法的世界肇始于语言：法律是通过语词订立和公布的……法律语言与概念的运用，法律文本（Gesetzestext）与事相（Sachverhalt）关系的描述与诠释，立法者与司法者基于法律文本的相互沟通，法律语境的判断等等，都离不开语言的分析"。① 可以说，语言之外不存在法，"即使认为存在前语言的法，例如从法律感觉（Rechtsgefühl）或法律意识的意义上理解，但即使如此，也必须回到语言中才能将思想的和感知的法律内容条文化并使之有效……如果没有语言，法和法律工作者就只能失语（sprachlos）"。② 立法语言不同于其他形式语言之处也即其特点在于，立法语言更为准确、简明、通俗、规范、严谨、庄重。至于如何实现立法语言的科学化，立法语言的特点已经提供了评价标准，准确便于表达立法要旨，简明、通俗便于理解立法内容，规范、严谨便于减少文字歧义，庄重便于体现立法权威，上述标准可以作为立法语言科学化的努力方向。③

---

① 转引自舒国滢《战后德国法哲学的发展路向》，《比较法研究》1995 年第 4 期。
② 〔德〕伯恩·魏德士：《法理学》，丁小春、吴越译，法律出版社，2003，第 71 页。
③ 但即使如此，语言在交流和理解方面的局限性还是为立法的科学化带来了困扰：一方面，人类之间的语言式理解其实是发出信息和接收信息的复杂的交互过程，因此，语言的理解只有在语言的共同体中才是可能的，这就要求语言的交流者需要具备足够的共同的观念，否则，就无法正确理解对方所要传达的信息；另一方面，语言与时代、环境、阅历不无关系，当通过语言进行表述时，历史的、社会的、受环境影响的、宗教的和非常主观的感知与经验就出现了，这些观点因人而异，许多言辞是与个人不同的经验、观点、评价和交际联系在一起的，这就意味着同样的词对于不同的人会有不同的含义，因而，通过语言的理解就受到限制，参见〔德〕伯恩·魏德士《法理学》，丁小春、吴越译，法律出版社，2003，第 75~94 页。对于立法者而言，解决文本理解的问题至关重要，法律规范必须以一般人能够获得最低限度的理解的方式表达出来，这不同于立法者之间在语言共同体中通过专业法律术语进行的交流，说到底，这是一个成文法语言和法学家语言进行分野的问题，立法的科学化要为此找到合理的出路。

# 第二章

# 地方立法权限的制度实践

　　地方立法的合法性、权威性以及协调性依赖于地方立法权限的合理设置，地方立法权限不仅是一个重要的理论问题，还是一个现实的制度设计问题。本章从立法权限的界定入手，讨论了影响立法权限划分的诸种因素，旨在表明立法权限设置的多样性以及复杂性。就地方立法权限而言，首要解决的是中央与地方立法权限划分的问题，在中央集权主义、地方分权主义以及均权主义等理论的指导下，不同的国家和地区出现不同的制度形式，可以为我国的制度建设提供有益的经验借鉴。我国作为单一制国家，中央和地方立法权限的划分呈现出主体多元、形式多样的非均衡特点，与中央立法权限制度相区分的地方立法权限制度，则集中体现在《地方组织法》、《立法法》、《中华人民共和国行政处罚法》（以下简称《行政处罚法》）、《中华人民共和国行政许可法》（以下简称《行政许可法》）、《中华人民共和国行政强制法》（以下简称《行政强制法》）等法律上面，这些制度实践正是立法权限有关理论的生动体现。

## 第一节　立法权限概述

　　在立法领域，立法权限与立法权、立法职权语义相近且有逻辑关联，厘清立法权限的概念，对于立法权的运行具有积极的理论意义。而立法权限功能的发挥，要求合理地设置不同立法主体的立法权限，这就需要综合考虑各种因素对立法权限划分的影响。

## 一 立法权限的界定

立法权在国家权力体系中居于重要的地位，和行政权、司法权一样，立法权在运行的过程中应该受到法律的约束，不同的立法主体运用立法权的限制有所差异，这便导致产生了立法权限划分的问题。从逻辑上看，立法权限和立法权是相生相伴的关系，立法权限是立法权受到限制的结果，而立法权限又是立法权行使的必要依据，因此，要界定立法权限就要对立法权的概念有深入认识。

### （一）立法与立法权

从字面上理解，立法权是一项实施立法的权力，然而，对于立法与立法权孰先孰后的问题，学术界却很难给出令人信服的回答。黑格尔在《法哲学原理》中表达了对类似问题的困惑："立法权所涉及的是法律本身（因为法律需要进一步规定），以及那些按内容来说完全具有普遍性的国内事务。立法权本身是国家制度的一部分，国家制度是立法权的前提，因此，它本身是不由立法权直接规定的，但是它通过法律的不断完善、通过普遍行政事务所固有的前进运动的性质，得到进一步的发展。"[1] 在充满辩证法思想的论述当中，黑格尔把立法权同法律、国家制度等不同规定的对立作为出发点。单纯就立法权自身来说，它是一种对具有普遍性的国内事务进一步规定法律的权力，但对于国家制度的整体来说，它又是局部性的权力。黑格尔的观点实质上是一组二律背反：一方面，立法权确立国家制度（具有普遍性的国内事务），所以立法权高于国家制度；另一方面，立法权是国家制度确立起来的权力（国家制度是立法权的前提），因此立法权必须从属于国家制度。造成这个循环的悲剧在于黑格尔并没有站在革命的立场去理解国家制度。[2]

从起源上看，立法权本身就是近代资产阶级反对封建国家制度斗争的产物。以资产阶级为首的争取立法权的进步势力往往通过两种途径与封建势力作斗争：要么通过改良与封建君主达成妥协，试图利用立法权逐渐改变国家制度，该途径以德国资产阶级为典型；要么通过革命直接推翻封建

---

[1] 〔德〕黑格尔：《法哲学原理》，范扬、张企泰译，商务印书馆，1961，第315页。
[2] 吕世伦：《黑格尔法律思想研究》，中国人民公安大学出版社，1989，第234页。

专制统治，利用人民赋予的立法权建立新的国家制度，该途径以法国资产阶级为代表。黑格尔的法哲学思想主要体现了改良派的主张，他认为国家制度是立法权赖以建立的基础，因而不应当由立法权产生，立法权只是规定国家制度中需要用法律进一步规定的国内事务，但为了避免国家制度凝滞僵化的命运，国家制度的发展应遵循前进运动的原则，只不过这一种发展主要靠法律的不断完善来推动，因而亦是立法权推动的结果。申言之，在黑格尔看来，在国家制度这座大厦当中，立法权所做的就是一些修葺缝补的工作，如果想推倒重建一座制度大厦，只有借助人民的力量使前进运动发生质的变化。马克思指出："凡是立法权真正成为统治基础的地方，它就完成了伟大的根本的普遍的革命。正因为立法权当时代表着人民，代表着类意志，所以它所反对的不是一般的国家制度，而是特殊的老朽的国家制度。"① 新中国取得新民主主义革命的胜利之后，人民成为立法权的所有者，通过立法权所形成的社会主义法律制度从性质上代表了广大人民的根本意志和利益，正是以革命的手段推翻腐朽的旧制度才得以实现的。② 因而，理解黑格尔对国家制度与立法权关系的判断离不开对历史背景的认知，更离不开对资产阶级妥协性的认识。而要突破黑格尔观点的局限性，必须坚持历史唯物主义的立场，这样才能对人民的历史主体地位保持清醒的认识，才能深刻理解国家制度与立法权的关系。

综上，立法权既可以通过立法的途径完善现有国家制度，也可以通过革命的手段实现国家制度的新旧更替。一般来说，在新的国家制度建立之后，立法权主要通过完善法律不断推进国家制度的发展，通常我们探讨立法权与立法的关系便是在维持并巩固现有国家制度的语境中进行的。在我

---

① 《马克思恩格斯全集》（第1卷），人民出版社，1956，第315页。
② 考虑到我国的实际情况，在这里我们并没有对制宪权与立法权进行严格的区分，但两者是有区别的，法国大革命时期的著名政治活动家西耶斯对制宪权进行了体系化和理论化的论证。在他看来，制宪权为国民所有，是制定宪法的权力，是一种先于国家权力而存在的具有始源性和基础性的权力，因而不受任何规范、原理和制度的制约，它具有自我正当性的性质。而立法权、行政权这些具体的国家权力必须来源于宪法的具体权力，必须具有合宪性的依据，制宪权与立法权之间的区别在于前者是制定宪法的权力，而后者是被宪法规定的权力。西耶斯关于制宪权的理论主要来源于美国宪法实践的启发，类似于美国宪法传统的国家并不多见，参见张千帆主编《宪法学》（第2版），法律出版社，2008，第62页。如我国的全国人民代表大会既是宪法的立法机关，也拥有相应的立法权，因而制宪权和立法权都由全国人民代表大会行使。

国现有的制度框架下，依照本书在第一章的论述，立法是指享有立法权的主体依据一定的职权和程序，创立和确定法的规范的专门活动，作为立法结果的立法主要指法律、行政法规、地方性法规、自治条例和单行条例等法的规范。显而易见的是，上述立法结果也是立法主体行使立法权的结果，从这个意义上讲，立法权相对于立法具有一定渊源上的意义。

### （二）立法权与立法权限

如果要考察立法活动的渊源，自国家诞生以来，立法权就是国家政权的重要组成部分。起初，国家权力没有严格而明晰的分工，一国君主集国家立法权、行政权、司法权等权力于一身，在专制的政权当中，立法活动仅仅体现了君主个人的意志，要真正了解立法权的内涵，必须从更为广泛的历史与现实的因素着手，把握其发展演变的背景条件，因而，探究其产生与发展的思想根源与制度实践很有必要。

从思想根源上讲，立法权的观念最早源于分权的思想，亚里士多德在研究古希腊联邦国家政体时提出，一切政体都有三个要素，即议事机能、行政机能和审判机能。① 亚里士多德关于政体机能三个要素的划分与近代的三权分立不能相提并论。因为在古希腊特定的历史条件下，根本不存在立法、行政与司法权限的严格划分，尤其并不存在正式的、经常性的立法事实，因此，亚里士多德的政体三机能说还称不上真正意义上的分权论，但为今后的分权学说提供了重要的思想理论借鉴。

近代意义上的分权论由洛克首创，在英国资产阶级革命中，洛克为解决资产阶级和封建贵族分享统治权的问题，提出将国家权力分为立法权、行政权和对外权，其中立法权是国家唯一的最高权力，行政权和对外权是从属于立法权的辅助性权力，正如洛克所言："如果没有得到公众所选举和委派的立法机关的批准，任何人的任何命令，无论采取什么形式或以任何权力做后盾，都不能具有法律效力和强制性。"② 不过，洛克所说的三权分立实质上是两权分立，因为对外权是行政权的组成部分，两者无法区分，同属于执行权范围。洛克分权学说的局限性就在于忽略了司法权的独立地位，没有对司法权和行政权进行严格的区分，而将司法权与行政权归

---

① 〔古希腊〕亚里士多德：《政治学》，吴寿彭译，商务印书馆，1965，第214~215页。
② 〔英〕洛克：《政府论》（下篇），叶启芳、瞿菊农译，商务印书馆，1964，第82页。

## 第二章 地方立法权限的制度实践

结为执行权，但其倡导的分权学说为三权分立学说走向成熟奠定了思想理论基础。近代完全意义上的三权分立学说由法国启蒙思想家孟德斯鸠创立，孟德斯鸠进行三权分立的出发点是确保自由，他认为一切国家制度或宪法必须为保障自由服务，政治自由的根本保障就在于没有滥用权力，而为了防止滥用权力，必须把权力分配给不同的承担者，借以实现以权力制约权力的目的。为此，他说："每一个国家有三种权力：立法权、适用万民法的执行权、适用公民法的执行权……人们把第三种权力称作司法权；把第二种权力则简单地称作国家的行政权。"[①] 孟德斯鸠主张立法权由人民集体享有，即由人民选出的代表机关（议会）来行使，但他并不认同立法权的最高地位，他主张各种权力在对等和并列的关系上必须保持互相牵制和均衡，尤其是立法和行政两权的制衡更为重要。孟德斯鸠的三权分立学说对当时和后世产生了深远的影响，在美国的宪法实践中，三权分立与制衡的原则得到具体的运用和创造性的发展，至此，立法权始作为独立的权力在现代国家的分权体制下发挥实质性的作用。

孟德斯鸠的三权分立学说对我国早期资产阶级学者的影响较大，梁启超在《论立法权》一文中历陈国无立法部之积弊，并力主行政、立法分权之说。梁氏认为，我国传统官制也重视牵制，但主要限于同类职权的制约，因而效果极其有限，"吾中国之官制，亦最讲牵制防弊之法，然皆同其职而掣肘之，非能厘其职而均平之。如一部而有七堂官，一省而有督、有抚、有两司、有诸道，皆以防侵越相牵制也。而不知徒相掣肘，相推诿，一事不举，而弊亦卒不可防"。故梁氏主张效仿西人分权学说，将行政权与立法权分立，使立法权真正落到实处，"夫所谓分立者，必彼此之权互相均平，行政者不能强立法者以从我。若宋之制置条例三司，虽可谓之有立法部，而未可谓之有立法权也。何也？其立法部不过政府之所设，为行政官之附庸，而分权对峙之态度，一无所存也"。[②] 可见，梁氏充分意识到立法权独立的关键在于立法权与行政权之间的制衡。我国资产阶级革命先行者孙中山先生在综合分析三权分立学说利弊的基础之上提出了五权分立的宪法理念，即实行立法权、行政权、司法权、考试权和监察权五权

---

① 〔法〕孟德斯鸠：《论法的精神》（上卷），许明龙译，商务印书馆，2012，第186页。
② 文明国编《梁启超自述1873—1929》，人民日报出版社，2011，第346页。

分立，其中，考试权旨在纠治行政任人唯亲之弊，监察权意在防止议会专制，在实践当中，五权之间的分立和制衡显然要复杂和困难得多。

通过考察立法权的思想根源与制度实践，我们会发现立法权是一个结构意义上的概念，它的存在主要以分权学说和分权实践为前提，它的归属以立法机关为主体，它的功能包括但不限于立法。国内学者对立法权的定义可谓见仁见智，我们认为，立法权是指为主权者所拥有的，由特定的立法主体所行使的具有立法实体程序内容的国家权力。从性质上分析，立法权属于国家权力体系中的重要组成部分，它和国家主权相联系，是国家独立自主的主权特性的反映，从此意义上讲，立法权是统一的、完整的，应由特定的国家机关代表国家统一行使，但这并不意味着立法权不能在一定的立法体制下适当分离，如现代国家的立法体制就分离出中央立法权和地方立法权；从内容上分析，立法权具有程序性内容和实体性内容；从分类上分析，立法权是相对于行政权、司法权而独立的权力，这主要是依照近代分权理论产生之后的国家权力划分体制来界定的；从地位上分析，立法权在国家权力体系中处于核心地位。

综上所述，在近现代国家的分权体制下，立法权的运作经过一定程序形成立法职权，立法职权经由不同的立法主体行使，从而形成立法权限划分制度。在一个国家里，任何立法主体行使的立法职权都有具体的限度，这种限度一般由法律加以规定，因而，立法权限是指立法主体行使立法职权的法定范围和限制。

任何一个民主制国家，都不存在不受约束的权力，然而立法权的限制常常为人们所忽略，多数人统治乃民主制度之要义，立法机关的运作也以多数人同意为原则，这种多数人意志往往以人民的名义来影响立法，若无必要之限制，其势必将立法机关推向暴政的深渊，所谓多数人的暴政便由此形成，届时，民主政体也会沦为专横的暴政，哈耶克认为："所谓'专断的'，其真正意指的则是那种不受一般性规则约束的某项特定意志所决定的行动——而不论该项特定意志是某个人的意志还是多数人的意志。"[①]为防止权力专断行为的出现，即使是立法机关也必须受到相应的约束和限

---

① 〔英〕弗里德利希·冯·哈耶克：《法律、立法与自由》（第2、3卷），邓正来、张守东、李静冰译，中国大百科全书出版社，2000，第277页。

制。哈特在阐述对立法权力的限制时强调："……这些国家之中存在立法机构，而且有时体系内的最高立法权力也绝非不受限制。在成文宪法中，非但有关于立法之形式与方法的规定（这一些我们可以不认为是限制）来限制立法者的权能，并且也以加强实质限制的方式，将某些事项全部地排除在立法权能的范围之外。"[1] 一般来说，立法权的限制主要表现在四个方面："一是对立法内容的限制，即立法主体只能就哪些范围的事项进行立法；二是对立法形式的限制，即立法主体只能运用哪一种规范性文件的形式或其他形式表现立法内容；三是对立法程序的限制，即立法主体在立法活动过程中只具有哪些程序上的权力和必须经过一定的程序；四是对立法适用范围的限制，即立法主体所进行的立法只能在哪些领域或哪些方面产生效力。"[2] 上述限制构成了一国立法权限制度的主要内容。

立法是统治阶级意志转化为国家意志的过程，在此过程中，各国划分和配置立法权限，有利于统治阶级的各种诉求反映到立法中来，形成人们普遍服从和遵守的规则。从形式上看，立法权限划分是为了科学、合理地决定立法职权的归属；从实质上看，立法权限划分是对国家各种政治关系、经济关系和社会关系进行利益调整和立法定位。因此，各国都非常重视立法权限划分制度的建立。

## 二 影响立法权限划分的主要因素

一个国家立法权限划分受制于多种因素，一国的国家性质、阶级力量对比、政权组织形式、国家结构形式、民族关系、经济发展水平等因素都会对立法权限划分产生影响。这些因素都不同程度地影响着各国的立法权限划分制度，下面着重分析政权组织形式和国家结构形式对立法权限划分的影响。

### （一）政权组织形式对立法权限划分的影响

现代的国家政体主要是共和政体与君主政体，由于各国具体历史条件存在差异，此两种政体之下又各有不同的政权组织形式，如采用共和政体的资本主义国家，根据国家机关体系中各机关权力关系的不同，即产生了

---

[1] 〔英〕哈特：《法律的概念》（第2版），许家馨、李冠宜译，法律出版社，2006，第124页。
[2] 曹海晶：《中外立法制度比较》，商务印书馆，2016，第141页。

总统制、议会制、委员会制和半总统半议会制等相应的国家政权组织形式。而采用共和政体的社会主义国家则实行人民代表大会制度的政权组织形式。政权组织形式的不同影响立法权限的划分，这种影响主要作用于中央立法权限的划分，即中央国家立法机关与行政机关之间的立法权限划分。

美国奉行分权制衡原则，是典型的总统制国家。根据美国宪法规定，国会拥有立法权，总统拥有行政权，法院拥有司法权，立法机关不能行使行政权和司法权，行政机关不能行使立法权和司法权，司法机关不能行使行政权和立法权。① 这种分权原则使得美国在理论上不存在立法机关和行政机关划分立法权限的问题，而制衡原则又导致了事实上总统在立法方面拥有重要的权力，以便制约国会的立法权，乃至同国会分享联邦立法权。总统的立法职权主要有：立法建议权、法案签署权、立法否决权和授权立法权。美国通过司法判例确认了立法权可以在有法定标准限制的前提下授出的原则，授权立法权使行政机关的立法职能得到了强化，行政机关可以颁布具有法律效力的规章。因此，在事实上，美国存在中央国家机关立法权限划分的问题，其原则仍然离不开分权与制衡。

从历史上看，法国是一个传统的议会制国家，但在《法兰西第五共和国宪法》实施之后，议会在国家机构体系中的地位明显下降，虽然该宪法明确规定"法律应由议会投票通过"，但议会不是唯一行使立法权的机构，总统可以通过公民行使投票的权力将其意志和政策变成法律，还可以通过行使紧急状态法将采取的措施和颁布的法令变成法律。除总统之外，政府也可以行使某些立法权，即"政府为执行其施政纲领，可以要求议会授权自己在一定期限内以法令的方式采取通常属于法律范围内的措施"。② 因而，法国通常被认为是采取半总统半议会制政权组织形式的国家，此种政权组织形式下，中央立法权限的划分独具特色，即把议会立法权限制在其宪法所列举的事项范围内，明确将立法权分别赋予立法和行政两个机构共同行使。

中国的政权组织形式是人民代表大会制度，国家的一切权力属于人民，人民行使国家权力的机关是全国人民代表大会和地方各级人民代表大

---

① 参见〔美〕伯纳德·施瓦茨《行政法》，徐炳译，群众出版社，1986，第30页。
② 参见北京市人大常委会、新华社国际部《百国议会概览》，北京出版社，2000，第466页。

会，人民行使权力的主要途径是由人民代表大会直接行使宪法和法律赋予各级人民代表大会的职权以及由人民代表大会选举产生国家行政机关、监察机关、审判机关、检察机关等国家机关，人民代表大会在国家机构的建立及运行过程中始终处于主导地位。人民代表大会制度是中国中央立法权限划分的制度基础。因此，《宪法》明确规定由全国人民代表大会及其常务委员会行使国家立法权。国务院是最高国家行政机关，是最高国家权力机关的执行机关，《宪法》赋予国务院的行政立法权从属于国家立法权。凡属于国家基本的政治、经济等制度的事项由全国人民代表大会及其常委会制定法律加以规定，国务院只能就为满足执行法律的规定的需要制定行政法规的事项以及宪法规定的国务院行政管理职权的事项进行立法。

### （二）国家结构形式对立法权限划分的影响

国家结构形式与政权组织形式都属于国家形式，但国家结构形式侧重于调整国家整体与其组成部分之间、中央政权与地方政权之间的权力关系，因而，国家结构形式对立法权限划分制度的影响主要体现在中央和地方立法权限的划分上。

现代国家结构形式的基本类型主要是单一制和联邦制。实行单一制的国家是"主要的政府机构即立法、行政和司法机构对该国领土内所有地区和国民行使全权的国家。……单一国家并不排除地方或其他政府机构拥有中央政府委任或授予它们的某些权力的可能性。但是，这些权力是授予的，并不是分享的，而且，从严格的法律意义上来说，所有的权力都属于中央政府"。[①] 其中也包括地方立法权从属于中央政府。但采取单一制国家结构形式的国家不完全为一个模式，其中又有不同的类型，在不同类型的国家结构形式中，地方立法权从属性的表现程度也不同。如日本是采用单一制国家结构形式的国家，但其单一制又具有地方自治权比较广泛的特征，在地方所拥有的自治权中又数自治立法权最为重要，它是地方自治权中最有实质意义的部分，是地方自治权得以实现的重要保障。这种类型的单一制国家结构形式被称为"地方自治单一制"。[②] 实行地方自治单一制的

---

① 〔英〕戴维·M.沃克主编《牛津法律大辞典》，北京社会与科技发展研究所组织翻译，光明日报出版社，1988，第905页。
② 童之伟：《国家结构形式论》，武汉大学出版社，1997，第221页。

国家，地方政权机关虽然不享有国家主权权力，要接受中央国家机关的监督，但在处理本地事务上有较为广泛的自主性，并在一定程度上受到宪法的保护。中国是采用单一制国家结构形式的国家，其单一制具有民主集中制的特征，在单一制下又实行民族区域自治制度和特别行政区制度。我国《宪法》规定的"中央统一领导、充分发挥地方主动性和积极性"的原则是中央与地方立法权限划分的一般原则。依此原则，地方立法具有从属性，为了执行法律、行政法规的规定，需要根据本地区实际情况作出具体规定的事项，以及属于地方性事务需要制定地方性法规的事项都属于地方立法权限的范围。民族自治地方的自治机关享有自治权，根据宪法和法律制定自治条例、单行条例。特别行政区享有高度自治权，其立法机关有权依据特别行政区基本法的规定，制定适合特别行政区的立法。

联邦制不同于单一制，"联邦制是由全国性政府和区域性政府根据宪法分享包括主权权力在内的国家权力行使权，并且不得单方面改变宪定权力分享格局的一种国家结构形式类型"。[①] 联邦制原则的精髓是联邦体和地方分权长期共存,[②] 其基本特征即是通过宪法划分联邦与成员之间的权力。联邦的所有权力来自各成员的授予，凡未授予联邦的权力通常由各成员保留。美国是典型的联邦制国家，美国宪法对联邦和州的立法权限进行了比较明确的划分，根据美国宪法修正案第 10 条的规定："本宪法未授予合众国也未禁止各州行使的权力，分别由各州或由人民保留。"州议会的立法权限比较宽泛，凡不属于联邦专属立法权的事项以及不属于联邦和州宪法明文禁止的立法事项，州议会都可予以立法，其立法权具有相对独立性、多样性，而不是从属性。但各州的立法不能与联邦宪法、法律和条约相抵触，否则地方立法一律无效。当然，并非所有联邦制国家的中央和地方立法权限划分都如同美国这种分权制衡模式，有的侧重于中央集权，有的则侧重于地方分权。

### （三）其他因素对立法权限划分的影响

1. 国家性质

国家性质反映的是一个国家的各个阶级在国家政治生活中的地位，即

---

[①] 童之伟：《国家结构形式论》，武汉大学出版社，1997，第 210 页。
[②] 上海社会科学院法学研究所编译《宪法》，知识出版社，1982，第 78 页。

哪个阶级是统治阶级,哪个阶级是被统治阶级。任何国家都有其特定的性质,国家性质通常由宪法直接或间接加以规定。立法作为统治阶级意志上升为国家意志的途径,国家性质是其决定性的因素,无论宪法是直接表明国家性质,还是间接表明国家性质,立法和立法权的划分都最终反映和服从于统治阶级的共同意志。统治阶级总是力图通过立法权限划分,实现本阶级的利益要求,维护并巩固本阶级的统治地位。

2. 阶级力量对比

立法反映的是统治阶级的意志,但不是统治阶级的任意意志。在现实社会中,统治阶级的意志时常受到阶级力量对比的影响,因而,统治阶级通过立法将本阶级的意志上升为国家意志也并非一帆风顺。当统治阶级力量强大,被统治阶级力量微弱时,统治阶级的意志就比较容易上升为国家意志,确定为全社会普遍遵守的行为规则,立法权限的划分也就与此相适应,集中体现统治阶级的利益。当统治阶级力量不稳定或受到被统治阶级力量牵制、冲击时,立法权限的划分在尽力反映统治阶级意志时,也不得不考虑被统治阶级的意志与不同阶层和集团的利益,以求得某种政治平衡。

3. 民族关系

在多民族的国家,立法权限划分除了受阶级关系的影响外,还受民族关系的影响。多民族国家存在民族关系历史发展的主流、民族成分和分布情况以及民族矛盾等方面的差异,这些差异或多或少地影响政权组织形式和国家结构形式,进而影响立法权的划分和配置。如苏联的代表机关苏维埃专门设立了由各民族代表组成的民族院,并相应地进行立法权的划分。又如中国现行立法体制中,民族自治地方的自治机关(除民族乡外)有权进行立法,即根据本民族的特点以及政治、经济、文化发展的需要,制定自治条例和单行条例。

4. 经济发展水平

法律与经济的发展存在密切关系,法是在经济上占统治地位从而掌握国家政权的社会集团共同意志的反映,立法是社会发展过程中不同利益主体相互斗争与相互妥协及合作的产物,在社会经济发展变化过程中,立法权的划分不可能不受到经济发展变化的影响。如在资本主义发展的自由竞争阶段,自由主义的商品经济占主导地位,政府奉行不干预政策;19世纪末至20世纪初,资本主义国家的自由竞争经济向垄断经济发展,尤其是第一次世界大战爆发后，各交战国相继实行非常时期的经济管制政策，加上资本主义世界经济危机的发生，西方国家的经济政策从自由放任转向管制和干预。与之相适应，西方各国的议会不同程度地将立法权授予政府以应付经济发展的变化。委任立法权的逐步强化打破了传统的三权分立的原则界限，行政机关不仅获得了一部分行政立法权，立法数量也逐年增多甚至超过了议会立法，这种立法权限划分上的变化和经济发展的变化不无相关。

### 三 立法权限划分的意义

立法权限包含两层意思：其一是立法权的范围，即立法主体可以在多大的范围内行使立法权，既包括了可以就哪些领域、哪些事项立法，也包括了就某一事项可以采取何种形式的立法，还包括了立法以何种程序推进，这些规定大致划定了立法权的界限范围；其二是对立法权的限制，即立法主体受到哪些因素的制约。从广义上进行理解，划定立法权限范围本身也是一种制约的方式，但立法权的制约力量远不止于此，前文探讨的影响立法权限划分的因素实质上就是不同的限制性力量，这些因素限制立法权在一个相对理性的范围内进行配置。此外，就立法权与其他国家权力之间的关系而言，分权制衡的权力体制也是一种制约力量，这种力量可以确保立法权不被滥用，防止其沦为一种"专断的"权力。综上，立法权限的核心指向立法权的有限性，这意味着立法权需要有自身的运行边界，因而，立法权限的划分实有必要，其意义主要表现在如下方面。

#### （一）厘定立法权边界

立法权限划分的首要意义在于确定不同立法权之间的边界，使立法权在各自范围内运行而不逾界。因此，立法权限划分不仅要解决立法主体拥有多少立法权的问题，还要明确不同立法主体行使立法权的界限问题。如果立法权界限模糊，则易产生重复立法、越位立法、错位立法、不作为立法等阻碍立法功能发挥的情形。例如，针对城市犬只管理事项，许多城市通过地方立法进行规范化管理，然而究竟制定地方性法规还是地方政府规章，不同的城市有不同的立法形式，有的城市采用地方性法规的形式，如武汉市人大常委会通过了《武汉市养犬管理条例》、广州市人大常委会制定了《广州市养犬管理条例》，有的城市采用地方政府规章的形式，如洛阳市人民政府制定了《洛阳市养犬管理办法》，还有的城市先采用了地方政府规章的形式，后废止地方政府规章改采用地方性法规的形式，如上海市人民政府曾出台了《上海市犬类管理办法》，后经上海市人民政府批准废止，改由上海市人大常委会制定《上海市养犬管理条例》对养犬行为进行规范。之所以出现地方立法形式不一的现象，是因为地方性法规和地方政府规章在立法事项的确定方面有交叉的可能，以至于立法主体对于犬只管理的事项性质存在认识上的差异，或认为属于地方性事项，或认为属于普通行政管理事项，相应的立法形式自然就难以确定。因此，立法权限划分必须对立法权边界进行严格的限定，唯有明确、清晰的立法权边界才能使不同层级的、不同类型的立法权有序运行，才能避免立法冲突、立法推诿等有损立法权威的情形出现，同时，为立法者的立法行为提供界限标准，有助于其合理地确定立法任务和目标。

**（二）防止立法专制**

无数的历史经验告诉我们，人性的缺陷使然，所有当权者都可能会滥用权力，他们极尽可能地使用权力。因而，一个自由、健全的国家必然是一个权力受到合法、合理限制的国家，立法权作为国家权力体系中极其重要的组成部分，也必须受到相应的约束和限制。历史经验同样告诉我们，只有取得政治统治权的集团、阶级才能行使立法权，政治统治权的专属性和垄断性，决定了立法权具有同样的属性，立法权如果不受制约，就必然沦为实施专政和侵犯人权的工具。纳粹德国时期的立法权即是明显的例证——从1933年德国国会通过《消除人民和国家痛苦法》授予希特勒政府立法权伊始，德国纳粹当局便利用手握的立法权通过了一系列扩大特权和侵犯人权的法令，如出台《国家元首法》确立了希特勒个人独裁专制的国家元首地位，制定《遗传病后代预防法》对患有遗传病的个体实行强制绝育，通过《犹太人财产申报令》为剥夺犹太人财产的政府行为进行背书，此外，立法机关还通过《保安矫正处分之法律》对集中营制度予以粉饰。[1] 尽管分析法学派与自然法学派曾就"恶法亦法""恶法非法"的命题进行激烈的学术争论，但不可否认的是，恶法也好，良法也罢，都离

---

[1] 张放：《不法之法——试析纳粹立法对法律一般性原则的破坏》，《政治与法律》2014年第4期。

不开立法权的行使和运作，只有科学划分立法权限，才能使立法权趋于确定和稳定，这是防止立法权走向专制的重要途径，立法权的不确定性和变动性只能增加立法权运行的恣意性，这意味着立法权的运行会脱离法治的轨道，或深深打上个人意志的烙印，或沦为部门（地方）利益之争的工具，或成为侵犯乃至剥夺公民合法权益的"合法手段"，这些都是立法专制的经常性表现。

### （三）强化立法伦理

立法权是一种需要约束和限制的权力，立法权的伦理性问题已经进入研究者的视野，研究立法权的伦理性旨在从道德上证成立法权的正当性，通过在不同的权力主体之间形成相对合理的动态立法权配置格局，以期获得社会公众对立法权的由衷接受和自觉服从。在一个利益高度分化的价值多元社会，社会公众所认同的立法权配置结构，势必能够实现立法过程中的利益平衡，将利益冲突或者失衡控制在社会正义的价值范围之内，使多元的利益结构实现有序化。[1] 原因在于，立法权的配置问题实质上就是社会资源的分配问题，尽管立法权配置的主体和对象都是人民，但人民本身是一个整合性的概念，人民的利益需求最终也会体现为每一个在利益和价值观上具有竞争性和冲突性的作为人民构成之个体的利益主张。因而，个人利益与共同利益之间的张力必然存在，立法权配置所要化解的就是这种张力以及由此产生的各种现实矛盾，通过整合不同利益集团和个体利益之间的紧张和冲突来凸显权力配置的正义性。[2] 具体来说，划分中央和地方的立法权限以及划分地方立法主体之间的立法权限是立法权配置的中心工作，中央拥有哪些专属立法权力，地方享有哪些自主性立法权力，这不仅涉及立法权限范围大小的问题，更与立法背后代表的利益分配休戚相关。我国社会正处于急剧转型的时期，各项社会改革已进入攻坚期和深水区，作为分配社会资源的主要手段，立法必然要发挥调节社会利益的基本功能，使利益表达得到充分实现，利益博弈得以完全展开。由是，立法应当扩大不同利益群体、利益阶层的立法参与范围，积极整合社会各阶层的利

---

[1] 参见武钦殿《地方立法专题研究——以我国设区的市地方立法为视角》，中国法制出版社，2018，第116页。

[2] 刘爱龙：《立法的伦理分析》，法律出版社，2008，第49页。

益诉求,妥善处理社会改革中所产生的各种利益矛盾与冲突。同时,中央和地方立法权限的划分和公民的权利、义务分配不无关联,如对公民政治权利的剥夺、限制人身自由的强制和处罚措施只能通过法律来制定,中央立法通过法律保留的原则限制了地方立法权限,不同层级的地方立法机关只能依据中央立法的规定来保障公民更为具体的权利及相应义务,例如,为整治地方政府规章随意规定限购、限行、限贷等涉及公民权利与义务事项的现象,新修正的《立法法》强调,在缺乏上位法的依据下,地方行政立法不得设定减损行政相对人权利或增加其义务的规范,这实质上是通过立法权限的划分整合了个体的利益诉求,以立法的手段确认和保障了个体利益。

## 第二节 中央与地方立法权限划分

中央与地方立法权限的划分,实质上是从纵向维度上解决立法权在中央和地方之间如何配置的问题,这一划分的结果决定了地方立法权限的范围大小,从世界范围来看,不同国家和地区具有不同的中央和地方立法权限划分方式,其背后蕴含的理论基础和遵循的划分标准,将是本节重点讨论的问题。

### 一 中央与地方立法权限划分的相关理论[①]

无论一个国家采用何种方式划分中央与地方立法权限,均基于一定的理论基础或者理论逻辑。不同理论所支撑的立法权限划分方式可能表现出较大的制度差异,但这些理论可以为立法权限的划分提供合理性的论证,立法权限划分的制度实践也反过来促进了相关理论的完善和发展。从历史上的经验和现实中的考察得知,不同时代的国家或者同一时代的不同国家在划分中央与地方立法权限时,主要受以下基本理论的影响和制约,即中

---

① 目前对中央与地方立法关系基本理论阐释得比较全面的主要有张千帆教授的专著《国家主权与地方自治——中央与地方关系的法治化》以及封丽霞教授的专著《中央与地方立法关系法治化研究》,本部分在撰写时主要参考上述两部著作的论述,在此特向作者致以诚挚的谢意。

央集权主义理论、地方分权主义理论和均权主义理论。

### (一) 中央集权主义理论

中央集权主义或称中央集权制，或称集中主义，是将国家组织或其他政治机构和社会机构的决策权和监督权全部地或大部分地集中和掌握在中央机关的一种体制。[1] 在立法领域，中央集权主义的基本观点是，中央在中央与地方立法权限的划分过程中具有决定性的作用，中央立法权具有最高性，地方立法权来自中央的授予，因而从属于中央，必须接受中央的领导和监督。该理论强调中央立法权的绝对权威，在立法权的分配上体现出"自上而下和集中向上"[2] 的特点。

古典中央集权主义代表如博丹、霍布斯、卢梭、黑格尔等资产阶级思想家都是坚定的国家绝对主权论者。在这里有必要厘清主权理论和中央集权主义理论之间的关系，首先应该理解主权概念的历史作用，学者张千帆认为，主权并不是一个事实的存在，在某种意义上，主权是国家确立对内和对外统治后发展出来的一种意识，是为了论证国家存在合法性而创造出来的概念，主权概念的历史作用主要是帮助当时新兴的民族国家巩固权威，使其对外维持独立，对内保持最高地位。[3] 这就不可避免地要为中央集权、为国家绝对权力进行辩护，因此，早期的主权论者在加强中央集权统治的认识方面并没有根本的分歧。

博丹的主权理论诞生于法国君主与教皇斗争的特殊时代，彼时宗教与世俗的冲突需要一种理论来化解，主权理论便应运而生。博丹认为，国家主权专指国家中的最高统治权力，国家主权在政治上是不能分割的，为保证国家主权的至高性和完整性，中央集权的君主必须代表国家进行统治。在立法方面，主权者拥有绝对的立法权，主权者有权为臣民制定任何法律，有权为所有人制定法律却不受其限制。不过需要指明的是，博丹认为，绝对主权只是相对于实定法的自由而言的，主权者仍然受自然法（上帝之法）的约束。自博丹创立主权理论开始，就产生了主权归属双重性的

---

[1] 中国南斯拉夫经济研究会编《南斯拉夫政治经济词解》，对外贸易教育出版社，1987，第6页。
[2] 封丽霞：《大国立法的逻辑》，商务印书馆，2022，第125页。
[3] 参见张千帆《国家主权与地方自治——中央与地方关系的法治化》，中国民主法制出版社，2012，第2页。

问题，即主权究竟应该归人民所有，还是应该归统治人民的政府所有。霍布斯和卢梭进行了不同角度的阐释。霍布斯认可博丹主权至高性和完整性的观点，但他将主权归属于政府的一个统治机构——立法机构，认为主权即等同于立法权，而立法权本身是不受法律限制的。卢梭基本上沿袭了霍布斯的主权理论，只不过在他看来，主权的要素不是权力，而是代表公共利益的公意，即主权代表公意，这种公意不可转让且不可分割。进而，卢梭认为，主权尽管体现为立法权，但立法权并不属于政府机构，而全部属于人民，而且只能属于人民，因此，代议制只不过是自欺欺人的骗局而已，只有直接民主才是唯一的合法政体，显然，卢梭的主权理论成为宣扬直接民主的原教旨主义，只能存在于规模较小的社会，在利益多元化的现代社会是难以适用的，因为何谓人民、何谓公意等诸如此类的问题在卢梭的学说中尚未找到令人信服的答案。①黑格尔在《法哲学原理》中亦强调君主专制的中央集权是国家存在的前提。他认为，主权不是任性的、专制的权力，应当是立宪的、法制的权力，由王权所表示的国家主观性就是君主主权。黑格尔反对卢梭的人民主权论，他认为以人民主权对抗君主主权是混乱思想，因为人民是一群无定形的抽象物，君主的世袭权和继承权的正统性不仅来自实定法，而且也包含于国家理念之中，世袭君主制是保障国家统一和稳定的制度。②

古典中央集权主义理论为民族国家的形成奠定了理论基础，当民族国家建立之后，人们对中央集权主义的推崇依然不减，当代中央集权主义理论主要体现为现代化理论、新权威主义理论等。现代化理论认为，在一个国家的现代化刚刚起步或者现代化进程遭遇危机的时候，实行权力的高度集中和中央集权是一种必然选择，这是因为，在启动现代化进程时，需要中央集权排除制度层面的障碍，而一旦现代化进程遭遇危机，只有中央集权才能集中全国的力量和资源去克服危机。美国学者亨廷顿指出，在现代化的第一阶段，必须先改变传统的社会、经济、文化信仰和行为，所以就会产生革新政策和权力的集中，此之谓中央集权的开始；在第二阶段，革

---

① 参见张千帆《国家主权与地方自治——中央与地方关系的法治化》，中国民主法制出版社，2012，第 4~13 页。
② 吕世伦：《黑格尔法律思想研究》，中国人民公安大学出版社，1989，第 15~16 页。

新政策所引起的社会和经济变化，将导致新集团要求进入政治体系并要求扩大体系容量，此之谓中央集权体系权力的进一步扩大；在第三阶段，即现代化后期，体系容量的扩大可能会导致体系权力的重新分散。① 新权威主义是相对于权威主义或者传统权威主义而言的，后者经常被理解为一种反对个人自由的"独裁主义"或者"极权主义"，新权威主义是指一种政治权力集中于少数寡头集团，借助代议制形式以及其他国家工具严格控制各种利益表达和政治参与，以现代化和经济发展为主要目标的意识形态或政权形态。② 新权威主义强调建立权威基础上的社会秩序，把权威基础上的社会秩序的稳定设定为最终价值，其核心主张是各国在向市场经济和民主政治的发展进程中，应建立一个强有力的现代化导向的政治权威，作为社会整合和秩序稳定的有力保证，在中央和地方立法关系上，新权威主义主张中央立法集权，即由代表民族或者国家利益的精英群体来主导国家立法过程，从而实现中央立法对地方立法的指导与统率。③

中央集权主义理论在中央与地方立法权限划分中的作用主要体现为加强中央立法，中央立法的强化有助于巩固中央立法的权威，形成以中央立法为核心的统一的立法体系，也有利于立法资源的有效整合和合理配置，但过于集中的中央立法也会增加立法的负担和决策的风险，并且带来巨大的立法成本损耗，因而，中央如何集中行使立法权必须进行科学的评估和设置。

### （二）地方分权主义理论

地方分权主义或称地方分权制，是指中央将其治权的一部分赋予地方政府，中央仅对授权事务履行监督职责而不予直接处理的一种体制。④ 地方分权主义体现了国家权力在中央与地方之间的纵向配置，其目的在于防止过于集中的中央权力走向专制。在立法领域，地方分权主义的基本观点是，地方在其辖区内拥有较大的立法自主决定权，中央立法对地方性事务一般不予干预。

---

① 〔美〕塞缪尔·亨廷顿：《变革社会中的政治秩序》，李盛平等译，华夏出版社，1988，第142页。
② 陈尧：《新权威主义政权的民主转型》，上海人民出版社，2006，第42页。
③ 封丽霞：《中央与地方立法关系法治化研究》，北京大学出版社，2008，第29~35页。
④ 参见林谷蓉《中央与地方权限冲突》，（台北）五南图书出版公司，2005，第21页。

传统主权理论认为主权是单一的、最高的和不可再分的权力，美国的宪法实践首先打破了传统主权理论，使主权成为可以由中央和地方共享的概念。事实上，为防止高度集权带来专制的危害，民主制国家都采用比较复杂的分权体制，不仅立法权、行政权和司法权之间实行分权制衡，而且在中央和地方之间也实行分权，[1] 此类分权体制表明了权力分立原则在宪法体制下有了全新的内涵：通常所谓权力分立原则是为了防止权力滥用对人权造成伤害，然而权力分立原则的功能，绝非局限于一般人所熟悉的对人权保障与权力均衡的维护，它还有更深一层的含义，即何种国家事务由哪一级机关负责决定，应依据"适当功能之机关结构"标准划分。[2] 从适当功能之机关结构的角度去理解权力分立，则科学合理的权力配置应优先考虑，一方面权力应该在立法权、行政权、司法权之间进行合理分配，通过权力之间的彼此制衡以防止过于集中的行政权或者立法权走向暴政；另一方面，权力应该在中央与地方之间进行科学配置，通过纵向的权力分割防止过于集中的中央权力走向专制。因此，权力分立应该从两个角度来诠释——水平的权力分立与垂直的权力分立，前者指将某一层级的权力分配给同一层级的不同机关行使，即权力的横向配置，后者则指将权力分属二个及以上层级的政权组织分别行使，即权力的纵向配置。无论是水平分权，还是垂直分权，反映的都是权力制衡与民主政治的本质，两者的有机结合旨在为防止某项权力的专断和腐化提供全方位的保障，然而，在宪法研究中，垂直分权的重要性常常被学者忽视，地方分权主义理论的兴起，实则是对中央和地方关系进行理论上的反思和现实中的践行的结果。

"无论对任何一种宪法体制来说，都需要把地方自治和地方分权问题作为民主国家不可或缺的内容，予以明确定位。"[3] 当我们探讨地方分权主义理论时，不免会以中央集权主义理论作为参照物，同时会以地方自治作为衍生物，因为地方分权意味着国家权力将进行自上而下的垂直分权，国家权力的重心不再如中央集权那样上移，两者之间的区别在于统治权是否

---

[1] 张千帆：《国家主权与地方自治——中央与地方关系的法治化》，中国民主法制出版社，2012，第18页。
[2] 许宗力：《法与国家权力》，（台北）月旦出版公司，1993，第139页。
[3] 〔日〕杉原泰雄：《宪法的历史——比较宪法学新论》，吕昶、渠涛译，社会科学文献出版社，2000，第187页。

统一于中央或是分予地方自治团体,中央集权(centralization)尽可能将国家权力集中于中央,地方分权(decentralization)则尽可能将国家权力分散于地方自治团体或联邦的分支国。申言之,地方分权是国家与国家领土内部相对独立的地方自治团体彼此间分配权能的一种原理,所谓地方自治是由国家设立地方自治团体作为法人,并在国家的监督下由地方自治团体内之人民依法组织机关行使职权,基于自己之意志以处理其区域内的公共事务的一种地方政治制度。在论及地方分权主义时,人们常常以地方自治作为理论模型加以论证,由是,有学者认为地方自治是地方分权的一种形态。[①] 我们认为,有必要对地方分权和地方自治的关系进行简要的探讨。这两个概念的区分较为明显,地方分权是相对于中央集权而言的,旨在解决地方与国家权力的分立问题,西方普遍意义上的地方自治具有特定的内涵,它着眼于自治本身,强调地方自由的存在,是一项宪法承认和保障并对立法者具有约束力的自由,强调地方居民或者地方公共团体的自主性。申言之,地方分权更强调权力的纵向分立,而地方自治更强调地方自由与权利,两者之间的联系在于地方自治是在宪法框架下的制度化分权,地方分权是地方自治的前提。"而地方自治者,亦即分权中之一种,请得而断之曰集权、分权者,政治上之关系;地方自治者,法律上之关系。故地方自治为分权,而分权不仅为地方自治也。"[②] 相比较而言,地方分权的概念

---

[①] 张正修:《地方制度法理论与实用——地方自治概念、国外法制及都市篇》,(台北)学林文化事业有限公司,2000,第2~14页。张正修先生认为,地方分权主要有两种形态,将统治权分给地方自治团体的即为地方自治,将统治权分给联邦分支国的是联邦制,通常所论地方自治乃单一制国家之产物,它由中央政府所创设,地方的制度、权限依然会受到中央政府尤其是议会之影响乃至变更,地方政府的地位相对从属于中央;而联邦制中联邦政府与州政府的地位主要基于宪法规定,两者的地位相对等而非从属,联邦政府除非修改宪法,否则不能以法律削减或者取消州政府的权力,因而联邦制是典型的地方分权形态,以有别于单一制国家中的地方自治,但这并不意味着联邦制国家中不存在地方自治,所谓联邦制国家中的地方自治主要指的是州以下的地方自治团体所实施的地方自治,而非州政府的自治。这样的观点不易让人理解,因为大陆学者往往会把州政府的管理视为联邦制国家中典型的地方自治形式,张正修先生之所以持这样的观点是因为他认为地方自治的本质源于国家之委任,而非原始之权力,从这个意义上讲,联邦与州之间的关系源于宪法的规定,州之权力并非源于联邦之授予,因而不能归结为地方自治,在联邦制国家中,只有州以下的地方自治团体(如美国的市、县)与州之间的关系符合地方自治理论,由此可见,有关地方自治基础理论的不同观点直接影响对地方自治范围的界定。

[②] 〔日〕吉村源太郎:《地方自治》,朱德权编,金慧华、郑少华点校,中国政法大学出版社,2004,第15页。

更具有包容性，而地方自治具有特定的含义，若从西方各国地方自治的共性来看，地方自治主要表明一种自由和权利价值追求，地方分权更多的则是基于各国治理经验的现实机制，是指向地方自治的中央与地方的权限划分。

地方自治的本质有诸多学说，如承认说、固有权说、制度保障说、人民主权说等，这些理论学说的立足点都在于探究地方自治的本源，为地方自治的实践寻求正当性基础。择其要旨而论，"承认说认为地方自治源自国家之承认，其范围由国家界定，因此国家亦可随时撤回其承认，依此，自治立法权亦仅在国家承认之范围内有其存立之余地；固有权说认为自治权乃是地方自治团体固有之权限，因之作为自治权基本内容之自治立法权，自治团体亦无待乎国家承认而当然享有；制度保障说认为地方自治权虽由国家所承认赋予，而非地方自治团体之固有权，但却是宪法所保障之制度，其核心内容受到高度之保障，不得任意以立法侵害；人民主权说认为在人民主权原理限制下，权限之划分应以'地方优先，国家补充'之原则，按同心圆之处理方式，只要狭域自治团体所能处理之事务，即不应分配予较广域之自治团体或国家"。[①] 上述理论皆有其学术意义，早期的承认说与固有权说两种观点显然是对立的。若依承认说，则地方自治权的内容将是不确定的，甚至地方自治权的有无，亦完全取决于国家意志，因而该学说对地方自治的保障极其薄弱；固有权说虽然保障了地方自治权，但对于国家而言，若将固有权说推至极端，则不免有形成地方独立王国之虞，危及国家的整合性，削弱国家的整体力量，因而要谨慎对待。制度保障说则充分考虑前两者理论各自之利弊，既避免地方自治团体完全沦为国家之附庸，又可利用立法之手段防止地方脱离国家之控制，使中央与地方权限之划分、争议之处理均由宪法加以规范，任何国家立法不得违反有关地方自治宪法保留的原则，因而能够为大多数学者认可。人民主权说肯定了人民在地方自治中的主体地位，重视地方自治对人权维护之功能，能够充分调动地方自治为人民谋福祉的积极性，代表了对地方自治本质更为理性的判断。

至于我国是否存在地方自治，在理论界尚处于探索阶段，目前并无统

---

① 台湾行政法学会主编《行政救济、行政处罚、地方立法》，（台北）元照出版公司，2001，第333页。

一之结论。我国现行宪法第 3 条将民主集中制原则作为国家机构所遵循的基本原则，民主集中制原则既可以用来指导国家机关之间的关系，也是处理中央和地方关系的根本准则，民主集中制原则在性质上异于权力分立原则，我国的宪法理论向来只讨论如何实现权力间的分工和监督以及在中央的统一领导下，充分发挥地方的主动性、积极性。我国现行宪法并没有直接规定地方自治的制度，这与立宪者批评分权理论的立场是一致的，值得注意的是，宪法文本在不同的地方体现了自治的内容，如"自治州""自治区""自治县""民族自治地方的自治机关""基层群众性自治组织"，以及在《香港特别行政区基本法》和《中华人民共和国澳门特别行政区基本法》（以下简称《澳门特别行政区基本法》）中提到的"高度自治"等内容，由此，有学者认为，"中国地方制度表现在宪法规定的基本原则之下，实施不同形式的地方自治。地方自治的主要形式有：民族区域自治、特别行政区自治、城镇居民自治与村民自治"。[①] 由于民族区域自治制度和特别行政区自治制度分别是为了解决我国特殊的民族问题和历史问题而建立的，且基层群众性自治组织并不属于我国的政权组织范畴，我国所谓的地方自治其实带有某种制度试验的性质，并没有在一般地方政权组织上实行，从这个意义上讲，我国宪法上自治的术语名词与地方自治的本质内涵并没有通过普遍的地方实践联系起来。但有学者认为我国宪法其实是承认并主张地方自治的，地方自治应该是处理中央与地方关系的普遍性模式，不能仅仅将"自治"狭义理解为"民族区域自治、特别行政区高度自治、基层群众性自治"。[②] 之所以出现上述观点的分歧，是因为地方自治理论的多样性，在何谓地方自治尚未达成充分共识的情形下，持不同的理论主张所得出的判断自然有所不同，若以固有权说论，我国断无地方自治之可能，若以制度保障说论，可以得出我国部分区域实行地方自治的结论，但若以人民主权说论，可认为我国的民主集中制就是一种地方自治制度，不过我们习惯上没有这样去称呼它。[③] 就《立法法》修正的内容来看，中央赋予地方立法主体更多立法权，反映出中央与地方立法权限划分有了新的

---

① 田芳：《地方自治法律制度研究》，法律出版社，2008，第 308 页。
② 王建学：《作为基本权利的地方自治》，厦门大学出版社，2010，第 192 页。
③ 许崇德主编《中国宪法》（修订本），中国人民大学出版社，1996，第 245 页。

发展方向,即立法权呈现不断下移的趋势,这也体现了地方自治的精神,正确挖掘民主集中制的合理内核是理解地方自治的中国意义的关键所在。

地方自治的核心内容包括了地方立法权、地方财政权、地方组织权等组成部分,地方分权主义理论认为,地方立法分权具有重要的价值,具体而言,地方立法分权可以减轻中央立法压力与负担,减少立法决策过于单一造成的风险,充分发挥地方立法在信息收集、促进地方民主、保护地方利益方面的优势,因而实行地方立法分权是有必要的。不同的国家和地区有不同的分权模式,一般可将立法分权模式分为集权为主、分权为次和分权为主、集权为次。前者是指"立法权主要由中央行使,但地方在一定条件、限度和程序的限制下可以适当行使中央授予的某些立法权,地方立法权的行使要较多受制于中央立法权的立法模式",① 从实践来看,一些单一制国家如中国、日本等在授予地方立法职权时往往采用该模式;后者是指"立法权主要由地方行使,中央也行使一定的立法权,在有些事项上以地方立法为主,在有些事项上则以中央立法为主,总体上地方分权因素相对大于中央集权因素的立法模式",② 实践中,联邦制国家如美国、德国等多采用该模式。需要注意的是,集权和分权与国家结构形式的关系并非严格对应,不能陷入联邦制国家倾向于分权而单一制国家倾向于集权的认识误区,联邦制至多只是代表了比较注重地方自治的一类国家,单一制则代表了比较注重集权的另一类国家,换言之,联邦制国家并不是没有中央集权,单一制国家也不是不讲地方分权,所不同的只是程度和地位罢了。

(三) 均权主义理论

中国革命的先行者孙中山先生是均权主义的首创者。均权主义或称均权制,是在综合中央集权主义和地方分权主义各自优势基础上发展出来的一种理论模式,其实质是一种均衡的权限划分制度。"使中央与地方权力有平衡的分配,一致的运用,均势的吸摄,不偏于中央集权或地方分权,以收放自如,疏密两宜的结果,则自由无碍于团结,统一不损于自由。"③ 在立法领域,均权主义理论的基本观点是,以立法事项的性质作为划分中

---

① 崔卓兰等:《地方立法实证研究》,知识产权出版社,2007,第26页。
② 崔卓兰等:《地方立法实证研究》,知识产权出版社,2007,第27页。
③ 转引自林谷蓉《中央与地方权限冲突》,(台北) 五南图书出版公司,2005,第30页。

央与地方立法权限的标准。

均权主义并不否认立法权在中央和地方之间集中和分散的重要性,更重要的是在中央和地方的立法职能关系上,寻求中央和地方关系的平衡和地方立法分权的合理性,从而形成一种新型的集中央集权主义和地方分权主义优势于一体的中央与地方立法权限划分模式。

1922年,孙中山在名为《中华民国建设之基础》的演讲里提出:"所谓中央集权、或地方分权、甚或联省自治者,不过内重外轻,内轻外重之常谈而已。权之分配,不当以中央或地方为对象,而当以权之性质为对象。权之宜属于中央者,属之中央可也;权之宜属于地方者,属之地方可也。例如军事、外交,宜统一不宜纷歧,此权之宜属于中央者也。教育、卫生,随地方情况而异,此权之宜属于地方者也。更分析以言,同一军事也,国防固宜属之中央,然警备队之设施,岂中央所能代劳,是又宜属之地方矣。同一教育也,滨海之区,宜侧重水产;山谷之地,宜侧重矿业、或林业,是固宜予地方以措置之自由,然学制及义务教育年限,中央不能不为划一范围,是中央亦不能不过问教育事业矣。是则同一事实,犹当于某程度以上属之中央,某程度以下属之地方,彼漫然主张中央集权、或地方分权、甚或联省自治者,动辄曰:某取概括主义,曰:某取列举主义,得勿嫌其笼统乎?……权力之分配,不当挟一中央或地方之成见,而惟以其本身之性质为依归。事之非举国一致不可者,以其权属于中央,事之应因地制宜者;以其权属于地方,易地域的分类,而为科学的分类,斯为得之。"①

依据孙中山的观点,中央与地方之间的权限划分,不是一种数量上的权力关系平均,而是依据事务的基本性质而定。因为从学理角度分析,行政事务是不能用平均进行划分的,故其原则为凡事务有全国一致者划归中央,有因地制宜之性质者划归地方。不偏于中央集权制或地方分权制。属于中央性质者,地方不能越权,属于地方事权者,中央政府不能侵犯,以克服中央集权与地方分权先天对立性之本质。从这个意义上讲,所谓均权系相对于中央集权与地方分权而言的,均权主义的真谛应该是"按事务的性质,来进行合理的分配"。均权主义体现在中央与地方立法权限的划分方面,其要旨并不是将中央立法权与地方立法权进行均化配置,而是依据

---

① 陈旭麓、郝盛潮主编《孙中山集外集》,上海人民出版社,1990,第32~33页。

立法事项的性质对权限进行划分。凡涉及国家安全和社会秩序、与全体人民利益相关的事项应由中央进行立法,凡涉及地方性事务、需要因地制宜进行立法的事项应由地方进行立法,并且中央与地方在立法事务上应该分工合作、积极互动,以此形成职能划分科学、权限配置合理的均衡的立法格局。

## 二 中央与地方立法权限划分的标准

理论界对中央与地方立法权限的划分标准认识并不一致,主要存在三种不同的观点。有学者认为,中央和地方的立法权限划分标准主要包括立法事项的重要程度以及立法事项的影响范围两种类型;[①] 有学者则提出中央与地方立法权限划分应当在立法权的性质、重要程度、影响范围三种类型划分标准的基础上辅之以"财权与事权相统一"的标准;[②] 还有学者主张,中央与地方立法事权的划分标准主要有四个:立法所调整事务的性质或属性、立法所调整事务的重要程度、立法所调整事务的影响范围、立法的调整机制与方法。[③]总体来说,不同划分标准的综合运用能解决大部分中央与地方立法权限划分的问题,本书着重论述具有共识性的划分标准,即影响范围标准和重要程度标准。

### (一) 以立法事项的影响范围为标准

以立法事项的影响范围作为划分标准,理论界称之为影响范围标准,该标准主要以立法事项是事关全局的全国性事务还是影响局部的地方性事务为判断依据。据此,对于"影响范围"仅具有局部意义的地方性事务而言,不管其重要程度如何,都应属于地方立法事项范围;而对于超出局部范围之外且不宜由地方立法调控的事务,中央立法才应介入并发挥积极主导作用。以影响范围作为划分中央与地方立法权限标准的合理性在于:中央立法解决的一般是国家和社会生活中带有全局性、普遍性的问题,不适宜专门去解决地方多样化和差异化的特殊问题;相对而言,地方立法机关

---

[①] 刘志刚:《中央和地方的立法权限划分》,《哈尔滨工业大学学报》(社会科学版) 2016 年第 4 期。
[②] 刘雁鹏:《中央与地方立法权限划分:标准、反思与改进》,《河北法学》 2019 年第 3 期。
[③] 封丽霞:《中央与地方立法事权划分的理念、标准与中国实践——兼析我国央地立法事权法治化的基本思路》,《政治与法律》 2017 年第 6 期。

更加熟悉涉及地方利益的事务，因而由地方立法调整地方性影响的事务，更能发挥其因地制宜的优势，充分满足特定区域内人们的立法需求。

影响范围标准为大多数联邦制国家或者实行地方自治的国家在划分中央和地方立法权限时所采用。例如《德意志联邦共和国基本法》（以下简称《基本法》）第72条规定了联邦立法权范围："联邦应有权对下列事项制定立法：（1）一州的立法不能有效地调控该事项；（2）州法律对该事项之调控，可能损害其他州或整个政体之利益；（3）为了维持法律或经济统一，尤其是维持超出任何一州疆土范围内的生活水平之均衡，这类调控有所必要。"这些规定是为了让联邦去调控地方力所不能及的立法事项，显然是以影响范围为标准进行的立法权限划分。影响范围标准不单独为联邦制国家所采用，即使是单一制国家也开始借鉴其合理性方式，并在立法上予以体现，如日本宪法第95条规定："仅适用于某一地方公共团体的特别法，依据法律规定，非经该地方公共团体居民投票获得半数以上同意，国会不得制定。"该条确认了专属于地方公共团体的立法事务，该立法事务具有明显的地域性特征。显然，这是遵循了中央与地方事权划分的影响范围标准。[1]

### （二）以立法事项的重要程度为标准

以立法事项的重要程度作为划分标准，理论界称之为重要程度标准，重要程度标准主要根据事项的重要程度来划分中央和地方的立法权限。关于如何界定立法事项的重要程度，有学者认为："凡是涉及国家整体利益或者影响到公民的基本权利问题，都属于重要事项，应当由中央立法；若涉及事项仅仅涉及地方利益亦或是影响到公民非基本权利，应当由地方立法。"[2] 我国立法权限划分主要采用重要程度标准，如《立法法》第11条明确规定了专属于中央的立法事项，这些都是比较重要的立法事项。对地方立法主体而言，以重要程度作为划分中央与地方立法权限的标准，具有制度上的合理性，"在立法民主与监督机制尚不完善的情况下，如果把一些事关全局、影响国计民生的重要事项的立法权下放到地方，那么这些立

---

[1] 参见封丽霞《中央与地方立法权限的划分标准："重要程度"还是"影响范围"？》，《法制与社会发展》2008年第5期。

[2] 刘雁鹏：《中央与地方立法权限划分：标准、反思与改进》，《河北法学》2019年第3期。

法权就极有可能被滥用,从而有可能导致地方以合法的形式侵犯公民基本权利,而且这类侵犯有可能因其影响的局部性、个别性和地方性而逃脱人们的关注"。[1]但也可能束缚地方治理的手脚,比如"犯罪与刑罚""对公民政治权利的剥夺和限制人身自由的强制措施和处罚"属于中央专属的立法事项,地方立法不得以任何形式加以规定,但有的时候,限制自由只是一个具有局部意义的地方性问题,有学者就以"三无"人员流浪乞讨的治理问题为例,论证了将"限制人身自由的强制措施"的立法权完全纳入中央立法的局限性。[2]可见,判断立法事项的重要程度不能脱离影响范围标准,一般来说,影响范围及于全国的立法事项当然重要,诸如国家主权、国家机构的产生、司法制度、外交军事、公民基本权利与义务等立法事项,其重要性对于国家来说不言而喻,这些事项无疑具有全国范围的影响力,影响范围的大小可以为重要程度提供相对客观的判断标准,但问题在于,事项是否重要及重要程度如何,并非基于完全客观的判断,有时要立足于立法者自身的认识,这就使得一些仅仅具有局部影响的立法事项也要靠中央立法调整,从这个意义上讲,是否应该摒弃重要程度标准而改用影响范围标准也是划分中央和地方立法权限时值得探讨的问题。

## 三 中央与地方立法权限划分的实践

中央与地方立法权限划分涉及的是一国立法权纵向配置的原则、方式问题,国家结构形式通过立法确定国家与其所辖区域的纵向的权力关系,通常所论国家结构形式对中央与地方立法权限划分能够产生影响,两者所要解决的问题在某种程度上是一致的,即都要解决权力在纵向上如何配置的问题。单一制和联邦制是现代国家纵向配置权力的两种基本模式,但单一制国家和联邦制国家在中央与地方立法权限划分的问题上区别较大,即使同属于联邦制或者单一制,各国由于在历史传统、地理条件、文化观念、宗教信仰以及治国理念等方面的差异亦有不同的表现特色。

---

[1] 封丽霞:《中央与地方立法事权划分的理念、标准与中国实践——兼析我国央地立法事权法治化的基本思路》,《政治与法律》2017年第6期。
[2] 参见张千帆《流浪乞讨与管制——从贫困救助看中央与地方权限的界定》,《法学研究》2004年第3期。

## （一）联邦制国家

在联邦制国家，国家的立法权一般由联邦的中央立法机构和联邦成员的立法机构共享，由此形成两个相互独立的立法权体系，这样一种权力配置通常经由宪法统一规定，任何一级立法机构不得单独改变，同时，联邦和联邦成员的立法权只能在联邦宪法规定的范围内行使，任何一方不得逾越边界，总的来说，联邦制国家中央与地方立法权限划分可以从两个方面来理解：一是联邦与联邦成员之间的立法权限划分，二是联邦成员与其下属的地方政府之间的立法权限划分。一般较受关注的是联邦与联邦成员之间的立法权限划分。

以联邦立法的分权与集权程度为依据，可以将联邦制国家中央与地方立法权限划分模式分为分权式和集权式两种。分权式权限划分模式表现为联邦与联邦成员之间立法权的配置比较均衡，联邦与其成员的立法权均来自宪法的授予，尽管联邦政府居于较高的法律地位，但是联邦成员也充分享有宪法和法律赋予的自主权力，双方依宪法形成立法权的均衡机制，以防止出现中央立法专制，分权式以美国和德国等国为典型。集权式权限划分模式以中央立法高度集权为主要特征，联邦享有广泛的立法特权，在特定情况下可以对地方立法进行直接干预，这种强化中央立法的权限配置方式旨在限制地方立法权，因此，联邦与其成员之间的立法权限划分呈现非均衡的状态，实行集权式权限划分模式的国家一般以印度和阿根廷等国为典型。[1]

1. 美国

美国是联邦制国家，它在联邦和州两级政府的权力安排方面，主要遵循双重主权的原则，即联邦和州政府之间保持动态平衡，州权有时大一些，有时小一些，但所有这些权力平衡都要符合宪法。[2] 美国宪法对联邦和州的立法权限进行了比较明确的划分，联邦和州分别在各自的权限范围内对相应的事项进行立法。

（1）联邦立法权限

明示立法权限。美国宪法第 1 条第 8 款列举了属于国会的 17 项具体的

---

[1] 封丽霞：《中央与地方立法关系法治化研究》，北京大学出版社，2008，第 174～176 页。
[2] 李步云、汪永清主编《中国立法的基本理论和制度》，中国法制出版社，1998，第 402 页。

立法权力，此外，第8款还规定了1项弹性条款，该项条款也称为"必要且适当的条款"，即"制定为执行以上各项权力和依据本宪法授予合众国政府或政府中任何机关或官员的其他一切权力所必要的和适当的法律"。该项条款应当被看作联邦立法权的组成部分，但该项条款中立法权容易被误解。国会在此并没有被授权为任何必要且适当的目的制定法律，而只是被授权制定对于行使国会的列举权力为必要且适当，或者对于行使宪法赋予总统、参议院或法院的权力为必要且适当的法律。美国首席大法官马歇尔对必要一词进行了比较宽泛的解释，在"美国银行案"的判决意见书中，联邦最高法院马歇尔大法官把"必要"一词解释为便利或有用，他反对将这一词解释为绝对必要，如设立联邦储备银行并不是宪法列举的国会权力，但是国会依然有权设立，因为这对于行使征税权、以合众国的信用借款的权力以及规定州际贸易的权力等，是一种必要且适当（亦即便利）的方式。①

默示立法权限。从授予联邦的立法权合理引申出来的立法权限即默示立法权限。"1. 建立银行和其他公司。引申自征税、借款和管理商业的权力；2. 为道路、学校、健康、保险等等提供经费。引申自兴建邮政道路、提供公共福利、国家防务和管理商业的权力；3. 设立军事学院和海军学院。引申自建立和保持陆军和海军的权力；4. 发电和出售剩余物资。引申自处置政府财产、管理商业和宣战等权力；5. 帮助和管理农业。引申自征税、提供公共福利和管理商业的权力。"②

限制立法事项。美国宪法及其修正案对联邦的立法权限也进行了限制性的规定，对于一些特殊事项，联邦不得通过立法加以规定。如不得通过公民权利剥夺法案或追溯既往的法律；不得对任何州输出的商品征税；不得允许奴隶制实施；不得授予任何贵族爵位；除非发生叛乱和入侵而出于公共安全的必要，不得中止人身保护令所保障的特权；等等。

（2）州立法权限

保留权力。美国宪法修正案第10条规定了各州能够行使的保留权力，

---

① 〔美〕卡尔威因、帕尔德森：《美国宪法释义》，徐卫东、吴新平译，华夏出版社，1989，第102~103页。
② 李林：《立法理论与制度》，中国法制出版社，2005，第456页。

也有学者称之为剩余权力。① 从内容上看，该条实质上隐含了如何正确处理联邦与州之间关系的一些基本原则，如美国最高法院起初认为由各州保留的一些权力应当是独立自主、不折不扣的权力，各州保留的权力不应再授予联邦，如规定雇用条件是各州保留的权力，因此，国会就不得利用其管理州际贸易和征税的权力来制定在州际贸易中取消雇用童工方面的法律。然而，最高法院的立场之后又发生了转变，即各州保留权力的存在丝毫不会限制联邦行使宪法所赋予的权力，因为国会绝不可利用损害州的完整性或侵犯其在联邦体制中有效地实现其权力的基本职能的方式实施它的权力。需要说明的是，第10条并没有说，没有明确授予联邦的权力就得由各州所保留，之所以没有加上"明确"二字，是因为那将严重束缚联邦行使权力，而且应该特别强调的是，各州只能在联邦宪法的限制下，在承认联邦至高无上的地位的前提下，才能行使其保留的权力，如各州不得强迫达到联邦征兵年龄18周岁的青年必须到学校就读，因为联邦征兵的权力优先于各州推行教育的权力。②

限制立法事项。美国宪法并没有专门规定各州的专有立法权力，其立法权应该随着联邦权限的进退而进行调整，同时也与州政府的行政权相互适应。但是，联邦宪法明确限制了州的立法事项，主要涉及不得缔结任何条约、结盟或组织联邦；不得铸造货币、发行纸币；未经国会同意，不得对进口货物或出口货物征税；不得制定损害契约义务的法律；不得通过公民权利剥夺法案或追溯既往的法律；不得拒绝给予人民平等的法律保护；不得因种族、肤色和性别剥夺公民的选举权；不得允许奴隶制实施；不得授予任何贵族爵位；未经适当法律程序，不得剥夺任何人的生命、自由或财产；等等。③

（3）联邦和州共有立法权限

美国宪法并没有明确规定联邦和州共有立法权限，但最高法院实则通过"领港调控案"等判例发展的"库利法则"承认了范围广泛的州际贸易

---

① 美国宪法修正案第10条规定："本宪法未授予合众国也未禁止各州行使的权力，分别由各州或由人民保留。"
② 〔美〕卡尔威因、帕尔德森：《美国宪法释义》，徐卫东、吴新平译，华夏出版社，1989，第259~261页。
③ 萧榕主编《世界著名法典选编》（宪法卷），中国民主法制出版社，1997，第14页。

属于联邦和州分享权力的领域。①"库利法则"要求依据事务的性质来调控权力,如果事务需要体现地方特色并进行多样化处理,那么即使它处于国会权力范围内,只要国会没有制定优先于各州调控的立法,各州也仍有权立法。②

美国中央和地方立法权限划分主要有如下特点。一是由联邦宪法和宪法修正案来进行中央和地方立法权限的划分,用根本法的形式加以确定,保持其至高无上的权威性。二是明确而具体地确定中央和地方立法权限划分,以肯定式的列举和否定式的列举为主,概括式的规定只用于剩余立法权的规定。三是地方立法权限的范围非常宽泛,具有较大的立法自主权,但又不乏相应的限制,保持了联邦立法的最高效力。如美国宪法第6条明确规定中央立法的效力高于地方立法的效力,联邦宪法及依宪法制定的联邦法律以及联邦已缔结的一切条约,皆为全国之最高法律,各州的法官都应受其约束,任何一州的宪法和法律都不得与之相抵触。这一条款保证了联邦制的运转,它表明尽管联邦的权力是有限的,但在合众国的范围内又是最高的,最高权力原则巧妙地解决了联邦立法在各州的适用问题。

2. 德国

德国同属于联邦制国家,德国现行的立法权限制度的依据,主要是德国联邦议会于1949年制定的《基本法》。《基本法》在属性上就是联邦宪法,但未用"宪法"的称谓。这样做的意义在于表明《基本法》所规定的只是一个处于"过渡期"的新的国家政治生活秩序,只有在德国统一后,国家的最高法律规范才能称为宪法。因此,《基本法》在第146条中写明"本基本法在德国人民根据自决所通过的宪法开始生效之日起停止生效"。③在1990年10月德国统一之后,联邦议院和联邦参议院共同组成宪法委员会,探讨《基本法》的修改事项。德国社会各方面提出了应按《基本法》序言和第146条的精神制定全德宪法,但宪法委员会的最后报告否决了全面修宪的建议,维持《基本法》不变。

---

① 张千帆:《国家主权与地方自治——中央与地方关系的法治化》,中国民主法制出版社,2012,第81页。
② 张千帆:《宪法学导论》,法律出版社,2004,第226页。
③ 马怀德主编《中国立法体制、程序与监督》,中国法制出版社,1999,第166页。

进入 21 世纪以来，德国联邦制的问题逐渐突出，"代表国民利益的联邦议院和代表各州利益的联邦参议院之间的妥协越来越多，造成政治决策困难，权责对应更加模糊；联邦事权的不断扩大，与《基本法》规定之间的偏离也越来越明显"。① 此外，联邦德国作为欧盟中为数较少的联邦制国家，其政治制度受到欧洲一体化的影响，具有不同于其他单一制成员国的特殊性，联邦和州的关系以及各州之间的关系也面临如何与欧盟法律相适应的挑战。正是在这样的背景下，2006 年 6 月 30 日和 7 月 7 日，联邦议院和联邦上院分别以 2/3 的多数通过《基本法》修正案和《联邦制改革法》，开始了联邦德国自建国以来规模最大的一次联邦制改革。在这次联邦制改革中，联邦框架立法②因导致联邦与州之间的立法权限争议而被废除，先前其所涉的事项或是被其他事项吸纳，或是被彻底删除。此次改革也重新调整了竞合立法的内容，取消了联邦和州的部分共同立法事项。尽管联邦的权限有所扩大，"但这次改革已经部分消除了联邦和各州在立法、计划以及政策执行方面上的相互纠缠"。③

总体上看，德国在确定中央与地方立法权的问题上非常严谨，通过《基本法》尽可能地作出详细规定，主要采用的是肯定事项的列举方式，而没有采用禁止事项的列举方式。德国虽然是联邦制国家，但地方分权程度不如美国，和联邦中央立法权限相比，地方立法权限相对较少，不过德国的各州可以通过联邦议院参与联邦的立法，因而从其他方面扩展了一定的立法权限。按照《基本法》的规定，中央立法权由联邦议会两院行使，法律主要由联邦议会制定，在中央与地方立法权限划分问题上，以《基本法》形式加以确定。

（1）联邦立法权限

根据《基本法》第 73 条之规定，联邦就外交、国籍、护照事务、移民、货币、商品贸易、航空运输、铁路运输、邮政和电信、著作权、常

---

① 王浦劬、张志超：《德国央地事权划分及其启示（下）》，《国家行政学院学报》2015 年第 6 期。
② 出自原《基本法》第 75 条，其基本内容是，核心问题由联邦立法作出框架性规定，具体问题由州立法进行细化规定，该项立法权亦被称为原则立法权。
③ 参见童建挺《德国联邦制的"欧洲化"——欧洲一体化对德国联邦制的影响》，《欧洲研究》2009 年第 6 期。

住地户籍登记及身份证件事务、防控国际恐怖主义危险、武器、对战争伤患的抚恤、核能利用等事项享有专有立法权。专有立法权是只有联邦才拥有的立法权力,凡是只能由联邦处理的事务,或者为了求得全国一致行动而需在联邦范围内以同样方式处理的事务,都属于联邦专有立法权规范的范围;在此范围内,只有在联邦法律明确授权的情况下,各州才能进行立法。

（2）州立法权限

各州除了与联邦共有的立法权限之外,其独立行使的立法权限范围较小,对此《基本法》未进行详细列举,只进行了原则性规定。一方面,规定针对《基本法》未赋予联邦立法之事项,各州享有立法权;另一方面,规定针对联邦专属立法事项,州只有经联邦法律明确授权并在其授权范围内,才享有立法权。在2006年联邦制改革当中,各州在某些政策领域如环境法领域获得了偏离性立法权,在判决执行、大部分高校法、部分环境法、州公职人员的薪酬和退休待遇方面获得了自主权。[①]此外,联邦各州在此次改革中还获得了变通立法权,这在德国宪法史上是前所未有的,联邦州在特定的情况下有权制定变通性规定,在特定的领域内[②],联邦州可随时在不提出必要性理由的情况下从事立法活动,相应的州立法可以不同于联邦立法的规定。由此,联邦州获得一种新的立法权限,其与联邦立法可能导致的规范冲突则可以"新法优于旧法"的规则加以解决。[③]

（3）联邦和州共有立法权限

《基本法》第74条具体列举了联邦和州可以共同行使立法权的事项,共有立法权所涉及的立法事项如民法、刑法、法院的组织和诉讼程序、律师、公证人及法律顾问、结社和集会法、公共福利、公务员的职权与职责、自然保护和景观维护、土地分配、区域规划、水资源管理、高等学校录取及毕业等,这些事项多属与居民生活和权利有直接关系的重要的公共

---

[①] 王浦劬、张志超:《德国央地事权划分及其启示（下）》,《国家行政学院学报》2015年第6期。

[②] 主要是指先前属于框架性立法领域的部分水法和自然保护事项。

[③] 中国政法大学中德法学院主编《立法权限划分——中德比较》,中国政法大学出版社,2015,第30页。

秩序领域，范围十分广泛。但《基本法》第 72 条对各州的立法权有明确的限制，即州仅于联邦没有制定相应法律时才可以行使其立法权，并在其未行使之范围内，才能享有立法权。这意味着一旦联邦立法决定在"排他性立法"的名义下进行，州的相关立法就必须暂时搁置或废止，① 这正体现了联邦相对于州的优越地位。作为对联邦"排他性立法权限"的重要限制，《基本法》又规定，若有《基本法》规定的理由需要联邦立法时，则由联邦立法。这意味着联邦在共有立法事项范围内并不当然能够行使立法权，联邦能否立法得考虑该立法是否必要，这就需要一个重要理由以保证其行使立法权的正当性。对此，《基本法》对必要性标准进行了明确的规定，即在联邦领域中促进同等生活水平的形成、确保法律和经济的统一性符合整个国家的利益，② 这样的理由才使得制定联邦法律成为必要。由是，必要性标准有益于强化联邦州的立法权，并使其与联邦立法权的界限更加明确。

### （二）单一制国家

尽管世界上大多数国家实行单一制，但明确在宪法里规定中央与地方立法权限划分的国家并不多见。在单一制国家，中央立法权始终处于主导地位，地方立法权从属于中央立法权，其存在及运行范围都决定于中央立法权，因而，中央立法和地方立法是一种自上而下的垂直领导关系。这并不意味着单一制和地方分权就是相互冲突的，单一制国家也存在分权，只不过分权的程度和方式不同于联邦制国家而已。实际上，不只我国的地方立法权来自宪法和宪法性法律，越来越多的单一制国家地方权力由宪法规定并保障，而且，随着成文宪法的普及和现代国家对理性治理方式的追求，单一制国家越来越多地从宪法只规定中央政府的权力结构走向通过宪法全面规制中央与地方关系。③

根据中央和地方立法权分配的差异，理论界将单一制国家分为中央集

---

① 〔德〕赫尔穆特·沃尔曼：《德国地方政府》，陈伟、段德敏译，北京大学出版社，2005，第 14 页。

② 参见德国《基本法》第 72 条第 2 款之规定："在联邦领域内建立等值之生活关系，或在整体国家利益下为维护法律与经济之统一，而认以联邦法律规范为必要者，联邦有立法权。"

③ 孙波：《论单一制国家结构形式与立法分权》，《河北法学》2011 年第 8 期。

权型国家与地方分权型国家。前者主要是以中国为代表的单一集权模式①，主要体现为中央立法集中主导型的中央与地方立法权限划分模式：中央在立法权配置方面处于主导地位，地方立法的权限范围主要取决于中央的权力下放和信任程度，地方立法实质上是中央立法的落实与延伸，中央立法享有对地方立法的审查权。后者主要是以英国为代表的单一分权模式，主要表现为地方立法自主型的中央与地方立法权限划分模式：中央立法与地方立法是相互独立的，地方立法拥有宪法或者法律规定的自主立法权，中央立法在尊重地方立法的前提下对其进行监督和控制。因此，地方立法权的自主性具有一定的相对意义。

1. 中国

中国属于单一制的社会主义国家，也是世界上实行单一制历史最悠久的国家，因而在探讨中央和地方立法权限划分的问题时，尤其要注意中央集权主义的历史传统因素的影响。立法权限划分的实质是一个利益如何分配、责任如何确定以及怎样更好地实现人民当家作主的根本政治制度的问题。从新中国成立之后的立法实践看，中国对立法权限的划分大致采用过三种模式。一是从新中国成立到1954年中国第一部宪法颁布这一段时期的

---

① 在中央和地方立法权限划分的模式方面，有学者认为法国为典型的单一集权式代表，参见封丽霞《中央与地方立法关系法治化研究》，北京大学出版社，2008，第169页。但从法国2003年及2008年修宪的内容及发展的趋势来看，法国应是单一分权式国家。这主要从以下几个方面进行判断。一是分权化单一制的宪法确认，2003年修改的法国宪法第1条即开明宗义地增加共和国的组织是分权化的规定，表明了法国国家结构的性质。二是从属原则的宪法肯定，2003年修改的法国宪法第72条第2款规定："对在其层级能得以最好实施的全部权限领土，单位负责作出决定。"这一规定被法国的法学界和政治界认为是从属概念的宪法化，在西欧政治中从属原则一直被认为是联邦制国家的分权原则，其基本要义为凡是能够在地方层面实现的权力就无须邦的介入，凡是在邦的层面能够实现的权力就无须联邦的介入，法国宪法肯定从属原则，表明处理中央与地方关系的基本准则在理念上已经改变了传统的先中央后地方的思维，而将地方置于中央之先。三是禁止监护原则的明确，2003年修改的法国宪法第72条第5款明确规定："任何一个领土单位都不得对另一领土单位实施监护。"这一规定表明各级地方之间关系的基础是互相竞争与合作，而不再具有地位上的优越性，这也区别于传统中央集权制下自上而下的领导与从属关系，强化了地方的自主权。四是进一步扩大了地方的自主权，如增加了对条例制定权、试验权等自主权力的规定，上述宪法修改中有关中央与地方关系的内容在2008年修宪的时候并没有进行任何改动，这就表明法国对地方分权制度持有肯定的态度。总之，始于1982年的法国地方分权改革其目的就是通过赋予地方更多的自治权，以激发国家的活力和调动地方的主动性，参见张丽娟《法国地方分权改革的新发展——以2003年法国宪法改革为中心》，《中共云南省委党校学报》2006年第5期。

多级分权模式，在此种模式下，中国县级及以上的各级政府都享有一定的立法权限，这一时期的立法权限划分呈现分散性特点，中国人民政治协商会议、中央人民政府委员会、政务院、大行政区人民政府、省一级人民政府、直辖市人民政府、大行政区辖市人民政府、省辖市人民政府、县级人民政府、民族自治地方的自治机关都具有一定的立法权限。二是从1954年宪法颁布后到1979年第五届全国人民代表大会第二次会议之前的中央集权模式，在此期间，全国人民代表大会是唯一行使立法权的机关。但在此期间，全国人民代表大会通过授权，也将立法权的范围适当扩大到全国人民代表大会常务委员会。民族自治地方的自治机关有权制定自治条例和单行条例，但要报全国人大常委会批准。国家各级行政机关则不再具有立法权。三是从1979年第五届全国人民代表大会第二次会议延续至今的集权并分权模式，此种模式是在最高国家权力机关集中行使立法权的前提下形成的，是在中央与地方、权力机关与行政机关之间适当划分立法权限的体系。第五届全国人民代表大会第二次会议通过的《地方组织法》赋予省、自治区、直辖市的人民代表大会及其常委会制定地方性法规的权限。此后，全国人大及其常委会通过立法对中央与地方立法权限的划分进行了相应的规定，进一步发展了中国立法权限划分制度，完善了集权并分权模式，进而形成了以全国人大及其常委会为核心的、多层次的立法权限体系。中央和地方立法权限具体划分的情形如下。

（1）中央立法权限

明确列举全国人大及其常委会的立法权限。1982年通过的《中华人民共和国宪法》（以下简称"八二宪法"）[①] 第62条和第67条确定了全国人大及其常委会制定法律的立法权力，但"八二宪法"并没有明确规定全国人大及其常委会的立法事项。《立法法》第11条则规定了全国人大及其常委会的10类专属立法事项。

原则划分国务院及其部委的立法权限。"八二宪法"第89条规定了国务院的立法权限，《立法法》并没有对国务院的立法事项进行细化，但国

---

[①] 依宪法（2018年修正）第62条规定，全国人大制定和修改刑事、民事、国家机构的和其他的基本法律。依第67条规定，全国人大常委会制定和修改除应当由全国人大制定的法律以外的其他法律。

务院享有广泛的立法权，国务院的立法权主要体现在行政法规制定权、授权立法权及部门规章制定权上。《立法法》第72条规定了国务院的行政法规制定权，该条规定涵盖了行政法规的两种形式——执行性立法和创制性立法，相比较而言，后者赋予国务院立法权更强的自主性和灵活性。《立法法》第12～15条规定了国务院授权立法的权限。其中，第12条明确了授权立法的事项和禁止性事项，同时，为了防止国务院滥用授权立法，《立法法》第13条、第14条和第15条又对授权立法进行了具体的限制。国务院部门规章制定权是中央立法中最低层次的立法权，《立法法》第91条规定了部门规章的依据和权限，其中，部门规章规定的事项是执行法律或者国务院的行政法规、决定、命令的事项。同时，部门规章的立法事项必须属于本部门的管理事项，当然，即使是本部门的管理事项，也应该在法律或者国务院的行政法规、决定、命令规定的范围内予以具体化，部门规章设定权利义务时同样受此限制。

(2) 地方立法权限

中国地方立法的主要形式有地方性法规、地方政府规章、自治条例和单行条例等，但"八二宪法"并没有规定地方政府规章的制定权限，仅于第100条和第116条分别规定了地方性法规、自治条例和单行条例的制定权限。2000年出台的《立法法》对地方性法规和地方政府规章的制定权限进行了概括性的规定，① 此外，2015年修改的《立法法》针对设区的市和自治州的立法权限进行了较为明确的规定，2023年修改的《立法法》则规定上述区域的地方人大和政府可以就城乡建设与管理、生态文明建设、历史文化保护、基层治理等立法事项进行立法。

总的来说，我国中央和地方立法权限的划分呈现出主体多元、形式多样、非均衡特点。主体多元指的是无论是中央立法还是地方立法均存在权限不等的立法主体，如中央立法主体有全国人大及其常委会、国务院及其部委，地方立法主体有省、自治区、直辖市、设区的市人大机关以及政府

---

① 《立法法》（2000年制定）一方面明确了地方性法规制定的"不抵触"原则，另一方面将地方性法规的立法事项划定为：为执行法律、行政法规的规定，需要根据本行政区域的实际情况进行具体规定的事项；属于地方性事务需要制定地方性法规的事项。此外，将地方政府规章的立法事项限定为：为执行法律、行政法规、地方性法规的规定，需要制定规章的事项；属于本行政区域的具体行政管理事项。

机关等；形式多样指的是中央立法和地方立法存在效力等级不一的各种立法，如法律、行政法规、地方性法规、部门规章和地方政府规章、自治条例和单行条例等；非均衡指的是就中央立法和地方立法的法律地位而言，中央立法仍居于主导地位，地方立法处于从属地位，地方立法以执行、贯彻中央立法的原则性规定为己任，如《立法法》规定的"不抵触"原则和"根据"原则，都表明了地方立法只能在不违背中央立法规定和精神的前提下产生法律效力。

2. 英国

英国是一个采取地方自治体制的单一制国家，中央政府对地方政府有较多的限制，地方政府自治权的范围有限。英国没有一部专门的成文宪法，议会制定的法律之间无等级差别，宪法性文件在法律形式上也不具有高于其他法律的效力。按照议会至上原则，英国制定或不制定任何法律的权力在国会，不承认任何人或机构有超越或废除议会制定法律的权力，英国地方政府的立法职权只能由议会制定的法律授予。这是英国中央立法与地方立法权限划分的原则。

（1）中央立法权限

从英国议会立法权来看，议会具有创制一切法律的权力，它可以随时对有关英国的任何事务和任何人制定新的法律，也可以随时修改、撤销、废除原有的法律或者使已撤销的法律再生效。关于英国议会的立法权限，瑞士学者德·洛尔默（De Lolme）有一句名言："英国议会除了不能把男人变成女人外，可以做一切事情。"[1] 足以可见，英国议会制定法律的权力不受任何限制并具有最高的法律效力。议会制定的法律几乎无所不包，涉及皇位继承、国家制度、刑法、民法、海事、军事、宗教等各类法律问题。[2]

（2）地方立法权限

英国地方政府和中央政府机构设置不同，地方政府是议行合一的管理机构，不实行立法与行政分权的原则，不设议会和行政两种机构，只设地方议会兼行立法和行政两种职能。经法律授权，地方政府有权制定地方性

---

[1] 〔英〕W. IVor·詹宁斯：《法与宪法》，龚祥瑞、侯健译，生活·读书·新知三联书店，1997，第117页。

[2] 李步云主编《立法法研究》，湖南人民出版社，1998，第499~500页。

法律规范，称之为细则。细则是由被授权的地方机构依据法定程序制定、公布并经中央政府批准，在一特定地区适用，影响该地区公众或部分公众利益的法律现行性文件。[1] 细则可分为两类，一类是地方政府制定的细则，一类是地方政府之外的地方机构制定的细则。细则有权规定什么能做，什么不能做，并可以规定适当的处罚措施适用于违反规定者。由于英国实行的是在中央集权控制下的地方有限分权模式，地方立法属于一种从属性立法，地方立法权力范围依据授权法的规定而确定，并受到"越权无效"的原则的限制。但从实际中看，地方立法也涉及相当广泛的地方事务，如课征地方赋税，编制地方预算决算，发行地方公债，治安、消防和民防，机动车管理，度量衡管理，食品药品管理监督，消费者权益保护，有关教育、儿童、老人等社会福利事项，维护和改善环境等公益事业，等等。虽然，法律对地方政府制定细则的权限范围除"越权无效"原则外未有明确的限制性规定，但从法院有关越权审查的判例中可以看出，英国对地方政府制定细则的权力的限制还是相当严格的。

（3）地方立法权的限制

英国是一个普通法系国家，它遵循判例形成的各项原则，在限制地方立法权方面大致可归纳出这样一些规则：一个地方政府不能根据授权另一个地方政府制定细则的法律就同样的问题制定细则；地方政府在制定细则时不能将所依据的授权用于不同目的；地方政府不能通过制定细则授予自己法定权力之外的权力；地方政府不能制定细则限制贸易；细则的规定通常是对法律中原则性规定的补充，其禁止性规定不能严于法律的规定；细则可以就既决的犯罪行为作出处罚规定，但细则对犯罪要件的规定，不得少于法律的规定，对犯罪行为的处罚规定不得严于法律规定的标准，在没有法律规定的情况下，细则规定的罚金数量不能超过50英镑。[2] 由于判例法是非常灵活且不断发展的法律体系，上述方面只能是普通法对地方立法权进行限制的一般概括。

英国虽和美国一样，同属普通法系国家，但英国关于中央和地方立法权限的划分不同于美国，它强调议会主权，议会的立法权不受限制。地方

---

[1] 李步云主编《立法法研究》，湖南人民出版社，1998，第512页。
[2] 李步云主编《立法法研究》，湖南人民出版社，1998，第513~514页。

无独立的立法权,其立法权来源于议会的法律授予,对地方立法权虽有较多的限制,但其限制方式不同于美国。美国通过成文宪法明确划分中央与地方各自的立法事项和共有的立法事项,并采取具体列举的方式作出禁止性规定,以便对中央和地方立法权加以限制。英国法律对议会的立法未有限制,议会可以创制一切法律。对授予地方的立法权虽有严格限制,但在制定法中并没有规定一个明确的统一的原则,主要是依据判例法所确定的原则加以限制。

## 第三节 地方立法权限划分

地方立法之间的权限划分,实质上是从横向维度上处理地方立法权的配置问题,这一划分的结果决定了不同地方立法形式的立法权限范围。本节将从我国现有的制度实践入手,具体论述地方性法规和地方政府规章法定的立法权限范围。

### 一 地方自治视野中的地方立法权

在地方自治理论当中,地方自治团体作为相对独立于国家之公法人,自然应具有法律上独立之人格,但同时亦有义务承担地方事务的管理职责,为此,地方自治团体需就自治事项享有充分的自治权力,如组织权、人事权、税收权、财政自主权等,但上述权力的执行只能借助于地方立法权加以规制方能实现,地方自治权能借由地方立法权形塑,亦可借由地方法规的规制表现其他权能的内容,地方立法权实为地方自治核心领域之核心。[①] 当论及地方自治团体之自治权限时,地方立法权必不可或缺,地方立法权是实现地方自治的法律保障。在联邦制国家,地方自治依宪法实施,地方立法权亦得宪法确认或者授予。即使在单一制国家,地方自治也因地方分权的趋势而成为改革的发展方向,如英国本身就具有深厚的地方自治传统,从20世纪70年代以来,英国就一直推行分权式自治改革,直至2011

---

① 林文清:《地方自治与地方立法权》,(台北)扬智文化事业股份有限公司,2004,第46页,转引自张清《地方立法权宪法规制初论》,《湖湘论坛》2018年第1期。

年英国推出《地方主义法案》，试图进一步将中央权力下放至地方政府，[①]法国从20世纪80年代推行地方分权改革开始，地方各级议会获得了更大的自主决定权和自主管理权，尤其2003年修宪更是促进了地方分权化，足见单一制国家已经开始在理念的正当性和实践的可行性中寻求实行地方自治的平衡点。当然，并非所有单一制国家都在宪法中明确规定地方自治，如我国宪法就回避了地方自治的规定，但在地方事务的治理方面依然赋予了地方一定的立法权，并且地方立法权有逐步扩大之趋向，只不过中央立法始终在整个立法权限划分体系中占据主导和支配的地位。

综上，地方自治充分保障了"人民有对与自己最为接近与密切之事务自我决定及自我形成之权利"[②]之宪法理念得以实践，而地方立法权是实现地方自治不可或缺之手段及必要途径。然而，地方立法权是否仅于地方自治当中存在值得进一步探讨。我国理论界一直持有这样的观点，即认为单一制国家中的地方立法权不是自身固有的，而是中央委托或者授予的，中央可以随时改变地方立法权的范围，因而，在单一制国家不存在中央与地方的立法分权。由于立法分权可表现为地方自治，这种观点也间接否认了地方自治在单一制国家存在的可能。有学者认为，我国的地方立法权并不是来源于中央的直接委托或者授予，而是来源于宪法或者宪法性法律的直接规定，属于职权性立法，通常宪法和宪法性法律原则性地规定中央与地方权力的分配，而将中央与地方权力的具体配置权授予中央政府，由中央政府通过法律对中央与地方权力进行更为细化的配置，而且，法律不能违背宪法的最高性而对地方政府的权力进行单方面更改，也可以说是宪法保障了地方政府职权的独立性，这都表明，我国的地方立法权构成了与中央立法权的纵向分权。[③] 应该说，中央和地方存在立法分权的事实是不能忽视的，但认为我国的地方立法属于职权立法而非授权立法则需要进行进一步探讨，授权这一概念通常有两层意义，对这两层意义必须区别地加以使用。授权的第一层意义是指授权者通过法律法规对权力进行设定，第二

---

[①] 宋雄伟：《英国地方政府治理：中央集权主义的分析视角》，《北京行政学院学报》2013年第5期。

[②] 台湾行政法学会主编《行政救济、行政处罚、地方立法》，（台北）元照出版公司，2001，第359页。

[③] 孙波：《论单一制国家结构形式与立法分权》，《河北法学》2011年第8期。

层意义是指已获得权力的主体把自己的权力授予其他没有该权力的主体行使。一旦法律对权力进行设定，就会形成新的权力，授权立法成为行使权力的根据。若授权者把自己的权力直接转移给其他主体行使，被授权主体行使的权力即是授权者本身的权力，不形成新的权力。我国地方立法主要是由中央政府通过法律（《立法法》）予以授权的，从这个意义上讲，地方立法权不能完全与中央立法权平行，而是受制于中央立法权，否则，我们就无法解释地方立法需要遵循的"不抵触"原则及"根据"原则。当然，中央对地方立法的授权并不影响中央与地方在一定法律范围内形成的立法分权。至于我国是否存在地方自治，其实如果不局限于对西方语境中地方自治的严格理解，我国也存在具有中国特色的地方自治制度与实践，该问题前文已经述及，从这个意义上讲，地方立法权不仅存在于我国的宪法及宪法性法律当中，而且已经在宪法实践中发挥了极其重要的作用，只不过地方立法权限边界过于模糊，导致其功能的发挥受到一定的影响，因而有必要去研究如何减少乃至避免上述问题的困扰。

## 二　我国地方立法权限的划分

### （一）地方性法规的立法权限

1. 一般立法权限

地方立法机关的一般立法权限主要体现在《立法法》第 80 条和第 81 条之规定。依据《立法法》第 80 条规定，地方性法规的制定应遵循两个基本原则：一是"需要"原则，即地方性法规的制定必须基于本行政区域的具体情况和实际需要；二是"不抵触"原则，即地方性法规不得同宪法、法律、行政法规相抵触。依据《立法法》第 81 条第 1 款之规定，设区的市立法机关可以对城乡建设与管理、生态文明建设、历史文化保护、基层治理等方面的事项制定地方性法规，当法律对设区的市制定地方性法规的事项另有规定时，不受上述立法事项范围的限制。该规定旨在从技术层面克服设区的市地方性法规立法权限规范僵硬、滞后的局限性，从而为设区的市立法权限突破原有的范围设置提供了可能。这意味着，在设区的市出现新的立法情况抑或有特殊立法需求的情形下，全国人大及其常委会可以通过授权立法的特殊方式扩大设区的市地方性法规的立法权限，地方立法机关将有权制定超出立法事项范围之外的地方性法规。[①] 如《立法法》第 87 条规定："地方性法规案、自治条例和单行条例案的提出、审议和表决程序，根据中华人民共和国地方各级人民代表大会和地方各级人民政府组织法，参照本法第二章第二节、第三节、第五节的规定，由本级人民代表大会规定。"因此，地方性法规制定程序方面的事项，就属于《立法法》另有规定的事项，设区的市人大可以就此制定地方性法规。不过，法律另有规定的情形是一把权力配置的"双刃剑"，当它与《立法法》中地方性法规中立法事项的规定相一致时，可以增强地方立法的正当性；反之，则可能使地方立法处于进退失据的境地。

依据《立法法》第 82 条之规定，地方性法规的形态主要有三类。第一类是执行性立法，此类立法是对法律和行政法规一般性规定的具体化、个别化。第二类是自主性立法，此类立法主要用于解决地方性事务问题，"尤其是解决中央立法不能或不便解决的问题，以及中央立法不能具体解决的问题"。[②] 第三类是先行性立法，即在遵循法律保留原则的前提下，针对国家尚未制定法律、行政法规的事项，地方立法机关可先行制定地方性法规，以便为将来中央制定法律或者行政法规积累立法经验。当然，地方是否先行立法，同样要考虑地方的具体情况和实际需要。值得关注的是，2021 年修订的《行政处罚法》赋予地方性法规补充设定行政处罚的权力，有学者据此提出补充性立法的概念，认为补充性立法属于在某一领域国家已制定的法律或者行政法规对某一具体问题没有规定或者规定得不完备时创制全新的法律规范或者填补法律或行政法规立法空白的一种地方立法类型。从应用场景来看，地方立法可以补充中央立法的构成要件；可以补充中央立法的法律后果；可以补充中央立法构成要件中的主体、行为；可以补充中央立法构成要件中的情景条件；等等。[③] 不过，执行性立法也有补充功能，地方补充性立法命题面临如何与执行性立法的补充性相区分的理论挑战，有学者对此进行了深入的探讨，认为执行性立法的补充功能主要体现为对上位法律规范之事实构成要件漏洞的填补，补充性立法则是对上

---

[①] 参见曹海晶、王卫《设区的市立法权限限制研究》，《湖南大学学报》（社会科学版）2020 年第 5 期。
[②] 阮荣祥主编《地方立法的理论与实践》，社会科学文献出版社，2008，第 103 页。
[③] 参见程庆栋《地方补充性立法与行政处罚设定权的配置》，《政治与法律》2021 年第 5 期。

位法律规范之责任构成要件的拾遗补阙，是对法律责任漏洞的补充，因此，补充性立法主要适用于行政处罚的设定，未必适用于行政许可、行政强制的设定。① 我们认为，地方补充性立法命题的提出，有利于充分发挥行政处罚领域地方立法实施上位法的一般性功能，在一定程度上解答了此类地方立法的合法性之问。② 但地方补充性立法能否作为独立的地方立法类型，仍有商榷余地。理由在于，《立法法》第82条第1款（一）项中"为执行法律、行政法规的规定"的含义具有较强的伸缩性，可以涵盖已经制定的法律、行政法规就某一具体问题未规定违法行为以及行政处罚或者虽然规定违法行为但未规定行政处罚的情形，这使得补充性立法与执行性立法之间形成并列关系的观点陷入理论上的争议。实际上，补充性立法仅适用于特定的执法领域，并不具备适用上的普遍性，其适用的出发点和落脚点仍在于实现对上位法的有效执行。因此，将其归类于执行性立法并不违反新修订的《行政处罚法》的立法精神。综上所述，我们赞同《行政处罚法》第12条第3款赋予了地方执行性立法以行政处罚补充设定权的观点，③ 该观点合理地阐释了行政处罚补充设定权与地方执行性立法之间的关系。

2. 立法权限的特殊限制

除了《立法法》对地方性法规的立法权进行一般性限制之外，部分行政法对地方性法规的行政赋权事项作了严格的限定，此类限定主要体现在《行政处罚法》、《行政许可法》以及《行政强制法》（理论界习惯称为"行政三法"）等法律的相关规定上。在《行政处罚法》方面，立法规定，地方性法规不能创设行政处罚种类，④ 只能设定除限制人身自由、吊销营业执照

---

① 参见杨登峰《新行政处罚法对补充性立法的创设及其实施》，《法治现代化研究》2022年第1期。

② 如2000年修订的《大气污染防治法》第33条第1款规定："在用机动车不符合制造当时的在用机动车污染物排放标准的，不得上路行驶"。从法律规范的逻辑结构分析，该条款仅规定了假定（在用机动车不符合制造当时的在用机动车污染物排放标准）和处理（不得上路行驶）两项构成要件，并未规定行为人违反规定时所承担的法律后果，即立法者未对违法上路行驶的行为设定相应的行政处罚，有地方立法机关拟对此补充规定相应的行政处罚。但全国人大常委会法工委答复对此予以否定，参见全国人大常委会法制工作委员会编《法律询问答复（2000—2005）》，中国民主法制出版社，2006，第189页。若依2021年修订的《行政处罚法》中地方性法规补充立法条款的规定，某地方立法的合法性问题自无疑问。

③ 参见王克稳《地方性法规设定行政处罚的空间》，《法学研究》2022年第1期。

④ 参见《行政处罚法》（2021年修订）第9条第6项之规定。

以外的行政处罚,①而对于执行立法,地方性法规只能在法律、行政法规既定的行政处罚行为、种类和幅度的范围内作出具体规定。②当法律、行政法规对违法行为未作出行政处罚规定时,地方性法规可以作出补充设定。③在地方立法实践中,在《行政许可法》方面,立法规定,地方性法规不得创设行政许可事项;④不得设定应当由国家统一确定的公民、法人或者其他组织的资格、资质的行政许可,并不得设定企业或者其他组织的设立登记及其前置性行政许可;⑤地方性法规只能在法定的事项范围内,设定尚未制定法律、行政法规的许可事项,⑥而对于已经设定的行政许可,地方性法规不得限制其他地区的个人或者企业到本地区从事生产经营和提供服务,且不得限制其他地区的商品进入本地区市场。⑦在《行政强制法》方面,立法规定,行政强制措施和行政强制执行的种类只能由法律创设,地方性法规无权创设;⑧地方性法规只能在法律、行政法规尚未设定行政强制措施种类的前提下设定查封场所、设施或者财物以及扣押财物的行政强制措施,且该设定限于调整地方性事务的事项;⑨法律对行政强制措施的对象、条件、种类作出规定的,地方性法规不得进行扩大规定。⑩

上述规定表明,"行政三法"限制地方性法规立法权的本意,在于维护国家法制的统一,但在地方立法实践中,一直存在要求为地方立法权限制松绑的声音,"多年来,从事地方立法的同志一直在呼吁,要求调整'行政三法',即行政处罚法、行政许可法、行政强制法中地方立法权限的规定,希望在遵循'不抵触'原则的基础上,给地方更多的行政处罚、行政强制、行政许可方面的立法权限"。⑪有学者认为,地方立法中"行政处

---

① 参见《行政处罚法》(2021年修订)第12条第1款之规定。
② 参见《行政处罚法》(2021年修订)第12条第2款之规定。
③ 参见《行政处罚法》(2021年修订)第12条第3款之规定。
④ 参见《行政许可法》(2019年修正)第12条第6项之规定。
⑤ 参见《行政许可法》(2019年修正)第15条第2款之规定。
⑥ 参见《行政许可法》(2019年修正)第15条第1款之规定。
⑦ 参见《行政许可法》(2019年修正)第15条第2款之规定。
⑧ 参见《行政强制法》(2011年制定)第10条第1款以及第13条第1款之规定。
⑨ 参见《行政强制法》(2011年制定)第9条以及第10条第3款之规定。
⑩ 参见《行政强制法》(2011年制定)第9条以及第11条第1款之规定。
⑪ 乔晓阳:《如何把握行政处罚法有关规定与地方立法权限的关系》,《法制日报》2017年9月12日。

罚权限不够用、行政许可权限不够大、行政强制手段不够使"的情况比较突出，因此，地方立法与"行政三法"之间关系紧张、下位法突破上位法的现象屡屡发生，[1]而缓解这一张力的根本途径在于妥善处理地方性法规与中央立法的"不抵触"关系，这正是地方立法权限研究中非常重要的议题。

### （二）地方政府规章的立法权限

#### 1. 一般立法权限

地方政府规章的一般立法权限范围主要体现在《立法法》第93条之规定，该条第1款规定了地方政府规章立法权限所遵循的"根据"原则。所谓"根据"原则是指地方政府规章需以上位法规范对某一事项既有的规定为依据，而不能逾越现有上位法的内容边界。这意味着，"根据"原则将地方政府规章的立法事项限定在比地方性法规立法事项更为狭窄的范围内。该条第2款、第4款分别规定了执行类立法、自主类立法和先行类立法三种地方政府规章类型，需要注意的是，依"根据"原则的要求，执行类立法和自主类立法需以上位法的规定为依据，可以就执行上位法规定所需立法，也可以就具体行政管理事项立法。而先行类立法应满足如下条件：其一，制定地方性法规的条件尚未成熟；其二，制定地方政府规章需出于行政管理的迫切需要；其三，此类型立法的时间效力为两年。与设区的市人大立法的权限相呼应，该条第3款对设区的市地方政府的立法权进行了限制，将其限于"城乡建设与管理、生态文明建设、历史文化保护、基层治理等方面的事项"；而为了规制地方政府规章"随性立法"的行为，该条第5款明确规定，除非有法律、行政法规、地方性法规依据，否则，地方政府规章不得设定减损公民、法人和其他组织权利或者增加其义务的规范。该规定再次强调了地方政府规章立法权限的"根据"原则。

#### 2. 立法权限的特殊限制

地方政府规章在立法赋权方面同样受到《行政处罚法》《行政许可法》《行政强制法》等法律的限制。在《行政处罚法》方面，立法规定，地方政府规章不得创设行政处罚的种类，[2]只能在法律、行政法规尚未规定的情形下，设定警告、通报批评或者一定数额罚款的行政处罚，罚款的限额

---

[1] 郭胜习：《地方立法与"三法"的冲突与协调》，《西部法学评论》2018年第4期。
[2] 参见《行政处罚法》（2021年修订）第9条第6项之规定。

由省、自治区、直辖市人民代表大会常务委员会规定,[1] 而且,地方政府规章只能在法律、行政法规给予的行政处罚行为、种类和幅度的范围内作出具体规定。[2] 在《行政许可法》方面,对地方性法规的限制同样适用于地方政府规章,立法虽然规定了省级地方政府规章设定临时性行政许可的权限,但对临时性行政许可的适用期进行了一年的限制。[3] 在《行政强制法》方面,地方政府规章受到了完全的限制,立法以排除性的规定将地方政府规章拒于行政强制领域之外。[4] 总体上比较,在"行政三法"领域,地方政府规章受到的限制要大于地方性法规,中央立法仍倾向于将重大的立法事权集中在地方人大立法机关。当然,行政事务多样化、行政执法专业化的趋势推动了地方政府立法需求的膨胀,而地方立法资源的短缺也使得地方政府规章触碰"国家法制统一"的红线,可见,地方政府规章与"行政三法"的紧张关系同样存在。具体而言,《行政处罚法》及《行政许可法》对地方政府规章制定权的限制,与《立法法》第93条第5款"没有法律、行政法规、地方性法规的依据,地方政府规章不得设定减损公民、法人和其他组织权利或者增加其义务的规范"的规定不相一致。如果地方政府规章在法律、行政法规尚未规定的情形下,设定了警告、通报批评或者一定数额罚款的行政处罚,或者设定了临时性行政许可,虽然遵循了《行政处罚法》及《行政许可法》的规定,但会与《立法法》的规定相抵触;而如果遵循《立法法》的规定,就意味着要放弃行政处罚和行政许可的设定权。[5] 如何走出这一困境,除地方不能僵化、机械地理解、适用上位法规范之外,"行政三法"也应适度进行调整,以充分释放地方立法的自主性空间。

### (三) 民族自治地方的立法权限

根据中国现行宪法、《民族区域自治法》以及《立法法》的有关规定,民族自治地方的立法权包括两个方面。一是民族自治地方的一般地方立法权,即自治区、自治州和设区的市的人民代表大会及其常务委员会有权制

---

[1] 参见《行政处罚法》(2021年修订)第14条第2款之规定。
[2] 参见《行政处罚法》(2021年修订)第14条第1款之规定。
[3] 参见《行政许可法》(2019年修正)第15条第1款之规定。
[4] 参见《行政强制法》(2011年制定)第10条以及第13条之规定。
[5] 参见苗连营、张砥《设区的市立法权限的规范分析与逻辑求证》,《地方立法研究》2017年第1期。

定地方性法规；自治区、自治州和设区的市的人民政府有权制定地方政府规章。二是民族自治地方的自治立法权，即民族自治地方的人民代表大会有权依照当地民族政治、经济和文化的特点，制定自治条例和单行条例。自治条例和单行条例是民族自治地方行使自治权的重要方式，自治条例是民族自治地方的人民代表大会制定的、全面调整本民族自治地方事务的综合性立法规范性文件。它集中体现了民族自治地方的自治权，是民族自治地方实施《民族区域自治法》、行使自治权的基本规范。单行条例是民族自治地方的人民代表大会制定的、调整本民族自治地方某方面事务的单项立法规范性文件，它是民族自治地方行使某一方面自治权的具体规定，单行条例应当遵循自治条例的规定。

1. 一般地方立法和民族自治立法的区别

一般地方立法和民族自治立法是有区别的，二者不能混为一谈。第一，制定的主体不同。一般地方立法的主体是自治区、自治州和设区的市的人民代表大会及其常务委员会及人民政府，而民族自治立法的主体是自治区、自治州、自治县的人民代表大会，不包括其常务委员会和地方政府。第二，制定的依据和要求不同。制定地方性法规需要根据本行政区域的实际情况，对属于本行政区域的地方性事务进行立法，并不得与宪法、法律、行政法规相抵触。制定地方政府规章需要以法律、行政法规、地方性法规为依据，对属于本行政区域的具体管理事项进行立法。而民族自治地方的人民代表大会制定自治条例和单行条例的依据是当地民族的政治、经济和文化的特点，没有不得与法律、行政法规相抵触的要求和限制。民族自治立法最主要的特征在于自治条例和单行条例可以依照当地民族的特点，对法律和行政法规作出变通的规定，而一般地方立法无此项权能。第三，制定的程序不同。地方性法规要经过报全国人民代表大会常务委员会和国务院备案的程序，设区的市、自治州人大及其常委会制定的地方性法规还需要报省、自治区人大常委会批准，地方政府规章需要报国务院备案。而自治区的自治条例和单行条例需要报全国人民代表大会常务委员会批准后生效；自治州、自治县的自治条例需要报省、自治区、直辖市的人民代表大会常务委员会批准后生效，由省、自治区、直辖市的人民代表大会常务委员会报全国人民代表大会常务委员会和国务院备案，其程序要比一般地方立法严格。第四，二者的立法目的不同。一般地方立法的目的是保障本地方各族人民的共同利益，而民族自治立法体现的是宪法和法律赋予的自治权，其目的是保障本地方各民族的利益。

2. 自治条例和单行条例的调整范围

自治条例和单行条例在中国立法体制中占有十分重要的地位。自治条例的制定工作主要是在1984年《民族区域自治法》颁布之后开展的。到目前为止，自治条例主要由自治州和自治县制定，自治区尚未制定。[①] 从宪法确认民族区域自治制度的顶层设计，到《民族区域自治法》完成民族区域自治立法的基本框架，并不意味着我国民族区域自治制度体系已经实现了完整的制度构造，五大自治区自治条例的缺位使得整个民族区域自治制度体系缺少了基础环节。自治区自治条例迟迟未出台，从侧面反映出立法主体对民族问题的谨慎态度。民族自治地方自治条例的制定，涉及中央与民族自治地方在人、财、物等事项方面的权力分配，但此类问题并未达成立法上的制度共识，[②] 加之相关理论研究不够充分，如对自治条例制定的基本原理和立法技术就欠缺成熟的讨论和论证，[③] 因此，自治区自治条例的立法举步维艰。尽管如此，自治区自治条例的制定仍是完善我国民族区域自治制度体系的必要步骤，自治区立法机关应当在全面调研的基础上，准确把握自治地方特色和实际立法需求，在坚持"统一和自治相结合""民族和区域相结合"原则的基础上，尽快完成自治条例的制定。

已制定颁布的自治条例所涉及的内容非常广泛，涉及下列事项：规定自治地方的名称、辖区范围、首府等；自治地方的自治机关组成的具体化；自治地方的经济建设和财政管理；自治地方的教育、科学、文化、卫生事

---

[①] 2015年12月22日，全国人大常委会副委员长向巴平措在第十二届全国人民代表大会常务委员会第十八次会议上作出的《全国人民代表大会常务委员会执法检查组关于检查〈中华人民共和国民族区域自治法〉实施情况的报告》指出，自《民族区域自治法》实施以来，民族自治地方共制定和修改自治条例262件，现行有效的139件，制定单行条例912件，现行有效的698件。但依然存在配套法规不完善的地方，全国155个民族自治地方中还有5个自治区、5个自治州和6个自治县未制定自治条例。

[②] 有关自治条例立法难产的原因研究，可参见陈正华《自治区自治条例出台阻滞的法律经济学分析》，《广西民族研究》2008年第1期；潘红祥《自治区自治条例出台难的原因分析及对策》，《北方民族大学学报》（哲学社会科学版）2009年第3期；阙成平《论自治立法权限与自治区自治立法》，《广西民族研究》2015年第5期。

[③] 参见张静、李卒、刘阳《民族地方立法实证研究》，中国政法大学出版社，2015，第34～36页。

业；自治地方的民族关系、宗教事务等；自治地方的成立纪念日及条例通过和批准的程序以及条例的解释权等。①

从已颁布的民族自治地方的单行条例看，此条例涉及的内容十分广泛，包括社会治安、婚姻、继承、未成年人保护、计划生育、资源开发、环境保护等。单行条例规定的事项可以分为两个方面。一方面是单行条例对法律进行具体的实施性规定以及变通、补充规定。② 此类单行条例的内容，大部分是对法律进行细化规定，还有部分是对法律的变通或补充规定。另一方面是国家法律尚未作规定或不必要作规定的事项，民族自治地方根据当地实际需要进行相应的立法规定。如民族自治地方可就地方经济管理、治安管理、民族语言、自然资源保护等民族事务或地方特有的问题制定单行条例。此类单行条例的性质类似于地方性法规，但适用范围要广于地方性法规，如自治县没有地方性法规制定权，仍然可以通过制定单行条例的方式，实现对民族自治地方社会关系的立法调整。

3. 自治条例和单行条例的变通问题

有关自治条例和单行条例的立法权限问题，《立法法》在规定自治条例和单行条例可以对法律、行政法规进行变通的同时，对不能变通的事项

---

① 参见乔晓阳主编《立法法讲话》，中国民主法制出版社，2000，第257页。
② 有关变通规定和补充规定关系的讨论，可参见张殿军《民族自治地方法律变通的法理解析》，《贵州民族研究》2010年第1期；郑毅《论民族自治地方变通权条款的规范结构》，《政治与法律》2017年第2期。立法实践当中，变通规定与补充规定的界限似乎并不明显，如《阿坝藏族羌族自治州施行〈中华人民共和国民法典〉婚姻家庭编的补充规定》(2021年修正)在名义上是补充规定，内容上却是对《中华人民共和国民法典》（以下简称《民法典》）婚姻家庭编的变通规定和补充规定，前者如第5条"结婚年龄，男不得早于二十周岁，女不得早于十八周岁"的规定，是对《民法典》第1047条"结婚年龄，男不得早于二十二周岁，女不得早于二十周岁"规定的变通规定，后者如第2条"禁止强迫……转房婚姻……禁止利用宗教、家族、部落或其他形式干涉婚姻自由"、第3条"对实施本补充规定前形成的一夫多妻和一妻多夫婚姻关系，当事人不提出解除的，不予置理"以及第8条"订婚不是结婚的法定程序，不具有法律效力"的规定，属于在上位法规范未规定的情形下遵循相关授权规范作出的补充规定，但也有一些规定，既非变通规定，也非补充规定，而是重点强调的重复规定，如第4条"夫妻在婚姻家庭中地位平等。保护妇女、未成年人、老年人和残疾人的合法权益"以及第6条"直系血亲或者三代以内的旁系血亲禁止结婚"的规定，上述规定在立法技术方面存在明显的瑕疵，有必要对其进行相应的调整。我们认为，变通规定和补充规定都是民族自治地方立法的技术性手段，两者仅在适用条件上有所差异，并不存在实质性的区别。变通规定以既有的规范为前提，其功能在于根据本民族自治地方的特点改变上位法的规定，补充规定同样需要从民族自治地方的实际出发，但其功能在于完善上位法的相关规定。

也加以明确规定,主要侧重于规定变通的限制范围,其限制主要体现在以下几个方面。

（1）自治条例和单行条例不得对法律和行政法规的基本原则作变通规定

基本原则为法律规则的制定、适用、解释提供理念支持、价值指导,因而是法律和行政法规最核心的内容。如果自治条例和单行条例对基本原则作变通规定,其实质就是对整部法律或行政法规的违背,就无法保证法律、行政法规的有效实施。比如,变通《民法典》婚姻家庭编的相关规定时,不能变通婚姻自由、一夫一妻、男女平等这些基本原则。

（2）自治条例和单行条例不得对宪法和《民族区域自治法》作变通规定

为确保宪法的根本法地位、维护宪法的权威和尊严,宪法的各项原则和规定必须得到全面的遵守和执行,因此,宪法的规定不能变通。《民族区域自治法》是为落实宪法规定的民族区域自治制度而制定的基本法律,它全面、系统地规定了民族自治地方的建立、民族自治地方自治机关的组成和自治权、上级国家机关对民族自治地方的领导和帮助以及民族自治地方的民族关系,是民族自治地方立法的主要依据。因此,《民族区域自治法》也不能变通。

（3）自治条例和单行条例不得对其他有关法律、行政法规专门就民族自治地方所作的规定作变通规定

如果法律、行政法规专门就民族自治地方作了特殊的规定,这说明相关立法已经充分考虑到维护国家整体利益和照顾民族自治地方民族特点和实际情况的需要,自治条例和单行条例就不能再进行变通。例如,《全国人民代表大会和地方各级人民代表大会选举法》第12条规定了地方各级人民代表大会的代表名额的确定办法,该条第3款为民族自治地方的专门规定,[①] 自治条例和单行条例均不能变通。

---

① 《全国人民代表大会和地方各级人民代表大会选举法》（2020年修正）第12条第1款第1项规定,"省、自治区、直辖市的代表名额基数为三百五十名,省、自治区每十五万人可以增加一名代表,直辖市每二万五千人可以增加一名代表;但是,代表总名额不得超过一千名"。该条第3款规定:"自治区、聚居的少数民族多的省,经全国人民代表大会常务委员会决定,代表名额可以另加百分之五。"第1款和第3款相比较,第1款为一般规定,第3款为专门规定。

自治条例和单行条例的变通规定尽管受到法定的限制，但仍有相当的自主性和灵活性，一般认为，自治条例和单行条例可从两个方面对法律和行政法规作出变通规定。一是单行法明确授权可以变通的事项。如《中华人民共和国刑法》（以下简称《刑法》）、《中华人民共和国民事诉讼法》、《中华人民共和国老年人权益保障法》（以下简称《老年人权益保障法》）等法律中明确授予民族自治地方相应的变通权。二是国家立法虽未明确授权，但是不完全适合本民族自治地方实际情况的规定。依据《立法法》第85条第2款之规定，自治条例和单行条例可以依照当地民族的特点，对法律和行政法规作出变通规定，该条款改变了过往自治立法只能依据单行法授权进行变通或者补充规定的状况，使得自治条例和单行条例可以根据民族自治地方区域自身的特殊性，对法律和行政法规进行变通规定。有学者将民族自治地方依照当地民族的政治、经济和文化的特点对国家法律进行的变通称为实施性变通立法。[1]

4. 民族自治地方立法形式的选择

2015年修改的《立法法》赋予自治州人大及其常委会制定地方性法规的立法权限，对于自治州人大立法机关而言，哪些事项应该制定单行条例，哪些事项应该制定地方性法规，需要结合两种立法形式的特性进行区分。一般来说，各民族自治地方少数民族在语言文字、传统文化、宗教信仰、生活方式等方面具有较大的差异，地方性法规的制定并不能完全反映实行自治的民族和其他少数民族的特殊利益诉求，而制定单行条例可以充分兼顾民族性和自治性的立法要求，弥补地方性法规在这方面的不足。然而，《立法法》在授权之初，仅考虑到自治州与设区的市具有同级的行政区划地位，并没有顾及民族自治地方的特殊性问题，由此导致两种立法形式产生立法事项竞合的情形。如民族文化保护因体现立法的民族性而常被列入单行条例的立法事项，以云南省近几年的单行条例立法为例，2019年出台的《云南省楚雄彝族自治州彝族十月太阳历文化保护条例》《云南省楚雄彝族自治州彝族服饰保护条例》都以传承和弘扬民族优秀传统文化为立法目的，虽然能够充分体现民族自治的立法特征，但这些立法事项亦可归类于

---

[1] 参见李德旺、叶必丰《地方变通立法的法律界限与冲突解决》，《社会科学》2022年第3期。

地方性法规中"历史文化保护"的事项范围；相比之下，有些单行条例却未完全体现民族性和自治性的特点，如2021年出台的《云南省楚雄彝族自治州养老服务条例》是云南省首部由自治州制定的养老服务单行条例，从立法调整的对象来看，更适宜采用地方性法规的立法形式。上述实例表明，民族自治立法主体在选择立法形式方面具有较强的随意性，单行条例和地方性法规在立法事项上的边界，仍有待《立法法》进一步解释。

有学者认为，应当划定自治立法权和一般地方立法权两类立法权各自固有、独占的立法范围，其中，非涉民族因素的、《立法法》规定的设区的市、自治州的立法事项成为地方性法规立法事项的判断依据，而本民族内部事务、民族自治地方的自治权以及立法变通权则是判断纯粹的自治立法权事项的核心标准；对于特定立法事项兼涉两类立法权特征的，自治州人大拥有立法形式的选择权，而对于两类立法权特征在特定立法事项上呈现结构性耦合的，应当以自治立法权作为唯一的立法形式。[1] 也有学者主张，民族自治立法权的客体只能是"本民族内部事务"，这意味着，只有该区域所有聚居少数民族独有的政治、经济和文化事务才能成为自治立法权涵括的事项范围，那些聚居少数民族与其他散居少数民族和汉族的共同事务则超出聚居少数民族"内部事务"，外溢为民族自治地方共同的地方事务，成为一般地方立法权涵括的事项范围。[2] 还有学者认为，民族自治地方自治立法权的客体是民族自治地方少数民族的"本民族内部事务"和"本地公共事务"，民族自治地方地方性法规制定权的客体则是"本地公共事务"。自治立法权所针对的"本地公共事务"，包括民族自治地方各族人民的一切公共事务。民族自治地方地方性法规所针对的"本地公共事务"，对自治州而言，只包括与《立法法》规定的设区的市、自治州的立法事项相关的公共事务。[3] 上述观点主要采用法教义学的研究进路，着重强调对相关立法文本当中具体条款含义的合理阐释。如对《民族区域自治法》

---

[1] 参见郑毅《〈立法法〉修改后自治州一般地方立法权与自治立法权关系研究》，《法学评论》2018年第4期。
[2] 参见潘红祥《论民族自治地方自治立法权和地方立法权的科学界分》，《法学评论》2019年第3期。
[3] 参见冉艳辉《论民族自治地方自治立法权与地方性法规制定权的合理配置与规范运用》，《政治与法律》2020年第7期。

序言中"本民族内部事务"这一概念的理解、对《民族区域自治法》第三章中自治机关自治权的解读以及对《立法法》第81条自治州人大及其常委会制定地方性法规所涉立法事项范围的判断，等等。理论界的学理解释可以为单行条例和地方性法规在立法事项上的区分提供前瞻性的思路。

我们认为，自治州立法机关在选择立法形式时，应当充分考量立法事项的民族因素与地域因素。因此，自治州单行条例所调整的事项，应当以《民族区域自治法》规定的自治权限为依据，基本涵盖了当地民族的政治、经济和文化事务的各个方面，而地方性法规所调整的事项，应当以《立法法》所规定的"城乡建设与管理、生态文明建设、历史文化保护、基层治理"等四个方面立法事项为依据，当然，这四个方面立法事项并不能排除单行条例的涉入，但这并不意味着自治州地方性法规无自身的立法空间。2023年修改的《立法法》第83条规定了自治州可以协同制定地方性法规，此种情况下，自治条例就不适合作为区域协同立法的规范载体，原因在于，基于对区域因素的考虑，民族跨区域自治在我国并不存在实施的可能性。总之，地方性法规的立法事项范围仅限于区域协同立法的事项以及"城乡建设与管理、生态文明建设、历史文化保护、基层治理"等四个方面立法事项，单行条例的立法事项范围主要限于立法变通的事项以及"城乡建设与管理、生态文明建设、历史文化保护、基层治理"等四个方面立法事项之外的事项，而涉及民族因素的"城乡建设与管理、生态文明建设、历史文化保护、基层治理"等四个方面立法事项，仍以单行条例的立法形式为宜。

立法实践当中，单行条例立法程序比较烦琐，立法技术要求较高，特别是立法程序中采用报批制，这让立法者视如畏途，再加上自治地方人大的会期较短，上述因素直接增加了自治地方立法的成本和难度，立法主体更青睐于制定地方性法规。如恩施土家族苗族自治州人大立法机关在讨论《恩施土家族苗族自治州酉水河保护条例》的立法形式时，面临着由自治州人大制定单行条例以及由自治州人大常委会制定地方性法规的双重选择，最后选择的是后一种立法形式，其理由在于：一方面，自治州人大立法的周期较长，不如人大常委会立法快速；另一方面，地方性法规不涉及变通权问题，上级人大常委会更容易批准。① 如果从立法事项上归类，《恩施土家族苗族自治州酉水河保护条例》原本可以直接纳入自治州地方性法规"生态文明建设"的立法事项，但自治州立法主体主要基于立法程序的便捷性作出了选择，这种"程序投票"的决策方式有悖于民族自治立法制度设计的初衷。从深层次上讲，这也反映出民族自治地方自治机关缺乏积极的自治意识，对自治立法的重要地位及作用缺乏科学的认识。单行条例制定程序的严谨设计，正是为了充分体现民族自治地方人民的共同意志，故此，单行条例比地方性法规更能体现民族自治立法的民族性和自治性。

### （四）经济特区、浦东新区与海南自由贸易港的立法权限

1. 经济特区法规的立法权限

经济特区立法是伴随着我国改革开放的不断深入而逐渐发展起来的，因而对经济特区立法权限的探讨离不开改革开放的时代背景以及经济特区的实际状况。

（1）经济特区立法的阶段划分

经济特区立法的发展历程大致可概括为三个阶段。第一阶段是探索建制阶段，自第十一届三中全会至1992年6月，该阶段中五个经济特区相继成立，但除了省级的海南经济特区具有地方立法权，其他经济特区并不享有立法权，其立法需求主要由全国人大或者广东省、福建省人大立法机关制定有关经济特区的法规予以满足。第二阶段是授权立法阶段，1992年7月1日，第七届全国人大常委会第二十六次会议通过了《全国人民代表大会常务委员会关于授权深圳市人民代表大会及其常务委员会和深圳市人民政府分别制定法规和规章在深圳经济特区实施的决定》，以此为起始，厦门市、珠海市、汕头市人大及政府陆续获得全国人大授权制定法规和规章在经济特区实施，至此，经济特区立法进入自主立法阶段，这个阶段的立法主要集中在与经济建设有关的领域，如深圳市人大于1993年通过的《深圳经济特区有限责任公司条例》、珠海市人大于1998年制定的《珠海市私营企业权益保护条例》等。第三阶段是双重立法权阶段，以2000年

---

① 冉艳辉：《民族自治地方立法权的合理配置探析》，《学术交流》2017年第2期。

出台《立法法》为起始,一方面,《立法法》将经济特区所在的市划为"较大的市",赋予其制定地方性法规和地方政府规章的立法职权;① 另一方面,《立法法》规定经济特区所在地的省、市人大及其常委会根据全国人大的授权决定制定法规,在经济特区范围内实施。② 自此,经济特区所在地的省、市人大及其常委会实际获得了双重立法权:一是制定经济特区法规的授权立法权,二是制定地方性法规、地方政府规章的地方立法权（职权立法权）。③

上述立法阶段的划分基本上涵盖了经济特区立法的发展历程,从整体上看,经济特区的立法权呈现种类多样化及法域扩大化的趋势,种类多样化体现在授权立法权及职权立法权两种不同性质的立法权的并存方面,法域扩大化体现在授权立法权的扩张方面,主要由经济特区的扩容引起,截至2011年5月1日,深圳、厦门、珠海及汕头四个经济特区的范围先后扩展至全市,由此,授权立法权的作用范围在地域上也得到相应的扩大,即由原来的经济特区扩展至经济特区所在的市,一举解决了此前存在的"一市两制"带来的法律适用冲突问题。

（2）经济特区的双重立法权

修改后的《立法法》再次明确经济特区的授权立法权,充分肯定其在我国立法体制中的特殊地位,这意味着,经济特区双重立法权的局面至今并未得到实质性的改变。经济特区的双重立法权之间存在本质的区别,从立法性质和立法形式来看,职权立法权形成的是一般地方立法,即地方性

---

① 参见《立法法》（2000年制定）第63条和第73条之规定。
② 参见《立法法》（2000年制定）第65条之规定。
③ 需要说明的是,如同本书前文所论,《立法法》仅规定经济特区所在地的省、市人大及其常委会根据全国人大的授权规定,制定法规,并未提及经济特区规章的问题,依据新法优于旧法的一般效力规则,我们认为,《立法法》第74条之规定,意味着全国人大对经济特区所在地的省、市人大及其常委会和人民政府的授权立法的决定已经失效,因此,经济特区所在地的省、市人民政府不应再拥有经济特区规章的制定权。但在立法实践中,2000年之后全国人大及其常委会的相关授权决定未被废止,依然有效;有部分经济特区出台了特区规章,如汕头市人民政府于2014年制定了《汕头经济特区既有住宅增设电梯办法》,也有部分经济特区对2000年之前的特区规章进行了修订,如深圳市人民政府于2017年修订了《深圳经济特区城市雕塑管理规定》,这是否意味着经济特区规章依然拥有相应的制度空间,如何理解《立法法》与授权决定之间的规范冲突问题,至今尚未看到官方的明确表态,这在一定程度上影响到授权立法的严肃性。

法规与地方政府规章,授权立法权形成的是特殊地方立法,[①] 即经济特区法规;从立法权限和立法效力来看,职权立法权无权对法律、行政法规、(作为上位法的)地方性法规作变通规定,授权立法权则可以对之进行相应的变通规定,因而,当经济特区双重立法权间调整同一社会关系和具体事项发生规范冲突时,授权立法权应优先适用。针对双重立法权的协调问题,一般认为,应当充分发挥经济特区双重立法权的功能,在一些需要先行先试的市场经济立法领域,尤其在涉及改革需要突破的事项上,可以采用授权立法的形式。在一般的国家法律法规的具体实施细则等方面,则可以适用职权立法的形式。[②]

此外,对于授权立法权的变通规定问题,学术界存在较大的争议。有学者认为,经济特区授权立法权的变通规定,违背了地方立法的"不抵触"原则,破坏了"法制统一"原则,有悖"平等"原则,并且失去了继续存在的现实必要,因而理应废止。[③] 上述观点并没有严格区分地方性法规和经济特区法规,将经济特区法规等同于一般地方立法,也没有从经济特区法规自身的特殊性去分析其立法功能及存在的现实基础,其观点值得进一步探讨。的确,随着改革开放的进一步深入,社会主义市场经济体制已经形成并逐步完善,自我国加入 WTO 之后,经济特区享受到的经济政策优惠也随之减少,但经济特区作为我国改革开放窗口的特殊地位没有改变。中央对于经济特区的基本政策没有改变,经济特区立法作为我国立法"试验田"的地位没有改变,尤其是《立法法》修改之后,有关经济特区立法的规定依然沿袭了原有的规定,这充分表明了中央对经济特区立法

---

[①] 尽管经济特区授权立法权规定在"地方性法规"的章节当中,但经济特区法规对上位法的变通保留了授权立法权突破法律、行政法规规定的立法空间,有观点据此认为,经济特区的授权立法权是国家立法权的延伸,参见王成义《深圳经济特区立法权:历史、学理和实践》,《地方立法研究》2019 年第 1 期。实际上,《立法法》对经济特区法规的制度安排已经预设了立法者的态度,但在立法规定上似有矛盾的地方,一方面,依《立法法》第 106 条第 2 款规定,经济特区法规与法律规定不一致时如何适用需要全国人大常委会裁决,有别于一般地方立法与法律相抵触时直接无效的情形;另一方面,依《立法法》第 109 条第 5 项规定,经济特区法规报送备案时,应当说明地方性法规作出变通的情况,其效力位阶低于地方性法规,上述规定凸显了经济特区开展地方立法的特殊性。

[②] 谭波、黄琰:《论我国经济特区立法的改革路径》,《江汉大学学报》(社会科学版)2013 年第 3 期。

[③] 庞凌:《关于经济特区授权立法变通权规定的思考》,《学习与探索》2015 年第 1 期。

的作用和地位是充分肯定的。从长远看，经济特区立法还可以在企业制度的完善、高新技术产业的发展、社会保障体系的建立、行政管理体制的改革、生态环境的保护等领域进行变通和创新，即使出现立法上的失误，也会因"船小好调头"的优势进行及时的修正，从而为全国相关立法的制定和完善积累经验，因此，宜从战略的高度去评估经济特区立法变通权的必要性问题。当然，经济特区立法变通权部分地分享了上位法的立法权，因此，必须对变通权进行规制，《立法法》第109条对变通类立法备案的规范性要求，也预示着经济特区立法变通权的行使会更加透明和慎重。①

2. 浦东新区法规的立法权限

自2021年6月《授权决定》授权上海市人大及其常委会制定浦东新区法规以来，上海市人大常委会已先后颁布15部浦东新区法规，②快速立法的背后蕴含着浦东新区巨大的立法需求，但《授权决定》并未明确规定浦东新区法规的立法权限，而是通过"一揽子授权"的方式，规定上海市人大及其常委会"根据浦东新区改革创新实践需要，遵循宪法规定以及法律和行政法规基本原则"制定浦东新区法规，这样的表述可以涵盖比较广泛的立法事项，为浦东新区未来的改革预留制度创新的空间，但也容易失之宽泛而难以把握，因而有深入探讨之必要。

（1）浦东新区法规的性质定位

我们认为，浦东新区法规是特殊的地方立法形式。首先，浦东新区法规必然是地方立法，这从浦东新区法规的立法主体、立法事项以及实施区域便可得出结论，尤其是浦东新区法规被列入《立法法》第四章"地方性法规、自治条例和单行条例、规章"中，从立法形式上也可以进行判断。其次，浦东新区法规作为地方立法的特殊性体现在两个方面：一方面，浦东新区法规属于授权立法，浦东新区法规和经济特区法规一样，均产生于全国人大常委会的授权；另一方面，浦东新区法规具有变通立法权，《授权决定》规定浦东新区法规可以对法律、行政法规、部门规章作出变通规定，与经济特区法规不同的是，浦东新区法规可以对部门规章作出变通规

---

① 何家华、高顿：《经济特区立法变通权的变通之道——以深圳市变通类立法为样本的分析》，《河南师范大学学报》（哲学社会科学版）2019年第2期。
② 该立法数据统计时间截至2022年底，相关数据来源于上海市浦东新区人民政府网站"政务公开"栏目中的"浦东法规和管理措施"数据库。

定，这一规定扩展了《立法法》关于"变通立法权"主体和形式的规定。

（2）浦东新区法规的立法权限范围

从《授权决定》的内容来看，全国人大常委会对上海市人大及其常委会的授权属于典型的空白授权，欠缺对有关授权内容以及授权范围的具体限制，至于浦东新区法规采取何种立法方式，《授权决定》规定得比较笼统，只是在第 2 条提及"浦东新区法规报送备案时，应当说明对法律、行政法规、部门规章作出变通规定的情况"，这是否意味着浦东新区法规只能采取变通立法的方式，不能实施先行先试的试验性立法？理论界对此存在较大的争议。我们认为，变通性是浦东新区法规的本质特征，变通立法是浦东新区法规立法的基本方式，变通权则是浦东新区法规立法权限的集中体现。正确理解"变通规定"的含义，是明确浦东新区法规立法权限范围的关键所在。

首先，探讨浦东新区法规"变通规定"含义的基本前提在于确定立法变通权的内涵所指。理论界对立法变通权存在广义和狭义上的两种认识。广义的理解，认为立法变通权包括先行立法权和立法突破权，如有学者将变通型立法的特征概括为补白性、突破性和延伸性。其中，补白性即指授权地方立法主体在国家法律缺位的情形下先行立法，以满足地方法治的立法需要；突破性即指授权地方立法主体对已有国家法律相关条款作出一定的变更，使之满足该地方的实际需要。[①] 狭义的理解，认为立法变通权仅指立法突破权，"立法变通权基本内涵是，享有立法变通权的主体有权根据不同情况、根据时代发展的要求，对上位法进行一定范围的突破"。[②] 可见，立法变通权是否包括先行立法权，成为广义理解和狭义理解的区别所在。当前理论界有关浦东新区法规立法权性质的争议，与对立法变通权的理解分歧存在很大程度的关联。

其次，确定浦东新区法规"变通规定"含义的基本途径在于，运用法教义学的方法从现有的规范体系当中寻求合理的解释。目前学者对浦东新区法规立法变通权也存在广义和狭义两种认识。广义的理解，认为浦东新

---

[①] 参见王春业《论我国立法被授权主体的扩容——以授权上海制定浦东新区法规为例》，《政治与法律》2022 年第 9 期。

[②] 宋方青：《拓展立法空间：经济特区授权立法若干关系思考》，《当代法学》2004 年第 6 期。

区法规立法变通权包括先行立法权，"对法律、行政法规、部门规章作出变通规定"的理解要结合《授权决定》第1条所述"遵循宪法规定以及法律和行政法规基本原则"来进行，"'作出变通规定'是指立法不抵触被变通法中行为规则的基本原则，而只对非基本原则部分加以改变；'遵循基本原则'是指立法行为遵守授权规则中的基本原则，但可根据合理目的解除非基本原则条款的束缚"。[①] 浦东新区法规的立法变通权"既表示非原则性地变动被变通法中的行为规则，又表示对授权规则中的非基本原则部分予以改变"，[②] 因而必然包括先行立法权。狭义的理解，认为"广义的理解扩张了'变通'的含义，混淆了变通立法权和先行立法权。变通是浦东新区法规区别于一般地方性法规的本质特征。授权制定浦东新区法规的目的并非针对上位法缺位的情形，因为《立法法》（2015）第73条已然赋予地方在上位法缺位的情形下进行先行性立法的职权……全国人大常委会没有必要为上海市人大及其常委会已经具备的立法权赋予一个新的法规类型名称"。[③] 我们认为，地方性法规与浦东新区法规是浦东新区地方立法体系的重要组成部分。由于地方性法规自身具备就法律保留事项之外的立法事项进行先行先试的立法权限，而且《立法法》对这一权限进行了必要的规范与限制，[④] 是否还有必要通过浦东新区法规进行先行立法事关立法资源的合理配置问题。尽管《授权决定》未能清晰地表明全国人大常委会的立场，但从另一份中央政策文件《中共中央国务院关于支持浦东新区高水平改革开放打造社会主义现代化建设引领区的意见》的内容中可以看出，中央授权上海市人大及其常委会制定浦东新区法规，"比照经济特区法规""可以对法律、行政法规、部门规章等作变通规定，在浦东实施""对暂无法律法规或明确规定的领域，支持浦东先行制定相关管理措施"。依照中央政策的基本精神，浦东新区法规对已有的中央立法规定采取变通立法的形式，而对尚未制定立法的领域，浦东新区可以先行制定管理措施，探索比较成熟的制度经验并适时以法规规章的形式固化下来，此处的法规规章

---

[①] 姚魏：《论浦东新区法规的性质、位阶与权限》，《政治与法律》2022年第9期。
[②] 姚魏：《论浦东新区法规的性质、位阶与权限》，《政治与法律》2022年第9期。
[③] 姚建龙、俞海涛：《论浦东新区法规：以变通权为中心》，《华东政法大学学报》2023年第3期。
[④] 参见《立法法》第82条第2款之规定。

应当指代地方性法规或者地方政府规章,如果浦东新区法规可以直接进行先行立法,就没有必要采取先制定管理措施后转化为地方性法规的比较迂回的立法形式。可见,"作出变通规定"应当采取狭义理解的观点。

最后,浦东新区法规的权限范围集中体现在立法变通权而不是先行立法权上。浦东新区法规可以在遵循宪法规定以及法律和行政法规的基本原则的基础上,对法律、行政法规、部门规章进行变通规定,而"报送备案时,应当说明对法律、行政法规、部门规章作出变通规定的情况"的规定,意味着浦东新区法规"无变通不立法",变通性规定已成为浦东新区法规的必备条款。当浦东新区法规对部门规章进行变通时,有学者认为,可以"将浦东新区法规与部门规章作出不一致规定的情形一并纳入备案审查范围,从而将立法法上'地方性法规与部门规章之间对同一事项的规定不一致且不能确定如何适用'时复杂的裁决机制调整为备案审查机制,加强了对制定浦东新区法规的监督,同时更有力地拓宽了浦东新区法规的权限范围"。[1]

此外,与经济特区法规不同的是,浦东新区法规立法具有全局性,不只是地方性的制度试验,更是全国性的制度试验,其获得的制度经验在全国范围内具有可复制性,这正是"打造社会主义现代化建设引领区"的意义所在;而且,浦东新区法规变通立法的范围不以经济领域为限,而是涵盖政治、经济、社会、文化、生态等多个方面立法事项,这一点有别于经济特区法规与海南自由贸易港法规。[2]

3. 海南自由贸易港法规的立法权限

2021年6月十三届全国人大常委会第二十九次会议通过的《海南自由贸易港法》赋予海南省人大及其常委会制定海南自由贸易港法规的职权,以因应"高质量高标准建设自由贸易港"立法供给的需要。《海南自由贸易港优化营商环境条例》《海南自由贸易港反消费欺诈规定》《海南自由贸易港公平竞争条例》《海南自由贸易港社会信用条例》等一系列法规的出台,已经为海南自由贸易港经济社会发展提供了有力的法治保障。自《海南自由贸易港法》实施以来,一般地方立法权、经济特区立法权以及海南

---

[1] 林圻、李秋悦:《浦东新区法规:法规家族新成员》,《上海人大》2021年第7期。
[2] 参见姚魏《论浦东新区法规的性质、位阶与权限》,《政治与法律》2022年第9期。

自由贸易港法规制定权便构成了海南自由贸易港立法体制，对于海南省人大及其常委会而言，在不同的社会形势当中合理运用类型各异的立法权，进而发挥体系化制度的合力作用，需要深入探讨海南自由贸易港法规的体系定位，[①] 这必然涉及海南自由贸易港法规的立法权限问题。

（1）海南自由贸易港法规的性质定位

海南自由贸易港法规同样属于特殊的地方立法形式。从立法依据、制定主体、效力范围以及备案审查机制来看，[②] 海南自由贸易港法规是相对于中央立法而存在的、特殊的地方立法形式。海南自由贸易港法规的特殊性主要体现在如下方面。

其一，海南自由贸易港法规属于特殊类型的授权立法。海南自由贸易港法规的权源并非全国人大常委会的特别授权决定，而是全国人大常委会制定的《海南自由贸易港法》，正因为如此，有关海南自由贸易港法规的性质界定，存在"职权立法"与"授权立法"的争议。实际上，通过单行法还是授权决定赋权，仅具有授权形式意义上的差异，并不构成职权立法与授权立法本质上的差别。职权立法与授权立法的区分依据在于立法权的来源，"即是来自于宪法、组织法规定的固有职权，还是来自其他单行法或授权决定的授权"。[③]《海南自由贸易港法》是全国人大常委会制定的非基本法律，可以将其归结为源于单行法规定的授权立法。当然，从合宪性的视角审视，《海南自由贸易港法》的授权立法规定存在形式合宪性的瑕疵，2023年修改的《立法法》增加了海南自由贸易港法规制定权的内容，正是通过"事后追认"的方式补足了海南自由贸易港法规的合宪性缺陷。[④]

其二，海南自由贸易港法规属于特殊类型的变通立法。《海南自由贸易港法》规定海南自由贸易港法规可以对法律与行政法规作出变通规定。与浦东新区法规不同的是，海南自由贸易港法规不能对部门规章作出变通规定，一旦海南自由贸易港法规与部门规章发生冲突，将适用《立法法》

---

[①] 参见谭波《海南自由贸易港法规的体系定位与衔接分析》，《重庆理工大学学报》（社会科学版）2021年第5期。

[②] 参见《海南自由贸易港法》第10条之规定。

[③] 陈志英：《海南自由贸易港法规制定权之性质定位与合宪性审视——从2023年〈立法法〉修改来看》，《江汉大学学报》（社会科学版）2023年第4期。

[④] 陈志英：《海南自由贸易港法规制定权之性质定位与合宪性审视——从2023年〈立法法〉修改来看》，《江汉大学学报》（社会科学版）2023年第4期。

上"地方性法规与部门规章之间对同一事项的规定不一致且不能确定如何适用"时复杂的裁决机制；而与经济特区法规不同的是，海南自由贸易港法规主要对中央立法作变通规定，并不对地方性法规予以变通适用，这在很大程度上表明，海南自由贸易港法规与作为一般地方立法形式的地方性法规具有不同的作用领域。同时，《海南自由贸易港法》规定报送备案涉及变通立法事项时，应当说明变通的情况与理由，在程序上对立法变通权的行使作出了限制。由于海南自由贸易港法规可涉及法律和行政法规的保留事项，因而其说明义务更重，除说明情况之外，还需说明变通理由。[1]

(2) 海南自由贸易港法规的立法权限范围

依据《海南自由贸易港法》第10条之规定，海南自由贸易港法规的立法事项主要限于"贸易、投资及相关管理活动"，但可以对法律或者行政法规的规定进行变通。此外，海南自由贸易港法规还可以涉及应当制定法律或者制定行政法规的事项，但需要分别报全国人大常委会或者国务院批准后才能生效。上述规定构成了海南自由贸易港法规立法权限的基本范围。总体而言，海南自由贸易港法规作为新的地方立法模式，其立法权限可以从如下方面予以阐述。

一是限于特定立法事项的制定权。如前文所述，海南省人大及其常委会享有一般地方立法权、经济特区立法权以及海南自由贸易港法规制定权三种不同类型的地方立法权，由于一般地方立法权和经济特区立法权在立法事项上并无明确的限制，只有海南自由贸易港法规制定权的行使范围限于"贸易、投资及相关管理活动"，从理论上讲，这就导致凭借三种类型地方立法权都可以就"贸易、投资及相关管理活动"事项立法，立法事项的重叠必将影响到地方立法形式的选择。因此，在海南自由贸易港法规体系建设过程中，需要明确不同类型地方立法权的权限范围，以充分发挥相应地方立法权的作用与功能。有学者主张，为彰显海南自由贸易港法规的特殊性和独立性，凡涉及"贸易、投资及相关管理活动"的事项，均属于海南自由贸易港法规制定权的调整范围，一般地方立法权和经济特区立法权不再进行调整；经济特区立法权应当聚焦海南自由贸易港建设与管理过程中除"贸易、投资及相关管理活动"以外的事项，尤其是需要对法律、

---

[1] 王建学：《改革型地方立法变通机制的反思与重构》，《法学研究》2022年第2期。

行政法规进行变通规定的事项，以凸显经济特区立法权的变通功能；对执行法律、行政法规，或者尚未制定法律、行政法规且属于法律保留以外地方性事务的立法事项，则运用一般地方立法权。① 上述观点表明，确定"贸易、投资及相关管理活动"的立法事项范围尤为重要，这在一定程度上划定了其他类型地方立法权不宜涉足的立法事项领域。我们认为，"贸易、投资及相关管理活动"的立法事项范围，基本上明确了海南自由贸易港法规制定权的行使方向，由于《海南自由贸易港法》对贸易自由便利与投资自由便利进行了专章的规定，并对"贸易、投资及相关管理活动"进行了系统的规制，这就在事实上划定了海南自由贸易港法规作用的立法事项领域。海南自由贸易港法规可以对《海南自由贸易港法》涉及"贸易、投资及相关管理活动"的立法措施进行具体化或者补充化的规定，从而更有效地推进贸易投资自由化、便利化。

二是涉及中央立法事项的制定权。海南自由贸易港建设作为新时期党中央为全面深化改革所部署的重要举措，肩负着与国际接轨并进一步拓展改革探索路径的重大使命，因而需要强有力的法治予以保障、引领和规范，以及时应对过程中面临的新情况、新问题。② 从这个意义上理解，制度创新对于海南自由贸易港法治体系的功能作用至关重要。基于此，《海南自由贸易港法》授权海南自由贸易港法规涉入法律和行政法规保留的立法事项，即涉及"贸易、投资及相关管理活动"的基本制度层面的立法事项，③ 确保相应的立法可以从事先行先试的试验性立法创新活动，以便及时填补海南自由贸易港建设中的立法空白，从而为"深水区"中具有突破性的改革措施提供立法依据和合法性支持，这也是海南自由贸易港法规的重要突破口之一。当然，尽管海南自由贸易港法规制定权可以调整法律保

---

① 参见熊勇先《论海南自由贸易港法规制定权及其行使》，《暨南学报》（哲学社会科学版）2022年第8期。
② 参见王建学、张明《海南自贸港法规的规范属性、基本功能与制度发展——以〈宪法〉和〈立法法〉为分析视角》，《经贸法律评论》2021年第4期。
③ 根据《立法法》第11条第9项的规定，"基本经济制度以及财政、海关、金融和外贸的基本制度"属于法律保留的事项，是应当制定法律的事项。但在特定情况下，全国人大及其常委会有权作出决定，授权国务院根据实际需要对这类事项先制定行政法规，因此，这一类事项属于相对保留立法事项。海南自由贸易港法规所涉中央立法事项主要与《立法法》第11条第9项相关，但并不局限于该条款，而是应当以满足"贸易投资自由化、便利化"的实际需要为目的进行灵活调整。

留事项，但其行使仍然受到严格的限制，为此，《海南自由贸易港法》设置了相应的立法批准程序。此外，根据海南自由贸易港建设的实际需要，需要对既有的中央立法规定进行变更的，全国人大常委会依法授予海南省立法机关制定海南自由贸易港法规时对中央立法的相关内容予以变通的权力，与浦东新区法规变通权相同的是，海南自由贸易港法规的地方立法变通权的功能价值在于充分发挥其作为地方试点改革的"试验田"功能，为当前及未来全国范围内的自由贸易港建设提供成熟的、可资借鉴的制度经验。需要注意的是，变通立法涉及国家法制统一的问题，因此，海南自由贸易港法规在变通中央立法时，应当在授权立法的框架内进行，其变通的立法事项仅限于"贸易、投资及相关管理活动"，且需要遵循相应的备案说明程序。

**（五）特别行政区的立法权限**

根据宪法关于设立特别行政区的规定以及《香港特别行政区基本法》和《澳门特别行政区基本法》的有关规定，特别行政区的立法是有别于中国一般地方性立法的一种新的地方立法形式。特别行政区的立法权限是在"一国两制"方针指导下，建立在高度自治基础上的立法权限，远远超过省、自治区、直辖市在制定地方性法规方面的立法权限，也超过了民族自治地方的立法权限。

香港特别行政区的立法机关是香港特别行政区立法会，《香港特别行政区基本法》第17条第1款规定："香港特别行政区享有立法权。"第73条第1项规定，香港特别行政区立法会"根据本法规定并依照法定程序制定、修改和废除法律"。立法会制定的法律只要符合《香港特别行政区基本法》并依照法定程序，均属有效。

根据《香港特别行政区基本法》的规定，立法会的立法权限包括两部分。一是香港特别行政区自治范围内的事项。即除国防、外交和按基本法规定属于中央管理的事项以外，都属于香港特别行政区自治范围内的事项，立法会都有权进行立法，包括刑事、民事、商事等各方面的法律。二是为保证全国性法律在香港特别行政区实施的事项。《香港特别行政区基本法》第18条第2款规定："凡列于本法附件三之法律，由香港特别行政区在当地公布或立法实施。"因此，已列入《香港特别行政区基本法》附件三的有关国防、外交和按基本法规定不属于香港自治范围的全国性法律，除在当地公布直接实施外，有些需要立法会立法实施。立法会的立法权限主要是自治范围内的事项，也会涉及国防、外交和按基本法规定不属于自治范围的事项。但涉及国防、外交和按基本法规定不属于自治范围的事项，立法会不能自行立法，而只能为保证全国性法律在香港特别行政区实施进行某些适用性立法。除上述两方面的立法事项外，香港特别行政区立法会还具有《香港特别行政区基本法》的修改提案权。① 在香港特别行政区，立法权是立法会的主要职权，但立法权并不完全由立法会单独享有，行政长官也享有一部分立法权，立法会也享有其他一些职权。②

《澳门特别行政区基本法》是继《香港特别行政区基本法》实施之后制定的，二者都是体现"一国两制"方针的全国性法律，通过立法将维护中国的国家主权统一和领土完整与授权特别行政区实行高度自治紧密结合起来，由于中国政府对香港和澳门的基本方针政策是相同的，所以《澳门特别行政区基本法》关于立法权限的主要原则及规定与《香港特别行政区基本法》是一致的。根据《澳门特别行政区基本法》的规定，澳门特别行政区享有立法权，澳门特别行政区的立法机关是澳门特别行政区立法会，立法会有权依照《澳门特别行政区基本法》的规定和法定程序制定、修改、暂停实施和废除法律。其立法权限非常宽泛，有权就高度自治范围内的一切事务进行立法，除外交、国防以及其他属于中央人民政府管理范围内的事务外，有关澳门经济、社会制度和保障居民的基本权利和自由制度

---

① 参见《香港特别行政区基本法》第159条之规定："本法的修改提案权属于全国人民代表大会常务委员会、国务院和香港特别行政区。香港特别行政区的修改议案，须经香港特别行政区的全国人民代表大会代表三分之二多数、香港特别行政区立法会全体议员三分之二多数和香港特别行政区行政长官同意后，交由香港特别行政区出席全国人民代表大会的代表团向全国人民代表大会提出。"

② 这些职权主要包括：①根据政府的提案，审核、通过财政预算；②批准税收和公共开支；③听取行政长官的施政报告并进行辩论；④对政府的工作进行质询；⑤就任何有关公共利益问题进行辩论；⑥同意终审法院首席法官和高等法院首席法官的任免；⑦接受香港居民申诉并作出处理；⑧如立法会全体议员的1/4联合动议，指控行政长官有严重违法或渎职行为而不辞职，立法会可委托终审法院首席法官负责组成独立的调查委员会，并由其担任主席，调查委员会负责进行调查，并向立法会提交报告，如该调查委员会认为有足够证据构成上述指控，立法会以全体议员2/3多数通过，可提出弹劾案，报请中央人民政府决定；⑨在行使基本法规定的各项职权时，如有需要，可传召有关人士出席作证和提供证据。

及行政、立法和司法方面的制度的法律，由立法会依据《澳门特别行政区基本法》制定。另外，全国性法律除列于《澳门特别行政区基本法》附件三者外，[①] 不在澳门特别行政区实施，而列入《澳门特别行政区基本法》附件三的法律，由澳门特别行政区在当地公布或立法实施。

---

[①] 列入《澳门特别行政区基本法》附件三的法律是指《关于中华人民共和国国都、纪年、国歌、国旗的决议》《关于中华人民共和国国庆日的决议》《中华人民共和国国籍法》《中华人民共和国外交特权与豁免条例》《中华人民共和国领事特权与豁免条例》《中华人民共和国国旗法》《中华人民共和国国徽法》《中华人民共和国领海及毗连区法》。

# 第三章
# 地方立法权限的模糊性

地方立法权限的制度实践初步解决了地方立法权限的法定依据问题，但难以摆脱地方立法权限不清的困境，由此引发的立法越位、错位、缺位以及重复等现象，严重地制约了地方立法功能的发挥，影响到国家法制的统一。因此，探究地方立法权限不清的原因，成为本章重点研究的问题。本章运用模糊性理论，比较了以哈特和德沃金为代表的法理学者对理想图景中法律明确性的认识分歧，探讨了立法规范中法律模糊性形成的渊源，从我国现有的立法文本入手，深入地分析了我国地方立法权限的模糊性问题。从整体上看，地方立法中的"不抵触"原则、地方性事务、"根据"原则、具体行政管理事项以及设区的市的立法事项范围，不同程度地存在立法语言的模糊性，导致了地方立法权限不清的困局，理当引起理论界和实务界的高度重视。

## 第一节 法律中的模糊性

语言是表达和解释法律规范的基本工具，立法语言的规范性决定着法律的品质，因此，立法者必然追求立法语言的明确性，以期所立之法被准确地实施。然而，模糊性不可避免地贯穿于不同的立法文本当中，并有其存在的客观条件，本节着重讨论了法律中模糊性产生的合理逻辑。

### 一 模糊性理论产生的背景及基本观点

#### （一）背景

事物的模糊性进入人类认识的视野由来已久，《周易·系辞》有云：

## 第三章 地方立法权限的模糊性

"易之为书也,不可远;为道也屡迁,变动不居,周流六虚;上下无常,刚柔相易;不可为典要,唯变所适。"早在几千年前先哲们就已经意识到事物发展的变化性,这种变化主要体现为事物之间的对立及转化,诸如变、上、下、刚、柔此类语词带有一定的模糊性,早期朴素的辩证法思想蕴含了对事物模糊性的初步认识。古希腊思想家柏拉图在《大希庇阿斯篇——论美》一文中借用其老师苏格拉底的名义与古希腊诡辩家希庇阿斯就"美是什么"进行了针锋相对的辩论,而结尾处苏格拉底说:"至少是从我和你们的讨论中,希庇阿斯,我得到了一个益处,那就是更清楚地了解一句谚语:'美是难的。'"这说明为美下定义并非易事,从美的事物来看,希庇阿斯认为"美就是一位漂亮的小姐""美是黄金",就美的本质而言,希庇阿斯认为"美是恰当""美就是视觉和听觉的快感",但上述观点都遭到了苏格拉底的驳斥,有意思的是,苏格拉底本人并没有给美下一个明确的定义,这也说明了美的含义的多样性和多变性,人们很难用精确的语言和实例来说明美与丑之间的界限,因为这个问题本身就是模糊的。之后的许多哲学家、语言学家、科学家都意识到了模糊性的问题。[1]

就现代科学发展的总体特征而言,不同自然科学之间、不同社会科学之间以及自然科学与社会科学之间相互渗透的趋势日益凸显,原来截然分明的学科界限不断被模糊化,边缘学科大量涌现,这些边界不明的对象(亦即模糊性对象)也以多样化的形式普遍出现在科学前沿,要求给出系统的说明和处理。起初人们习惯于用处理确定性对象的方法去处理模糊性问题,这种努力尽管也取得了一定的成果,但不能从根本上以系统的方式解决问题,[2] 系统科学及计算科学的发展在某种意义上成为模糊性理论产生的推动力,而最终将模糊系统化为理论学说的是美国加利福尼亚大学电机工程系和电子学研究实验室的札德教授,札德教授于1965年在《信息和控制》杂志上发表了一篇题为《模糊集》的文章,率先将模糊性理论形式化、数学化,创立了模糊集合理论,奠定了模糊学研究的基础,进而诞生了模糊数学、模糊逻辑等模糊学的分支学科。

---

[1] 相关论述可参见伍铁平《模糊语言学》,上海外语教育出版社,1999,第95~114页。
[2] 苗东升编著《模糊学导引》,中国人民大学出版社,1987,第11页。

## （二） 基本观点

札德教授认为，在现实物质世界中所遇到的客体经常没有精确规定的界限，"这种不能精确划定范围的'类别'，在人的思维中，特别是在模式识别、信息传递和抽象中都起着很重要的作用"。[①] 如轻和重是一对模糊概念，它们之间并不存在截然分明的界限，人无须事先准确地称重便可凭视觉和触觉，大致地、模糊地断定其轻重，这说明人的认识能力本身具有模糊特征。[②] 究竟何谓模糊性，美国语义哲学奠基人皮尔斯给出的定义一直被引为经典："当事物出现几种可能状态时，尽管说话者对这些状态进行了仔细的思考，实际上仍不能确定，是把这些状态排除出某个命题（proposition），还是归属于这个命题。这时候，这个命题就是模糊的。上面说的实际上不能确定，我指的并不是由于解释者的无知而不能确定，而是因为说话者的语言的特点就是模糊的。"[③]这一定义恰当地表述了模糊的一般特征，即札德所谓客观世界中的客体界限不清现象，这种现象在人文社会系统中普遍存在，人文社会系统中对象的量的规定性往往是非数值的，如科技水平、贫困程度、组织化程度、民主化程度之类量的规定性主要通过估测、统计等途径获得，这就带有较强的模糊性。

## 二　模糊集合理论在不同领域的应用

目前，模糊集合理论在数学、生态学、逻辑学、控制论、系统论、信息论、医学、生物学、人工智能、气象学等自然科学领域已得到普遍的应用，而其在哲学、管理科学、心理学、社会学、文学、艺术、法学、经济学、历史学、体育、教育等人文社科领域内的应用也引起了研究者的关注。有学者从方法论意义上论证了模糊集合理论对于社科研究的重要意义，认为把模糊集合理论加入社会科学的工具箱有五大理由。其中包括该理论能够系统化地处理模糊性、可以分析多变量关系、以精确的方式结合了集合导向的思路与连续变量等，而模糊集合理论的引介重点在于建立

---

[①] 转引自伍铁平《模糊语言学》，上海外语教育出版社，1999，第34页。
[②] 相对于计算机的精确计算能力来说，人脑的优势在于其能接受和处理模糊信息，并依据相应的模糊信息对事物作出足够准确的识别判断，从而灵活机动地解决复杂的模糊性问题。
[③] 转引自伍铁平《模糊语言学》，上海外语教育出版社，1999，第136页。

"模糊集合取向与传统数据分析技巧之间的关联性"。① 这充分展现了模糊集合理论在社科研究中的发展前景,下文就模糊集合理论在不同学科中的应用择要介绍。

其一,经济学方面,关于模糊集合理论对经济学的意义,我国经济学家熊映梧教授有一段很好的阐述:"在经济领域里也普遍存在着模糊现象,经济学中也有许多模糊概念。例如,贫穷、富裕、速度、比例、扩大再生产、生产资料优先增长、多劳多得、少劳少得等等。当然,这并不是什么怪现象,而是正常的。因为,经济科学必须用少量的经济概念(范畴)去反映大量的经济关系。这样一来,许多经济概念的外延往往是不确定的,或者说是有伸缩性的。正因为如此,它们才具有较大的适应性。如果不是这样,每个经济概念都是'确定概念'(暂且用它来表示同'模糊概念'相对应的概念),那末,经济概念将多到不可胜数,从而也就没法进行任何科学的概括了。"② 其二,历史学方面,在历史学研究当中,各种社会形态之间的界限也是比较模糊的,如半殖民地半封建社会,在政治上中央统治政权半殖民地化,但同时具备封建君主专制的特征,在经济上中国日益卷入资本主义世界市场,但自然经济的封建生产方式仍占据重要的地位,因而很难对这一特殊社会形态中的封建因素和殖民因素进行明确的区分,有鉴于此,有学者认为,"模糊性研究,精确性研究,以及这二者的有机结合,被当代历史学家认为是历史研究的三种必不可少的方法"。③ 其三,文学方面,在文学理论中,模糊性也被用来刻画人物的性格特征,著名文学评论家刘再复认为,构成人物性格的各种因素都带有很强的模糊性,如美和丑、善和恶、悲和喜、爱和恨、高尚和卑下等,因此,人的性格实质上构成一个模糊集,而不可能是截然分明、非此即彼的。他指出,"文学与科学的一个根本区别,也恰恰在于,科学是依靠数字和概念语言来描述的。这种概念性特征使科学带有极大的准确性和明确性,而文学是通过审美的语言,即形象、情感、情节等来描述的……便形成文学的模糊性……可以说,模糊性是艺术形象的本质特点之一,也是人物形象的本质特点之

---

① 〔澳〕麦可·史密生、〔美〕杰·弗桂能:《模糊集合理论在社会科学中的应用》,林宗弘译,格致出版社,2012,第 2~4 页。
② 转引自伍铁平《模糊语言学》,上海外语教育出版社,1999,第 40 页。
③ 转引自伍铁平《模糊语言学》,上海外语教育出版社,1999,第 41 页。

一","人的感情内容是最不确定的,最难捉摸的,因此也是最模糊的"。①其四,医学方面,在医学研究当中,生死之间的界限也引起较大的争议,如关于死亡的判断就存在呼吸消失说、心跳停止说、血压为零说、脑死亡说等诸多的标准,在健康与疾病之间也出现了亚健康的诊断标准,这一标准也使健康与疾病之间的界限变得更加模糊。其五,气象学方面,即使是在气象学这样较为精密的学科中,也离不开模糊词语。如"晴""阴""多云""小雨"等在理解上都具有一定的模糊性。此外,在信息检索当中,模糊查询的方式也得到普遍的运用。

综上,模糊集合理论的广泛应用是对客观事物模糊性的科学写照,有助于我们突破对事物"非此即彼"精确形态认识的局限性,认可事物间"亦此亦彼"的过渡性形态。"传统上对事物精确形态的认识反映了对立事物的相对稳定性,说明对立事物间具有明确质的差异和界限的明确性。"②然而,辩证唯物主义也承认对立事物之间的相互联系、相互渗透,它们并不存在绝对分明和固定不变的界限,这种"亦此亦彼"性表征了事物间两极对立的不充分性,这种不充分性表现为由一极到另一极之间一系列中介过渡的状态,③从两极来看,所有中介都呈现出"亦此亦彼"的性态特征,这便是我们所说的模糊性,模糊性同样反映了事物本质极为深刻的属性。

## 三 模糊性理论在法律中的应用

### (一) 理想图景中的法律明确性

1. 立法者对明确性的期许

明确性是对法律基本的要求,也是判断合法性的基本要素,若把法律理解为一般意义上的行为规则,那么只有明确的法律才能满足法律适用的各种需求,法律的明确性意味着法律可以为执法者和司法者提供明确的适法标准,从而限制司法者适用法律的恣意性,避免执法人员滥用行政自由裁量权,也可以为守法者提供确定的行为指引、合理的行为预测以及适当的合法评价,含糊不清的法则会使合法成为任何人都无法企及的目标。对

---

① 转引自伍铁平《模糊语言学》,上海外语教育出版社,1999,第44页。
② 谢坚持:《模糊数学中的辩证法》,《湘潭大学学报》(哲学社会科学版) 1994 年第 3 期。
③ 苗东升编著《模糊学导引》,中国人民大学出版社,1987,第24页。

## 第三章 地方立法权限的模糊性

于立法者而言，明确性是正式立法语言学的准则，这一准则得到了各国立法者的普遍认可。如在欧盟法中，《有关完善立法的机构间协议》提到欧盟的三个机构（欧洲议会、欧盟理事会和欧盟委员会）"同意在起草法律时，将进一步促进其简洁性、明确性和连贯性"并且"将保证立法质量，即清晰、简明、有效"。《有关起草法律文件质量的协议》的序言则表达了清晰、简明和准确这三项要求的立法理由，旨在帮助公众更好地理解法律，让法律的执行更加有效。《有关起草法律文件质量的协议》还阐释了立法明确性与法律预见性之间的关系，作为欧盟法的一部分，立法明确性原则要求欧盟法必须清晰、准确并且保证个人对法律的适用可预见，当一部法律牵涉到财务后果，并且对个人有强加的义务时，该要求必须更加严格地遵守，以便让这些人明确了解其被强加的义务的范围。[1] 2015年修正的《立法法》首次对立法提出明确的要求，[2] 是因为明确的立法有助于厘清权利与权利、权利与权力以及权力与权力之间的界限范围，起到保障私权利行使和防止公权力滥用的双重效果；再者，明确的立法有利于充分发挥法律定纷止争的规范作用，提高法律适用的效率。法律的明确性不独为立法者所倚重，弗朗西斯·培根早在16世纪就提出法律应当简洁明了，在1593年2月26日的一次公开演讲中，培根说道："制定法律旨在保护人民的权利，而非喂养律师之用。法律应人人皆读，人人皆知，应赋之于形，喻之以哲理，缩减其篇幅，并交之于众人之手。"[3] 但真正在立法上做到简洁明了并非易事，一位立法者用感性的笔触承认自己曾经有一个梦想："和马丁·路德·金一样，我也有一个梦想。任何一位思维正常、能识文断字的普通人……都可以读到里面用最原始、未删减且清晰简明的语言书写的适用于自己的法律。这就是我的梦想。但是要实现这个梦想还任重而道远。事实上，这个梦想的前景日渐远去。"[4] 法律明确性的问题几个世纪以来在理论界和实务界一直存在较大的争议，自20世纪初以来，相关的理

---

[1] 〔法〕安娜·瓦格纳、〔爱尔兰〕索菲·卡西圭蒂-法伊编《法律中的晦涩与明晰——前景与挑战》，苏建华等译，中国政法大学出版社，2014，第8~11页。
[2] 参见《立法法》（2015年修正）第6条第2款之规定："法律规范应当明确、具体，具有针对性和可执行性。"
[3] 转引自於兴中《培根法律思想初探》，《杭州师范大学学报》（社会科学版）2012年第2期。
[4] 〔法〕安娜·瓦格纳、〔爱尔兰〕索菲·卡西圭蒂-法伊编《法律中的晦涩与明晰——前景与挑战》，苏建华等译，中国政法大学出版社，2014，第3页。

论争议和分歧已经发展到了公开化的激烈程度,此起彼伏的论战成为西方法哲学领域一道亮丽的风景线,直到现在,法律明确性的问题还没有彻底解决。

2. 明确性含义之一:法律文本的可读性

从语言学的角度来看,法律的明确性首先意味着法律语言的可读性,所谓可读性即法律文本能够为读者所理解的程度。法律规范是通过语言的形式表达出来的,通常借由语言的方式,才能表达、记载、解释和发展法,"语言是法律发生作用的媒介。这种媒介的性质对法律目标的实现和实现程度有着重要的影响"。① 申言之,作为媒介的语言是否具有可读性,能否容易被人理解,对于法律目标的实现与否至关重要。众所周知,内容简明扼要是可读性的核心要求,这就要求法律文本必须简明。大多数制定法赋予公众权利和义务,公众的权益莫不受之影响,这在客观上造就了公众对法律语言简明性的内在需求,"这绝不是激进的建议:公众应该能够直接查阅制定法,而不是聘用专业的解释服务"。② 像《中华人民共和国消费者权益保护法》《中华人民共和国劳动合同法》《行政处罚法》《中华人民共和国治安管理处罚法》等与公众日常生活休戚相关的法律更应该为普通人所知晓。冗长繁杂、晦涩难懂的法律文本不仅让人生惑,更让人生厌,"制定法浮夸的黄金时代早已不复存在;当法律语言的现代批评者炫耀自己最喜欢的冗言赘语时,他们往往示范了繁文缛节的语言以及财产权转移、遗嘱和协议的语言,而不是制定法的语言"。③ 早在启蒙时代,孟德斯鸠就认为法律必须简易,以便每个公民都可以读懂:"法律不能让人难以捉摸,而应该能为普通人所理解。法律不是高深的逻辑艺术,而是一位家长的简单道理。"④ 然而,行内的部分法律专家总是通过制造复杂的规范来表现他们的"专家体制",这些规范只有法律专家能够理解,由此遭受嘲讽和抨击在所难免。

人们有权了解影响自己权利和义务的法律文件,法律应该简明扼要、

---

① 〔美〕布赖恩·比克斯:《法律、语言与法律的确定性》,邱昭继译,法律出版社,2007,第1页。
② 〔美〕彼得·蒂尔斯马:《彼得论法律语言》,刘蔚铭译,法律出版社,2015,第223页。
③ 〔美〕彼得·蒂尔斯马:《彼得论法律语言》,刘蔚铭译,法律出版社,2015,第226页。
④ 〔法〕孟德斯鸠:《论法的精神》(下卷),许明龙译,商务印书馆,2012,第695页。

## 第三章 地方立法权限的模糊性

通俗易懂，正是这样的观念促使西方国家简明英语运动（Plain English Movement）的兴起。这场运动主要集中在政府的格式文件和消费者权益文件上面，像美国、英国、澳大利亚、加拿大等英语国家的政府和企业组织为促进法律语言的简明性作出了相应的努力。为评估法律语言的简明性，有学者尝试用科学手段进行可读性测试，如戴尔—查尔公式（Dale-Chall Formula）和福格指数（Fog Index），其中最为常见的是弗莱施易读性测试（Flesch Reading Ease Test），根据该测试的要求，简明英语需要达到65分或者65分以上，从测算的结果来看，政府的文件通常的得分是负数，只是这种测试遭到语言学家的强烈质疑，其基本论点是该测试过分依赖于句子的长度和单词的音节数，计法过于单纯，而且与法律文本的可理解性并无直接的联系，但可读性测试在促进语言的简明方面发挥了积极的作用。正如有学者评价的那样，单词和句子的长度不会"引起"阅读困难，但它们是阅读困难的合理"指标"，[1] 这就需要立法者遵循法律语言的写作准则并接受严格的训练，以最大限度地增强法律语言的可理解性。

不过，从法律适用的层面考虑，简明的法律文本未必能够带来确定的法律指引。一方面，面对日益复杂的社会关系，过于简洁的法律规范无法涵盖足够多的法律事实，难以充分表达立法者的意图，这必将增加公众在理解法律上的障碍；另一方面，对于未受过法律专业训练的普通民众而言，不管法律语言多么简明，他们可能永远无法完全理解大部分制定法，因为理解法律不仅仅意味着对文本内容的一般性理解，还包括对法律制度背景、法律精神及法律逻辑的深入认识，这些技能正是公众所欠缺的，从这个意义上讲，"简洁和可理解性也可能是相悖的两极"。[2] 上述因素将导致立法上的可读性原则沦为空泛的政治口号，或许有人会庆幸对简明的法律文本可以进行灵活理解，从而为立法、司法、执法的自由裁量留下广泛的空间，但这对于法律适用的可预见性来说并非一件令人欢欣鼓舞的事情，因此，如何把握法律文本的可读性是一个立法艺术的技巧性问题。

---

[1] 〔美〕彼得·蒂尔斯马：《彼得论法律语言》，刘蔚铭译，法律出版社，2015，第230~239页。

[2] 〔美〕大卫·梅林科夫：《法律的语言》，廖美珍译，法律出版社，2014，第467页。

### 3. 明确性含义之二：法律规则的确定性

法律的明确性还意味着法律规则的确定性，亦即法律的唯一正解性。对于某一特定案件，当且仅当法律上可接受结果的集合只包含一个成员时，我们称此时的法律是具有确定性的。① 当一个法律问题，或者一个将法律应用于案件事实之问题没有任何唯一正确解答的时候，法律是有争议的，我们可以说法律是不确定的。法律的确定性对于维护法律的稳定性和权威性具有非凡的意义，有关法律确定性的讨论是西方法理学的一项重大议题。早期兴起于美国的法律现实主义运动对法律的确定性展开了激烈的批判，现实主义法学家从司法判决的过程分析，认为司法判决是由法官的情绪、直觉的预感、偏见、脾气以及其他非理性的因素决定的，人们从法律规则中获得的知识几乎没什么帮助，在法律需求中无法实现的确定性是一个"基本的法律神话"和儿童"恋父情结的残余"，② 这种观点显然过于强调了司法判决中偶然性、推测性、非理性的因素，但对法律在实际运行中的考察无疑具有开创性的意义。此后的批判法律研究运动则认为法律具有彻底的不确定性，他们认为法律的不确定性常常源于语言的性质或者法律推理中语言的运作方式，这种观点看到了语言对法律产生的影响，但也有夸大的成分。语言和法律的关系比较复杂，法律以不同的方式使用语言，但许多语词在法律语境中有着不同于非法律语境的、特定的、法律上的意义；同时，大部分法律可以通过科学的方法让法律规范的适用清晰明了，即使这些法律语言是模糊的；再者，法律的权威性也可以使模糊的法律产生确定性的法律效果。因此，法律的确定性并非空中楼阁。

新分析实证主义法学代表人物哈特认为，法律的内容所涉及的主要是整个阶层或者种类的人、行为、事物与情况，其之所以能够通过一般化的规则、标准和原则实现对社会生活的广泛调整，是因为社会成员有能力将特定行为、事物和情况涵摄到法条文字所作的一般化分类当中。③ 不过，一般化语汇所能提供的指引是有限的，在正常情况下，一般化语汇可以涵盖那些为人熟悉的、反复出现的事例，因而无须解释便可实现法律的一般

---

① 〔美〕劳伦斯·索伦：《法理词汇》，王凌皞译，中国政法大学出版社，2010，第189页。
② 〔美〕E. 博登海默：《法理学——法律哲学与法律方法》，邓正来译，中国政法大学出版社，1999，第154页。
③ 〔英〕哈特：《法律的概念》（第2版），许家馨、李冠宜译，法律出版社，2006，第119页。

第三章　地方立法权限的模糊性

性调整，此时，法律提供的是确定性指引；当遇到适用与否并不清楚的个案时，可能会同时遇到赞同或者反对的声音，由于没有根深蒂固的习惯性知识或者普遍的共识来解决难题，所以必须在可供选择的方案中进行决策，此时，法律只能提供不确定性指引，导致该情形发生的正是法律规则的开放结构（open texture）。总之，只要适用一般化语汇来传播法律标准，就必须承担边界地带不确定性的代价，"有些法理论之所以会背负形式主义（formalism）或概念主义（conceptualism）的恶名，就是因为一旦规则被订立，他们对以言辞表达出来之规则抱有一种态度，那就是他们想要去掩饰选择的需要，并且将之降至最低。他们这样做的一种方式就是将规则的意义冻结起来，使得规则中的一般化语汇在适用于每一个其适用有问题的个案时，都必须拥有相同的意义"。[1] 哈特认为，形式主义的这种做法虽然可以确保未来大量案件具有一定的确定性，但这是以对个案盲目加以预判为代价的，个案的构成并不明了。这个方法若用到极致，即形成了所谓法学的概念"天堂"，在这个"天堂"里，一般化语汇对任何特殊的情形案例都赋予相同的意义，解释就不需要了。显然，这种极端的做法并不值得效仿。然后，哈特得出的结论是所有的一般性规则都有一个"确实的核心"（core of certainty）和一个"有争议的边缘"（penumbra of doubt），在法律规则的核心领域，人们对如何适用法律规则并无异议，在法律规则的争议边缘地带，人们既支持又反对法院适用法律规则，此时规则的适用变得不确定，这里的"争议边缘地带"即为哈特经常阐释的"开放结构"。哈特指出，应当把法律规则的"开放结构"当作优点来看待，当规则适用于立法者没有预见或者不可能预见的情势和问题时，规则的"开放结构"允许它得到合理的解释，这就需要法官"依据具体情况，在相互竞争的利益（其重要性随着不同的个案而有所不同）间取得均衡"。[2] 从另外一个角度看待，法律规则"开放结构"的存在表明了法律规则的部分不确定性，但这绝不是完全的语言问题，"开放结构的部分论证在于，立法目标是不完全的或者不精确的：立法者没有考虑到所有可能的情境，以致立法意图

---

[1] 〔英〕哈特：《法律的概念》（第2版），许家馨、李冠宜译，法律出版社，2006，第119、124页。
[2] 〔英〕哈特：《法律的概念》（第2版），许家馨、李冠宜译，法律出版社，2006，第130页。

（即使清晰明确）无法回答所有适用规则中的可能问题。另外一部分论证在于，语言是不精确的：在有些情形中，一个普遍词（例如，车辆）是否适用于有争议的特定对象（例如，滑轮车）是不确实的"。① 由此可见，"开放结构"并非简单源于一种语言观，哈特似乎是在语词、句子和规则意义上交替适用"开放结构"理论，这就造成了思想传播的不精确性。哈特关注的是法律规则的适用方式，只不过在分析规则适用时不可避免地要遇到法律语境中的语言问题，这一方面反映出"开放结构"概念具有的张力，另一方面说明有足够的理由需要区分言说者通过言词传达的意义与语词自身实际的意义。

遗憾的是，哈特关于规则不确定性的论断被笼统地归结为语言的模糊性问题，许多对"开放结构"理论的指责都源于对该理论过多偏向语言不确定性的误判。在这里我们简要介绍一下德沃金的"正解论题"理论，该理论正是针对哈特有关"开放结构"理论的直接回应。德沃金坚持认为，任何法律问题必有一个正确答案，因而法律是确定的，因为法官必须为法律问题寻找一个结论；证明或者证伪（所有）法律案件存在唯一正确答案的最佳方法，就是建构一种论证，以证明特定的结论是唯一正确的，或者论证在这个案件中没有一个答案比已选择的答案更好。② 他进一步指出，利用程序性的方法可以消除"开放结构"问题，因为总存在一些成文法解释的准则，而法官有义务从一条不确定的法规的可以容许的解释中进行选择，③ 对此，哈特做了回应：解释准则虽可减少，却不能消除"解释的"不确定性，因为这些准则本身是适用语言的一般准则，而普遍词的适用本身也需要解释，解释理论在消除法律的不确定性的同时面临再解释的挑战。此外，德沃金的解释论也遭到了不可通约性理论的责难，不可通约性的观念认为，有时候一个法律问题的两种意见很难衡量，很难说一种意见比另一种意见更有说服力，两种意见不相上下的情况比较常

---

① 〔美〕布赖恩·比克斯：《法理学：理论与语境》（第 4 版），邱昭继译，法律出版社，2008，第 54 页。
② 转引自〔美〕布赖恩·比克斯《法理学：理论与语境》（第 4 版），邱昭继译，法律出版社，2008，第 115 页。
③ 转引自〔美〕布赖恩·比克斯《法律、语言与法律的确定性》，邱昭继译，法律出版社，2007，第 27 页。

见，对此，德沃金仅指出：他的理论预设了一种道德观念，而不是多种道德观念，依据多种道德观念，不同的道德理论经常是不可通约的。① 而在牛津大学举办的一次讲座中，德沃金主张，一个法官思考一个疑难案件，并不是现在就发现支持一种主张的理由优于另一种主张的理由，但这个事实不等同于也不必然得出两种选择（或价值衡量标准）是不可通约的，他认为第二步要求进一步的实质论证。德沃金依然没有作出实质性的回应，问题在于如果一个法律问题的答案是不可通约的，该如何作出选择？哈特认为只能寄希望于法官的司法理性，"司法判决，特别是关于宪法的高层次问题，经常涉及道德价值间的选择，而不只是援引某个特别显著的道德原则；只有傻瓜才会相信，当法律的意义有疑问时，道德总是可以给予清楚的答案……通常就在这里法官所具备的司法德性可以被呈现出来，这些被期待于法官的德性是司法判决所特有的……这些德性是：权衡选择时的公正和中立；考虑到影响所及的每个人的利益，以某些广为接纳的普遍原则作为判决的推论基础"。② 哈特并没有像德沃金那样在论证的途径上一站到底，其在法律之外提供了一种解决问题的可能性思路，具有一定的实践意义。

值得注意的是，德沃金在晚近的著作中提出了一种"整体性"的解释方法作为判决的原则。在德沃金看来，每当法官面临一个法律问题时，他应当建构一种法律是什么的理论。"作为整体的法律要求法官尽可能假设法律是由一整套前后一致的、与正义和公平有关的原则和诉讼的正当程序所构成。它要求法官在面临新的案件时实施这些原则，以便根据同样的标准使人人处于公平和正义的地位。"③ "接受整体性阐释理想的法官力图在关于公民权利和义务的某种前后一致的原则中，找到对其社会的政治结构和法律学说的最合理的建设性阐释，以此去判决疑难案件。"④ 从德沃金有关整体性解释理论的阐释中可以看出，他始终没有放弃对法律确定性的信念。他强调，在疑难案件的处理当中，法官是通过非规则的标准的指引作

---

① 转引自〔美〕布赖恩·比克斯《法律、语言与法律的确定性》，邱昭继译，法律出版社，2007，第102页。
② 〔英〕哈特：《法律的概念》（第2版），许家馨、李冠宜译，法律出版社，2006，第189页。
③ 〔美〕罗纳德·德沃金：《法律帝国》，李常青译，中国大百科全书出版社，1996，第217页。
④ 〔美〕罗纳德·德沃金：《法律帝国》，李常青译，中国大百科全书出版社，1996，第227页。

出判决的,这些标准包括政策和原则,法律原则一方面保持了与规则的一致性,另一方面可以为规则提供最佳的道德正当性,法院据此进行裁判,就意味着每一个案件都有一个解决方案,等待着法官去"发现"而不是"发明",所以,任何法律疑难问题都可以利用法律资源去解决。然而,几乎所有的批评家都认为德沃金描述的是一种理想的解释理论,在法律实践当中,法官是否会运用正确的解释方法进而发现唯一正确的答案,所受到的限制因素是众多且难以确定的,这一点连德沃金本人也承认,"当然,即使我们所有法院的全体法官都对整体性予以最细致的关注,这也不可能产生统一的司法判决,或保证得出人们赞同的判决,或确保不作出人们憎恶的判决。没有任何方法能保证达到这种目的"。① 但作为一种理论,"正解论题"的意义在于鞭策法官和律师面对疑难案件时去努力证明一种或者另一种答案是正确答案,其基本前提在于对疑难案件存在唯一正确答案的学说确信无疑;如果某些更为疑难的法律问题因为法律已经穷尽或者不可通约性问题或者语言的不确定性问题而不存在唯一正确答案时,那么此类问题中律师和法官的注意力或许转向哪些规则是最佳的立法问题中去了。

4. 简单结论

法律明确性的原则主要从两个方面去理解。一是法律文本的可读性,即要求法律规则的内容简明扼要,表现出简洁的法律语言风格,以满足公众一般性理解的需要,然而,可读性只是立法者一直在追求却难以实现的理想状态,精准且具有预见性的法律往往因为详尽而冗长复杂,人们能够读懂的明确的文本通常比较简单,在具体的实施中很快将受制于现实状况,起始力图避免的复杂性最终会以衍生的法律解释、规章的形式表现出来。二是法律规则的确定性,法律规则是否具有完全的确定性存在争议,相对于规则怀疑论(法律现实主义认为法律完全不具有确定性的主张)来说,哈特的主张属于谦抑的不确定性论,法律规则在适用边际情形时才具有不确定性,德沃金认为可以用整体性解释理论来解决疑难案件中的不确定性问题,这种理论在严格的理想预设的状态下适用是可能的。综上,由于法律可读性受到法律适用性的制约,法律规则的

---

① 〔美〕罗纳德·德沃金等:《认真对待人权》,朱伟一等译,广西师范大学出版社,2003,第44页。

不确定性在发生疑难案件时是客观存在的。我们得出的结论是，法律的完全明确性属于立法者理想中的图景，在许多情况下，我们需要面临的是法律规则中存在的模糊性的情形，但明确性可以作为原则为立法的科学性提供更严格的技术性要求。

### （二）立法规范中的法律模糊性

1. 法律模糊性的界定及其意义

模糊性是法律解释理论中的重要概念，它指代的是法律文本在适用中产生多种可能性的情形，在特定情形中若适用某种法律规范会产生不同情形的结果，这就表明了该法律规范是模糊的，为此，我们要去解释它，或为之辩护，并检验其对理解法律所具有之意义。法律中的模糊性用英文表达是 vagueness，在法律语境中很少用 fuzziness 表示模糊性，后者主要集中在自然学科领域适用，但对法律模糊性的关注和研究无疑受到了模糊性理论的启发。

"模糊性以及因模糊性产生的不确定性是法律的基本特征。"[①] 该论断表明了模糊性与不确定性之间的密切关系，有学者认为有必要对模糊性和不确定性的概念进行区分，具体来说，可以在语言学意义上适用模糊性，在描述司法判决的结果时基本上适用不确定性。[②] 我们认为，从语义上区分模糊性和不确定性是比较困难的，因为两者都可以用来描述法律适用中多种可能性的状态，但两者在逻辑上的区分是可能的，当法律具有模糊性时，法律权利和义务、法律权力和责任往往会变得不确定，继而导致法律在适用上的不确定性，因此，法律的不确定性是法律模糊性的逻辑结果，需要指明的是，法律的模糊性不仅仅具有语言学上的意义，法律规则的模糊性可能源于立法语言自身的模糊性，也可能源于社会关系的模糊性，还有可能是立法者主动进行模糊性选择的结果。其发生不仅有语言因素，还有法律因素、社会因素、政治因素等方面的考量，而不确定性也不仅仅限于司法判决结果意义上的适用，司法之外的法律适用同样面临不确定性的

---

[①] 〔英〕蒂莫西·A.O.恩迪科特：《法律中的模糊性》，程朝阳译，北京大学出版社，2010，第1页。

[②] 姜廷惠：《立法语言的模糊性研究——兼及对〈中华人民共和国刑法〉语言表述的解读》，中国政法大学出版社，2013，第95页。

困扰，如在行政法中便有不确定法律概念之谓，其指代的是"未明确表示而具有流动的特征之法律概念"。[1]

法律模糊性在本质上是社会关系模糊性的客观反映，法律模糊性是绝对的，准确性是相对的，正如有学者所言："精确不一定意味着极度清晰——它也可能包括采用适当程度的模糊性或灵活性。"[2] 可见，法律规则的模糊性对于法律的适用不可或缺。魏德士认为，"概念的不确定性是预料之中的事，通过这种方式，就能够为相应的法律规则确立比较大的适用范围和裁量空间，法律也因此具备了灵活性，借助于法律概念的这种开放性和不确定性，既可以将法律适用于新的事实，又可以适用于新的社会与政治的价值观"。[3] 的确，法律模糊性增强了法律适用的灵活性，有利于实现法律稳定性和变动性的有机统一，从而扩大法律的适用范围。当然，法律模糊性也有其为人诟病的一面，因其在法律适用时会产生不同的理解，这就存在相同法律事实用不同法律处理的可能性，从而损害法律的权威性和可预见性。故此，法律模糊性的研究应在彰显其积极功能的同时选择适当的法律方法，以减少其对法律之治的消极影响。

2. 法律模糊性的渊源

如果一项法律规则的表达存在边际情形（borderline case），那么该表达就是模糊的。[4] 对模糊性的理解关键在于如何界定边际情形，正如马克·塞恩斯伯里所言："模糊语词容许边际情形存在，在这些情形中，我们不知道是适用该词还是不适用该词，尽管我们拥有充分的、我们通常会认为足以解决这一问题的各种各样的信息。"[5] 在对边际情形进行解释的时候，需要对语词的正确意义以及语词意义的正确适用进行区分，我们把不知道该语词的陈述是否正确的情形称作语义模糊，把不知道该语词在当时

---

[1] 翁岳生编《行政法》（上册），中国法制出版社，2009，第248页。
[2] 〔美〕约翰·吉本斯：《法律语言学导论》，程朝阳、毛凤凡、秦明译，法律出版社，2007，第45页。
[3] 〔德〕伯恩·魏德士：《法理学》，丁小春、吴越译，法律出版社，2003，第88页。
[4] 也有学者将边际情形翻译为边缘案例，通常它们指代的是法律规则在面对个案时所产生的适用上的多种可能性的情形，参见〔美〕劳伦斯·索伦《法理词汇》，王凌皞译，中国政法大学出版社，2010，第189页。
[5] 转引自〔英〕蒂莫西·A.O.恩迪科特《法律中的模糊性》，程朝阳译，北京大学出版社，2010，第42页。

情境下的适用是否正确称作适用模糊,通常适用模糊不是针对语词的概念而是针对语词的适用而言的,对法律模糊性的渊源进行考察,旨在研究是哪些因素导致法律规则边际情形的发生,我们认为,主要有以下几个方面的因素值得关注。

(1) 法律漏洞和规范冲突的存在

比克斯认为,"法律漏洞指的是法律规则和标准旨在涵盖或者解决所有实际的、可能的问题或纠纷这样的目的是失败的"。[①]一种更为直观的看法认为法律模糊性产生于法律渊源的太过匮乏与不足,但是过于丰富的法律渊源同样会导致法律的模糊性,前者可称为法律漏洞,主要指法律规范缺失的情形。当然,这里的规范缺失并不是缺乏可以适用的规则,而是说可以直接、明确适用的规则是缺失的。不过,在解释论者看来,真正的法律漏洞并不存在,几乎任何可以设想的纠纷都有可依据的规则或者原则,哪怕适用的规则与解决的问题之间仅仅只有极其微弱的联系,这与根本没有可以适用的规则还是极为不同的,通常法律漏洞指称的便是既有的法律规则不能充分论证法律适用的结论所造成的模糊性,在这种情况下,由于法律规则在论证方面起的作用极其微弱,以至于很难认为这些规则为结论提供了正当性依据,对此,哈特表达了较为开放的看法:"到目前为止,我们把开放文本,特别是在立法这种传播形式中,视为人类语言的普遍特征:为了使用包含一般化分类语汇的传播形式来传达事实情况,边界地带的不确定性是我们必须要付出的代价。"[②] 哈特的观点表明,由于"开放结构"的普遍存在,法律规则的漏洞是不可避免的,由此产生的模糊性也是必然的。针对后者法律渊源丰富导致法律模糊性的情形,尽管有足够的法律渊源可以进行法律论证,但是不同的法律渊源适用的结论有可能是一致的,也有可能是冲突的,这就导致尽管法律渊源彼此之间并无严格的矛盾冲突,但会同时支持彼此相互矛盾的结论或决定的可能性。对此,有观点主张这些冲突规范可以按照它们的重要性程度进行排序以决定其适用的顺序及优先性,问题在于并不存在共同的尺度可供在相互冲突的价值间进行比较、衡量、评价及排序,规范和蕴含其中的那些价值,在许多重要方面

---

① 〔美〕布赖恩·比克斯:《牛津法律理论词典》,邱昭继等译,法律出版社,2007,第158页。
② 〔英〕哈特:《法律的概念》(第2版),许家馨、李冠宜译,法律出版社,2006,第192页。

是不能相互比较的,① 这种不可公度性（incommensurability）② 表明, 不同规范支持相互矛盾的结论事实是存在的,这就决定了法律结论的不确定性。

（2）立法过程中的不确定性因素

毋庸讳言,法律的模糊性不能忽视立法过程中的一些不确定性因素,这些因素或多或少地使法律产品被打上了模糊性的烙印。

首先是法律起草的水平问题。法律起草的基本要求是清晰、简洁、精确,"起草法律必须……在法案的复杂性所允许的范围内,清楚地、简洁地表达出法律的意图"。③ 作为传递法律事实的文本,法律应该直截了当地表达信息,而没必要烦琐冗长、辞藻华丽,总之,易懂是基本的要求；从另一个层面讲,法律文本的清晰和精确保证了法律的确定性,这是立法者、执法者、司法者和守法者对文本理解一致的必要条件,否则,理解立法者的意图就会遇到障碍。然而,上述三原则本身就是有冲突的,文本符合了简洁的要求而往往无法达致精确的标准,而为了实现精确性,文本会变得详细而复杂,行文也就难以清晰理解,但不管怎样,对于法律起草者而言,精确依然是最基本的要求,这就需要法律起草者具备渊博的法律专业知识和娴熟的立法技能,要对起草法律的背景有比较清楚、全面、客观的认识,要最大限度地利用立法技术,尽可能地避免制定笼统的、有歧义的、模糊的规则。

其次是立法中的政治因素。立法是国家政治生活中的重要活动,其内容必然体现执政党的政治主张和人民的根本意志。一般情况下,强调法律规则的明确性本身就蕴含了政治上民主和平等的要求,只有被普通公民理解了的法律才会激发民众的权利意识。同样,法律只有被所涉及的人理解才能体现出其公平性。但是,特殊情况下,某些政治因素可能也会造成法律的模糊性,"很多国家的起草者,工作于政府部门或议会,或者和政府部门或者议会共事,试图平衡政治需求、政治家的自负以及时间的紧迫

---

① 〔美〕安德雷·马默主编《法律与解释——法哲学论文集》,张卓明等译,法律出版社,2006,第284~286页。
② 此处的不可公度性和前文所说的不可通约性在内涵和外延上是完全一致的,不同的是翻译的称谓。
③ 吴大英、任允正、李林：《比较立法制度》,群众出版社,1992,第634页。

第三章 地方立法权限的模糊性

性,努力用通用的语句实现立法通俗达意的目的"。① 政治家一旦将政治情感或者政治理想诉诸立法活动,法律规则的语言风格必然会屈从于特定的政治目标,语言在表达上的伸缩性很容易造成理解方面的模糊性。有时立法者为满足特定的政治需求,不得不在较短的时间里仓促立法,将立法当作一项政治任务来完成,自然无法用充裕的时间斟酌语句的明确性,出现模糊的规则也在所难免,此外,政治决策者已经意识到法律文本中不确定性的客观存在,他们也会要求立法者故意使用模糊的法律语言,意图在法律规则适用时作出对自己有利的解释。

最后是立法中的利益因素。立法体现了不同利益主体的诉求,利益法学派代表者菲利普·赫克将法律规范理解为立法对需要调整的生活关系和利益冲突所进行的规范化的、具有约束力的利益评价。② 在利益主体多元化的社会,多方利益主体通过各种方式参与立法,彼此间利益互相碰撞、妥协的结果即以法律的形式反映出来。从这个意义上讲,立法的过程就是利益博弈的过程,在这样的过程当中,实力雄厚的利益集团和力量分散的利益主体在立法中拥有的话语权存在明显的差距。立法者会依据自己的立场和理解权衡不同的利益,配置立法资源,其施行的手段就包括了模糊法律规则的制定。以我国立法中经常出现的公共利益为例,在我国《民法典》中共出现65处有关利益的表述,其中公共利益的表述多达11处。公共利益究竟该如何界定几乎成了一桩公案,"公共利益是公法学中最为重要但又无法准确定义的不确定概念。我们无法对公共利益的内容作出具体描述,也无法准确指出谁是公共利益的受益人"。③ 但对公共利益的理解非常重要,在私法领域,它将直接决定民事行为的法律效力;而在公法领域,它将成为衡量行政行为合法性、合理性的一项标准,尤其在政府经常以公共利益为名行使权力时亟须对公共利益进行严格的界定。我国台湾地区行政法学者陈新民认为,传统上对公共利益的界定侧重于不确定多数受益人的数量,由于深受现代宪法思潮的影响,现今的公共利益界定更注重

---

① 〔法〕安娜·瓦格纳、〔爱尔兰〕索菲·卡西圭蒂-法伊编《法律中的晦涩与明晰——前景与挑战》,苏建华等译,中国政法大学出版社,2014,第266页。
② 转引自〔德〕伯恩·魏德士《法理学》,丁小春、吴越译,法律出版社,2003,第241页。
③ 杨解君:《走向法治的缺失言说(二)——法理、宪法与行政法的诊察》,北京大学出版社,2005,第135页。

147

质的判断，但对公共利益的价值评价必须以一个变迁中之社会中的政治、经济、社会及文化等因素和事实为参照，且必须以宪法理念作为价值决定的首要来源，立法者规定公共利益时，应将公共利益予以类别化、特别化，使公共利益之内容、动机及范围得以在立法中体现出来。[①] 遗憾的是，公共利益的模糊性问题尚未引起我国立法部门的重视，这意味着相关争议行为依然将游走在合法与不合法的边缘。

（3）法律语言自身的模糊性

法律模糊性并不纯粹是一个语言学意义上的模糊性问题，法律语言自身的模糊性却是法律模糊性渊源中重要的方面。就法律和语言的关系而言，语言是法律表达的物质载体，为充分、有效地反映、传播立法意图，法律语言必须比一般语言更严谨、规范、简洁和明确，这样才便于正确地执行法、适用法和遵守法。然而，随着经济社会中的活性因素增多，立法调整的社会关系日益复杂，在很多情况下，立法者能够观察到的尽管可能与现实有着千丝万缕的联系，但未必是全部的社会事实。正如哈耶克指出的那样，"对一切社会行为的秩序进行合理的讨论，作为起点的一个基本前提就是，无论是行动的人，还是研究这种秩序的科学家，对进入这种人类行为秩序的无数具体的事实，都有着固有的、无法克服的无知，因为只有它的某些成员知道这些事实"。[②] 立法者在认知能力上的有限理性决定了法律语言无法以准确的方式描摹社会现实的完整性、丰富性和发展性，只能以概括、抽象的以及相对模糊的语言形式来涵盖多样性的社会现实，"法律所调整的事实的无限性与法律规范数量的有限性要求之间的辩证关系或者说矛盾必然在语言上产生如下结果：成文法规范必须包含普遍的、一般化的评价标准……解决上述矛盾的手段很多，例如使用不确定的法律概念，如'适当的'、'相应的'、'过失'、'重大疏忽'；又如使用一般条款，如'重大事由'、'诚实信用'、'善良风俗'、'公平裁量'，可见，在立法过程中必须有计划地使用不确定的法律概念和一般条款"。[③] 由是，法律语言的模糊性不可避免。此外，从语言学的角度分析，法律语言自身的模糊性难以消

---

[①] 陈新民：《德国公法学基础理论》（增订新版·上卷），法律出版社，2010，第 258~259 页。

[②] 〔英〕弗里德里希·冯·哈耶克：《经济、科学与政治——哈耶克思想精粹》，冯克利译，江苏人民出版社，2000，第 358 页。

[③] 〔德〕伯恩·魏德士：《法理学》，丁小春、吴越译，法律出版社，2003，第 88 页。

## 第三章 地方立法权限的模糊性

除。法律语言虽然迥异于日常语言但又植根于日常语言,众所周知,对语言的理解只有在语言的"共同体"中才是可能的,这就要求语言伙伴具备语言交流的必要条件,著名哲学家、语言哲学奠基人维特根斯坦在解释为何语言具有确定性的问题时提出了遵守规则论,这里的规则不同于法律规则,并不是说真的有一套语言规则手册规范语言的表达,而只是人们通过考察不同种群的人的生活方式和谈话方式而总结出来的、语言用法符合规律的另一种说法,"维特根斯坦最终的答案(在他给出了最终答案的意义上说)是语言的确定性依赖于共享的判断,共享的判断反过来以共享的训练、文化和生物本性的结合为基础"。[1] 所谓的"共享的判断"在意义上和语言的"共同体"是一致的,它们的存在使理解和交流成为可能,这也解释了为何公众能够识别文字却无法理解法律条文的准确含义,一般公众缺乏专门的法律职业能力训练以至于无法与立法者形成"共享的判断",但在实践当中,为降低公众的认知门槛,避免法律疏远人民,立法者并没有将日常语言拒于法律之门之外,而是在立法中引入了大量的日常语言,以实现法律规则的可读性,这样必然发生日常语言和法律语境遭遇的问题。语言表达的含义有赖于具体的语境,在语言领域几乎不存在纯粹的、独立于具体环境之外的文本含义,如何在具体的法律语境中理解立法者传达的思想,不同的法律语境是如何影响立法意图、意义或者理解的,这些问题都使得日常语言面临确定性的挑战,因为日常语言最明显的特征恰恰不是确定性而是模糊性,这是日常语言为注重广泛的运用性而付出的必要的代价,"如果我们将模糊性理解为是指在某个语词的适用实践中对它的某些适用范围存在相持不下、不可解决的意见分歧,那么说大多数概念词是模糊的显然是对的……即便是不模糊的词语也具有潜在的模糊性,因为一个人总是能够想象得到对该词是否适用存在不可解决的意见分歧的情况"。[2]

菲利普·赫克曾形象地用"黑暗中被月晕围绕的月亮"来描述日常语言的模糊性,在没有明确边界的月晕里,月晕的边界(向内部与向外部)都属于核心概念的可能性含义,在不同的法律语境中,其表现的含义都会

---

[1] 〔美〕布赖恩·比克斯:《法律、语言与法律的确定性》,邱昭继译,法律出版社,2007,第191页。
[2] 〔美〕安德瑞·马默:《解释与法律理论》(第2版),程朝阳译,中国政法大学出版社,2012,第153页。

有所不同。以哈特常用的"禁止车辆驶入公园"为例,此规则考虑到维持公园中的平静与安全,日常语言对车辆的理解当然包括私家车、公共汽车、摩托车等交通工具(但肯定不会将火车归入此列),但是否包括运行无噪声的自平衡电动车就存在不确定性,或者是否包括体型较大的电动玩具汽车也会产生理解上的分歧,因为前者并不违背规则制定者的立法意图,后者则面临是否可以牺牲孩子的快乐来换取公园的安宁的两难问题。同样,上述规则中的车辆是否包括紧急情况中抢救伤员的救护车、抢险救灾的消防车、处理骚乱的防暴装甲车等特殊情形也会引起适用上的争议,尽管这些车辆可能会占用较大的公共空间,并且"破坏"公园秩序,却维护了公园及游客的人身安全和财产安全,这就涉及立法价值的冲突问题,上述情形反映了在不同的法律语境中语言的模糊性问题。就具体的语言结构而言,语法歧义、词法歧义、标点符号、"或"及"和"的应用、代词指称、表述不当等都有可能导致法律语言的模糊性,[1] 这些都是法律语言学中重点研究的具体问题,限于篇幅,我们不再详细展开论述,但需要明确的是,虽然语言对于理解法律至关重要,但许多其他的因素也在立法过程中起到了重要的作用。认为解决了语言的模糊性问题,法律的模糊性问题就可迎刃而解,充其量只是一种理想的情怀罢了。

3. 法律模糊性在我国立法中的体现

法律模糊性在我国的立法制度上体现得较为明显。我国的法律整体上比较概括和笼统,立法机关在起草法律时必须贯彻原则性和灵活性相结合的指导思想,一方面可以充分满足国家法制统一性、稳定性的要求,另一方面可以兼顾中国在地理环境、人口状况、民族关系和各地经济、文化等方面发展不平衡的情况。这一极具中国特色的立法经验引起了西方研究者的注意。Potter 认为,中国的法律含混不清、段意模糊,这样会在执法过程中缺乏预测性和透明性,但给予政策制定者和官员们在立法解释和法律实施中相当强的灵活性。皮文睿认为,中国的法律大多以大陆法系国家的法律为模本,这些国家的法律本身就比较概括和宽泛,中国需要制定宽泛的法律以适应不同的情况。同时,儒家传统的影响、注重理论与实践的结

---

[1] 参见姜廷惠《立法语言的模糊性研究——兼及对〈中华人民共和国刑法〉语言表述的解读》,中国政法大学出版社,2013,第 135~150 页。

合及领导人的实用主义等因素都倾向于制定总体原则式的条文，这样执法人员可以根据实际情况对立法进行解释、适用。[①] 上述学者对我国立法整体上的评价，比较符合我国立法特定阶段的现实情况。长期以来，我国采用"摸着石头过河"的立法模式，1978年12月13日，邓小平同志在中共中央工作会议闭幕会上的讲话中指出："现在立法的工作量很大，人力很不够，因此法律条文开始可以粗一点，逐步完善。有的法规地方可以先试搞，然后经过总结提高，制定全国通行的法律。修改补充法律，成熟一条就修改补充一条，不要等待'成套设备'。总之，有比没有好，快搞比慢搞好。"[②] 应该说这种立法模式有客观的历史背景，从1957年反右斗争扩大化到1976年"文化大革命"结束，这20年是我国立法遭遇重大挫折的低谷阶段，各个领域的立法工作几近停滞，直到实行改革开放之后，我国立法才迎来新的转折，为尽快满足社会主义现代化经济、政治和文化建设的需要，新时期立法步入了追求速度和规模扩张的时代，这种立法模式的一个突出特点便是注重法律的适应性、灵活性，因而，许多法律规范制定得过于概括和原则化，导致规则具有明显的模糊性，这在地方立法权限的规定方面体现得尤为明显，下文将详细阐释这一问题。

## 第二节　地方立法权限模糊性的规范体现

立法语言的模糊性有其存在的合理性，其积极意义在于拓展立法的灵活性空间，但也有可能引发法律文本与立法意图之间的冲突问题。

### 一　我国地方立法权限模糊性概览

《立法法》中规定的立法权限的规定是立法主体依法可以行使立法权的范围，一般来说，立法权限范围是否确定，关键要看《立法法》规范是否明确，实际上，立法权限范围的问题包含更多状态层面的考量，"立法

---

① 〔法〕安娜·瓦格纳、〔爱尔兰〕索菲·卡西圭蒂－法伊编《法律中的晦涩与明晰——前景与挑战》，苏建华等译，中国政法大学出版社，2014，第148页。
② 《邓小平文选》（第2卷），人民出版社，1994，第147页。

权限范围问题，要言之，就是立法主体根据宪法和法律可以在多大范围行使立法权，应当在多大范围行使立法权，事实上在多大范围行使立法权的问题"。①若以法律上的规定为基准，实践中，立法主体行使的立法权有可能大于法律上的规定，也有可能会远远小于法律上的规定，前者主要指代立法权限在实践中的无序扩张或者滥用的情况，后者主要指代立法权限在实践中的处处受限或者不作为的情况；理论上，立法主体行使的立法权也可能会大于或者小于法律上的规定，前者如立法权的合理扩张，后者如立法权的正当限制。综上所述，法律上立法权限的规定至关重要，其最为理想的状态是既契合了理论上对立法权限的期许，又规范了现实中立法权的运行，以防止出现立法权失范的状况。

我们认为，对任何一项立法权限，理论上最为期许的莫过于赋权的明确性，明确的立法权限既利于立法权的规范行使，又利于立法权的严格监督，同时，立法权限意味着公众自由度的提高或者降低，公众对立法权限的关注源于立法对其生活有重大的影响，特别是以民生为主题的立法事关公众的切身利益。以2015年《立法法》修改中税收法定原则的出台为例，税收法定原则以对征税权力的限制为其内核，与罪刑法定原则一起构筑维护人民的财产权利和人身权利的两大基石。相对于2000年《立法法》对税收法定的笼统、含糊的"浮光掠影"式的表述，2015年《立法法》修改明确将税收单列为法律保留的事项，值得肯定。但全国人大常委会关于修改《立法法》二审稿中规定"税种、纳税人、征税对象、计税依据、税率和税收征收管理等税收基本制度"应制定法律，在三审稿中却被简化为"税种的开征、停征和税收征收管理的基本制度"应制定法律，纳税人、征税对象、计税依据和税率这四项税收要素在三审稿中尽数删去，结果引起了较大的争议，其中争论最激烈的是税率法定的问题，全国人大常委会法工委副主任郑淑娜表示，"二审稿规定的表述经过专家的论证认为不够科学。实际上税种就包括纳税人、征税对象、计税依据和税率。为了表述得更加科学，我们采取了现在草案的表述"。②学术界则表达了不同的意

---

① 周旺生：《立法论》，北京大学出版社，1994，第341页。
② 《全国人大常委会法工委负责人答记者问实录（1）》，中华网，https://news.china.com/2015lh/news/11170076/20150309/19362524.html，最后访问日期：2023年5月19日。

见，"三审稿的表述远不足以涵盖税收法定原则的其他内容，不利于有效规范政府的征税权力、维护纳税人的财产权益、发挥人大在税收立法中的主导作用，也不利于全面落实税收法定原则"。① 该观点还认为税种与税率应当是平等的关系。对此，一位人大代表在发言中指出："（二审稿和三审稿）到底哪一条更科学？在我看来，法律的界定应该是界限清晰的、严谨的、内涵清楚的。我认为现在的表述是笼统的、含混的，给将来任意的解释条款营造了巨大的空间。"② 法学专家和代表们的意见充分表达了对税收立法权限过于模糊的担忧，所幸税率法定最终被写入《立法法》（2015年修正）第8条第6项规定，这意味着税收立法权将明确归全国人大及其常委会行使，长期以来通过行政法规的形式立法征税的历史走向终结。可见，立法权限的明确性具有重大的现实意义和制度实践价值。

就我国现有的立法来看，地方立法权限从整体上看依然存在许多模糊地带，如在地方性法规制定的过程中，如何把握"不抵触"原则以及如何界定地方性事务，这些地方立法理论上和实践中颇有争议的问题在2015年《立法法》修改中并未得到具体的阐释，在2023年修改的《立法法》中设区的市地方性法规的立法事项范围限于城乡建设与管理、生态文明建设、历史文化保护、基层治理等方面，上述事项具体指代哪些内容也存在不同的理解。在地方政府规章制定的过程中，同样存在对"根据"原则以及对具体行政管理事项的多方面的解读。至于为何对立法权限进行模糊化的处理，时任全国人大常委会法制工作委员会副主任的乔晓阳同志有过这样的解释："（在立法法制定的过程中，有人建议）具体列举法律、行政法规、地方性法规、规章的权限范围。目前要把这几个权限范围都划分得清清楚楚、明明白白，不仅难度大，也不现实。因为国家还处在经济体制改革和政治体制改革的过程中，法制建设的时间也还很短，在立法权限划分上应着重把握法制发展的方向，在这个前提下留下一些'模糊'地带更符合实际。"③ 为充分发挥地方立法在地方法治建设中的引导作用，《立法法》在

---

① 刘剑文、耿颖：《税收法定原则的完整内涵及现实意义》，《经济参考报》2015年3月11日。
② 冯禹丁：《"辩法"四天——立法法"税收法定"修订逆转背后》，《南方周末》2015年3月19日。
③ 乔晓阳：《制定立法法，促进依法治国——在"立法法"起草工作研讨会上的讲话（1997年4月9日）》，《行政法学研究》1997年第3期。

划分地方立法权限时只作了原则性的规定，有意为地方立法留下具有一定伸缩性和升降性的灵活空间。从《立法法》实施的实践来看，地方立法权限的模糊性保证了地方立法主体的自主性，促进了地方立法的繁荣发展。但地方立法权限的模糊性是一把"双刃剑"，地方性法规和地方政府规章的界限一旦被模糊化，行政权就会扩张到原本属于地方人大立法权的事项领域。语言哲学家杰瑞·魏斯曼认为，"任何时代的法则是与那个时代的支配性特征、倾向、习惯和需求相吻合的。有人认为法则的封闭体系可以永久持续下去并能解决任何想象到的冲突，这是一个没有根据的乌托邦式的幻想。事实是每一个法则体系都有漏洞，仅当特殊事件把漏洞引出来时，人们才能注意和发现漏洞。与此类似，我们必须承认语法是不完满的，必须承认这样的情境将会发生，即通过引进新规则来应对此类情形，我们将使语法更完满。没有语言为所有的可能性做好了准备，谴责语言的不充足性纯粹是误导"。[①] 众所周知，立法就是通过语言将立法者的意志和意图固化为法律文本并以法律规则的形式加以表现的过程，法律规则和语言的双重漏洞使得法律文本未必与立法者的意图产生一一对应的关系，"文字及其所展现的语言结构可能会带来更为丰富的意象和内涵，甚至会出现与立法者的原初意图相冲突的情形"，[②] 尤其在法律规则有意留下模糊性空间的时候，这种冲突更在所难免，这在地方立法实践中体现得尤为明显。地方立法权限的模糊性导致地方立法主体在理解、执行《立法法》规定时更容易产生事实与价值之间的冲突，此即地方立法权限模糊性产生的主要的消极影响。本节将以《立法法》修改作为讨论的背景，分别以地方性法规立法权限和地方政府规章立法权限作为研究对象，通过分析立法权限的模糊性来展现法律文本所蕴含的多种可能性含义，并借此探究反映立法者意图的文本线索。

## 二 地方性法规立法权限的模糊性

### （一）"不抵触"原则的模糊性

依据《立法法》的规定，地方性法规的制定必须遵循与其上位法"不

---

[①] 转引自〔美〕布赖恩·比克斯《法律、语言与法律的确定性》，邱昭继译，法律出版社，2007，第11页。
[②] 刘莘主编《国内法律冲突与立法对策》，中国政法大学出版社，2003，第62页。

抵触"的原则。抵触有违背、矛盾、反对之意，从法学意义上讲，抵触指调整同一对象的法律规范之间的"有你无我、有我无你"式的不相容性。然而，究竟什么是立法上的不抵触？《宪法》及《立法法》并没有给予明确的界定，中央立法层面对此采取了回避的态度，而把标准的认定留给了地方立法的实践者。立法实务界对不抵触的理解差异，很有可能产生立法冲突，如一些地方的立法者认为，不抵触就是不直接违反中央立法，中央的立法者则认为，不抵触就是要与中央立法保持一致，因此，地方的立法者认定为不抵触的法规，中央的立法者可能就认定为相抵触。①

理论界对"不抵触"原则的分歧也较大，有学者认为，所谓不抵触是指不得与宪法、法律、行政法规相冲突、相违背，其含义有二：一是不得同宪法、法律、行政法规的具体条文的内容相冲突、相违背（即直接抵触）；二是不得同宪法、法律、行政法规的精神实质、基本原则相冲突、相违背（即间接抵触）。② 我们可以参照下位法抵触上位法的判断标准，从反面推导出"不抵触"原则的行为要求："（1）不得扩大或缩小制裁权限，不得减少、变更或增加制裁条件或手段、幅度；（2）不得扩大或缩小承担义务者的范围、性质和数量，不得增加、减少、变更特定对象的义务或改变义务承担的条件；（3）不得扩大、缩小或改变权利的范围、性质和数量，不得增加、减少、变更相对人的权利或改变享受权利的条件；（4）不得扩大或缩小特定术语的内涵、外延，以免引起不同的法律后果。"③ 但同样的研究角度也产生了不同的观点，苗连营教授认为地方立法工作中的"不抵触"标准主要适用于下列情形："①宪法、法律、行政法规允许的，地方立法不得作出禁止性规定；②宪法、法律、行政法规明文禁止的，地方立法不得作出允许性规定；③地方立法不得增加、减少或变更法律责任的种类、幅度、适用范围或适用条件；④地方立法不得增加、减少或变更执法主体、执法主体的执法权限或执法程序；⑤地方立法不得增加、减少或变更宪法、法律规定的公民法人或其他组织的权利或义

---

① 蔡定剑：《法律冲突及其解决的途径》，《中国法学》1999 年第 3 期；孔祥俊：《法律规范冲突的选择适用与漏洞填补》，人民法院出版社，2004，第 218 页。
② 周旺生：《立法学》（第 2 版），法律出版社，2009，第 284 页。
③ 参见刘莘主编《法治政府与行政决策、行政立法》，北京大学出版社，2006，第 186～187 页。

务，不得改变行使权利、履行义务的条件或程序。"① 上述讨论主要适用于上位法存在的情况，也有学者从较为抽象的角度讨论"不抵触"原则，将"不抵触"原则的观点总结为三类：其一是将其理解为不得与上位法的精神和基本原则相抵触；其二是将其理解为不得与上位法的精神和基本原则以及具体规定相抵触；其三是将其理解为必须以上位法作为立法根据。② 上述分歧表明，学术界对"不抵触"原则的理解并无一致的认识，全国人大及其常委会也未对"不抵触"原则进行权威性的立法解释，这种立法技术的模糊性，为地方立法的不当扩张提供了便利条件，使得地方立法侵权现象多有发生。③

**（二）地方性事务的模糊性**

地方性法规可就地方性事务进行自主性立法，地方性事务本身也是一个概括性极强且非常模糊的术语。何谓地方性事务？理论界尚缺乏系统的研究，目前得到广泛认可的观点来自《立法法》释义中的描述："地方性事务是指与全国性事务相对应的具有地方特色的事务，一般来说，不需要或在可预见的时期内不需要由全国制定法律、行政法规来作出统一规定，例如，对本行政区域内某一风景名胜的保护，就属于地方性的事务，一般来说就不需要国家作出规定。"④ 但从学术定义的严谨性来说，该描述还需要提炼并概括定义中的核心要素，如哈特所言，"定义（definition），诚如该语词所提示的，最初所指的就是在某类事物和他类事物之间划定界限或做区分的问题"。⑤

对于地方性事务的定义，需要从法律意义和《立法法》的语境中加以理解。法律意义上的地方性事务，应当指需要法律调整的局限于某个（些）地方区域的事务，显然，《立法法》第82条所指称的地方性事务的范围要小一些，特指需要制定地方性法规的地方性事务，即不需要或在可预见的时期内不需要由全国制定法律、行政法规来作出统一规定的事务。

---

① 苗连营：《试论地方立法工作中"不抵触"标准的认定》，《法学评论》1996年第5期。
② 参见孙波《中央与地方关系法治化研究》，山东人民出版社，2013，第203~204页。
③ 参见郭道晖《论立法无序现象及其对策》，《法学家》1990年第5期。
④ 乔晓阳主编《〈中华人民共和国立法法〉导读与释义》，中国民主法制出版社，2015，第249~250页。
⑤〔英〕哈特：《法律的概念》（第2版），许家馨、李冠宜译，法律出版社，2006，第123页。

问题是通过法律调整的地方性事务属不属于《立法法》中指称的地方性事务？这一问题容易引起理解上的争议，如全国人大制定的《民族区域自治法》调整的显然是地方性事务，但并不属于《立法法》语境中的地方性事务。因此，需要进一步明确地方性事务的适用范围。为此，有学者将地方性事务定义为具有区域性特征的、应由地方立法机关予以立法调整的事务。[1] 这一概念初步解决了地方性法规的《立法法》语境问题，但并没有完整地揭示地方性事务的本质特征，如地方人大制定执行性立法所调整的"需要根据本行政区域的实际情况作具体规定的事项"属不属于地方性事务？这就涉及地方性法规的事项范围该如何确定的问题，究竟地方立法机关调整哪些事务，需要在定义中进一步说明。有学者结合实践的逻辑将地方性事务类型化为纯粹地方性事务和非纯粹地方性事务，前者是指中央没必要统一规范、完全由地方性法规调整的事务，后者是指中央制定原则性规范，由地方性法规进行补充性规定的事务或者需要地方性法规进行因地制宜调整的事务，此两类地方性事务的基本区分就是有无上位法的规定。[2] 尽管这种分类呼应了地方性法规的三种形式——先行性立法、执行性立法及创制性立法，但对地方性事务的解构反而模糊了立法上地方性事务的表达和理解，将地方性事务进行泛化的解释，并不利于发挥地方性事务在地方立法权限方面的界分功能，导致对地方性事务的认识更加扑朔迷离。

### （三）特别重大事项的模糊性

依据《宪法》、《地方组织法》以及《立法法》的相关规定，地方人大及其常委会均有权制定地方性法规，然而，制定地方性法规的授权立法规范，通常是将地方人民代表大会与地方人民代表大会常务委员会放在一起进行阐述的。如《宪法》规定的是"省、直辖市的人民代表大会和它们的常务委员会"以及"设区的市的人民代表大会和它们的常务委员会";[3]《立法法》规定的是"省、自治区、直辖市的人民代表大会及其常务委员会"以及

---

[1] 孙波：《中央与地方关系法治化研究》，山东人民出版社，2013，第 225 页。
[2] 余凌云：《地方立法能力的适度释放——兼论"行政三法"的相关修改》，《清华法学》2019 年第 2 期。
[3] 参见《宪法》第 100 条之规定。

"设区的市的人民代表大会及其常务委员会"。① 显然，我国的立法倾向于淡化地方人大及其常委会之间的立法界限。即使如此，《立法法》还是对地方人大及其常委会之间的立法权限进行了有限的划分，主要体现在《立法法》第 86 条和第 87 条，其中，《立法法》第 86 条规定："规定本行政区域特别重大事项的地方性法规，应当由人民代表大会通过。"该条要解决的核心问题是，从地方人大及其常委会两个立法主体共有的对本行政区域重大事项的立法权中，选取尤其重要的部分归地方人大专有，这表明《立法法》对地方人大及其常委会的法律定位有所偏重，针对特别重大事项，地方人大立法相对于地方人大常委会立法具有优先适用性，但"特别重大事项"的模糊性和不确定性，影响了其立法权限界分功能的正常发挥。在地方立法实践当中，地方人大立法并未受到应有的重视，许多本该由地方人大制定的立法却被地方人大常委会制定，这种情况严重地影响了地方人大的立法权威，这与特别重大事项的模糊性不无关联。

（四）设区的市的地方性法规立法事项的模糊性

从《立法法》第 81 条第 1 款的规定观察，《立法法》对设区的市的人大及其常委会立法权限的设定具有一定的明确性，但依然存在明显的模糊地带，这给《立法法》的适用带来较大的不确定性。

一方面，"可以"具有多方面的含义。通过比较《立法法》第 81 条和第 93 条就可以发现，同样是"城乡建设与管理、生态文明建设、历史文化保护、基层治理等方面的事项"，制定地方性法规的要求是"可以"，而制定地方政府规章的要求是"限于"，并不一致的立法措辞是否意味着立法者具有特殊的意图考量？在立法规范中经常存在一类虚词，如"可以""应当""必须"等，它们自身虽然无法构成单独的规范，但足以影响立法规范中立法意图的表达，这类词的确对判断立法规范的属性很重要。如"可以"对应的是授权性规范而不是命令性规范，作为立法术语的"可以"的语义一般认为是一种授权，对于被授权者意味着权利的选择，既可以选择，也可以不选择，这就是所谓"可以"意味着"可以不"。② 也有学者

---

① 参见《立法法》第 80~81 条之规定。
② 李茂武：《论"可以 P"与"可以不 P"的关系》，《江汉大学学报》（社会科学版）2001 年第 4 期。

认为,"可以"一词仅仅在授予私权时才意味着"可以不",而在涉及公权的授予或者运作时,往往并不意味着"可以不"。① 学者周赟在肯定第二种观点的同时又进行了更深入的研究,他以米尔恩的观点作为例证,认为米尔恩有关无可选择的权利击破了在私权领域中"可以"意味着"可以不"的认识,"总有一种无可选择的权利……无可选择的权利在本质上具有被动性,权利人并未被要求去做什么,他纯属某种待遇的受益者,而别人则负有给予他此种待遇的义务"。② 而在公权的授予方面,"可以"也未必没有"可以不"的意思,在某些特殊的立法表达中,"可以"甚至还意味着"应当",因此,我国立法中的"可以"并不存在一个普遍而抽象的界定。③ 换言之,对"可以"一词进行语义分析时,应综合考虑语境、语法、逻辑、经验等因素,在具体的语言实践中考察语词的所指,借此挖掘立法者的真实意图。《立法法》第81条第1款对设区的市的人大及其常委会的立法权限用"可以"一词将产生两个方面的理解:一种将"可以"理解为"应当",其含义和"限于"一词所表达的意图是一致的,即设区的市的立法机关只能就城乡建设与管理、生态文明建设、历史文化保护、基层治理等方面的事项制定地方性法规,此种理解表明了对设区的市的地方立法权限持谦抑的立场;另外一种将"可以"理解为"可以不",这就意味着设区的市的立法机关拥有地方立法的裁量权,其立法权限包括但不限于城乡建设与管理、生态文明建设、历史文化保护、基层治理等方面的事项的立法,既可以就《立法法》规定的事项范围立法,又可以在该立法事项范围之外立法,至于《立法法》限定事项之外的边界似乎只要满足了"根据本市的具体情况和实际需要,不同宪法、法律、行政法规和本省、自治区的地方性法规相抵触"的前提条件,并不需要进行特别的厘定,此种理解表明了对设区的市的地方立法权限持扩张的立场,究竟哪一种理解更符合立法者的意图需要进一步探讨。

另一方面,《立法法》第81条第2款规定的立法事项本身并不明确。

---

① 喻中:《再论"可以P"与"可以不P"的关系——兼与李茂武、黄士平先生商榷》,《江汉大学学报》(人文科学版)2004年第1期。
② 〔英〕米尔恩:《人的权利与人的多样性——人权哲学》,夏勇、张志铭译,中国大百科全书出版社,1995,第115页。
③ 参见周赟《立法用规范词研究》,法律出版社,2011,第70~76页。

我们仅以"城乡建设与管理"的立法事项为例加以说明，2015年修改的《立法法》首次确认了设区的市地方性法规的立法事项，即城乡建设与管理、环境保护与历史文化保护等三方面立法事项。相对于2014年8月《立法法修正案（草案）》一审稿将立法事项限于"城市建设、市容卫生、环境保护等城市管理方面的事项"以及2014年12月《立法法修正案（草案）》二审稿将立法事项规定为"城市建设、城市管理、环境保护等方面的事项"而言，2015年《立法法修正案（草案）》三审稿中确定的这三个方面事项的涵盖范围是极为广泛的。但对比三次审议稿中的立法事项的范围发现，"城市建设与城市管理"的关系及其自身的含义、表现形式是不一样的，在2015年《立法法修正案（草案）》一审稿中，"城市建设与城市管理"是种属关系，城市建设被归类为城市管理的事项，在这一稿立法草案当中，城市管理的权限是极为广泛的，环境保护也被归类为城市管理事项，在2015年《立法法修正案（草案）》二审稿中，城市建设、环境保护与城市管理又成为并列关系，城市管理事项的范围受到限制，而在2015年《立法法修正案（草案）》三审稿当中，城市建设的事项扩展至城乡建设，与城市建设、城市管理相关的事项表述为城乡建设与管理事项，其指代的范围究竟有多大令人不得其解，从三次审议稿的内容来看，立法者对城市建设与城市管理的内容及范围并无明确的界定，这至少反映了立法者的认识是较为模糊的。因为从文义上分析，城乡建设与管理可以从两方面理解，一方面可理解为城乡建设与城乡建设管理，另一方面可理解为城乡建设与城乡管理，两种理解所涉及的事项范围是不一样的，第一种理解意味着立法事项仅限于城乡建设及与此相关的管理事项，但若按照第二种理解，立法事项的范围除城乡建设之外，还包括一切城乡事务的管理，城乡管理涉及的范围将漫无边际，几乎囊括地方性事务中与城乡相关的所有事务，当然包括城乡建设的事项，甚至包括环境保护、历史文化保护等事项，这似乎不太符合立法者的原意。当法律文本存在两种意义上的理解时（在有些情况下可能并不清楚它是在哪一种意义上使用的），我们可以说法律文本具有歧义性（ambiguity），当法律文本存在多重含义的理解时，它既可能是模糊的，又可能是歧义的，"句子结构可以产生或者消除歧义……因使用歧义性表达而产生的不确定性通常可以通过找出哪一意义才是说话人所要表达的意义得到解决（即使说话人意在玩弄文字游戏或制造一个字

第三章 地方立法权限的模糊性

谜,那也是与他们的意图有关的一个事实)……歧义、同形异义和同音异义都是语言的偶然性特征,和模糊性不同,它们在法律中只是偶尔重要而已(虽然它们偶尔非常重要)"。① 很显然,城乡建设与管理属于文义上有歧义的情形,其解决只能依赖于立法者的解释。

2015年3月12日,《第十二届全国人民代表大会法律委员会关于〈中华人民共和国立法法修正案(草案)〉审议结果的报告》中对地方性法规的立法事项进行了说明,② 该报告是全国人大宪法和法律委员会对全国人大代表在大会期间对法律草案所发表的意见加以总结,并结合有关方面的意见和法律委员会自己的意见形成的,依据《立法法》的规定,对法律案中重要的不同意见应当在审议结果中予以说明,法律委员会在报告中共列举了四种不同的意见并在作出自己的解释后建议维持修正案草案的规定,2015年《立法法修正案》出台之后出版的《立法法》条文释义大多将法律委员会的说明列为对第72条第2款中立法事项的官方解释。③ 依据法律委员会的审议结果报告,城乡建设与管理事项主要涵盖城乡规划、基础设施建设、市政管理等方面,这种理解比较符合立法者限制设区的市的地方立法权限的立法思路,法律委员会理解的方向可能与立法者的意图保持了一致,但这是不是意味着城乡建设与管理事项仅包括城乡规划、基础设施建设、市政管理这些方面的事项?与此相关的问题是全国人大宪法和法律委员会的审议结果报告能否作为对法律条文含义的有权解释?这个貌似简单的问题常常为研究者所忽略。依据我国宪法及《立法法》中有关法律解释的规定,全国人大常委会行使法律解释权,对法律的规定需要进一步明确具体含义的进行解释,具体由全国人大常委会工作机构(即全国人大常

---

① 〔英〕蒂莫西·A.O.恩迪科特:《法律中的模糊性》,程朝阳译,北京大学出版社,2010,第72页。
② 第十二届全国人大法律委员会在报告中指出:"'城乡建设与管理、环境保护、历史文化保护等方面的事项',范围是比较宽的。比如,从城乡建设与管理看,就包括城乡规划、基础设施建设、市政管理等;从环境保护看,按照环境保护法的规定,范围包括大气、水、海洋、土地、矿藏、森林、草原、湿地、野生生物、自然遗迹、人文遗迹等;从目前49个较大的市已制定的地方性法规涉及的领域看,修正案草案规定的范围基本上都可以涵盖。"
③ 参见乔晓阳主编《〈中华人民共和国立法法〉导读与释义》,中国民主法制出版社,2015,第244页;武增主编《中华人民共和国立法法解读》,中国法制出版社,2015,第264页;冯玉军主编《新〈立法法〉条文精释与适用指引》,法律出版社,2015,第302页。

委会法制工作委员会）研究拟定法律解释草案，而法律委员会根据常委会组成人员的审议意见进行审议、修改，提出法律解释草案表决稿，其在法律解释过程中的作用相当重要，它们对立法者的意图是明了、熟悉的，但需要明确的是，法律委员会对法律解释草案审议结果的报告处于法律由法案到法的阶段，此时法案尚未表决成为正式立法，而法律解释发生在法案成为法之后，是立法完善阶段不可缺少的一种立法技术。从这个意义上讲，法律委员会对 2015 年《立法法修正案（草案）》中不同意见的说明，体现但并不完全代表立法者的意图，只是表明了其自身对条文含义的理解。

上述分析似乎有些不可知论的意味，但探究立法者的意图本身就是一个有争议的法哲学问题。著名的法哲学家拉兹认为，"意图主题错在两点：其一，孤立了每一个立法行为，其二，认为孤立的立法行为一劳永逸地确定了法律，这是一个不能成立的观点"。[1] 解释者在确定立法意图时往往对个体意图与群体意图不加区分，因而，在集体决策的立法过程中的意图难以明确，我们应尽可能地去接近立法者的意图，正如黑格尔对完整性的理解一样，"完整性只是永久不断地对完整性的接近而已"。[2] 根据《立法法》（2015 年修正）第 72 条第 2 款上下条文的联系，我们可以判断立法者对设区的市的地方立法权限是严格限制的。尽管 2023 年修改的《立法法》进一步扩大了设区的市的地方立法权限，但仍保留了"城乡建设与管理"的立法事项，并将之与"基层治理"的立法事项并列，其含义和表现形式是否发生变化，仍存疑问。

再者，前述立法事项中"等方面的事项"的理解也存在较大的争议。"等方面的事项"是意味着除城乡建设与管理、生态文明建设、历史文化保护、基层治理四方面事项之外还有其他立法事项，还是意味着设区的市的人大立法机关仅能就这四方面事项进行立法？上述理解涉及对模糊词"等"的明确界定问题，这和"可以"所面临的问题是类似的。从文义上分析，"等"既可以暗示列举事物时的不限定性，表明事物的不完全列举，又可以作为一个涵盖全部的终止词用以结束全部列举，至于"等"字的具

---

[1] 转引自〔美〕布赖恩·比克斯《法律、语言与法律的确定性》，邱昭继译，法律出版社，2007，第 197 页。
[2] 〔德〕黑格尔：《法哲学原理》，范扬、张企泰译，商务印书馆，1961，第 225 页。

## 第三章 地方立法权限的模糊性

体所指取决于实际的运用和语境。2015年《立法法》修改时，关于"等方面的事项"的含义就引起了理论界的关注，有学者认为，地方性法规的立法事项是一种完全性的列举，"等"字本身并没有实质的含义，其依据在于《立法法》（2015年修正）第72条第6款之规定："……涉及本条第二款规定事项范围以外的，继续有效。"既然涉及第2款规定事项范围之外，这说明第72条第2款规定事项存在一定的范围界限，否则，就不存在事项范围之外的问题，这就意味着设区的市的人大立法机关仅能就这四方面事项进行立法。① 从设区的市的人大及其常委会的职权就可以断定，"等方面的事项"的规定并非可有可无，其范围大小值得进一步探讨。依据《地方组织法》第11条之规定，设区的市的人大的职权中能够纳入地方性事务的事项应该是第3项、第12~15项的相关事务，② 依据《地方组织法》第50条之规定，能够纳入地方性事务的事项应该是第4项的相关事务，③ 综合对比第11条和第50条的规定，我们发现地方人大及其常委会拥有的职权中能够制定地方性法规的立法事项范围较为宽泛。其中，城乡建设与管理、生态文明建设及历史文化保护分别对应于地方人大及其常委会讨论、决定本行政区域内城乡建设、生态环境保护、自然资源以及文化等管理职权，基层治理虽无具体、明确的职权依据，但可以从地方人大及其常委会拥有的经济、教育、科学、卫生、民政、社会保障以及民族等管理职权中获得权源支持。显然，地方立法机关的管理职权范围要大于地方

---

① 邓成明、蒋银华：《地方立法权扩容后的法制统一性研究》，《中国法学会立法学研究会2015年学术年会"完善以宪法为核心的中国特色社会主义法律体系——深化司法改革与立法工作的对接"论文集》（上），2015，第76页。

② 参见《地方组织法》第11条："县级以上的地方各级人民代表大会行使下列职权：……（三）讨论、决定本行政区域内的政治、经济、教育、科学、文化、卫生、生态环境保护、自然资源、城乡建设、民政、社会保障、民族等工作的重大事项和项目；……（十二）保护社会主义的全民所有的财产和劳动群众集体所有的财产，保护公民私人所有的合法财产，维护社会秩序，保障公民的人身权利、民主权利和其他权利；（十三）保护各种经济组织的合法权益；（十四）铸牢中华民族共同体意识，促进各民族广泛交往交流交融，保障少数民族的合法权利和利益；（十五）保障宪法和法律赋予妇女的男女平等、同工同酬和婚姻自由等各项权利。"

③ 参见《地方组织法》第50条之规定："县级以上的地方各级人民代表大会常务委员会行使下列职权：……（四）讨论、决定本行政区域内的政治、经济、教育、科学、文化、卫生、生态环境保护、自然资源、城乡建设、民政、社会保障、民族等工作的重大事项和项目……"

性法规的立法事项范围。只有对第 81 条第 1 款进行扩张性解释才能满足实践中地方不断增长的立法需要，进而强化地方立法权的正当性基础。[①] 这也许是立法者在第 81 条第 1 款中用"等方面的事项"的模糊性语词的初衷所在。但究竟该如何进行扩张性解释需要立法者进一步明确设区的市的人大及其常委会的立法权限。

### （五）较大的市的立法权限的模糊性

与设区的市的立法地位相比，较大的市的立法地位在《立法法》修改中有所弱化，因为较大的市被包括在所有设区的市的范围之内，其享有的立法权限也被限制在"城乡建设与管理、生态文明建设、历史文化保护、基层治理等方面的事项"，[②] 但《立法法》第 81 条第 4 款又规定了既有的较大的市的立法效力，这体现了新法与旧法在特殊事项上的承接关系，有利于实现较大的市的地方立法的稳定性和连续性。有学者以杭州市、青岛市、苏州市及郑州市 2001～2012 年的地方立法为样本分析了较大的市的地方性法规的类别，并借此统计涉及城乡建设与管理、环境保护、历史文化保护等事项的地方性法规的数量和所占比重（见表 3-1），从表 3-1 的相关数据可以看出，"在 2001 年至 2012 年间，各市关于城乡建设与管理、环境保护、历史文化保护等事项的地方性法规占到了法规总数的 47% 至 63%。修改后的立法法规定……抑制了较大的市一半左右的立法需求"。[③] 可见，"继续有效"的规定能够充分满足较大的市的地方治理法治化、规范化的需要，因为相对于其他设区的市而言，较大的市承担着更为繁重和

---

[①] 如 2015 年全国人大常委会法制工作委员会主任李适时就对"城乡建设与管理"的内涵进行了扩张性解释，他在第二十一次全国地方立法研讨会上指出："城乡建设既包括城乡道路交通、水电气热市政管网等市政基础设施建设，也包括医院、学校、文体设施等公共设施建设。城乡管理除了包括对市容、市政等事项的管理，也包括对城乡人员、组织的服务和管理以及对行政管理事项的规范等。"参见李适时《全面贯彻实施修改后的立法法——在第二十一次全国地方立法研讨会上的总结》，《中国人大》2015 年第 21 期。

[②] 有学者将此次《立法法》修改对市级立法资源的布局形象地概括为"新市均沾、旧市削藩"，所谓"新市均沾"是指市级地方立法权从原有的"较大的市"所特有拓展至所有设区的市平等地享有，所谓"旧市削藩"是指原有的"较大的市"同省级地方立法主体相同的立法权限被限缩为同其他设区的市相同的立法权限，参见郑磊《设区的市开始立法的确定与筹备——以〈立法法〉第 72 条第 4 款为中心的分析》，《学习与探索》2016 年第 7 期。

[③] 程庆栋：《论设区的市的立法权：权限范围与权力行使》，《政治与法律》2015 年第 8 期。

复杂的管理政治、经济、法制、文化、教育以及其他方面的职责，因而地方立法的需求相应就比较大。但与立法效力相关的问题应该引起关注，针对涉及《立法法》第81条第1款规定事项范围以外的事项，如果地方经济、社会的发展变化导致较大的市的地方立法已不适应其实际需要了，此时较大的市的地方立法便失去了继续存在的事实基础，必然适时地被修改、补充或者废止；或者因上位法发生了立、改、废等变动的情形，为了维护法制的统一性，较大的市的地方立法也应随之变动，但继续有效是否意味着设区的市的人大及其常委会有权进行法的修改、补充或者废止尚存疑问。再者，有权对超出事项范围的地方立法进行修改的主体也难以确定，因为原较大的市已被归类为设区的市，从立法授予的权限来看，其现有的立法事项只能源于《立法法》第81条第1款所规定的范围，这就意味着超出事项范围的地方立法修改将面临主体缺失的处境，至于相关立法修改应该遵循的程序也将是较大的市的地方立法实践中面临的问题，遗憾的是，《立法法》修改并没有对前述问题进行明确的规定，因规范的缺失而造成了法适用的模糊性。

表3-1 部分市地方性法规类别分析（2001~2012年）

单位：件

| 类别 | 杭州市 | 青岛市 | 苏州市 | 郑州市 |
| --- | --- | --- | --- | --- |
| 城乡规划与建设 | 6 | 7 | 2 | 9 |
| 房地产开发建设管理 | 4 | 3 | 4 | 6 |
| 市政、公用与环卫事项 | 13 | 14 | 10 | 14 |
| 交通运输 | 5 | 3 | 2 | 1 |
| 环境保护 | 9 | 7 | 8 | 5 |
| 历史文化保护 | 3 | 2 | 5 | 2 |
| 城市人口管理 | 2 | — | — | — |
| 社会治安管理 | — | 3 | 1 | — |
| 社会公共事业管理 | 8 | 9 | 4 | — |
| 劳动与社会保障 | 2 | 7 | — | 3 |
| 其他社会事务 | 6 | 6 | 3 | 2 |
| 公共经济管理 | 9 | 10 | 6 | 12 |
| 法制建设 | 3 | 5 | 3 | 4 |

续表

| 类别 | 杭州市 | 青岛市 | 苏州市 | 郑州市 |
|---|---|---|---|---|
| 其他 | 4 | 1 | 2 | 1 |
| 总计 | 74 | 77 | 50 | 59 |

资料来源：程庆栋：《论设区的市的立法权：权限范围与权力行使》，《政治与法律》2015年第8期。该论文数据来源于北大法宝数据库。

## 三 地方政府规章立法权限的模糊性

### （一）"根据"原则含义的模糊性

依据《立法法》规定，地方政府可以"根据法律、行政法规和本省、自治区、直辖市的地方性法规，制定规章"，这表明地方政府在制定规章时，必须遵循"根据"原则，这在理论界被称为"依据说"，按照"依据说"的观点，地方政府规章应该以法律、行政法规和地方性法规作为立法的直接依据，这就意味着，地方政府规章的权限范围取决于法律、行政法规和地方性法规的已有规定，没有上位法的依据，不得制定地方政府规章，为此，《立法法》特别规定了地方政府规章设定权利义务方面的限制，根据这一规定，如果没有上位法的明确授权，地方政府规章就不得拥有权利义务的设定权，从上述规定来看，地方政府规章和地方性法规具有明显的区别，地方性法规的制定主要持"职权说"，即在不同宪法、法律、行政法规相抵触的前提下，可以就地方性事务进行自主性立法，而无须以上位法为依据，并且可以就公民的权利义务事项进行立法。

既然地方政府规章的制定必须坚持"根据"原则，其本质上表明了地方政府规章主要是执行性立法，这是否意味着地方政府规章就无法进行自主性立法呢？在地方行政的实践当中，政府必须及时应对社会的发展变化，并将其对行政事务的管理予以规范化和合法化。然而，并非行政所涉及的领域都有相应的地方性法规覆盖，出现立法空白的情形并不少见，地方政府如果僵硬地依据上位法的规定，则无从制定规章，其结果是许多行政领域将面临无法可依的局面，这就严重限制了地方政府规章在行政法治过程中的积极作用，而特定地方政府只能消极地等待上位法出台为其提供权限依据，这不啻为典型的行政不作为。因此，在缺乏上位法规定的情况下制定地方政府规章具有一定的合理性，为此，《立法法》第93条第5款规定地方政府规章在特殊情况下可以制定临时行政措施，该规定充分考虑了地方实际工作的需要。① 这就有效避免了"特定地方政府在一定情况下，对急需制定的规章无能为力、无所适从，使急需采取的行政行为无法律依据可循"② 的尴尬处境。

但问题的另一面是，《立法法》第93条第5款之规定实质上突破了该条第1款对"根据"原则的限制性规定，从法治的角度看，行政法治要求一切行政行为，包括制定地方政府规章的活动，都不得逾越法律的限度，"在法国革命后的近代国家，为了废除行政领域中由人支配的人治，抑制行政的恣意和专断，保障人权，确立了以法律支配为内容的法治国家原理"。③ 《立法法》之所以规定地方政府规章要遵循"根据"原则，在于规范和约束地方政府规章制定权的运行，使之符合法律、行政法规、地方性法规的规定，防止地方政府滥用行政立法权力，侵害到公众的合法权益，若依第5款之规定，在地方性法规缺位的情形下，地方政府可以制定规章，这无疑在限制地方政府规章的防线上撕裂了一条口子，尽管此种情形旨在满足"行政管理的迫切需要"，并且《立法法》规定了此类规章的有效期限，但这种"临时性行政措施"很可能沦为地方政府滥用行政立法权的手段。因为如何判断"行政管理的迫切需要"情形实难制定统一之标准，实践中会以地方政府的主观认识为判断依据，这就具有较强的任意性和不确定性，很容易导致行政立法权的滥用。综上所述，当《立法法》第93条第5款作为新的立法规范出现时，如下问题应得到立法者切实的关注，即地方政府据此制定的规章是否违背了"根据"原则？或者应该如何界定"根据"原则的含义才不至于违反法制统一性原则？

### （二）具体管理事项的模糊性

《立法法》第93条第2款第2项规定，地方政府规章可以就"属于本行政区域的具体行政管理事项"进行立法，哪些行政管理事项可以纳入地方

---

① 乔晓阳主编《〈中华人民共和国立法法〉导读与释义》，中国民主法制出版社，2015，第276页。
② 沈荣华、周传铭：《中国地方政府规章研究》，上海三联书店，1999，第82页。
③ 〔日〕南博方：《行政法》（第6版），杨建顺译，中国人民大学出版社，2009，第6页。

政府规章立法事项的范围是一个需要明确界定的问题，尤其在科学确定立法项目和编制立法计划环节，具体行政管理事项的界定显得更为必要。然而《立法法》并没有对具体行政管理事项作出更为明确的规定，依照《地方组织法》第73条之规定，能够界定具体行政管理事项为第5项的相关事项，这些事项范围相当广泛，几乎涵盖了行政管理的各个领域，这样的规定虽然比较全面，但每一项内容都具有极强的弹性和包容性，其结果可能会引起地方政府规章的泛化。另外，经过与地方性法规立法事项中的地方性事务比较后发现，在"政治、经济、教育、科学、文化、卫生、生态环境保护、自然资源、城乡建设、民政、社会保障、民族"方面的事项中，地方人大及其常委会可以就其中的重大事项制定地方性法规，地方政府也可以就其中的行政工作制定地方政府规章，由于重大事项并无法定的评价标准和评估程序，在地方立法的实践工作中，上述事项究竟该制定地方性法规还是地方政府规章，存在较大的模糊空间，很容易为地方性法规越界或者地方政府规章侵权埋下隐患。

### （三）设区的市的地方政府规章立法事项的模糊性

《立法法》第93条第3款将设区的市政府制定地方政府规章的立法事项"限于城乡建设与管理、生态文明建设、历史文化保护、基层治理等方面的事项"，相比较而言，《立法法》对设区的市政府立法权限进行了更为严格的限缩，主要表现为对立法事项列举的限定词使用了"限于"而不是"可以"，但这是不是意味着设区的市政府立法的事项仅限于城乡建设与管理、生态文明建设、历史文化保护、基层治理这四个方面？此外，城乡建设与管理、生态文明建设、历史文化保护、基层治理四个方面立法事项是否与《地方组织法》第73条设区的市政府职权形成对应之关系，这也是第93条第3款中比较模糊的问题。

## 第三节 地方立法权限模糊性的消极影响

### 一 从我国的立法体制探究地方立法权限的模糊性

凯尔森把法律秩序归为集权与分权两种类型，集权意指法律秩序内所有规范的效力及于其涉及的全部地区，所有规范的空间效力范围一致；分权则意味着法律秩序由具有不同空间效力范围的规范组成，领土在这些规范中，部分规范对全部有效，可称为中央规范，而其他规范只是对某一部分有效，可称为分散或地方规范。[1] 他认为，法律秩序的集权和分权在数量上有所不同，但全部的集权和全部的分权只能是理想的两极状态，实在法总是由集权和分权共同构成的，而分权一旦从个别性规范扩大到普遍性规范的创造上，就构成了立法上的分权。[2] 与法律秩序在普遍性规范创造上的分权相对应的是中央政府与地方政府在立法职权上的划分。

研究表明，联邦制国家的成员单位和单一制国家的地方政府都可以实行立法分权。两者的区别在于，联邦制国家中联邦政府与联邦成员的立法权皆源自宪法，联邦的立法机关无权单方面更改宪法上有关地方立法权配置的内容，单一制国家中地方政府所享有的权力并不直接来自宪法，而是来自中央政府的法律规定，中央政府可以对地方立法权进行单方面变动。因此，单一制国家的立法分权具有相对性，地方政府并不具有与中央政府的立法权平行的专属立法权。[3]

我国是典型的单一制国家，《立法法》以立法的形式确认了中央和地方立法的权限，从本质上理解，地方立法权是在中央法律框架内相对意义上的立法分权，是中央立法的基本原则在地方性事务上的具体化。从改革开放后40余年的地方立法实践来看，中央向地方立法分权一直是我国立法体制发展的总趋势，而且，随着地方立法权范围的逐步扩大，地方立法主体也呈分散和多样化的趋势，《立法法》赋予所有设区的市、自治州地方立法权，经过省、自治区人大常委会综合考虑人口数量、地域面积、经济社会发展情况以及立法需求、立法能力等因素之后的确权，拥有地方立法权的设区的市的数量将更加集中，其分布格局也会实现由散点式向平面式的转变，但地方立法的分权并未从根本上改变中央立法高度集权的现实。为了维持中央立法的权威和全局的调控能力，中央为地方立法设置了两条

---

[1] 〔奥〕凯尔森：《法与国家的一般理论》，沈宗灵译，中国大百科全书出版社，1996，第335~336页。
[2] 〔奥〕凯尔森：《法与国家的一般理论》，沈宗灵译，中国大百科全书出版社，1996，第337~340页。
[3] 杨利敏：《论我国单一制下的地方立法相对分权》，《厦门大学法律评论》2001年第1期。

红线,即地方性法规立法的"不抵触"原则和地方政府规章立法的"根据"原则,理论上讲,这两个原则为中央加强对地方立法的监督和适时介入地方立法提供了技术性保障,确保了国家法制的统一性,有利于中央立法在地方区域的贯彻实施,但在立法实践当中,中央对地方立法的控制力量一直是比较弱的,因而,中央对地方立法权进行限制的主观诉求一直是存在的。此外,为保障地方立法有效供给地方性公共产品的功能发挥,中央对满足地方居民利益期待的地方立法持开放和支持的态度,诸如地方性事务、具体行政管理事项等不确定法律概念的适用,为地方立法提供了灵动的立法空间,正是中央既欲限权又意扩权的心态导致了地方立法权限在《立法法》上的为难处境,由此产生的立法权限的模糊性问题,与其说是规则的模糊性所致,不如说是我国立法体制的局限性导致,但从解决问题的有效性和实用性出发,立法规则的模糊性不容忽视。

## 二 我国地方立法权限模糊性的消极影响

由于法律文本规定的内容过于原则化,地方性法规和地方政府规章在地方立法实践中的权限范围处于模糊的状态,这导致地方立法越位、错位、缺位以及重复的情况屡屡出现,在一定程度上阻碍了地方立法功能的发挥,阻碍了地方立法的发展,从总体上看,地方立法权限模糊性的消极影响主要体现在如下方面。

### (一)地方立法越权

任何权力的行使都有其内在的限度和外在的边界,是为权限之称谓,权限的存在为权力的运行划定了不可逾越的界限,此种界限主要来源于宪法和法律的规定,法律是权力存在和运行的依据所在,对于地方立法来说,无论是地方性法规的制定还是地方政府规章的出台,其规范和调整的事项都应该归属于《立法法》限定的事项范围,此事项范围划定了地方立法运行的边界。从《地方组织法》的授权来看,县级以上地方人大及其常委会被授予14项职权,而地方政府被授予10项职权,两者最大的区别在于地方政府没有重大事项的决定权,正因为两者的职权范围不同,两者立法的职权范围也应有所区别。地方性法规既可以调整地方权力机关、行政机关、司法机关之间的关系,也可以调整公民、法人及其他社会组织之间的民事、经济关系，但地方政府规章也有自己独立的、专属的立法空间，地方政府规章所调整的领域，主要涉及行政机关与行政相对人之间以及行政机关系统内部的行政管理关系。长期从事立法工作的乔晓阳认为："地方政府规章的立法事项应当包括三个方面：一是有关行政程序方面的事项，包括办事流程、工作规范等；二是有关行政机关自身建设的事项，包括公务员行为操守、工作纪律、廉政建设等；三是不涉及创设公民基本权利义务的有关社会公共秩序、公共事务或者事业的具体管理制度，如公共场所（如公园、电影院等）的管理规定，市场（如早市、晚市、超市等）的管理秩序，学校管理秩序规定等。"[1] 虽然是有关地方政府规章立法事项的界定，但也清楚地划定了地方性法规不宜涉猎的立法事项。

然而，实践中经常发生地方性法规越界调整地方政府规章立法事项的现象，主要表现在以下两个方面。一方面，地方性法规不适当地调整了本该由地方政府规章调整的事项，如广东省人大常委会出台的《广东省行政机构设置和编制管理条例》涉及政府行政机构设置、职责配置、编制核定以及对机构编制工作的监督管理等事项，规范的是行政机关内部的管理事项，我们认为，就政府部门内设机构之间的职责分工立法应该由广东省人民政府制定规章更为适宜。[2] 另一方面，本该由地方性法规调整的事项，却通过地方政府规章进行规范。从地方立法的实践来看，由于立法规则的模糊性，某一事项是制定地方性法规还是地方政府规章具有较强的任意性，基本上根据轻重缓急来进行选择，凡是基于立法的事项，往往先制定地方政府规章，因为制定地方政府规章的效率要高于制定地方性法规的效率，尤其是设区的市制定地方性法规需要报省、自治区的人大常委会批准后施行，但地方政府规章只需要在公布后向上级机关备案即可，无须上级机关批准，从这个意义上讲，地方性法规制定的程序更加严格，其效率自然无法和地方政府规章比肩。从立法的民主性考量，地方政府规章的民主性不及地方性法规，基于这些非正当的理由，地方政府在利益的驱使下更

---

[1] 乔晓阳主编《〈中华人民共和国立法法〉导读与释义》，中国民主法制出版社，2015，第276页。
[2] 诸如《安徽省行政机构设置和编制管理规定》《江西省各级人民政府行政机构设置和编制管理办法》《上海市行政机构设置和编制管理办法》等规范文件就是由安徽省人民政府、江西省人民政府、上海市人民政府以地方政府规章的形式出台的。

倾向于制定规章，而非请求地方人大立法机关制定地方性法规，类似的案例主要集中在关乎民生基本问题、减损公民权利或者增加了公民的义务等事项方面，而这些事关公民权利义务增减的重大事项本应制定地方性法规更为适宜。

在实际的立法工作中，一旦遇到难以准确把握的立法项目，地方立法机关往往会采取以下措施来"规避"越权立法的法律风险：第一，遵循先例，即检视其他立法机关有无相关立法；第二，向上级立法机关请示；第三，援引部分"权威"人士的指导性意见。上述做法多是长期立法工作经验的总结，并不具有法律效力，难以为地方立法工作提供合法性依据。[①]

**（二）地方立法不作为**

立法权限的模糊性对立法主体和立法责任的确定影响尤甚，在实践中某些事项很难确定立法主体，更遑论立法责任的确定，由是地方立法中常常出现真空地带。针对这些特殊的立法事项，若无特别的利益驱使，立法部门往往消极对待，换言之，如果某立法事项仅仅具有社会需求但没有相关的利益驱动，将面临无人问津的尴尬处境，很难指望它能够及时制定出台，通常将立法机关的怠慢致使法令制定被搁置的状态称为立法不作为，立法不作为是立法主体放弃立法责任的表现，从学理上看，立法不作为包括四个构成要件：其一，立法主体有立法义务的存在；其二，立法主体具有立法的能力；其三，立法主体无为或者消极作为；其四，立法主体无为或者消极作为超越了合理的立法期限。立法不作为的类型可分为绝对的立法不作为和相对的立法不作为。"所谓绝对的立法不作为，是本来意思上明显故意的立法不作为，立法主体明确违反了立法义务，是立法主体对立法的怠慢，此时，不立法本身成为直接问题，与此相对应，相对的立法不作为是派生的或附带的立法不作为，当进行一项立法之后，该立法在内容、程序、范围等方面存在不足或不公正，因此立法不作为问题开始凸显。"[②] 更为具体地说，绝对的立法不作为主要表现为拒绝立法的行为，此外还表现为拖延立法，指不及时制定新法或者不及时修订、废除旧法，从而阻碍了社会发展和公民、法人或其他组织的权益保护，而相对的立法不

---

① 参见段东升《设区的市地方立法的困境与进路》，《学术交流》2021年第4期。
② 赵立新：《日本"立法不作为"与宪法诉讼》，《河北法学》2010年第9期。

作为主要体现为程序不作为，指是否征询听取了利害关系人和公众的意见，对利害关系人和公众的主要意见是否斟酌和采纳，是否将重要的资讯告知了利害关系人和公众等。[1] 地方立法不作为主要表现在：本应在地方立法中具体化的事项和程序却有意省略；对法律或行政法规中有关说明理由、听证等义务的内容，在地方立法中加以削减或删除，或简单、机械地重复；"将宪法、法律或者行政法规规定给甲部门的职责、义务，通过立法推诿给乙部门，或者将本应由本地地方机关履行的职责和义务，推诿给辖区外的地方机关"。[2] 还有一些约束政府行为的事项立法，比如规定行政程序的立法、明确行政职责的立法，立法部门立法的积极性就会降低很多。立法权限不明对地方立法活动同样产生消极的影响，地方立法主体为避免立法越权的风险，通常会选择较为保守的、安全的立法方式，即不立法或者少立法，这也是典型的立法不作为现象。

### （三）地方立法重复

重复立法是地方立法中普遍存在的现象，这种现象集中体现了地方立法形式主义的倾向。一方面，地方立法在内容形式上，照搬照抄和机械套用中央立法；另一方面表现为地方立法从立法体例、结构和规模上盲目追求大而全和面面俱到，既导致了地方立法资源的浪费，又造成了地方立法地方特色的萎缩，实际上也是一种变相的立法不作为。[3] 上述现象或多或少也反映在地方性法规与地方政府规章的立法当中，有学者将下位法对上位法的照搬或者下位法对上位法的条款重复表述的立法行为定性为立法抄袭。[4] 不过，地方立法重复实质上反映的是立法事权的不确定性，这和地方立法对中央立法的重复（抄袭）行为有所区别，从行为形态上看，地方立法的重复行为是一种相对积极的立法作为，就同一事项既有地方性法规的规定，又有地方政府规章的规定，若按照科学的立法事项分类，有可能是制定地方性法规的同时又制定了地方政府规章，或者是制定地方政府规章的同时又制定了地方性法规。以湖北省人民政府制定的《湖北省法律援

---

[1] 于立深：《行政立法不作为研究》，《法制与社会发展》2011年第2期。
[2] 崔卓兰等：《地方立法实证研究》，知识产权出版社，2007，第64页。
[3] 崔卓兰等：《地方立法实证研究》，知识产权出版社，2007，第449页。
[4] 孙波：《试论地方立法"抄袭"》，《法商研究》2007年第5期。

助办法》和湖北省人大常委会制定的《湖北省法律援助条例》为例，此为典型的地方立法重复行为。如果仅仅从规范的事项进行判断，法律援助既涉及公民诉讼权利的平等保护问题，又涉及司法行政的管理事项，故此，无论是制定地方性法规还是制定地方政府规章均无不妥，然而，从规范内容进行判断，关于法律服务的界定、法律服务机构的认定、法律服务人员的范围以及法律援助的范围等事项均有较大的区别，再联系到《湖北省法律援助条例》的制定时间要晚于《湖北省法律援助办法》，其法律效力要强于后者，可考虑适时废止《湖北省法律援助办法》[①]，以免在法的适用中引发选择的困扰。地方立法对中央立法的重复行为则是一种消极的立法不作为，是对地方立法资源的最大浪费，也是让地方立法成本投入归于低效益乃至无效益的重要原因。[②] 由此带来的后果是"目前地方立法中本来就存在着审议时间短的问题，大量重复的上位法条款，淹没了涉及群众重要利益、争论多、影响广、法规着力解决或创新的重点条款，浪费了本来就很稀缺的审议时间"。[③] 两种立法重复所反映的问题实质有所不同，地方的重复立法源于地方立法权限的模糊性，地方立法主体在立法形式上无法达成认识上的一致，而地方立法对中央立法的重复可能是一种制度路径上的依赖性思维，也可能是源于对立法统一性的过分强调，尤其是对"不抵触"原则和"根据"原则的机械性理解和坚持，这可能是一个需要提高立法者素质便可以解决的问题，而对于前者，需要着手的是立法规则自身的变动或者解释的问题。

---

[①] 该办法已于2014年被湖北省人民政府第51次常务会议宣布失效。
[②] 游劝荣：《法治成本分析》，法律出版社，2005，第59~60页。
[③] 林琳：《对实施性地方立法重复上位法现状的原因分析和改善设想》，《人大研究》2011年第1期。

# 第四章
# 地方立法权限的明确化

明确地方立法的权力边界和范围，是地方立法研究的经典命题。地方立法权限的模糊性是维持地方立法灵活性的必要前提，适度的模糊性并不妨碍地方立法意图的表达和理解，但过犹不及，因此，应当对地方立法权限的模糊性进行合理限制，力图实现地方立法权限的明确化。限制地方立法权限模糊性的主要途径是法律解释，这就涉及中央和地方的立法关系及地方立法关系问题，这些问题在国家宪法体制中的地位和作用至关重要，因此，地方立法权限明确化是一个宪法解释问题。依据我国当前的法律解释体制，唯有立法解释才能肩负地方立法权限明确化的重任。本章主要阐述了通过立法解释实现地方立法权限明确化的一般思路和具体途径，即在确定地方立法主体相对于中央立法主体所拥有的立法权限的基础上，进一步明确不同地方立法主体的立法权限，为此，需要划定中央与地方的立法权限，选择适合我国国情的立法分权模式，然后划定地方立法权限的边界，着重解决地方性法规和地方政府规章之间的权限划分问题。

## 第一节 解释进路的选择

法律解释的目的在于确定法律规则的意义范围，以减少法律的模糊性，最大限度地实现立法的明确化。由于地方立法权限明确化是一个宪法解释问题，只有通过立法解释途径才能有效地应对地方立法权限的模糊性，本节详细地阐述了立法解释过程中法律解释方法的选择问题。

## 一　解释与意义

解释（interpretation）概念通常有广义和狭义之分，从狭义上理解，解释是对事物含义所作出的说明（explanation）或者理解（understanding），这是一种包含了推理的说明或者理解，从广义上理解，有关事物的说明或者理解，可以称为解释。广义上的解释与说明、理解在语义上是互通的，狭义上的解释具有特定的意义，尤其是在法学领域，无论是对立法含义的说明还是对法律争议的裁判，都不可避免地要借助解释这一方法进行相应的推理，从这个意义上讲，解释概念要比说明概念狭窄一些，"只有那些能够承载某种含义的事物才有可能成为解释之对象"。[①] 这些事物主要包括但不限于交流的行为或者产物，如文本、话语、行为动作、艺术表现、社会实践等，上述事物都可以承载某种含义，它们因而成为解释的可能性对象。

从解释的定义可以看出，意义对于解释的理解至关重要。[②] 但理解意义也比较复杂。意义的常见含义有：①对象所具有的意义（meaning of）；②作者借助该对象所表达的意义（meaning that），即"意指……"；③该对象在解释者看来所表达的意义（meaning for），即"对……的意义"。[③] 此三种含义在不同的语境中所指向的内容是有区别的，相应的解释方式也有所不同。

第一种含义主要从语义学的视角对意义进行分析，当说明对象表达意义时，通常会受到语言规则和交流习惯的限制，这就意味着对意义的说明不能超过其可能之文义，特别是在语词和句子的理解产生模糊性时，更应该把握好对象的意义范围。

第二种含义主要从语用学的视角分析对象的意义，"语用学所关心的一般是……说话者所要表达的意思和他的语词或句子意思之间的差异而导

---

① 〔美〕安德瑞·马默：《解释与法律理论》（第 2 版），程朝阳译，中国政法大学出版社，2012，第 14 页。
② 西方学者在探讨解释与意义之间的关系时，对意义的界定相当于我国学者对含义的理解，用英文表达为 meaning，意义还有价值或作用之意，用英文表达为 significance，我国法学理论界中对意义的适用多采用后者，因而论及法律意义时重在讨论法律的价值或者作用，因而需要进行严格的区分，在本节中若无明确的说明，意义一般为含义之意。
③ 〔英〕蒂莫西·A.O.恩迪科特：《法律中的模糊性》，程朝阳译，北京大学出版社，2010，第 214 页。

致产生的问题"。① 在这种情形下，对象的字面意义通常不是说话者所要传达的内容，解释者通过语言规则或者交流习惯可能无法实现对说话者意图的把握。如果说意义的第一种含义是一项表达的意义，意义的第二种含义就是某人通过一项具体的表达意指某某，前者主要依靠语言规则或者交流习惯去理解，后者主要通过探寻"交流意图"以说明对象之意义。马默认为，一项解释性陈述要么是说话者真实的交流意图，要么一定是反事实性陈述（counterfactual statement），后者经常指针对特定解释预先假定的、一种虚拟的交流意图，即对虚拟说话者的交流意图所作的描述。② 对此，有学者提出质疑，认为解释与语用学之间的联系过于粗糙，颇为牵强，"一旦意图是反事实的，说话人是虚构的，说话人的意图对理解解释而言就成了多余的东西"。③ 实际上，对虚拟意图的假设具有一定的积极意义，在难以探究作者真实主观意图的特殊情形下，解释者可以综合考虑可能影响解释对象含义的多种因素，对虚拟意图进行不同抽象层面上的描述，这些意图尽管是作者当时并未意识到的，但很有可能符合社会生活情势变化的要求。

第三种含义从解释主体的立场理解对象的意义，这和前两种含义以解释对象为分析立场迥然不同，解释主体从自身立场出发对意义的解释具有明显的主观色彩，这并不意味着此种解释仅仅反映了情绪化的主观偏好，恰恰相反，这种解释方式往往蕴含着解释者的理性认识。譬如在法律解释学领域始终存在主观解释学说和客观解释学说两种观点的对峙，主观解释学说认为法律解释应该研究立法者的主观意图，对立法进行历史解释和目的解释；客观解释学说则认为法律一经颁布便独立于立法者的意志，成为一种客观的存在，应以法在现实生活中的合理意义为解释基准，所以，解释者应该以价值为导引，根据合理性原则，运用政策对法律文本进行解

---

① 〔美〕安德瑞·马默：《解释与法律理论》（第2版），程朝阳译，中国政法大学出版社，2012，第27页。
② 反事实性陈述是马默在解释交流意图时提出的一项重要命题，其基本的主张为，假设文本 T 的含义是 x，且 x 不是 T 的字面意思，也不是 T 的作者通过 T 所表达的意思，那么将意思 x 归属于 T 只能被理解为这样一种主张：依据某些假定，某个虚拟的说话者可能会通过表达 T 意指 x。参见〔美〕安德瑞·马默《解释与法律理论》（第2版），程朝阳译，中国政法大学出版社，2012，第35页。
③ 〔英〕蒂莫西·A.O.恩迪科特：《法律中的模糊性》，程朝阳译，北京大学出版社，2010，第218页。

释。客观解释学说事实上背离了立法的规范目的，其查明的不是立法者的历史的真实意志，而是"法律的意志"，但对法律的意志的解释不免落入解释者主观判断的窠臼。从这个意义上讲，客观解释学说之名具有一定的误导性，而且释法之人若以己意作为解释之基础，则有危害民主及权力制约之虞，因而其解释应以促进法律的稳定性和变化性、社会一般安全与人类个体生活之间的调适为要旨。①

## 二 作为法学方法的法律解释

### （一）法律解释的概念及其特征

法律解释亦有广义和狭义之分，我国台湾学者杨仁寿认为，广义上的法律解释不仅包括狭义上的法律解释，还包括价值补充和漏洞补充等法律方法，狭义上的法律解释，"系指于法律规定并不明确时，以文义、体系、法意、比较、目的或合宪等解释方法，探究法律之规范意旨而言。其旨在澄清法律疑义，使法律含义明确化、正确化"。②该定义明确了法律解释发生的条件、解释的目的及其方法，基本上涵盖了法律解释的构成要件，唯独解释主体为何尚不明确。相比较而言，我国大陆学术界主要从狭义上去界定法律解释，如周旺生教授认为，"法的解释，就是有关主体根据立法原意、法律意识和有关需要对法的内容、含义和有关术语所作的说明、解答或阐述"。③该定义指明了法律解释的主体、依据及对象，相对来说是表述较为具体的概念，因而具有一定的代表性，本书对此持肯定立场。

法律解释的特征主要体现在以下方面。一是解释主体不确定，不以拥有解释权为必要，无论是法的制定、法的适用，还是法的遵守、法的监督，只要涉及法律文本的阅读，都需要进行相应的解释，所不同的是有的解释具有法律上的约束力，有的解释不产生法律效力的问题。二是解释对象比较广泛，从法律渊源层面来看，但凡法的渊源都可以成为法律解释的对象，主要包括宪法、法律、行政法规、自治条例和单行条例、地方性法

---

① 〔美〕罗斯科·庞德：《法律史解释》，邓正来译，商务印书馆，2013，第 5 页；高秦伟：《行政法规范解释论》，中国人民大学出版社，2008，第 5 页；〔德〕伯恩·魏德士：《法理学》，丁小春、吴越译，法律出版社，2003，第 345~346 页。
② 杨仁寿：《法学方法论》（第 2 版），中国政法大学出版社，2013，第 135~136 页。
③ 周旺生：《立法学》（第 2 版），法律出版社，2009，第 357 页。

规、法律解释以及行政规章、国际条约等；从法律文本层面来看，一般认为，法律文本包括法律概念、法律原则和法律规则等构成要素，相应地，法律概念、法律原则和法律规则均是法律解释的对象；从法律事实层面来看，在法的适用过程中，与法律文本相结合的法律事实也可能成为法律解释的对象，"法律问题的模糊性主要不在于法律本身模糊，而在于法律文本与事实的结合过程使得原来清晰的法律，可能变成有异义的或模糊不清的法律"。[①] 法律事实作为法律解释的对象主要解决其在法的适用过程中的地位问题。三是解释类型多样化，从解释的种类来看，主要包括有权解释和无权解释，其中有权解释既包括立法解释，也包括法在适用方面的解释，如司法解释和行政解释；从解释的方法来看，主要包括文理解释、论理解释、比较解释等，其中，文理解释即文义解释，论理解释又包括体系解释、历史解释及目的解释等。四是解释需要遵循合法性原则和合理性原则，合法性原则要求有权解释的主体严格依照法定的权限和程序进行解释，不得越权解释，且解释的内容要合乎法律的规定；合理性原则要求法律解释符合社会现实的需求，要尊重公序良俗，并且对社会的发展和法律的进步具有引导作用，因而法律解释不能拘囿于法律文本的含义，应该有一定的灵活性和变革性。

### （二）法律解释与法律的模糊性

关于法律模糊性一直存在两种完全不同的认识思路。一种思路是不确定性论，认为在有些情形下模糊性必然会导致法律的不确定性，如哈特的"开放结构"理论认为语言的不确定性会导致法律规则的不确定性，[②] 甚至连哈特的论敌富勒也适当地表达了肯定的观点，"对法律的明确性的要求不能过分，一种华而不实的明确性可能比老老实实的含糊不清更

---

[①] 陈金钊：《论法律解释权的构成要素》，《政治与法律》2004年第1期。
[②] 哈特曾肯定地指出："无论我们到底选择判决先例或立法来传达行为标准，不管它们在大量的日常个案上，运作得如何顺利，在碰到其适用会成为问题的方面来看，这些方式仍会显出不确定性，它们有着所谓的开放性结构（open texture）。到目前为止，我们把开放文本，特别是在立法这种传播形式中，视为人类语言的普遍特征：为了使用包含一般化分类语汇的传播形式来传达事实情况，边界地带的不确定性是我们必须要付出的代价。"〔英〕哈特：《法律的概念》（第2版），许家馨、李冠宜译，法律出版社，2006，第191～192页。

有害"。①

另一种思路是解释论,认为法律拥有用以消除任何不确定性的资源,主要以德沃金的观点为代表,德沃金认为,当出现疑难案件需要适用法律时(即所谓法律模糊性的情形),除关注规则之外,还需要重视原则和政策在法律解释中的作用,而"规则—原则—政策"的解释结构也构成了整体性解释的基本要素,整体性解释本身就致力于促使疑难案件中"唯一正解"的出现。德沃金的正解论题遭到了理论界普遍的质疑,其中最著名的交锋便是哈特与德沃金之间关于规则论和整体性法律理论的论争,其实质反映了不确定性论与解释论之争,有观点认为,他们之间的分歧在于"哈特认为是展现法律模糊性的边缘地带,德沃金用原则和政策等内容来涵盖,由此便不存在所谓的模糊性问题"。② 实际上,哈特对"不确定的"法律规则的适用持乐观的看法,尽管他对解释论持保留的态度,"解释规则虽然能够减少这些不确定性,却无法完全加以消除,因为这些规则本身就是指导我们使用语言的一般化规则,而其所利用之一般化语汇本身也有解释的必要,它们和其他规则一样,并不能够提供对它们自己的解释"。③ 哈特认为,法律规则的"开放结构"只是意味着存在某些行为领域,这些行为领域如何规范必须由司法官员或者行政官员依据具体情况,在相互竞逐的利益间进行权衡。为实现法律规则对行为的指引,行政机关将被授权行使规则制定权,法院将要发挥创造规则的功能。显然,哈特对法律模糊性的处理依赖于规则论上的自由裁量权。然而,德沃金拒绝承认自由裁量权的适用,他更倾向于依赖法律的原则和政策去"发现"正确答案,只是连他自己都承认:"虽然他相信大多数疑难案件都有一个正解,但那个答案不是显而易见的正确——也就是说,那个答案相比其他答案的优越性并不总是令所有(或者大部分)胜任的法律人满意。"④ 这也是为什么他会期待法官具有"哲学头脑"并会"发展关于立法目的和法律原则所要求的理

---

① 转引自沈宗灵《现代西方法理学》,北京大学出版社,1992,第60页。
② 曹晟旻:《德沃金对疑难案件问题的探讨及其学理争论——一种知识考古学的分析视角》,《行政与法》2015年第7期。
③ 〔英〕哈特:《法律的概念》(第2版),许家馨、李冠宜译,法律出版社,2006,第122页。
④ 〔美〕布赖恩·比克斯:《法律、语言与法律的确定性》,邱昭继译,法律出版社,2007,第110页。

论",为此,德沃金还虚拟化了一个叫赫尔克勒斯的"具有超人技巧、学识、耐心和智慧的法学家"[1]的形象,这种完美正是对现实中不完美的反照,这也反映出他对解释论在法律适用上的理想主义情怀。

综上所述,西方理论界关于法律模糊性的应对之策主要表现在两个方面:一方面寻求行使自由裁量权以实现比较利益的权衡,另一方面期待通过法律解释去发现疑难案件的正确答案。两种方案主要在法官能否造法的问题上产生了对立,就具体处理的方法和思维而言似乎并没有根本的分歧。在面对疑难案件时,现有的法律规则无法提供正确的答案,为了达成司法上的判决,法官必须行使司法裁量权以发挥有限的立法(造法)功能,因而,司法裁量的过程也是进行利益权衡和选择的过程,法官的最终判决离不开通过法律解释的正当性论证。同样,法官在援引法律原则去发现正解时,有可能要在不同的原则间进行选择,究竟该进行哪种选择并无法律规则上的引导,只能由法官(像赫尔克勒斯那样)运用高超的司法技术来决定优先选择的顺序,这个选择的过程不能说完全摒弃了裁量的因素,从这个意义上说,两种方案均有可取之处,甚至是可以融通的,在两种不同的方案之间进行选择是一件困难的事情,任何司法判决都可以用上述方法中的任意一种加以概括。但不可否认的是,这些方法的共同之处在于它们都有助于减弱法律的模糊性,如果一定要作出选择的话,我们倾向于选择解释的方法,因为解释的涵指更加开放,这就意味着通过法律解释来减弱法律的模糊性更具有方法论的意义,如果需要处理的是司法适用中的疑难案件,解释旨在寻求的是最优答案,但未必就是唯一的正确答案,如果需要解决的是纯粹的立法语言的模糊性问题,解释旨在最大限度地实现立法的明确化。

**(三) 我国理论界对法律模糊性的基本认识及其缘由**

我国理论界对法律模糊性的研究最早源于语言学领域内相关学者的学术兴趣,自从模糊性理论被引入语言学领域之后,模糊语言学的研究已经形成一定的规模并产生了广泛的理论影响,在法学理论界也兴起了对法律语言的模糊性研究,因而这种研究带有一定的边缘学科性质。但这很容易

---

[1] 〔美〕罗纳德·德沃金:《认真对待权利》,信春鹰、吴玉章译,上海三联书店,2008,第148页。

造成一种认识上的误区,即认为法律的模糊性主要就是法律语言的模糊性,实际上并非如此,法律语言的模糊性只是法律模糊性的重要表现形式。不过已经有学者敏锐地注意到了语言学和法学在模糊性研究上的异质性,① 两种学科对模糊性的关注由于在研究环境、研究角度、研究方法等方面的不同而表现出巨大的差异性,如在语言学领域,对模糊语言的研究主要是描述性的、技术性的,而在法律语境中,对模糊语言的研究与法的适用密切相关,在法学领域,但凡能够导致法律不确定性的语言现象均可被打上模糊性的标签,至于这些语言现象的要素构成及发生机制则很少受到关注,研究者同样不会考虑这些语言现象在非法律语境中的模糊性问题。不过就目前的研究状况而言,对法律模糊性的研究依然集中在法律语言的模糊性方面。② 从整体上看,研究者大都认同模糊法律语言的积极价值,如有学者认为立法语言的模糊性可以增强法律的适应性、周延性和稳定性;③ 也有学者从语用学的角度肯定法律语言模糊性的价值,认为模糊法律语言具有正确化、补缺、掩藏/保留信息、自我保护和礼貌等语用功能。④ 但对于模糊法律语言的消极作用,学者们也具有清醒的认识,认为法律语言的模糊性不仅会损害法律的明确性、妨碍法律的可操作性,也会为人性中的恶留下太多肆虐的空间。⑤ 也有学者认为,法律语言的模糊性容易使当事人之间产生权利纠纷,同时预留司法裁量空间会导致司法不公正,并且不利于国家法律的协调统一和正确实施。⑥ 为此,学者们一致认

---

① 姜廷惠:《"巴别塔"式的模糊性——法学与语言学语境下对语言"模糊性"认定差异原因简析》,《语言文字应用》2013年第4期。
② 值得注意的是,具有法学知识背景的学者已经有了研究的自觉意识,开始关注部门法律文本的模糊性问题,如许多学者关注刑法语言的模糊性。可参见付玉明、陈树斌《刑法规范的明确性与模糊性——诠释学视野下的刑法解释应用》,《法律科学(西北政法大学学报)》2013年第6期;孙政、孔祥参《刑法语言的明确性与模糊性逻辑分析》,《南昌航空大学学报》(社会科学版)2008年第2期;徐德华《论刑法的模糊性》,《公安学刊》2007年第3期;杨书文《刑法规范的模糊性与明确性及其整合机制》,《中国法学》2001年第3期。
③ 胡小红:《论法律规则模糊性的成因与法律解释方法——以知识产权法为例》,《理论建设》2014年第5期。
④ 江振春:《法律语言中模糊语言的语用功能分析》,《南京审计学院学报》2004年第3期。
⑤ 董晓波:《立法语言模糊性:一个法社会学视角》,《河南大学学报》(社会科学版)2007年第2期。
⑥ 卢秋帆:《法律语言的模糊性分析》,《法学评论》2010年第2期。

为，应该降低法律语言的"模糊度"，限制法律语言的模糊性，其主要的途径就是通过法律解释在一定范围内消除法律语言的模糊性带来的弊端。①但总的来说，我国理论界对法律模糊性的研究刚刚起步，在近期几乎没有突破性的理论成果，这种尴尬的局面从现象上反映的是法律实践对模糊性理论研究需求的不足，更深层面折射出我国法律解释体制在遭遇法律模糊性时的无力感。

申言之，在我国现有的法律解释体制下，法律解释的主体过于单一，解释的内容比较单薄，解释的范围相当狭窄，因而许多模糊性问题面临的不是"如何解释"和"解释什么"的抉择，而是纠结于谁有权解释以及解释的有效性。有学者据此认为，"中国的法律解释问题首先不是一个逻辑技术问题，毋宁说首先是一个制度问题。法律解释被单列为一种权力，相对独立于法律制定权和法律实施权，这一点恐怕是中国法律解释问题的关键所在"。② 上述评价基本上切中了问题的要害，当法律解释被单列为一种权力时，其行使的条件、范围、程序必有相应的限制，这种限制意味着法律解释应对法律模糊性的能力也将受限，加之我国法律解释的主体主要限于全国人大常委会及最高司法机关，两类解释主体在法律上的角色和实践中的角色却经常性地发生错位，几十年来，全国人大常委会所作出的法律解释寥寥无几，而在法律上处于次要地位的最高司法机关却成为最重要的法律解释主体，法律解释制度和实践的矛盾状况也为法律解释应对法律的模糊性增加了操作难度。尤其需要明确的是，西方学者所理解的法律解释在我国当前的法律解释体制下并没有相应的功能空间，在西方法律语境中，通常基于分权目的的考量，法律解释权一步步被分配给法院和法官，以此来实现司法权对其他权力的监督和制约，再者，司法的独立地位决定了法院和法官在法律解释中拥有更多的话语权，因而，在西方国家的法律

---

① 参见胡小红《论法律规则模糊性的成因与法律解释方法——以知识产权法为例》，《理论建设》2014 年第 5 期；张纯辉《法律语言模糊性的成因探析》，《河北法学》2010 年第 9 期；杨颖《立法语言：从模糊走向明确》，《政法论丛》2010 年第 6 期；董晓波《中国立法语言模糊性：一种法哲学的思考》，《广东外语外贸大学学报》2009 年第 3 期；王建《法律语言的模糊性及准确运用》，《西南政法大学学报》2006 年第 2 期。

② 焦宝乾：《论法律解释的目标》，陈金钊、谢晖主编《法律方法》（第 4 卷），山东人民出版社，2005，第 113 页。

解释体制中，司法解释居于主导地位。① 无论是法官还是法律家，他们对法律解释的关注与研究首先是源于司法判决的需要，对法律解释的争论往往是围绕法律规则的司法适用展开的，一位学者精辟地指明了法律解释的司法属性："解释的困难……看似是关于语词的困难，但实际上困难来自规则如何适用于事实。"② 而我国的立法规则对法律解释进行了严格的限制，一方面，法官并不具有解释法律的权限，寄希望于法官通过个案进行法律解释是行不通的；另一方面，最高人民法院之外的其他下级法院也没有法律解释权，"即使最高法院的法律解释，大多也并非针对个案的解释而往往带有创法规范的性质"。③ 为了避免司法解释的"造法化"倾向，新修正的《立法法》第119条专门规定，司法解释"应当符合立法的目的、原则和原意"，并且重申了全国人大常委会对司法解释的备案审查权力，上述规则表明司法机关在解释法律方面的权限要受到权力机关的制约，这些特殊之处都是我们在解决法律模糊性问题时需要格外考虑的因素。

---

① 以英、美、德、法四国为例，英国自11世纪威廉征服不列颠以后，法官一直掌握着法律解释权，至今已有一千多年的历史，但只有高级法院的法官才可以通过行使法律解释权来发展法律，低级法院的法官的法律解释权仅仅针对个案产生效力。美国司法机关的法律解释权深受英国普通法传统的影响，其正式确立来源于1803年联邦最高法院在"马伯里诉麦迪逊"（Marbury v. Madison）一案中的判决，不同于英国司法机关法律解释权的是，美国联邦最高法院在司法审查时行使的法律解释权，在牵制行政权和立法权的扩张和滥用方面发挥着重要的作用，并且有效地化解了一些政治危机。由于受到理性主义的影响，18世纪末制定的《普鲁士邦法》禁止法官行使法律解释权，但1896年《德国民法典》赋予法官有限的法律解释权，直到二战以后制定的《德意志联邦共和国基本法》赋予联邦宪法法院司法审查的权力，司法机关的法律解释权才得到正式的确认，除宪法法院之外，其他法院和法官也拥有法律解释权，需要注意的是，德国司法机关的法律解释权要受到法律的约束，因而，立法者对法律的"具体化"享有优先权。相比较而言，法国司法机关行使法律解释权的时间要比其他国家晚些，在法国大革命期间，由于司法机关曾是资产阶级革命的对象，因而司法权在革命后受到削弱，司法机关无权解释法律，整个自由资本主义时期法律解释权的主体是立法机关，到了垄断资本主义时期，法院和法官才逐渐掌握了法律解释权，综上所述，当代西方国家中，司法解释在法律解释体制中地位的形成大多经历了一定的历史演变过程，这里面有社会发展的因素，也有法律自身发展的因素，此外，还离不开法学理论发展的影响及历史文化传统的影响。更为具体的论述可参见魏胜强《法律解释权的配置研究》，北京大学出版社，2013。
② 转引自〔美〕布赖恩·比克斯《法律、语言与法律的确定性》，邱昭继译，法律出版社，2007，第4页。
③ 陈金钊等：《法律解释学》，中国政法大学出版社，2006，第154页。

## 三 法律解释如何应对地方立法权限的模糊性

### (一) 地方立法权限作为解释对象的特殊性

现在我们把研究的视角聚焦在更为具体的法律场景：法律解释该如何应对地方立法权限的模糊性。前文对地方立法权限的模糊性进行了较为系统的论证，并对模糊性的消极影响进行了相应的评估，我们得出的基本结论是：为充分发挥地方立法在改革和经济社会发展中的引导功能，避免地方立法主体因立法上的理解分歧而产生立法冲突，立法者应最大限度地减弱地方立法权限的模糊性，实现地方立法权限的明确化。但问题在于如何通过法律解释来实现明确化的目标，我们认为，地方立法权限的明确化涉及地方立法体制的科学构造，其本质是实现地方立法权力的合理配置，同时也涉及中央和地方立法权限的合理划分，只有确定地方立法主体相对于中央立法主体所拥有的立法权限范围，才能进一步明确地方立法主体间的权限划分，由于中央和地方的立法关系及地方立法关系在国家宪法体制中的地位和作用至关重要，地方立法权限的明确化当属宪法学研究的范畴，因而和一般法律解释问题不同的是，地方立法权限的明确化首先是一个宪法解释的问题，[1] 对宪法文本意义的阐明是宪法解释的应有之义。[2]

正如本节第二部分内容论证所示，当地方立法权限的边界模糊不清时，应依赖宪法解释活动加以明确化，以积极回应现实中的宪法实践问题。宪法解释在满足日益众多和复杂的宪法需求的同时，也不断增强了宪法文本自身的规范力量，尤为重要的是，宪法文本可以借此承担起应对未

---

[1] 韩大元教授曾对宪法解释与法律解释的区分作了专门的研究，归纳起来共有四个方面的内容：一是宪法解释的过程与国家的政治共同体与社会基本价值体系有着密切的关系；二是一般法律规范的结构具体而明确，因而法律解释的空间十分有限，而宪法规范包含大量的原则性和抽象性的内容，几乎所有的宪法规范客观上都存在解释的空间；三是法律解释的思维方式主要通过规范分析的方法来解决法律与社会的冲突，而宪法解释的思维方式较为宏观，主要从宪法价值体系的宏观角度来揭示宪法的意义和内涵；四是宪法解释的过程既要考虑规范性本身的价值，同时也要考虑政治发展与现实的需求，甚至经常受到政治问题的影响。参见韩大元《论宪法解释程序中的合宪性推定原则》，《政法论坛》2003 年第 2 期。

[2] 需要特别申明的是，考虑到我国宪法规范的特殊性，我们对宪法解释的界定并不是从宪法实施的角度出发的，亦即此处的宪法解释有别于司法个案适用中的具体解释，而只是对宪法文本及宪法性法律文本作出的具有普遍性效力的抽象解释。

来宪法事实变迁的重任,这对于维持宪法文本的稳定性和宪法效力的权威性十分有益。从我国现有的宪法规定来看,《宪法》第 67 条第 1 项明确规定全国人大常委会有权解释宪法,这意味着只有全国人大常委会是法定的宪法解释主体;从另外一个角度来看,划定我国地方立法权限的《地方组织法》及《立法法》都属于宪法性法律,因而,对地方立法权限的解释同时是特殊的法律解释问题,其特殊性在于此类解释的对象与我国的宪法体制休戚相关,而且解释的方法也有别于其他法律解释。依据我国当前的法律解释体制,有权解释主要分为司法解释、行政解释和立法解释,其中行政解释和司法解释又属于应用解释,旨在解决执法过程中适用法律的问题,地方立法权限的模糊性问题显然不属于应用解释的对象,因而在当前的法律解释体制中,唯有立法解释才能肩负起应对地方立法权限模糊性的重任。需要注意的是,立法解释的主体依然是全国人大常委会,但这并不意味着司法机关无所作为,依据《立法法》第 119 条之规定,当最高司法机关遇到法律的规定需要进一步明确具体含义的,或者法律制定后出现新的情况,需要明确适用法律依据的情形,可以向全国人大常委会提出立法解释的要求,同时,非法定解释主体(指相对于法定解释主体而言的社会组织、学者、学术团体等个人或者组织)也可以为立法解释提供学理上的理解,故此,学理解释具有不可低估的参考价值,理应得到相应的重视与支持。

### (二) 法律解释应对地方立法权限模糊性的路径

#### 1. 立法解释的适用及其证成

依据我国现有的法律解释体制,全国人大常委会拥有法定的法律解释权,但立法解释在《立法法》颁布实施之前几乎处于停滞状态,在此期间,全国人大常委会针对法律实施过程中出现的问题曾经作出"决定"、"决议"或者"补充规定",为此有学者将其归类为立法解释。[①] 若从内容上分析,全国人大常委会所作出的决定大多为补充性立法或者立法修改行为,实际上在全国人大常委会的年度工作报告当中,法律解释和法律决定

---

① 参见张志铭《法律解释操作分析》,中国政法大学出版社,1999,第 223 页;朱福惠、赖荣发《全国人大常委会宪法解释形式探讨——以宪法第 67 条为视角》,《江苏行政学院学报》2015 年第 2 期。

通常是并列的工作内容，这也反映出官方对待两种法律文件类型划分的基本认识。再者，《宪法》第 67 条第 3 项与第 4 项明确将全国人大常委会解释法律和补充、修改法律的职权进行了区分，因而不能将这些决定归结为法律解释。一般认为，1996 年第八届全国人大常委会第十九次会议通过的《全国人民代表大会常务委员会关于〈中华人民共和国国籍法〉在香港特别行政区实施的几个问题的解释》是全国人大常委会第一次以明示的方式进行立法解释，直到 2000 年《立法法》出台之后，全国人大常委会行使立法解释权的情形才渐多，故我们特将 2000 年《立法法》实施以来全国人大常委会行使立法解释权的情形制作成表（见表 4-1）进行分析。从 2000 年到 2022 年全国人大常委会共通过 25 件立法解释（其中 1 件已修改，1 件已废止），从解释的对象来看，立法解释主要限于《刑法》文本，共计 15 件（占总项的 60%），除此之外，还包括宪法文本 6 件（占总项的 24%）、《刑事诉讼法》文本 3 件（占总项的 12%）及民法文本 1 件（占总项的 4%），从解释的时间来看，立法解释的时间呈现非连续的断层式分布的状态，并且每年通过的立法解释数量极不均衡，如 20 余年间全国人大常委会共有 13 年没有发布立法解释，而在通过立法解释的年份当中，以 2002 年和 2014 年通过的数量居多，其中 2002 年通过 4 件，相当于 2000 年、2001 年及 2004 年的总和，2014 年通过 8 件，相当于 2005 年、2009 年、2011 年及 2016 年的总和，上述数据表明了立法解释具有较强的针对性，如解释通常会涉及法律文本的个别条款，而且一般是社会影响比较大、社会公众比较关注且涉及重大社会公共利益或国家安全的法律疑难问题，这也反映出全国人大常委会在行使立法解释权时较为慎重的立场。[①]

---

[①] 实践中存在的另一种宪法解释模式也值得重视，即全国人大常委会以"决议"或者"决定"的形式行使宪法解释权。如 2018 年 6 月 22 日第十三届全国人民代表大会常务委员会第三次会议通过的《全国人民代表大会常务委员会关于全国人民代表大会宪法和法律委员会职责问题的决定》实际上是对宪法第 70 条关于宪法和法律委员会职责的扩大解释，除了赋予宪法和法律委员会继续承担统一审议法律草案等职责外，还增加了推动宪法实施、开展宪法解释、推进合宪性审查、加强宪法监督、配合宪法宣传等工作职责。参见范进学、张玉洁、夏泽祥《宪法解释制度比较研究》，上海三联书店，2021，第 394 页。

## 表 4-1 全国人大常委会行使立法解释权情形分析（2000~2022 年）

单位：件

| 年份 | 名称 | 解释对象 | 数量 |
|---|---|---|---|
| 2000 | 全国人民代表大会常务委员会关于《中华人民共和国刑法》第九十三条第二款的解释 | 《刑法》 | 1 |
| 2001 | 全国人民代表大会常务委员会关于《中华人民共和国刑法》第二百二十八条、第三百四十二条、第四百一十条的解释 | 《刑法》 | 1 |
| 2002 | ①全国人民代表大会常务委员会关于《中华人民共和国刑法》第三百八十四条第一款的解释；<br>②全国人民代表大会常务委员会关于《中华人民共和国刑法》第二百九十四条第一款的解释；<br>③全国人民代表大会常务委员会关于《中华人民共和国刑法》第三百一十三条的解释；<br>④全国人民代表大会常务委员会关于《中华人民共和国刑法》第九章渎职罪主体适用问题的解释 | 《刑法》 | 4 |
| 2004 | ①全国人民代表大会常务委员会关于《中华人民共和国香港特别行政区基本法》附件一第七条和附件二第三条的解释；<br>②全国人民代表大会常务委员会关于《中华人民共和国刑法》有关信用卡规定的解释 | 《宪法》<br>《刑法》 | 2 |
| 2005 | ①全国人民代表大会常务委员会关于《中华人民共和国刑法》有关文物的规定适用于具有科学价值的古脊椎动物化石、古人类化石的解释；<br>②全国人民代表大会常务委员会关于《中华人民共和国刑法》有关出口退税、抵扣税款的其他发票规定的解释；<br>③全国人民代表大会常务委员会关于《中华人民共和国香港特别行政区基本法》第五十三条第二款的解释 | 《刑法》<br>《宪法》 | 3 |
| 2009 | ①全国人民代表大会常务委员会关于《中华人民共和国刑法》第二百二十八条、第三百四十二条、第四百一十条的解释；<br>②全国人民代表大会常务委员会关于《中华人民共和国刑法》第九十三条第二款的解释 | 《刑法》 | 2 |
| 2011 | ①全国人民代表大会常务委员会关于《中华人民共和国香港特别行政区基本法》第十三条第一款和第十九条的解释；<br>②全国人民代表大会常务委员会关于《中华人民共和国澳门特别行政区基本法》附件一第七条和附件二第三条的解释 | 《宪法》 | 2 |
| 2014 | ①全国人民代表大会常务委员会关于《中华人民共和国民法通则》第九十九条第一款、《中华人民共和国婚姻法》第二十二条的解释；<br>②全国人民代表大会常务委员会关于《中华人民共和国刑法》第一百五十八条、第一百五十九条的解释；<br>③全国人民代表大会常务委员会关于《中华人民共和国刑事诉讼法》第二百五十四条第五款、第二百五十七条第二款的解释 | 民法<br>《刑法》<br>《刑事诉讼法》 | 8 |

第四章 地方立法权限的明确化

续表

| 年份 | 名称 | 解释对象 | 数量 |
|---|---|---|---|
| 2014 | ④全国人民代表大会常务委员会关于《中华人民共和国刑法》第三十条的解释；<br>⑤全国人民代表大会常务委员会关于《中华人民共和国刑法》第二百六十六条的解释；<br>⑥全国人民代表大会常务委员会关于《中华人民共和国刑法》第三百四十一条、第三百一十二条的解释；<br>⑦全国人民代表大会常务委员会关于《中华人民共和国刑事诉讼法》第七十九条第三款的解释；<br>⑧全国人民代表大会常务委员会关于《中华人民共和国刑事诉讼法》第二百七十一条第二款的解释 | 民法<br>《刑法》<br>《刑事诉讼法》 | 8 |
| 2016 | 全国人民代表大会常务委员会关于《中华人民共和国香港特别行政区基本法》第一百零四条的解释 | 《宪法》 | 1 |
| 2022 | 全国人民代表大会常务委员会关于《中华人民共和国香港特别行政区维护国家安全法》第十四条和第四十七条的解释 | 《宪法》 | 1 |

注：为绘制方便，"解释对象"一列均采用法律简称。
资料来源：国家法律法规数据库，https://flk.npc.gov.cn/；法律图书馆，http://www.law-lib.com/law/lawml.asp。

《立法法》修改之后，有关地方立法权限的讨论一直没有停止，一方面，传统意义上地方立法间的权限划分难题并未在这次修改中得到圆满的解决，另一方面，设区的市的立法权限范围又成为理论界和实务界中新的争论焦点。当前有关地方立法权限研究的思路基本沿袭类似的模式：在揭示地方立法权限模糊性的问题之后，寻求立法解释或者进行立法修改以及补充性立法来解决相应的问题，研究者的任务便完成了，至于立法者如何寻求立法解释或者进行立法修改以及补充性立法则是实务部门要解决的问题。这种研究思路的可贵之处在于作者具有敏锐的问题意识，缺陷在于对为什么要寻求立法解释的介入缺乏深入细致的论证，这似乎是个不证自明的问题。然而，事实上立法解释的适用并非如想象中的那般顺畅，客观上讲，立法解释目前面临着解释主体的会期短、人手少、精力不济等诸多困境，上述数据也表明由全国人大常委会主动进行立法解释的可能性较小，因为我国立法并没有明确规定全国人大常委会可就哪些法律进行解释以及选择何种时机进行解释，对于全国人大常委会而言，立法解释是一个自由裁量的问题，基于一种经验的判断，全国人大常委会可能连续几年不进行立法解释，或者选择对《刑法》、民法等基本法律进行立法解释，或者对宪法或宪法性法律的其他问题进行立法解释。即使是这样，为什么还要认为立法解释是解决地方立法权限模糊性的必经之路？我们认为，首先，立法解释并没有回避宪法问题，全国人大常委会针对《香港特别行政区基本法》《澳门特别行政区基本法》实施的释法行为可以成为立法解释应对地方立法权限模糊性的实践依据，其次，选择立法解释来明确地方立法权限还有其他更为充分的理由，具体陈述如下。

其一，立法解释具有合宪的正当性基础。我国法律解释体制的框架主要是通过1981年《全国人民代表大会常务委员会关于加强法律解释工作的决议》（以下简称《解释决议》）构建的，在法律解释权限的划分上《解释决议》贯穿了以下思路，"即在中央和地方之间划分，在立法机关和实施机关之间划分，以及在实施机关的不同职能部门之间——包括司法机关和行政机关之间、司法机关相互间和行政机关相互间——划分。在法律解释的内容上，包括了对条文本身进一步明确界限或作补充规定，以及解决法律如何具体应用问题，因而是全方位的"。[①] 申言之，《解释决议》明确规定全国人大常委会主要负责解释法律、法令条文本身需要进一步明确界限或作补充规定的内容；最高人民法院和最高人民检察院分别负责解释法院审判工作和检察院检察中具体应用法律、法令的问题；国务院及其主管部门主要解释不属于审判和检察工作中的其他法律、法令的具体应用的问题；凡属于地方性法规条文本身需要进一步明确界限或作补充规定的，由制定法规的省、自治区、直辖市人民代表大会常务委员会进行解释或作出规定；凡属于地方性法规如何具体应用的问题，由省、自治区、直辖市人民政府主管部门进行解释。可见，《解释决议》确定了我国全国人大常委会主导的多元法律解释体制，但时隔一年之后出台的"八二宪法"仅仅规定全国人大常委会具有解释宪法和法律的权力，对其他解释主体的解释权并无相应规定。[②] 同时，"八二宪法"将立法解释内容中补充性立法的一项剥离出来，将其规定为一项独立的权力，以此区别于解释权，《立法法》再次确认了全国人大常委会的立法解释权，并对立法解释的内容加以扩

---

[①] 张志铭：《法律解释操作分析》，中国政法大学出版社，1999，第222页。
[②] 参见《宪法》（2018年修正）第62条和第67条。

展,包括：①法律的规定需要进一步明确具体含义的；②法律制定后出现新的情况,需要明确适用法律依据的。为改变司法解释"立法化"的倾向,限制司法解释的任意性,《立法法》又专门规定了司法解释的限制性条款,需要注意的是,此次《立法法》修改规定司法解释的备案制度只是对《中华人民共和国各级人民代表大会常务委员会监督法》（以下简称《监督法》）第31条的重申和确认,由此反映出全国人大常委会在我国法律解释体制中仍居主导地位,但《立法法》对行政解释权及地方一级的法律解释权并未进行相应的规定。[①]从上述法律规定来看,1981年《解释决议》由全国人大常委会制定,其内容和"八二宪法"多有抵触之处,由于司法解释在司法审判和检察实践中发挥着举足轻重的作用,1981年《解释决议》自颁布以来一直成为司法解释的法律依据,其与宪法之间衔接的重要性反而因司法解释的扩张而无形间被稀释了,对于主张司法解释而反对立法解释的学者来说,1981年《解释决议》的合宪性更值得审视和反思,从这个意义上讲,只有立法解释才符合宪法上的规定,具有合宪的正当性基础。

其二,立法解释符合议行合一的政体形式。由于全国人大常委会很少作出立法解释,周旺生教授质疑立法解释在法律解释体制中的主导地位,其理由有二：一是全国人大常委会会期较短,难以满足司法实践对法律解释的需求；二是全国人大常委会缺乏司法实践经验,由其主导法律解释权在理论和逻辑上缺乏说服力。基于上述理由,应当赋予司法机关尤其是最高司法机关首要的和主要的法律解释权,这也是绝大多数国家经验性的制度安排。[②]应该说这种观点具有一定的代表性,但有待商榷。立法解释的数量并不能成为质疑立法解释的正当理由,依照我国现有的法律解释体制,司法实践中法律解释的需求本应该由最高司法机关通过司法解释来满足,现在的问题在于如何加强对司法解释的法律监督,以防止司法解释逾

---

① 从立法规定来看,只有《中华人民共和国人民法院组织法》（2018年修正）规定了最高人民法院的法律解释权问题,而《中华人民共和国人民检察院组织法》（2018年修正）并没有规定最高人民检察院的法律解释权问题,此外,《地方组织法》也没有规定地方人大及政府的法律解释权问题。

② 周旺生：《中国现行法律解释制度研究》,《现代法学》2003年第2期。

越界限侵犯立法权。① 数千件的司法解释并不意味着最高司法机关可以取代全国人大常委会成为主导的法律解释主体,它不过是我国立法质量和审判实践的现实反映而已。从根本上讲,立法解释的地位主要由我国议行合一的政体形式决定,我国当前采用的人民代表大会制度是移植于苏联的议行合一制度,和三权分立制度不同的是,议行合一制度肯定立法权的最高地位,强调立法权与行政权、司法权的统一,即"国家行政机关、审判机关、检察机关都由人民代表大会产生,对它负责,受它监督"。② 在这种体制下,立法机关制定了法律就拥有法律解释权,而且应当成为主要的法律解释主体,因为"全国人民代表大会(常务委员会)的法律解释最能代表人民的意愿和法律的原意",③ 如果允许最高司法机关取代立法机关承担主要的法律解释的重任,则"人民代表机关作为国家权力机关的地位和权威在逻辑上便不复存在"。④ 我们基本认同这个命题判断,立法解释在法律解释体制中的主导地位是由我国的政治制度和法律体制决定的,我国国家机构实行的是民主集中制的政治原则,强调民主基础上的集中和集中指导下的民主相结合,这一原则在国家机关的职权划分中明确了立法机关的最高地位,从政治逻辑上考虑,立法解释当然应该居于主导地位,尤其对于事关宪法体制的宪法问题,立法解释更是首选的应对之策,这样更利于维护现有立法的稳定性和权威性,这也是立足于我国现实条件的务实之选。如果一味地借鉴西方法治国家的制度经验,推崇司法解释的主导地位,则会遭遇我国现有政治基础和法律制度的阻碍,从这个意义上讲,立法解释比司法解释更有现实性和建设性。

其三,立法解释便于准确把握立法意图。前文已经论证,法律解释有利于减弱立法的模糊性,而在法律解释的方法当中,学者争论最多的便是立法意图在成文解释中的作用问题,由此基本上形成两大对立的阵营:支

---

① 反观当前司法解释的形式大多类似于法律规范性文件,司法解释的规模甚至会超过法律本身,由于司法解释规定得更为具体、细化,法官在审判过程中会偏于重视司法解释的规定。颇有意味的是,就其解释的内容来说,最高人民法院作出的司法解释更像是对法律规定含义的进一步明确,没有与具体案情结合起来,其所秉持的正是立法者的立场,一旦这些解释与具体的案情结合起来,将陷入被继续解释的困局。
② 参见《宪法》(2018 年修正) 第 3 条第 3 款之规定。
③ 魏胜强:《法律解释权的配置研究》,北京大学出版社,2013,第 147 页。
④ 周旺生:《中国现行法律解释制度研究》,《现代法学》2003 年第 2 期。

## 第四章 地方立法权限的明确化

持遵循立法意图的一方和反对遵循立法意图的一方。如在美国宪法解释方法的学说史上，就出现过原旨主义和非原旨主义之争，所谓原旨主义主要是指依据制宪者的意图来解释宪法，然而，原旨主义在学术界遭受强烈的质疑：一方面，在方法上，解释者是否有能力去确定立法者的意图，因为这需要专业的历史研究训练，同时，解释者面临历史材料是否可靠的问题；另一方面，立法意图能否应对社会变迁的问题，当社会已经发展的时候，探究立法意图是否会限制立法功能的实现。[1] 再者，原旨主义需要解决以下问题：谁的意图及何种意图？申言之，由若干成员组成的立法机关当中，谁的意图是真正的立法意图？毕竟立法机关不同于法人团体，在后者，法人代表的意图可以代表整个法人团体的意图，但在立法机关当中，有起草者、审议者、表决者，究竟何者的意图为立法意图？即使可以大致确定意图的主体，但意图的内容如何确定？一项复杂的立法行为常常伴随着一系列的意图、希望、动机、期待等，需要探究的是立法者的目的意图还是深层意图？上述问题是意图论者在解释时可能会遇到的难题。西方法治国家在探讨立法原旨主义时所面对的解释主体主要是司法机关，我们可以想象意图论反对者对司法机关的各种诘难。实际上，法律越久远，原旨主义者所遭受的质疑就越大。然而，意图论的反对者最难对付的情形就是一部最近通过的成文法，由于立法者参与制定时留下了一致通过的公开记录，如果对其解释产生了问题，那么依赖辩论的公开记录、委员会的审议来了解立法者的想法或许是合乎情理的。[2] 就地方立法权限的解释来说，如果立法者本身就是解释主体，且解释的对象为新修订的《立法法》，那么，立法解释面临的质疑会更少，因为立法者具备各种便利的解释条件，没有其他解释主体比立法者更能把握立法意图了。我们之所以强调要尊重立法者的意图，不只是出于对民主原则的考量，还出于对立法者权威的认同，而这种权威正是由立法者专业知识技能证成为正当合理的。为此，立法者进行解释时务必要考虑立法时赖以为基础的预备材料，如各种委员会的表达意见、参与法案起草的官员和专家的意图等，这些都可能会成为重

---

[1] 参见张翔《宪法释义学——原理·技术·实践》，法律出版社，2013，第95～99页。
[2] 〔美〕安德雷·马默主编《法律与解释——法哲学论文集》，张卓明等译，法律出版社，2006，第417页。

要的决策来源，这些人的意见和他们依赖的证据各自独立地体现了专业知识，同时，也是作为立法者应该具备的专业知识水准的一项指证。①

总之，寻求立法意图是一个比较慎重的选择，而最适合的解释主体就是立法者。但需要澄清的是，立法解释并不意味着在解释任何法律文本时都要去探寻立法意图，我们不能把成文法上所有的文字符号都视为立法者意图的产物，进而把法律文本的解释理解为单纯发掘立法者的意图。本节在揭示解释和意义的关系时已经论证了意图只是解释文本意义的一种方法，如果深入分析立法过程的每一个阶段，乃至每一个阶段的每一个立法环节，我们会发现成文法的出台往往伴随着立场的争论和各种利益的诉求出现，② 立法的具体条款通常是表决的结果，③ 这种表决的结果在法律程序的规制下，最终体现为立法机关中大多数人的意志，不过，在一个社会多层化、利益主体多元化的时代，很难断定立法完全反映了每一个立法参与者的意图或者目的，因而，我们强调只有在特殊情形下才会探究立法者的意图。④ 从这个意义上讲，立法意图并不是解释的最终目标，尤其当立法所调整的社会关系发生巨大变化时，我们还要检验立法者的立法意图是否仍然具有现实的意义，否则，就会陷入意图的迷思以至于无法正确把握立法解释的方向。

2. 法律解释的方法及其选择

当我们需要明确法律文本的含义时，也就面临如何选择法律解释方法的问题，法律解释方法所要解决的基本问题是以何种合理、合法的途径来解释法律文本，合理性与合法性既是法律解释的基本原则，又是法律解释

---

① 〔美〕安德瑞·马默：《解释与法律理论》（第2版），程朝阳译，中国政法大学出版社，2012，第207页。
② 从立法与利益的关系来看，并非所有的利益都能够在立法中得到体现，立法过程需要对各种利益的表达进行沟通、整合，充分兼顾各种利益的诉求，最终确定立法所能够反映的利益。
③ 以地方立法为例，立法表决的形式有整体表决、部分表决和逐条表决。所谓整体表决，是对法规草案表决稿的全部内容一并表决。部分表决是先表决一部分内容，将表决未通过的部分修改或者删除，然后再对全部内容进行表决。逐条表决是逐条逐款进行表决，将表决未通过的条款删除，然后再对全部内容进行表决，若对法规制定的必要性、可行性没有分歧，但在个别条款上出现了明显的相反意见，可就分歧较大的个别条款进行单项表决，参见李明璞《地方立法的过程与方法》，湖北人民出版社，2013，第82～83页。
④ 如在适用其他法律方法仍然无法明确法律文本的含义时，可结合考虑意图解释方法以实现解释的目的。

的评价标准，这就意味着法律解释主体不能随心所欲地进行解释，应以探究法律规范意旨为要义，从而达致澄清法律疑义、实现法律含义明确化之目的。关于法律解释方法的分类，理论上存在不同的观点，以下解释方法尤其值得关注，即文义解释、体系解释、历史解释、目的解释。

（1）文义解释

文义解释，又称文理解释等，是指依照法律条文字面含义及通常使用方式以阐释该法律条文意义之解释方法。文义解释是法律解释的出发点，在各种法律解释方法中具有优先性。这是因为，任何法律条文都是由若干语词按照一定的语法规则构成的，若要阐释法律条文的意义，就要通晓条文中语词的基本含义。法律文本中的语言主要有日常语言和专业语言两种类型，在解释法律文本的日常语言时，应根据日常生活中惯用的语言规则使用最普通的含义进行理解，对于专业语言则应当遵循其所属专业或者行业的特定含义进行解释。文义解释主要适用于法律条文含义明确而清晰且不与立法者意图、立法目的相冲突的场合，如果语言习惯和词汇的概念内容因社会和政治的变化而改变，则"不宜用解释之时的内涵替换原先的历史意义"。[①] 应从立法者的角度理解法律文本所表达的信息，如果法律文本遭遇语言模糊性的问题，运用文义解释可能会产生不同的理解，则应结合其他解释方法来明确法律文本的含义，如果法律文本的语言在表面上很清晰，但依照文义解释与规则目的不一致时，则文义解释的方法应该受到相应限制，如《立法法》第81条第1款规定的"可以"二字，依照文义解释的方法就意味着设区的市人大及其常委会拥有立法的裁量权，其立法的权限就不限于城乡建设与管理、生态文明建设、历史文化保护、基层治理等方面的事项，这是否与立法的规则目的相一致值得进一步探讨，因而在此种情形之下文义解释的运用需要更加谨慎。

（2）体系解释

体系解释，又称语境解释、系统解释，是指依据法律条文在法律文本之位置，联系其上下文或者与其相关法条之法意，阐明其规范意旨之解释方法。体系解释的基本特点是将法律条文置于一定法律体系、语境中进行解释，其依据为法律体系本身系由诸多法律条文和法律部门组成，法律条

---

[①] 白斌：《宪法教义学》，北京大学出版社，2014，第98页。

文之间及法律部门之间在价值取向上是统一协调的,在内容上是互为补充的,特定条文只有联系其所处法典的上下条文或者相关法律领域法条的意思,才能进行准确的解释。正如学者所言:"通常只有了解法律规范在规范群(Normengruppe)、法典、部分领域(Teilgebiet,劳动法、社会法、税法)或者整个法律秩序中的地位,才能对规范内容进行切合实际的理解。"① 显然,体系解释适用的前提在于承认"一国的现行法秩序是由法概念、规则、原则、价值标准等相互连接、构成的一个统一的、无内在矛盾的法体系;在此整体的体系中,每一条规范均有其妥当的位置和功能"。② 这就意味着如果法律规范内部法条之间或者不同法律规范之间存在不协调及相互矛盾的情形,将在很大程度上影响体系解释功能的发挥。③ 此外,尽管体系解释可以有效避免孤立地、片面地理解法律条文的含义,但也容易"导致拘泥于形式而忽视法律的实质目的",④ 这是在运用体系解释方法时需要注意的问题。《立法法》第93条第2款规定的具体行政管理事项是比较模糊的,联系第93条第3款的内容,可得知设区的市、自治州人民政府制定地方政府规章的事项限于城乡建设与管理、生态文明建设、历史文化保护、基层治理等方面的事项,这就确定了设区的市人民政府具体行政管理事项的范围,但省、自治区、直辖市人民政府具体行政管理事项的范围该如何确定,或许《地方组织法》第73条第5项规定的地方政府的职权事项范围可以提供相应的参考标准,但这是否意味着省级人民政府可以就上述全部事项制定地方政府规章,还要从具体的立法目的进一步判断,这当中既需要运用体系解释方法,同时又不能过于机械地去适用该解释方法。

(3)历史解释

历史解释,又称法意解释、沿革解释,是指依据立法史料探究立法者

---

① 〔德〕伯恩·魏德士:《法理学》,丁小春、吴越译,法律出版社,2003,第316~317页。
② 白斌:《宪法教义学》,北京大学出版社,2014,第100页。
③ 平心而论,构造体系解释的前提理论上是可行的,但这种构造多少带有理想的成分,现实中的法律很少没有矛盾,作为立法者有限理性的产物,法律秩序包含了大量的非理智的因素,由不同的立法者制定于不同时期的法律规范形成的法律秩序很难说就是完全协调统一的,基于一种现实的考虑,解释主体应尽可能将统一性作为解释的客观标准以解决相应的冲突,而这个统一的最高标准就是合宪性,即通过宪法规范和宪法价值来协调不同法律规范之间的冲突。
④ 付子堂主编《法理学进阶》(第3版),法律出版社,2010,第155页。

## 第四章 地方立法权限的明确化

在立法时的价值追求及欲实现之目的,通过推知立法意图以明确法律文本含义之解释方法。一般来说,在进行历史解释探究立法意图时,应考虑立法时所处的社会历史背景,还应考虑被解释法律文本的制定、修改过程,与此相关的立法机关审议情况、草案说明报告、立法说明书以及废除的相关法律等文字档案资料都是比较重要的立法史料。问题在于法律是按照"产生时"还是按照"适用时"来解释?对该问题的回答主要有两种对立的解释模式,即所谓的客观解释和主观解释,我国台湾学者杨仁寿比较倾向于客观说,"惟所谓立法者之意思,在法律制定日久,社会情况已有变迁时,并非指立法者当时之意思而言,而系指依当时立法者若处于今日所应有之意思"。[1] 德国学者卡尔·拉伦茨则认为,无论是客观解释还是主观解释"均有其部分的真理,因此都不能毫不保留地接受"。[2] 我们比较赞同拉伦茨的观点,客观解释及主观解释两种学说在立论上尽管有较大的差异,但在解释的目标上并无根本的不同,无非就是实现立法与社会观念、目的、需要的紧密相连,因而,对两种学说适用的情形应该有所区分。简言之,对于新近出台的法律文本,依据立法草案、审议记录、立法理由等立法材料推知立法者的主观意图并非难事,对于年代久远的立法,应格外关注法律发展过程中客观历史对法律文本含义所产生的影响,只是对立法时间长短的把握不能过于呆板,究竟适用客观解释还是主观解释应立足于被解释文本的具体情况。另外,立法史料的完整性、可信度都将影响历史解释的效果,因此,历史解释所依据的立法背景和立法文献的分析必须具有真实性和全面性。从总体上讲,历史解释和"以经解经"的体系解释相比具有较强的局限性,但仍不失为重要的解释方法。依据修改后的《立法法》,对于设区的市进行地方立法的范围究竟是扩大了还是限缩了,能否满足地方立法的需求,出现了争议的声音,此时立法者的意图显得尤为重要,如前文所述,《第十二届全国人民代表大会法律委员会关于〈中华人民共和国立法法修正案(草案)〉审议结果的报告》中对 2015 年修改的《立法法》第 72 条第 2 款所涉及的设区的市的立法事项进行了说明,借助于审议报告中的解释说明,我们就可以探究立法者在确定设区的市立法范

---

[1] 杨仁寿:《法学方法论》(第 2 版),中国政法大学出版社,2013,第 162 页。
[2] 〔德〕卡尔·拉伦茨:《法学方法论》,陈爱娥译,商务印书馆,2003,第 198 页。

围时的意图，这正是运用了历史解释的方法。

（4）目的解释

目的解释是指依据法律规范目的来阐释法律含义之解释方法。自德国学者鲁道夫·冯·耶林1877年出版《法的目的》强调法律应受到"目的律"支配以来，目的解释成为重要的解释方法。目的解释适用的条件主要有以下几个：其一，有关法律规范目的的证据没有歧义；其二，该目的在法律上是可知的；其三，无证据证明立法者有意选择克减法律规范目的充分实现的法律语言；其四，没有其他解释方法比目的解释更适合解释法律文本。① 从上述条件可以看出，目的解释的适用具有一定的局限性，通常在文义解释的结果与立法目的相违背时，方可采用目的解释，然而，目的解释所探求之目的究竟为何，是个别法律规范条文之解释还是整体法律规范之目的？学术界对此争议较大。我国台湾学者杨仁寿在区分目的解释和历史解释时指出，两者同在阐明规范意旨，只不过目的解释从整体之法律规范目的解释出发，着眼于法律规范目的，历史解释从个别规范中探求法意，从历史沿革出发。② 依照该观点，只有对整体法律规范之目的或者法律秩序之目的的探究才属于目的解释，对个别规范目的的探究则属于历史解释。也有学者表达了不同的看法，德国学者考夫曼认为，目的解释既包括探求个别规范的目的，又包括探求多数法律规范或整体法秩序的目的，③ 我们认为，任何一部立法都有其特定的目的，立法者通过申明立法目的来维持整部立法在内容、价值和逻辑上的一致性，这在我国的成文法中体现得尤为普遍，我国立法的第1条往往会交代立法的宗旨，此即谓立法目的。就个别规范而言，其立法目的必然服从于整部立法的目的，立法者为了实现立法目的才进行具体条款的构建，因而，区分个别规范的目的和整体法律规范的目的的意义并不是很大，两者应该是一种包容与涵盖的关系，从根本上是一致的。反倒应该注意区分的是个别规范的目的和意图，这似乎有一定的难度，因为规范的目的从逻辑上看会显见于法律语言自身，探究立法意图则需要相关材料的采集和判断，有时两者会交织在一起，倘若细

---

① 参见夏勇主编《法理讲义——关于法律的道理与学问》（下），北京大学出版社，2010，第746页。
② 杨仁寿：《法学方法论》（第2版），中国政法大学出版社，2013，第173页。
③ 〔德〕考夫曼：《法律哲学》，刘幸义等译，法律出版社，2004，第127页。

## 第四章 地方立法权限的明确化

致区分很容易陷入概念之争，其区分可能会依赖于特定法律文本在解释上的需求。总的来说，目的解释在消除法律模糊性的作用上比较重要。再以《立法法》规定为例，《立法法》第80条明确了地方性法规制定要遵循"不抵触"原则，前文已经述及，关于"不抵触"原则的理解有许多观点，这导致地方性法规制定的范围也存在较大的差别，要想正确解读"不抵触"原则的含义，可以从立法目的上进行，《立法法》第1条的规定①表明，从健全国家立法制度，完善中国特色社会主义法律体系的立场出发，《立法法》对地方立法基本是持鼓励的态度的，在保证地方立法质量的前提下，无须对地方立法进行过多的限制，在理解"不抵触"原则时，应考虑《立法法》对地方立法进行制度创新的期待，从而产生合乎立法目的的判断。

除上述解释方法之外，较为常用的还有比较解释、社会学解释等方法，比较解释是指参照、借鉴国外立法或者判例以阐释法律文本含义的解释方法，比较解释在现代法治国家的制度实践中普遍应用，并且在我国当前的法学研究中成为一种颇有影响的研究模式。毋庸讳言，我国法律体系曾深受苏联法律制度的影响，后又不断借鉴大陆法系、英美法系先进的立法经验，因而在结构上具有一定的开放性和包容性，这就为比较解释提供了可行的制度条件。但需要注意的是，参照国外立法或者判例，应对其内容有全面、准确的理解，以防止断章取义、作出不符合本国实际的解释；若援引国外立法或者判例解释本国法律文本或者补充法律漏洞，则应以符合本国法律之整体精神和社会情势为必要，并对所引资料及参考的理由进行充分的说理论证。② 如在探讨划分中央与地方立法权限范围的问题时，对可能涉及的地方自治权问题是否适合我国的制度及社会现实，在运用比较解释的方法时应该进行充分的论证。所谓社会学解释是指通过预测社会效果及考量社会目的在法律条文的文义范围内阐释其含义的解释方法，伴随着概念法学的衰落及社会学的兴起，社会学解释成为法律领域中常用的解释方法，当适用文义解释、体系解释、目的解释等无法得出一致的结

---

① 《立法法》第1条规定："为了规范立法活动，健全国家立法制度，提高立法质量，完善中国特色社会主义法律体系，发挥立法的引领和推动作用，保障和发展社会主义民主，全面推进依法治国，建设社会主义法治国家，根据宪法，制定本法。"
② 参见梁慧星《民法解释学》，中国政法大学出版社，2003，第234~235页。

果，而这些结果均有其合理的解释时，可适用社会学解释加以解决，社会学解释应用的一般步骤是：①对不同的解释结果可能产生的社会效果进行预测；②确定社会统治目的，并由此目的予以衡量各种解释所产生的社会效果；③确定何种社会效果更合乎社会目的。① 尽管社会学解释对其他解释方法具有补充的作用，但其局限性也较为明显，唯其社会目的具有多样性，若以不同的社会目的来考量社会效果，则会使得社会学解释的结果具有较强的不确定性，因而，解释欲达成社会目的必须具有根本性和终极性，这样方能实现社会学解释的理论价值和作用。

就各种解释方法的实际运用而言，解释者大致可以采取两种方式：一种是单一方式，一种是累积方式。前者常见于文义解释的情形，后者常见于不同的解释方法指向同样解释结论的情形。② 至于不同解释方法之间的选择，理论界认为存在一定的位阶关系，大致应遵循如下解释规则：文义解释优先规则，即对任何法律条文进行解释，都必须首先从文义解释入手，只有在运用文义解释出现多个结果时，才考虑适用论理解释（包括体系解释、历史解释和目的解释）；论理解释中应先适用体系解释和历史解释去探究法律意图，如仍不能澄清法律文本之疑义，则应进一步进行目的解释以确定法律文本含义；若以论理解释各种方法仍无法确定解释结果，可考虑适用比较解释和社会学解释；无论何种解释结果均不得超出法条本义可能的范围，若经解释仍存在相互抵触的结果，且各种解释均言之有理、持之有据，则应进行利益衡量或者价值判断，从中选取具有社会合理性的解释结果作为结论。③需要注意的是，无论是有权解释还是无权解释，解释主体都在自觉或者不自觉地运用不同的法律解释方法进行解释，尤其是在应对立法模糊性的问题时，即使我们没有明确适用哪些具体的解释方法，但实际研究的解决法案必然会指向相应的解释方法，从这个意义上讲，应对地方立法权限模糊性问题的过程就是不断尝试运用解释方法加以分析、说明及论证的过程，这正是本章接下来要着力探讨的问题。

---

① 参见杨仁寿《法学方法论》（第2版），中国政法大学出版社，2013，第183页。
② 参见夏勇主编《法理讲义——关于法律的道理与学问》（下），北京大学出版社，2010，第748页。
③ 参见梁慧星《民法解释学》，中国政法大学出版社，2003，第245~246页。

## 第二节 中央和地方立法权限的明确化

中央和地方立法权限的明确化，旨在确定地方立法区别于中央立法的权限范围。为此，需要从宏观上确定立法权限划分的原则、标准、方法；从微观上明确中央与地方各自专属的立法权以及中央与地方共同的立法事项。本节重点讨论了中央与地方立法权限划分涉及的原则性问题和细节性问题。

### 一 中央和地方立法权限划分的基本思路

中央和地方立法权限的划分不仅是我国立法体制的核心问题，也是中央和地方关系法治化的关键问题，该问题的解决对于明确地方立法权限意义重大。只有确定地方立法权限的范围，不同地方立法主体之间立法权限的划分才有实现的可能性。遗憾的是，我国当前的法律制度并未就中央和地方的立法权限进行明确的划分。《宪法》提出以"遵循在中央的统一领导下，充分发挥地方的主动性、积极性的原则"来处理中央和地方职权划分的事项，该原则当然适用于中央和地方立法职权的划分，如何落实该原则并未见更为具体的配套立法，此外，《宪法》还规定了地方立法的"不抵触"原则，但是该原则在理解上具有较强的伸缩性和模糊性，在实际的操作层面上，要么使得地方立法瞻前顾后、畏首畏尾、趋于保守与消极，要么使得地方立法敢于突破、大胆冒进、与中央立法多有冲突。虽说《立法法》初步规定了中央与地方的立法权限，但这些权限的边界比较含糊，两者存在较多交叉、重合之处，以至于中央和地方在某些立法事项的确定方面趋于一致，由此所产生的僭越、侵犯、重复中央立法权的情形在地方立法实践中也并不鲜见，这已成为影响中央和地方立法关系的阻滞性因素。

导致产生上述问题的直接原因在于，中央和地方的立法权限划分并不明确。具体到我国中央与地方立法权限的划分，中央立法权限规定得较为具体，但也存在比较抽象的规范，例如制度与基本制度的区分在《立法法》修改中依然没有引起立法者的注意，需要进一步加以解释。如何明确两者之间的权限，首要解决的是一个划分思路的问题，即本着什么样的原则、标准、方法来划分权限,这是从宏观方面对处理中央和地方立法权限划分问题时进行的战略性思考,如果缺乏一种整体性的思维,解决权限划分问题永远只能是"头痛医头、脚痛医脚";然后要解决具体的划分问题,哪些立法权力归属中央,哪些立法权力归属地方,是否存在剩余立法权力的划分问题,这是从微观方面对权限划分问题进行细化的架构,其意义在于为立法部门提供可行的学理解释。总之,中央和地方立法权限的划分是否明确,直接关系到地方立法权限划分的制度性基础,因而理应得到研究者的重视。

### (一) 权限划分所遵循的原则

一是要坚持党的领导。现代政治是以政党制度为基础的权力配置与运作机制,政党制度可以说是政治制度的核心内容。由于法与政治的密切关系,立法本身就是政治活动的结果,因此,研究立法的问题必须要关注政党问题及政党政策,尤其是执政党与立法的关系。作为表达和凝聚公众意志的政治组织,执政党在立法中往往发挥积极的作用,"立法过程在一定意义上就是政党政治纲领的规范化、条文化和具体化过程"。[①] 不同国家的政党的法律地位有所差异,西方国家的执政党主要通过选举确立执政地位,主要执掌的是国家行政权(在议会制国家中,执政党对立法权的控制力和影响力要大于反对党);中国共产党是我国的执政党,其地位源于历史的形成和人民的选择,我国宪法序言确定了中国共产党在我国政治和宪法体制中的领导地位。和西方国家执政党领导权不同的是,中国共产党的执政地位是通过对全部国家政权机关、社会组织以及社会生活的领导实现的,这当然也包含了对人民代表大会的领导,从这个意义上讲,中国共产党的政治地位要高于全国人民代表大会,但这并不意味着党的意志可以凌驾于宪法法律之上。坚持党的领导、人民当家作主、依法治国有机统一,是具有中国特色的法治经验,党对立法工作的领导同样要在法治的轨道内运行,"由于立法权是人民代表大会的最为重要的职权之一,因此,党依法领导立法工作是党依法执政的重要内容或方面"。[②]《立法法》第 3 条明

---

[①] 封丽霞:《执政党与人大立法关系的定位——从"领导党"向"执政党"转变的立法学阐释》,《法学家》2005 年第 5 期。
[②] 秦前红:《执政党领导立法的方式和途径》,《中国法律评论》2014 年第 3 期。

确规定，立法应坚持中国共产党的领导，中共十八届四中全会通过的《中共中央关于全面推进依法治国若干重大问题的决定》明确指出，凡立法涉及重大体制和重大政策调整的，必须报党中央讨论决定。中央与地方立法权限的划分涉及立法体制的重大调整，需要加强党的领导，这意味着党在权限划分的重大决策中将发挥积极的作用。当然，党的领导并不意味着可以以党代政，因为党的领导主要是政治领导、组织领导和思想领导，党可以提出具体的立法建议从宏观上把握权限划分的方向，也可以保证其党员通过民主选举担任人大代表或者全国人大常委会的主要领导的方式来实现相关的立法决策。

二是要维护法制统一。一个国家的法律体系通常是由不同门类的法律部门组成的结构严密、内在协调、体系化的统一整体。在法律体系当中，所有的法律部门都要服从宪法并与其保持一致，不同的法律部门之间也应该保持内在的和谐一致，这是法制统一的基本要义。当前中央和地方立法权限在规范上的模糊性很容易导致不同法律规范之间的矛盾和冲突，不仅带来了法律适用上的混乱，也破坏了法律体系的统一性，其结果必将损害社会主义法治的权威性。只有明确划分中央和地方立法权限，使不同的立法主体各司其职，才能最大限度地减少不同法律规范之间重复、矛盾、越界等失范的状况，这就需要以法制统一原则作为权限划分的基本准则。"在我国，中央统一领导地方，地方的权力不是基于地方的自治权，而是来自中央的授权，国家的重大权力由中央来行使。在这个前提下，为了发挥地方的积极性、主动性，才赋予地方一定的自主决策权。地方立法要遵循法制统一的原则，统一于宪法、法律。"[①] 坚持法制统一原则，最重要的是要依据宪法规范进行权限划分，宪法反映了全国各族人民的共同意志，是新时期党和国家的中心工作、重大方针、政策在国家法制上的最高体现，宪法所确立的基本原则是一切立法规范必须遵循的。依据宪法的规定，中央和地方立法权限划分应遵循在中央的统一领导下，充分发挥地方的积极性、主动性的基本原则。从立法利益的角度考虑，维护中央的统一领导，要求中央立法应从国家的整体利益出发，维护人民的根本利益和长远利益，杜绝过度保护部门利益的狭隘的部门保护主义。另外，"立法权

---

① 张春生：《对全国人大专属立法权的理论思考》，《行政法学研究》2000年第3期。

限划分的实质是利益、资源的分配（或者再分配）与责任的确定。参加立法权限划分的中央与地方各有关主体都可能自觉或者不自觉地受到利益机制的驱动而企盼分配到更多、更大、更理想的利益"。① 故此，地方立法应充分考虑地方利益的诉求，但同时要杜绝片面强调地方利益的狭隘的地方保护主义，尤其要注意的是，中央和地方立法并非分裂对立的关系，两者在根本利益上是一致的，"事实上，中央与地方本为一体，中央乃地方的集合体，而地方则为中央之构成单位；中央固不能弃地方以自存，地方也无法离开中央而恢宏其效能"。② 为平衡中央和地方立法权限划分过程中的利益分配，中央和地方立法主体之间需要进行妥协与整合，否则，立法权限分配的结果可能既威胁中央立法的领导地位，又限制地方立法的积极性和主动性，进而影响国家的法制统一。

三是要遵循事权与立法权相适应原则。中央与地方立法权限的划分，主要涉及立法权在中央与地方之间的纵向配置问题，其实质是通过事权配置的方式将中央与地方的立法权予以定型化和制度化，进而实现国家立法权的垂直分配。事权是指不同层级政府的职能性质，③ 即一级政府承担的公共事务和服务及其相应的职责。事权和支出责任相适应是财政学的基本原则，依照"谁的财政事权谁承担支出责任"的原则，只有合理确定各级政府的事权，才能明确各级政府的支出责任，而事权的行使，必须通过立法确认和保障才能实现。理论上讲，事权与立法权之间存在严格的对应关系，中央和地方立法权限划分以事权的配置作为逻辑起点。"立法权的划分应当根据很确定的界限，并且以事权划分为前提。你有什么事权，你就有什么立法权。"④ 但在实践中，中央与地方事权缺乏明确而具体的划分，存在严重的"职责同构"现象，导致立法权配置无法进行有效回应。⑤

党的十八大以来，我国政府间事权和支出责任划分改革有序推进。2016年8月，《国务院关于推进中央与地方财政事权和支出责任划分改革

---

① 李林：《立法理论与制度》，中国法制出版社，2005，第326~327页。
② 转引自封丽霞《中央与地方立法关系法治化研究》，北京大学出版社，2008，第61页。
③ 楼继伟：《中国政府间财政关系再思考》，中国财政经济出版社，2013，第143页。
④ 张春生、林彦：《〈立法法〉修改前瞻——访中国立法学研究会会长张春生》，《交大法学》2014年第3期。
⑤ 宋方青、姜孝贤、程庆栋：《我国地方立法权配置的理论与实践研究》，法律出版社，2018，第155页。

的指导意见》(以下简称《指导意见》)印发,对合理界定政府间事权与财政收支关系提出具体改革意见,将中央与地方的财政事权划分为中央财政事权、地方财政事权以及中央与地方共同财政事权;为进一步提高各级政府提供基本公共服务的能力和水平,2018年2月,国务院办公厅发布《基本公共服务领域中央与地方共同财政事权和支出责任划分改革方案》(以下简称《改革方案》),《改革方案》以2016年的《指导意见》为基础,提出了事权和支出责任划分的4条基本原则,将涉及人民群众基本生活和发展需要且由中央与地方共同承担支出责任的8个大类18项基本公共服务作为基本公共服务领域中央与地方共同财政事权,使得我国政府间事权和支出责任划分改革具有量化的、可操作性的标准;为强化省以下政府间事权和支出责任划分,2022年6月,《国务院办公厅关于进一步推进省以下财政体制改革工作的指导意见》下发,针对省以下政府间事权和支出责任划分的特殊性,提出了系统的改革目标、思路,并明确了改革的任务和方法。从改革的成效来看,2018年的《改革方案》完成了主要基本公共服务中央政府与地方政府间事权和支出责任划分,目前各省已基本完成主要领域省以下事权和支出责任的划分工作,形成了财政事权和支出责任划分的清晰框架。[①] 从某种意义上讲,中央与地方财政事权和支出责任划分的一系列改革,为中央与地方立法权限划分奠定了稳定的现实基础,当某一事项被归结为政府的事权范围之后,为确保事权以及支出责任的履行,这在客观上要求政府对该事项拥有立法权,因此,事权、支出责任以及立法权的配置应当是相互对应的关系。事实上,中央与地方事权划分的方法、内容以及主体与我国现有中央与地方立法权限的规定有诸多不一致的地方,[②] 这在客观上为中央与地方立法权限的划分指明了发展的方向。

**(二) 权限划分所采用的标准**

中央和地方立法权限划分究竟该采用什么样的标准,其实质是对权限划分理论依据的追问。综观世界各国的立法实践,对已有的中央和地方立

---

[①] 李森、王雨晴、王翰林:《政府间事权与支出责任划分改革历程、成效与经验》,《财政科学》2022年第10期。

[②] 详见宋方青、姜孝贤、程庆栋《我国地方立法权配置的理论与实践研究》,法律出版社,2018,第158~162页。

法权限的规定，我们不仅要知其然，还要知其所以然，这样才能探究相关立法规范的实质合理性和实践可行性。如前文所述，关于中央与地方立法权限的划分标准通常有两种。一种以立法事项的重要程度作为划分标准，该标准能够使国家主权、国家基本政治经济制度和公民基本权利等重要事项归由中央立法处理，但立法事项对一个国家的重要程度往往需要更为具体的认定标准，这就容易陷入解释的困境，另外，对立法事项重要程度的把握具有主观认定的局限性，对于立法者认定的重要的立法事项是否客观有待于社会实践的进一步检验，而对于某些特殊的立法事项，其重要程度也有可能因为客观条件的变化而降低，可见，以重要程度作为划分标准具有较强的不确定性。另一种以立法事项的影响范围作为划分标准，由中央立法调整具有全国影响的事项，地方立法调整具有局域影响的事项，影响范围标准使得中央立法专注于全国性立法事务或者地方间立法事务，而纯粹的地方事务则由地方法予以调整，这样可以使地方立法各尽所能和发挥最佳效益，因为地方立法有着中央立法所不可比拟的信息优势和因地制宜条件。① 但这一标准基本上排除了中央立法对地方事务的规制权，"如果采行这一标准，可能就意味着地方完全分权或完全自治，中央也就失去了对地方的控制权和监督权"。② 实际上，无论是重要程度标准还是影响范围标准，都无法完全涵盖中央立法和地方立法的事项范围，重要程度标准使得地方立法永远扮演次重要或者非重要的角色，抑制了地方立法的创制性，而影响范围标准使得中央立法无法涉足地方事务，强化地方立法的离心倾向。

从划分标准本身来看，重要程度标准和影响范围标准在语义涵指上并不能做到彼此独立，因而并不适合作为对立的划分标准。从某种意义上讲，符合全国影响范围标准的立法事项基本上属于比较重要的立法事项，而重要的立法事项一般可以在全国范围产生影响，从形式上看仅具有局部区域影响的立法事项对中央而言未必就不是重要的立法事项，有学者认为《立法法》第 8 条有关中央立法权限的划分主要依据的是重要

---

① 封丽霞：《中央与地方立法权限的划分标准："重要程度"还是"影响范围"？》，《法制与社会发展》2008 年第 5 期。
② 孙波：《论地方专属立法权》，《当代法学》2008 年第 2 期。

第四章 地方立法权限的明确化

程度标准,其实用影响范围标准来衡量第 8 条规定的立法事项也并非完全站不住脚,在明确中央和地方之间既对立又统一的关系之后,在中央立法中规定某些具有地方影响的事项也能够得到合理的解释,也有观点建议采用影响范围和重要程度相结合的标准来划分中央和地方的立法权限,该观点意欲兼顾两种标准的优点,弥补两种标准各自的缺陷,但由于未对此两种标准之间的重合区域进行详尽的区分,权限划分的问题变得复杂。

综上所述,划分中央和地方立法权限应该跳出重要程度标准和影响范围标准的思维定式,用一种功能主义的标准来进行,此即为功能最适当原则。功能最适当原则是现代国家设立国家机关、配置权力、调整和改革国家机关、处理国家机关之间关系的重要原则。它源于德国宪法法院对"功能的权力分立"的解释,其基本含义是就国家权力的行使在功能与组织上划分的依据,是以各该事务于自身的组成结构及决定程序等各个层面均具最佳条件者作为判断的标准。[①] 申言之,"权力的区分与不同功能配置不同机关,其主要目的无非在于要求国家决定能够达到'尽可能正确'(möglichst richtig)的境地,换言之,即要求国家的决定应由在内部结构、组成方式、功能与决定程序等各方面均具备最佳条件的机关来担当作成"。[②] 依据功能最适当原则,在中央立法主体和地方立法主体之间划分立法权限,哪些立法事项归由中央立法主体调整,哪些立法事项归由地方立法主体调整,非由立法事项的性质自身所决定,也非由立法主体所决定,而是由相关立法权的功能作用所决定,立法事项之所以归由中央立法主体来调整,其根本原因在于中央立法主体无论是从组织结构、组成方式方面还是从功能、决策程序方面都具备了行使该事项立法权的各种有利条件,并且由中央立法主体调整该立法事项更有利于发挥其相应的制度功能,因而是"尽可能正确"的决定。从这个意义上讲,划分立法权限所要解决的是相关立法事项更适合由中央立法主体调整还是由地方立法主体调整。如民族区域自治制度之所以被归结为中央立法,是因为民族问题一直是国家

---

① 转引自朱应平《以功能最适当原则构建和完善中国上海自由贸易试验区制度》,《行政法学研究》2015 年第 1 期。
② 许宗力:《法与国家权力》,(台北)月旦出版公司,1993,第 139 页。

治理过程中的敏感问题,处理得当与否直接关系到国家的统一、生存和发展状况,作为解决我国民族问题的基本政治制度,民族区域自治制度更适宜以中央立法的形式来确定。立法实践当中,《宪法》《立法法》《民族区域自治法》都规定了民族区域自治制度,位于中央立法之列的民族区域自治制度,从效力上保证了其作为法律的优先性,有利于推进民族区域自治制度在地方上的实施。从其功能上分析,民族区域自治制度法律化促进了民族区域市场经济的发展,保护了少数民族文化的繁荣,加深了全国各族人民之间的联系,充分发挥了该制度的正向功能,因而符合功能最适当原则。值得注意的是,功能最适当原则本质上属于一种社会学解释的方法,以功能主义方法论划分中央和地方立法之间的权限,正是对立法问题进行社会学上的阐释。我们认为,以功能最适当原则来判断,《立法法》第11条规定的中央专属立法权具有制度安排上的合理性,但就适用方面仍需要进一步地具体化。同时,功能最适当原则也为地方立法权限的确定指明了方向,使相关立法事项的选择更注重社会实践中的运行效果,进而巩固了中央和地方立法权限划分的社会正当性基础。

### (三) 权限划分所选择的方法

从世界范围的立法来看,中央和地方立法权限划分的方法大致有四种。其一是列举式,通常包括两种途径,要么列举中央的专门立法权,要么列举地方的专有立法权,一般情况下,中央专门立法的事项范围排除地方立法的适用,但有些立法事项在一定条件下可以授权委托其他主体行使,同样,地方立法权不受中央的非法干涉,但也不能任意侵犯中央立法。其二是禁止式,为防止地方立法权的无序扩张,在赋予地方立法权的同时,又规定禁止地方立法的具体事项,具体操作方式有两种:一种是规定法律保留原则,由中央保留特定领域的专门立法权,这种规定本身就是对地方立法的限制;一种是在宪法或者法律文件中明确规定地方立法不能涉足的领域。其三是共有式,即规定中央和地方可以共有的立法事项,如公共福利、经济事务、劳动保护、农林生产、公路交通、土地管理、环境净化、教育权利、科学研究方面的立法,单一制国家通常规定中央立法在共有立法权中的优先性,由中央制定原则性规定,地方制定细节性规定,而且,但凡中央已经行使过的立法权,地方不得行使,地方在共有立法权领域的立法不可抵触中央立法。其四是剩余式,在宪法和法律规定的立法事项难以穷尽的领域会产生剩余立法权的问题,关于剩余立法权,大部分国家保留给地方,但也有归属中央行使的。这四种方法在实践当中通常不是孤立地运用,而是采取综合适用的方式来分配中央和地方的立法权限。[1]

在2000年《立法法》起草和制定的过程中,就如何科学划分中央和地方立法权限出现过三种意见。其一,认为应当以具体列举的方式规定中央和地方的立法权;其二,认为应当严格依据宪法的规定,不能对立法权限进一步进行划分;其三,认为应当以列举的方式明确法律规定的专属立法权,并在此基础上原则性规定其他国家机关的立法权限。[2]《立法法》采用的是第三种意见,主要运用列举的方式规定了中央的立法事项和地方的立法事项,其中全国人大及其常委会的专属立法权列举得比较具体化,而国务院和地方政府的立法权列举得比较原则化。列举的方式必然无法穷尽所有的立法事项,进而留下一些《立法法》尚未调整的空白地带,《立法法》为此提出了两个解决方案。一是在《立法法》第8条加上一项兜底性条款:"(十一)必须由全国人民代表大会及其常务委员会制定法律的其他事项。"第8条的前10款具体列举了法律的立法事项,未列举的也未分配给其他国家机关的立法事项,只要国家权力机关认为需要,就应当认定为必须由法律规定的其他事项。二是在未被分配的立法事项没有形成法律或者行政法规以前,省、自治区、直辖市和设区的市、自治州根据本地方的具体情况和实际需要,可以先制定地方性法规。需要注意的是,就此立法事项制定的法律或者行政法规生效之后,地方性法规若与法律或者行政法规相抵触,地方性法规的制定机关应当及时进行修改或者废止,当然,如果涉及必须由中央统一管理的立法空白事项,地方性法规不宜作出规定。

《立法法》在制定时之所以采取第三种意见,主要有以下几方面的考虑。一是我国为单一制国家,地方没有专属立法权,所以对地方的立法权限不是非得——列举不可。二是我国正处于变革过程中,法制并不完备,

---

[1] 参见汤唯等《地方立法的民主化与科学化构想》,北京大学出版社,2002,第124~127页。
[2] 刘松山:《一部关于立法制度的重要法律(上)——〈立法法〉制定过程中争论的主要问题及其解决方式》,《中国司法》2000年第5期。

特别是大量关于市场经济方面的法律规范尚未制定，有些法律规范马上由全国统一立法的条件还不成熟，应当允许地方先行制定，由于各地的变革很不平衡，地方的立法权限并不确定，因而在现阶段很难对地方立法权限进行准确列举。三是我国长期实行中央集权制，对如何在中央与地方之间分权，以实现维护国家统一和充分调动地方积极性的目的，还处于摸索阶段。因此对中央与地方的立法权限都作明晰的列举尚有困难。[①] 我们认为，经过十几年的立法实践，彼时立法所具备的社会条件已经发生了相应的变化，中国特色社会主义法律体系已经形成，大量有关社会主义市场经济方面的法律业已制定，地方立法也成为中国特色社会主义法律体系重要的组成部分，在社会主义法治建设中凸显特殊的价值，"在我国立法实践当中，地方立法的一项基本职能就是对全国人大及其常委会立法等中央立法进行必要的补充。相对于中央立法来说，地方立法的首要价值就在于填补中央立法的空白和细化国家立法的规定、增加程序性和可操作性内容，从而弥补中央立法过于原则、宽泛的缺陷，使之便于有效实施。这就是通常所说的'拾遗补阙'和'填补沟壑'"。[②] 为充分发挥地方立法的功能价值，有必要考虑地方立法权限的明晰化问题。此次《立法法》修改对于设区的市、自治州的立法权限作了相对明确的规定，省一级地方立法权限的规定尚未变动，这使得中央和地方立法权限划分基本上维持了原有的格局，划分中央和地方的立法权限，可以在规定中央专属立法权的前提下，进一步明确规定地方立法的权限范围，其可行的方法是确定地方的专属立法权，这样才能够为地方立法主体提供明确的立法指引。

## 二 中央专属立法权范围的确定

"专属立法权，是指一定范围内规范社会关系的事项，只能由特定的国家机关制定法律规范的权力，对属于特定国家机关专属立法权限的事项，其他任何机关非经授权，不得进行立法；如果其他机关未经授权又认为必须立法，也只能向专属立法权机关提出立法的动议，而不得自行

---

① 参见陈斯喜《论我国立法权限的划分》，《中国法学》1995年第1期；李林《关于立法权限划分的理论与实践》，《法学研究》1998年第5期。
② 封丽霞：《中国地方立法三十年》，《学习时报》2009年9月7日。

立法。"① 划分中央和地方立法权限的关键在于确定中央和地方专属立法权，目前我国理论界对中央专属立法权的问题已经达成共识，只是我国现有立法并未直接规定中央专属立法权，但回顾《立法法》制定的过程可以发现，中央专属立法权一度成为准法律概念。2000 年《立法法》的征求意见稿第 8 条的规定是"下列事项由中央统一立法"，该规定的意图明显在于直接排除地方立法权对属于中央立法事项的侵犯，其后颁行的《立法法》尽管没有采用这一规定，立法实务界仍习惯将其称为"中央专属立法权"。② 也有学者质疑《立法法》（2000 年制定）第 8 条的功能不在于从纵向上划分国家立法权与地方立法权，而在于从横向上划分国家立法权与行政立法权。③ 对于《立法法》（2000 年制定）第 8 条功能的争议，有学者进行了更为深入的探讨，认为《立法法》（2000 年制定）第 8 条从征求意见稿中的"下列事项由中央统一立法"更改为法律保留条款"下列事项只能制定法律"，这一改变使第 8 条的功能发生了实质性变化，"中央统一立法"突出的是中央与地方间的立法权分配关系，而法律保留条款则侧重于调整立法机关与行政机关在立法权限上的划分，亦即排除行政立法可涉足的领域。立法宗旨的改变使得原来在征求意见稿中占据显要地位的中央与地方立法权分配关系在《立法法》中成为一个次要问题，这一规定既在技术上达到了排除地方法权的目的，又回避了在单一制国家能否以列举的方式划分中央与地方立法权的法理问题。④ 显然，该学者肯定了《立法法》（2000 年制定）第 8 条的双重功能，使得立法权在纵向上和横向上均获得相应的配置。

由于我国法律制定主体仅限于全国人民代表大会及其常务委员会，《立法法》（2023 年修正）第 11 条规定的就是中央专属立法权，现行立法共规定了 11 项专属于中央的立法事项，从现有规范的内容来看，部分立法事项依然存在模糊性的问题，需要通过解释予以明确，其中，有以下两个

---

① 乔晓阳主编《〈中华人民共和国立法法〉导读与释义》，中国民主法制出版社，2015，第 72 页。
② 崔卓兰等：《地方立法实证研究》，知识产权出版社，2007，第 51 页。
③ 参见王锴《〈立法法〉修改着力解决的根本问题》，《中国社会科学报》2014 年 9 月 24 日。
④ 杨利敏：《论我国单一制下的地方立法相对分权》，《厦门大学法律评论》2001 年第 1 期。

问题值得探讨。

一是国家主权事项的范围问题。传统国家主权理论认为，主权是一个国家独立处理对内事务和对外事务的最高权力，不受任何其他国家的干涉，国家主权具有双重属性，即对内的最高属性和对外的独立属性。从内容上看，国家主权意味着政治独立、经济自主和领土完整，其中，政治独立主要表现为国家对内有权选择并决定适合本国国情的政治制度和社会制度，不受任何国家、国际组织的侵犯和干预，对外有权独立制定并执行外交政策，平等地与他国交往和缔约，不受任何力量的干预和限制。经济自主主要表现为国家有权自主制定经济和社会发展的法律政策，有权自主开发和利用本国的自然资源，国民经济的发展不受其他任何国家的控制。领土完整主要表现为国家对其全部领土享有完全的、排他的所有权、管辖权和自卫权，不受任何外来势力的破坏和侵犯。依据《立法法》的规定，国家主权的事项属于全国人大及其常委会的立法范围，由主权的双重性可以推导，国家主权涵盖的事项范围相当广泛，尤其"主权的对内最高的属性决定主权可以通过立法、行政、司法、军事、经济、文化等手段来展开自己的政治统治"，[①] 从这个意义上讲，国家立法权、行政权、司法权都是国家主权的表现形式。因而，若从完整意义上理解国家主权的概念，那么国家主权的事项难以确切地界定，究竟该如何理解《立法法》第11条中国家主权的事项？我们结合第2项至第10项的规定来看，后者所涉及的大多为体现国家主权对内属性的事项，从立法的科学性分析，我们可以断定的是，《立法法》第11条第1项所涉及的主要为体现国家主权对外属性的立法事项，即有关国家领土、国防安全、外交、国籍等的事项，这些事项都事关国家领土完整和主权独立，事关国家荣誉和民族尊严，因而必须由国家最高权力机关通过制定法律予以调整。从已经制定的法律来看，涉及领土主权的法律有《领海及毗连区法》《专属经济区和大陆架法》《民用航空法》等，涉及国防安全的法律有《国防法》《国防动员法》《兵役法》《军事设施保护法》等，涉及外交的法律有《缔结条约程序法》《领事特权与豁免条例》等，涉及国籍的法律有《国籍法》等，[②] 上述法律都从不

---

① 王沪宁：《国家主权》，人民出版社，1987，第13页。
② 为撰写方便，本部分法律均用简称。

同方面调整了国家对外主权的事项。

需要注意的是，随着航天空间技术和计算机信息网络技术的发展，领土主权的外延也发生了量的变化。一方面，从世界范围来看，太空作为新的战略领土受到航天大国的重视，世界各国开发和利用外层空间资源的竞争渐趋激烈，为和平利用外空资源和维护国家空间安全，有必要通过立法制定空间规则和秩序，这就意味着外层空间将成为领土空间的必然延伸；另一方面，在全球所处的互联网时代，国家主权从领土、领空、领海等领域拓展到"信息边疆"等新领域，网络空间主权成为国家为维护主权提出的新的权力诉求，早在 2010 年 6 月，我国公布的《中国互联网状况》白皮书就指出，互联网是国家重要基础设施，中华人民共和国境内的互联网属于中国主权管辖范围，中国的互联网主权应受到尊重和维护。[①] 2015 年 7 月 1 日通过的《中华人民共和国国家安全法》第 25 条规定要维护国家网络空间主权、安全和发展利益，网络空间主权已经成为国内立法调整的重要事项。无论是外层空间主权还是网络空间主权，均反映了国家主权范围在新的技术条件下的扩张，这也给国家主权事项的明确化带来难题，就"国家主权的事项"本身而言，其意指的事项是难以确定的，如果采用"列举式＋概括式"的方式将国家主权的事项定性为领土、国防、外交等有关国家主权的事项，则可以获得一举多得的效果：既确定了国家主权事项的对外属性，又列举了主要的立法事项，也为未来主权事项的拓展留下余地。

二是制度与基本制度的区分问题。《立法法》第 11 条值得关注的一个现象是立法者似乎有意规定了制度与基本制度，如第 3 项和第 10 项规定的是制度，而第 6 项、第 8 项规定的是基本制度。何谓制度？何谓基本制度？从含义上进行分析，所谓基本制度是对国家政治、经济和社会生活中某一领域的重大事项进行规范的制度，从特征上看，基本制度具有全局性、根本性和统领性的特点，一个领域的基本制度就应当是该领域其他制度的规范依据。从某种程度上讲，立法事项中制度与基本制度的区别和宪法上法律与基本法律的区分具有一定的关联性，一般来说，凡是能成为基本制度

---

[①] 中华人民共和国国务院新闻办公室：《中国互联网状况》，腾讯网，https://news.qq.com/a/20100608/001152.htm，最后访问日期：2019 年 12 月 12 日。

的立法事项，其立法的结果在国家的法律体系中会居于基本法律的地位，然而，就实际的立法来看，就基本制度制定的法律未必一定是基本法律，就制度制定的法律未必一定是法律，这正是区分制度与基本制度令人不解的地方。

又如对第3项中"民族区域自治制度、特别行政区制度、基层群众自治制度"立法事项的理解，该项所列的制度均涉及中央和地方的关系，其重要性不言而喻，但《立法法》并没有将其列为基本制度，从立法的形式来看，《民族区域自治法》和《香港特别行政区基本法》、《澳门特别行政区基本法》由全国人大制定，而《中华人民共和国城市居民委员会组织法》和《中华人民共和国村民委员会组织法》由全国人大常委会制定，同为非"基本制度"的"制度"却具有不同的立法形式，其中缘由亦让人不解，既然当前立法已经规定了制度与基本制度的不同类别，就应该从立法的形式上体现出上述规定的差异。我们赞同这样的观点，即"基本法律"相对于"非基本法律"而言应当有特别的效力。这一特别的效力主要由以下两个方面的因素决定。一方面，是由它的制定主体即全国人民代表大会在宪法中的特别地位决定的。这就决定了全国人大制定的"基本法律"的效力强于全国人大常委会制定的"非基本法律"的效力。另一方面，"基本法律"的特别效力是由权力机关立法的民主原则决定的。很显然，由全国人民代表大会全体组成人员讨论和决定的法律，其民主性或民意代表性要强于只有最高权力机关全体组成人员中不足1/20的代表讨论和决定的法律。[1] 既然基本法律的效力要强于法律的效力，那么很难在逻辑上解释同为基本制度或者同为制度的立法事项却采用效力不等的法律形式，这从深层次上反映出全国人大及其常委会立法权限尚不明确的现状，"实践中，哪些法律草案提交全国人大审议通过，哪些法律草案提交全国人大常委会审议通过，看来还缺乏具体准确的判断标准"。[2] 由此导致的结果是，制度与法律、基本制度与基本法律之间的对应关系在实践中无法获得具有说服力的论据支撑。

---

[1] 韩大元、刘松山：《宪法文本中"基本法律"的实证分析》，《法学》2003年第4期。
[2] 蔡定剑：《立法权与立法权限》，《法学研究》1993年第5期。

由于制度与基本制度的区分同样缺乏明确的判断标准,从规范上刻意去强调两者之间的分界反而容易让人陷入误区。我们认为,《立法法》第11条第3项和第10项的制度宜修改为基本制度,理由如下:其一,统一了所有中央专属立法权中立法事项的标准,但凡第11条的立法事项均可确定为基本制度,今后无须再区分制度与基本制度,以免给立法的适用带来选择上的困惑;其二,有效解决了传统立法遗留的历史问题,被列为基本制度的立法事项,无论是由全国人大制定的,还是由全国人大常委会制定的,它们的立法形式都是法律,无须再区分基本法律与法律,同时这也对应了《立法法》第11条的规定("下列事项只能制定法律"),也就是说在《立法法》中可以了结"法律"与"基本法律"之争;其三,为地方立法争取了宝贵的空间,《立法法》第11条的规定本意是确定中央专属立法权,进而排斥地方立法权的侵入,从立法的本意上讲,中央立法主体应该制定最适合发挥其规范功能的法律,将制度修改为基本制度,意味着中央立法在事项范围上的"抓大放小""避轻就重",中央立法主体适宜制定在社会、政治、经济领域内具有全局性、根本性的重要事项,但这并不意味着相关领域内地方立法就不能涉足,相反,地方立法主体可以就具体执行相关领域内的立法或者相关领域内具有地方意义的事项进行立法,申言之,地方立法可就相关领域内非基本制度的事项出台相应的立法规范,这也使得基本制度在《立法法》第11条中的含义实至名归;其四,为今后中央立法指明了方向,使将来中央立法更具有针对性,这就需要中央立法主体在立法事项上真正做到"有所为、有所不为""有所进、有所退"。

## 三 地方专属立法权的可行性

依前文所述,《立法法》基本上确定了中央专属立法权,目前需要讨论的是我国地方立法主体是否享有地方专属立法权的问题,该问题可以从两个方面进行探讨:一是在我国单一制的国家结构中是否存在地方立法权;二是倘若存在地方立法权,地方立法主体是否享有地方专属立法权。

### (一)地方立法权是否存在

关于第一个问题,学者龚祥瑞认为,"国家立法权只有一级,由全国人大及其常委会行使……省、直辖市的人大及其常委会也是在国务院统一领导之下，既然国务院是国家最高行政机关，则地方性法规的制定权只能是半立法权或次立法权（Secondary Legislation）而不可能是自成一级的地方立法权。而且，从理论上说，立法权是最高权力，不能有国家立法权与地方立法权之分"。[1] 学者蔡定剑也认为，"严格科学意义上的立法权就是指全国人大及其常委会制定法律的权力，这一观点基于以下理由：第一，立法权是国家的一项权能，它是国家主权的表现。一个国家（单一制国家）的立法权只有一个，它是由主权的代表机关行使的……第二，立法权这一概念是相对司法权和行政权而言的。立法权只能由国家主权的代表机关行使，这是早期启蒙思想家们阐述得非常明白的观点……在我国，全国人大是国家最高权力机关，享有国家立法权，我们更没有理由谈论立法权已分解为政府立法权和地方立法权等等，这与宪法规定的全国人大和国务院的性质不相符合。第三，我国虽然存在国务院、省级人大、州、自治县人大和较大的市的人大的立法活动，但它们都没有独立的立法权，其立法工作都只是全国人大立法权的一部分"。[2] 上述两位学者的观点基本相同，其思路都是从立法权的性质着手，以此说明立法权的最高性和不可分性，这是传统上一元化立法权的观点，其缺陷在于模糊了国家主权与立法权之间的界限。一般认为，国家主权是最高的、不可分的，[3] 这并不意味着主权之下的立法权也是不可分割的。实际上，立法权和行政权、司法权均属于具体的国家权力，它们只是人民行使主权的不同体现，只不过在不同的国家结构形式之下具有不同的法律地位。就其本身而言，立法权同时是一

---

[1] 龚祥瑞：《比较宪法与行政法》，法律出版社，2003，第372页。
[2] 蔡定剑：《立法权与立法权限》，《法学研究》1993年第5期。
[3] 也有学者认为，主权概念是社会和政治发展到一定阶段的产物，从其本源上讲，主权理论的目的正是为新兴的国家权力提供合理性和正当性，并在历史上经常被用来为绝对权力辩护，但对于高度分化和复杂的现代政体来说，主权理论似乎已经基本完成其历史使命并正在失去历史效用，其所提倡的至高无上、不可限制、不可分割的绝对权力与限权的宪法精神格格不入，到20世纪下半叶，主权概念逐渐退出国内法领域，即使在国际法领域，主权理论的功能在于保证每个国家独立自治的权力，这种权力也不是绝对的，在某些情况下如加入国际组织之时，会员国往往会自愿让渡一部分主权，因而主权是可以分享和分割的，它代表了一种正当的自治权力和统治方式，起源于自然状态下的个人自治，随着人类进入文明社会，个人之间达成一种基本契约，将部分主权让渡于他们认为有必要建立的国家，因而和政府分享主权。该观点出自张千帆《国家主权与地方自治——中央与地方关系的法治化》，中国民主法制出版社，2012，第13~17页。

个权力体系，可以由不同层级的立法主体来行使，《宪法》、《地方组织法》和《立法法》都先后规定了地方的立法权限，如果不存在地方立法权，就无所谓地方立法权限，这就使得一元化立法权的观点遭遇现有法律规范的解构。从立法权限划分的角度来看，我国现行的立法体制具有鲜明的中国特色，它是中央统一领导和一定程度分权的、多级并存和多类结合的立法权限划分体制，国家整体的立法权力由中央和地方多方面的主体共同行使，其中，中央立法权始终处于主导地位，地方立法权则从属及受制于中央立法权，从实然层面上说，地方立法权是一种规范意义上存在的权力，这也承认了我国中央和地方存在立法分权的事实。[①] 一元化立法权反对地方立法权的一个重要理由还在于，我国是单一制的国家结构形式，但在单一制国家中地方在一定范围内分享立法权的现象并不少见，以法国为例，作为实行单一制国家结构形式的代表，法国曾是分权的单一制国家，但以1982年颁布《关于市镇、省、大区权力和自主权的法令》为始，法国政府从立法上进行了一系列推动分权和地方自治的改革，这使得法国政府的集权程度不断降低，地方开始享有一定的立法自主权。[②] 可见，地方立法权与单一制的国家结构形式并非一一对应的关系。

**（二）地方专属立法权是否可行**

关于第二个问题，有观点认为，为实现中央和地方立法权限的清晰化，应该在坚持四项基本原则和我国单一制国家结构形式的前提下，赋予地方专属立法权。其推论的依据主要有如下几个方面：一是地方立法权主

---

[①] 周旺生教授认为，地方立法权只存在于中央和地方实行分权的国家，一国的中央和地方不存在立法分权问题，就不可能有地方立法权问题，参见周旺生《立法学》（第2版），法律出版社，2009，第212~213页。但需要注意的是，此处的地方并不具有法律上的规范意义，更多只是从学理上进行的概括总结，我国现有的法律规范并未对地方进行明确的定位，就我国现阶段的情况来看，真正主要与中央发生联系的是单一制下的省级单位，也就是省、自治区、直辖市以及特别行政区，参见谭波《我国中央与地方权限争议法律解决机制研究》，法律出版社，2014，第1页。在大陆法系国家，地方作为自治团体存在而被赋予公法人的地位，以区分于私法人，如德国地方自治团体作为公法人具有区域、住民、自治权三要素，在法律关系上中央与地方的关系便是公法人与公法人之关系，参见张正修《地方制度法理论与实用——地方自治概念、国外法制及都市篇》，（台北）学林文化事业有限公司，2000，第10~15页。

[②] 王鉴屾：《地方立法权之研究——基于纵向分权所进行的解读》，浙江工商大学出版社，2014，第92页。

要是一种职权立法权，而非授权立法权；二是地方享有专属立法权不会破坏国家的法制统一；三是地方享有专属立法权具有宪法上的依据；四是国外单一制国家的地方专属立法权实践可资借鉴。就其实践意义而言，地方专属立法权可以防止中央立法权对地方立法权的恣意侵犯，保护地方立法的相对独立性，有利于以立法促进地方发挥积极性。[①] 上述观点是否成立值得进一步探讨。

我们认为，任何立法权限的划分都不可随意为之，它必须有科学、合理的依据，地方立法分权的制度主要涉及中央和地方立法权限的划分问题，其之所以在不同的国家具有不同的表现形式，是因为地方立法分权制度的生成与一个国家的历史、文化、地理、人口及宪法体制等因素息息相关，这就使得该制度的表现样态呈现复杂、多变的特征。如同样是联邦制国家，美国和德国的制度安排就有所不同，同样是单一制国家，中国和英国的制度安排也各有迥异。在我国，中央和地方立法权限的划分应该以现有的规范框架作为分析的制度基础，同时要充分考虑我国的实际国情，比如我国的人口形势、地理条件、民族的多样性以及特殊的政治、经济、文化、社会体制等客观现实，从这个意义上讲，讨论地方专属立法权不纯粹是一个学术问题，也是一个制度实践的问题。

当探讨地方专属立法权在我国的可行性时，应首先考虑该制度较于其他国家制度的异质性。我国的地方专属立法权必须承认中央立法权的优越性，这种优越性主要通过中央立法的效力及其监督权加以体现，依据《立法法》第 98 条和第 99 条的规定，宪法和法律、行政法规的效力高于地方性法规、地方政府规章及自治条例、单行条例，这就意味着即使地方立法主体拥有专属立法权，其制定的立法也应该以中央立法为准则，这在地方性法规立法所依据的"不抵触"原则和地方政府规章立法所依据的"根据"原则中体现得尤为明显。《立法法》第 107 条和第 108 条还规定了中央立法主体对地方立法的监督权，中央立法主体可以通过撤销（改变）违法或者不当的地方立法的方式来实施监督权，意图通过确立地方专属立法权来排除中央立法主体监督的设想本身就背离了我国现有的规范框架。此外，我国地方专属立法权的特质还体现在该制度的

---

① 孙波：《论地方专属立法权》，《当代法学》2008 年第 2 期。

第四章 地方立法权限的明确化

功能方面，不仅在于划定其立法的范围，更在于限制立法主体的权力并在此基础上实现对其权力的法律保护，[1] 地方专属立法权的确立可以防止地方立法为了地方利益进行越位立法，侵犯到中央立法权。也有学者认为，规定地方专属立法权可以防止中央立法权对地方立法权的恣意侵犯，保护地方立法的相对独立性。[2] 就中央立法的实践来看，既然《立法法》已经规定了中央专属立法权，中央立法也应该在法律规定的范围内运行，但这并不意味着中央无权对地方事务进行立法，从国家利益的立场考虑，中央立法主体有权对特殊的地方事务进行立法，加之地方专属立法权还要受到中央立法的限制和监督，这些因素使得地方立法的相对独立性可能仅具有理论上的意义。如果再从立法和利益的关系来判断，很难仅从立法形式上认定涉及地方立法事项范围的法律会侵犯地方利益，这在立法实践中是更为复杂的问题。

此外，还需要探讨地方专属立法权与地方自治的关系。传统分权理论认为，地方立法分权解决的正是地方自治的问题，实行地方自治的国家或地区通过立法规定地方自治制度的具体内容并赋予自治地方专有的立法权，从而确保自治地方在辖区内对所辖事务拥有完全自主权。从某种程度上讲，地方专属立法权排除的正是中央立法的干涉。本书在第二章对地方自治的理论进行了相应的论述，但并未对中国的地方自治制度作出肯定的判断，只是提出来要挖掘民主集中制的合理内核，这是理解地方自治在我国实践的关键所在。民主集中制是处理中央和地方立法关系的宪法原则，然而，民主集中制缺乏合理的制度支撑，"在地方制度上，究竟哪些方面应当民主，哪些方面需要集中，法律并不明确。事实是中央集中的权力过多，地方缺乏必要的权力"。[3] 我们认为，建设有中国特色的地方自治制度是破解民主集中制困局的必由之路。首先是我国现行的国家结构形式并不否定地方自治制度。作为单一制国家代表的英国具有悠久的地方自治历史，而历来强调集权的法国近年来推行的地方分权制度改革赋予地方更多的自治权力，2003年围绕地方分权问题对宪法进行修改的《关于

---

[1] 参见李林《立法理论与制度》，中国法制出版社，2005，第324页。
[2] 崔卓兰等：《地方立法实证研究》，知识产权出版社，2007，第88页。
[3] 应松年、薛刚凌：《地方制度研究新思路：中央与地方应用法律相规范》，《中国行政管理》2003年第2期。

共和国地方分权化组织法》确认法国为地方分权的单一制国家，同为单一制国家的日本在二战后颁行《地方自治法》，建立了地方自治制度，保障了地方自治团体的自治立法权，始于20世纪90年代的地方分权改革进一步扩大了地方自治的权限，实现了中央和地方立法权限划分的法治化。我国虽未在一般地区推行地方自治制度，但在基层建立了村民自治和居民自治制度，在少数民族聚居的地方实行了民族区域自治制度，在香港、澳门特别行政区独创了高度自治的"一国两制"制度，上述制度的实践为我国在一般地区推行地方自治积累了宝贵的经验。依宪法的基本原理分析，地方自治由人民主权原则直接推导而来，因而更符合人民主权原则的要求。由公民选出地方自治机构，治理本地方的公共事务，这也符合宪法的民主、自由与分权的精神。[①] "对于民众来说，地方权力较之中央权力具有更多的直接性、利益关联性，因此从民众愿望来说更期盼其带有一定的民主性和自治性，从而更有利于公民权利的行使与实现。"[②] 也有学者从制度空间上探讨了地方自治的可能性，认为由于全国人大会期很短、专业化程度有待提升，其立法主要限于全国基本法律，从而将大量事务交给地方政府自行处理，这就为地方自治留下了充足的空间。[③] 我们认为，从几十年来中央和地方集权分权的历史过程及《立法法》修改的精神来看，由中央不断向地方下放权力是整体的发展趋势，对于国家治理而言，地方自治并非洪水猛兽，只要符合国情现实，我们可以探索建立具有中国特色的地方自治制度。需要把握的原则是：地方自治制度既要保持中央对地方的尊重，在法律上保障地方政府相对的独立性，又要维护中央政府的权威，保留中央对地方进行合法性干预所需的必要权力和渠道，防止片面强调中央与地方关系的对立性和竞争性，以免威胁到国家的统一与稳定。[④] 总之，地方自治制度的建立使得地方专属立法权具有法律上的正当性，也在逻辑上证明了地方专属立法权的可行性和必

---

① 杨海坤、金亮新：《中央与地方关系法治化之基本问题研讨》，《现代法学》2007年第6期。
② 金亮新：《中央与地方关系法治化原理与实证研究》，《浙江学刊》2007年第4期。
③ 张千帆：《主权与分权——中央与地方关系的基本理论》，《国家检察官学院学报》2011年第2期。
④ 转引自杨海坤、金亮新《中央与地方关系法治化之基本问题研讨》，《现代法学》2007年第6期。

要性。只是应当注意的是，我国所要确立的地方专属立法权本身是有限度的，[1] 这种地方专属立法权不仅仅单为保障地方自治而设计，也基于明确中央和地方立法权限划分的便利而考量，至于如何确定地方专属立法权，则应以地方性事务和具体行政管理事项为依托进行探讨，本章将在第三节进行专门论述。

### （三）"不抵触"原则的合理解释

在探讨地方专属立法权时，我们应关注该制度的限权功能，这也是立法研究容易忽略的地方。实际上，《立法法》对中央和地方立法权限的划分规定了相应的准则，这些准则对地方立法而言也是一种限制性规定，这就是地方性法规立法时必须遵循的"不抵触"原则。然而，实务界和理论界对"不抵触"原则的理解存在不同的认识，这一点第三章已有专门论述。为此，有必要明确比较合理的解释，尽可能地减少认识上的混乱给立法适用造成的消极影响，对"不抵触"原则的解释需要把握好以下几个方面。

首先，明确抵触的含义。通常认为抵触意味着事物之间的矛盾、冲突、互不相容，这种文义上的理解并无大的分歧，"不抵触"原则中的抵触内涵与此暗合。相抵触不同于不一致，[2] 相抵触是指法律规范对同一调整对象作出了不同的规定，亦指同位法或者准同位法之间具有可协调性的冲突，归结起来，相抵触用于不同位阶之间的法律冲突，而不一致往往用于同位法之间的法律冲突。[3] 就其法律后果而言，相抵触的法律规范必然导致其中一个法律规范归于无效，而不一致的结果可以通过相应的法律适

---

[1] 也有观点明确否定地方专属立法权的存在，主张"我国的央地立法事权主要由中央专属立法事权以及中央与地方共同立法事权构成，地方立法很大程度上只是一种执行性、辅助性立法，地方不享有完整、独立的立法权"，参见封丽霞《中央与地方立法事权划分的理念、标准与中国实践——兼析我国央地立法事权法治化的基本思路》，《政治与法律》2017年第6期。该观点主要强调专属立法权的排他性和独占性，实际上，专属立法权具有原则性和相对性，是一种有限度的排他性和独占性，地方立法主体所享有的专属立法权是一种被中央立法制约和兼容的立法权。
[2] 孔祥俊：《法律规范冲突的选择适用与漏洞填补》，人民法院出版社，2004，第157~158页。
[3] 当然，若从词义上分析，相抵触与不一致的含义有重合的部分，两者都意味着事物之间的矛盾和差异性，我们在此处的区分主要基于规范意义上的考虑，具体而言，就是依据《立法法》的相关规定而作出的区分。

用规则选择适用其中一个法律规范,另一个法律规范依旧有效。如地方性法规与宪法、法律、行政法规相抵触的,则由全国人大常委会予以撤销,而同一机关制定的立法,特别规定与一般规定不一致的,适用特别规定,新的规定与旧的规定不一致的,适用新的规定,此处适用的规则即是"特别法优于一般法"以及"新法优于旧法"。

其次,明确不抵触的标准。究竟何谓"不抵触"原则,除在规范上进行界定之外,还要明确上下位阶规范之间不抵触的标准,从而为相关立法事项的冲突提供判断的依据。一般来说,不抵触的标准可以从两个方面进行考虑:一是不得与宪法、法律、行政法规具体条文的内容相冲突、相违背,当宪法、法律、行政法规具有明文规定时,地方立法要以上位法作为依据,当上位法的具体规定较为原则化时,地方立法可以出台具有可操作性的配套立法;二是符合上位法的基本原则和精神,上位法的基本原则和精神是立法文本的自然延伸和升华,也是立法的有机组成部分,作为整部立法的核心和灵魂,它们通常规定在立法的总则当中,有时也会蕴含于具体的条文当中。地方立法应该在价值取向方面与上位法的基本原则和精神保持一致,尤其在没有具体的上位法条文依据时,地方立法可根据本行政区域的具体情况和实际需要,因地制宜地制定出具有地方特色的立法,以解决不宜由中央立法规制或者中央立法暂时不能规制的问题。周旺生教授将违反第一种标准的情形称为直接抵触,将违反第二种标准的情形称为间接抵触,但对于如何适用直接抵触或者间接抵触并未作出进一步的阐释,这就涉及两个标准的关系问题,即我们在判断地方立法是否与上位法相抵触之时,两个标准是单独适用还是结合适用呢?有学者给出的解释是,在存在上位法的明文规定时,地方立法不能与这些规定相冲突和矛盾;在不存在上位法的明文规定时,地方立法可以先行制定,但不能与上位法的基本原则和精神相抵触。[①] 该解释的本意是将直接抵触和间接抵触分为两种不同的情形,前者是与宪法、法律、行政法规的明文规定相违背的情形,后者是当存在上位法的明文规定时,与宪法、法律、行政法规的基本原则和精神相抵触的情形,其实质是一种单独适用标准的思路。问题在于

---

[①] 孙波:《地方立法"不抵触"原则探析——兼论日本"法律先占"理论》,《政治与法律》2013年第6期。

## 第四章 地方立法权限的明确化

当上位法的具体规定由于时过境迁而没有及时进行清理、修改、废止时，地方立法是否仍以不违背上位法具体规定为要？另一种情形还见于上位法的具体规定有违立法的基本原则和精神，这同样成为判断是否相抵触的难题，上述情形虽然并不多见，但要加以考虑，故此，即使存在上位法具有明文规定之情形，也应考虑是否与上位法的基本原则和精神相抵触，两种标准宜综合加以考量并予以判断。

再次，明确上位法的范围。依据《立法法》第80条之规定，地方性法规不能与宪法、法律、行政法规相抵触，通常所理解的上位法的范围就涵盖了宪法、法律和行政法规。由于宪法规范过于抽象和原则化，许多研究者认为地方立法是否与宪法相抵触难以判断，再加上我国的违宪审查制度尚未得到普遍的实施，所以在研究中就忽略了宪法的存在，然而，宪法作为上位法依据的重要性不容忽视：其一，许多先行性地方立法并无直接的法律或者行政法规依据，除诉诸法律、行政法规的基本原则和精神之外，宪法规范作为最高的上位法也可作为判断其有效性的依据；其二，由于地方立法的上位法具有不同的效力层次、不同的规范类型，法律、行政法规之间可能会存在规范冲突，在这种情形下，宪法同样可以成为判断地方性法规合法性的终极依据，因而，应该重视宪法作为地方立法上位法依据的地位。[1] 至于如何具体判断某一部法律或者行政法规是否构成地方立法的上位法，实践中通常有两种标准：一是依据立法目的进行判断，任何一部立法都有其意欲实现的目的，立法目的存在的意义在于维持整部立法的体系性，一般来说，立法目的相同的不同位阶的立法，其规范的立法事项也大多是一致的，在此种情况下，法律或行政法规构成地方立法的上位法；二是依据规范的事项进行判断，立法是调整社会关系的行为准则，任何一部立法都有其调整的社会关系，并由此衍生相应的立法事项，由于同一社会关系可由不同位阶的立法予以调整，所以不同位阶的立法所规制的立法事项有可能是相同的，以规范事项为线索也可以确定上位法的范围。

最后，"不抵触"原则的适用实践。2003年10月，最高人民法院在上

---

[1] 参见姚国建《论地方性法规制定中的"不抵触原则"——一个规范主义视角的解读》，许崇德、韩大元主编《中国宪法年刊（2011）》，法律出版社，2012，第70页。

海召开全国法院行政审判工作座谈会期间，就审理行政案件适用法律规范问题开展了专题座谈会。之后发布的会议纪要列举了审判实践中常见的相抵触的情形，[①] 这些情形对理解"不抵触"原则具有重要的指导作用。如果用通俗的语言来解释"不抵触"原则，可以理解为当上位法规定为某种行为时，地方立法不得规定不得为某种行为或者禁止为某种行为，当上位法规定不得为某种行为时，地方立法不得规定为某种行为或者鼓励某种行为，对于上位法已有的规定，地方立法不得任意扩大、缩小或者变更规范适用的条件、范围，[②] 不得随意改变特定法律术语的内涵和外延，在上位法出现立法空白的情况下，地方立法依据授权可以突破上位法之范围，但不得违背授权的目的，不得超出授权的范围。此外，在实践中，不能将"不抵触"原则与地方政府规章所依据的"根据"原则相混淆，《立法法》第93条规定的"根据法律、行政法规和本省、自治区、直辖市的地方性法规"是指法律、行政法规和地方性法规没有涉及的立法事项，地方政府

---

[①] 依据《最高人民法院关于审理行政案件适用法律规范问题的座谈会纪要》的规定，下位法不符合上位法的常见情形有：下位法缩小上位法规定的权利主体范围，或者违反上位法立法目的扩大上位法规定的权利主体范围；下位法限制或者剥夺上位法规定的权利，或者违反上位法立法目的扩大上位法规定的权利范围；下位法扩大行政主体或其职权范围；下位法延长上位法规定的履行法定职责期限；下位法以参照、准用等方式扩大或者限缩上位法规定的义务或者义务主体的范围、性质或者条件；下位法增设或者限缩违反上位法规定的适用条件；下位法扩大或者限缩上位法规定的给予行政处罚的行为、种类和幅度的范围；下位法改变上位法已规定的违法行为的性质；下位法超出上位法规定的强制措施的适用范围、种类和方式，以及增设或者限缩其适用条件；法规、规章或者其他规范文件设定不符合行政许可法规定的行政许可，或者增设违反上位法的行政许可条件；其他相抵触的情形。

[②] 这里需要讨论的是，地方立法是否应该局限于上位法规定的范围之内？日本著名行政法学者盐野宏以日本最高法院的判决为例指出，关于条例是否违反国家的法令的问题，有必要比较各自的宗旨、目的、内容及效果，即使目的是相同的，国家的法律"被解释为其宗旨是容许在普通地方公共团体中，适应该地方的实际情况，采取特别的规制时"，"不可能产生条例违反国家的法令的问题"，参见〔日〕盐野宏《行政组织法》，杨建顺译，北京大学出版社，2008，第129页。其要旨在于当立法目的相同时，国家法律应尊重地方自治立法权，允许地方立法进行特别的规制，如在环境保护的立法领域内，出于和国家立法同样的保护环境的立法目的，地方立法可以根据本地区的区情需要，制定比国家立法更为严格的立法标准，这一种立法思路值得我们借鉴，如我国山西省由于地理环境的特殊性，对环境保护的要求就比较高，相应地，环境治理的标准和国家立法的标准就存在较大的差异，具体而言，山西省在环保的地方立法中如果更加严格一些，就可能产生相抵触的问题，问题在于这种严格的标准与国家立法的目的并无相违之处，因而不能贸然断定其立法无效。

规章就不能立法，同时，地方政府规章必须在立法目的、基本原则和精神上与法律、行政法规、地方性法规保持一致。相比较而言，在不抵触的情形下，地方立法的空间要大一些，而在根据的条件下，地方立法受到严格的限制，这正是两者较为明显的差异。

### 四 中央和地方共同的立法事项

#### （一）问题的提出

关于如何划分中央和地方的立法权限，《立法法》提供的解决方案是：一方面，明确列举中央专属立法权限；另一方面，对于地方立法权限进行概括性规定，同时规定了地方立法对于中央立法的从属性。这种两分法也是大多数单一制国家采取的立法方式。然而，从客观上讲，这种两分法很难将中央和地方的立法权限划分得清晰，因为在许多立法事项上，中央与地方的立法主体都可以有所涉及，《立法法》第11条规定了只能由法律规定的事项，而不是法律能够规定的事项，法律能够规定的事项要比只能由法律规定的事项更为广泛，"划出专属立法事项只是说明，这些专属事项只能由全国人大及其常委会制定法律，其他国家机关非经法律授权不得对上述专属事项予以规范。但这并不意味着，全国人大及其常委会只能在专属立法权范围内开展立法，对专属立法权之外的其他事项，比如有关教育、科学、文化、卫生、体育、环境保护等社会生活各个方面的事项，全国人大及其常委会仍然可以制定法律"。[1] 在立法实践当中的确存在多项可由中央立法主体立法的未尽列举事宜，而这些立法事项或由全国人大及其常委会制定法律，或由地方立法主体先行立法，我们通常将这些既可以由中央立法主体予以调整又可以由地方立法主体先行调整的立法事项称为共同的立法事项，或者称为交叉的立法事项。

以《中华人民共和国旅游法》（以下简称《旅游法》）的出台为例，早在20世纪80年代初，国家旅游局就着手起草《旅游法》，并一度将其列入1988年第七届全国人大常委会计划，直到2013年由第十二届全国人大常委会第二次会议通过，整部法律从起草到颁布历经30余年，但在中央立法之

---

[1] 张春生主编《中华人民共和国立法法释义》，法律出版社，2000，第62页；乔晓阳主编《〈中华人民共和国立法法〉导读与释义》，中国民主法制出版社，2015，第94页。

前，地方已经开始进行旅游市场管理方面的立法工作，如海南省人大常委会于1995年率先制定了《海南省旅游管理条例》，福建省人大常委会于2002年制定了《福建省旅游条例》，湖北省人大常委会于2005年制定了《湖北省旅游条例》，旅游管理显然不属于中央专属的立法事项，地方就旅游事项的先行立法对之后的中央立法具有"试验田"的作用，有效降低了推行的成本，将立法失败的风险控制在了局部地区。类似的地方立法已经比较普遍，如在消费者权益保护立法方面，全国人大常委会于1993年10月31日通过了《中华人民共和国消费者权益保护法》，而江苏省人大常委会于1988年6月23日就通过了《江苏省保护消费者权益条例》；在老年人权益保障立法方面，全国人大常委会于1996年8月29日制定了《老年人权益保障法》，而天津市人大常委会于1987年3月18日就颁布了《天津市保护老年人合法权益的若干规定》；等等。① 地方立法的先行实践为中央立法积累了必要的经验，而先行地方立法所涉及的立法事项既不属于中央专属立法事项，又不属于地方专属立法事项，这种"地方先行、中央跟进"的立法模式或者"地方包围中央"的立法模式，表明了地方立法规制的正是中央和地方立法主体均可以调整的立法事项，这使得中央和地方共同的立法事项有理由纳入立法研究的范围之内。

### （二）规范依据及其意义

从世界各国的立法制度来看，有关中央和地方共同立法事项的规定方式有两种，一种是隐含式规定，另一种是明确式规定，前者以单一制国家立法为主，这些国家并没有明确规定哪些事项是中央和地方共同的立法事项，地方立法主要是为了满足执行中央立法的需要，或是接受中央委托而就地方性事务进行立法，由于中央立法的范围过于宽泛，就整体而言，中央和地方立法权限划分涉及的是"中央专属立法事项与中央、地方共同立法事项"。② 后者以联邦制国家为主，这些国家基本上明确规定了中央和地方共同的立法事项，有的国家将全部的立法事项分为联邦专属立法事项、联邦与各联邦成员共同立法事项，以及联邦成员立法事项，如德国、俄罗斯等国家，有的国家则将全部的立法事项分为联邦专属立法事项、联邦成

---

① 上述立法实例引自韩大元主编《公法的制度变迁》，北京大学出版社，2009，第271页。
② 封丽霞：《中央与地方立法关系法治化研究》，北京大学出版社，2008，第139页。

员专属立法事项、联邦与各联邦成员共同立法事项以及剩余立法事项，如加拿大、印度等国家，尤其值得注意的是，在中央和地方共同的立法事项中，上述国家基本上都确定了中央立法的优先性，地方立法应保持与中央立法的统一性，并不得与之相抵触。

研究者通常将《立法法》第82条第2款归结为先行地方立法条款。然而，从规范的内容来看，该条款概括规定了中央和地方共同的立法事项，这些事项属于中央立法事项但不属于中央专属立法事项，这些事项本该由中央立法主体进行调整，但中央立法主体并未调整相关事项，于是，地方立法主体可以根据本地方的具体情况和实际需要，通过行使先行立法权来调整这些事项，但不得与之后颁布的中央立法相抵触，否则无效，制定机关要及时予以修改或者废止。与其他国家和地区相比，我国的立法以比较间接和概括的方式规定了中央和地方共同的立法事项，所谓间接，是指立法并未直接规定中央和地方共同的立法事项，而是通过确认先行地方立法权的方式迂回规定了共同的立法事项；所谓概括，是指立法并未具体规定哪些属于中央和地方共同的立法事项，而是将其概括为"除本法第十一条规定的事项外，其他尚未制定法律或者行政法规的事项"，这些事项除明确不属于《立法法》第11条规定的事项之外，其具体的范围有待于进一步解释和阐明。尽管共同立法事项规定得比较抽象，其自身却具有重要的法律意义，除可以积累中央立法经验、降低立法失败成本之外，从长远考虑，共同立法事项可以使中央和地方的立法主体在立法事项上进行合理分工、协商合作，在立法的过程中可以妥善处理中央和地方各自的利益诉求，从而减少相关立法在地方上推行的阻力，并且进一步扩展了地方立法主体在中央立法过程中的话语权。

### （三）共同立法事项的范围

《立法法》第82条第2款规定了中央和地方共同的立法事项，这些立法事项的范围涵盖了中央专属立法权之外本该制定法律、行政法规而尚未制定的事项，若按照立法的原意进行解释，执行性地方立法及自主性地方立法所涉及的事项便不属于共同立法事项的范围，因为执行性地方立法需要以既存的上位法规范为依据，自主性地方立法则主要针对地方性事务进行立法，突出了立法的地方性特色，通常中央立法也不会涉及此类事项，由于我国规定的地方立法的范围比较原则化和概括，所以在确定共同立法事项的范围时宜从中央专属立法事项的排除入手，我们认为，《立法法》第 11 条规定的立法事项之外的其他事项，地方立法主体均可以在本区域内进行相应的立法探索，但地方立法要注意与本区域的实际情况和需要相结合，这是确定共同立法事项需要把握的基本原则。有观点认为，"在立法实践中，即使是允许地方先行作出规定的，如果涉及中央统一管理的事项，地方也不宜作出规定"。① 这种观点值得商榷，因为就中央立法所涉及的事项而言，这些事项基本上会由中央进行统一管理，用立法方式进行管理的结果便形成了中央立法，对于涉及中央统一管理但未经中央立法调整的立法事项，地方立法主体可以在这些领域因地制宜地进行创新性立法，不同地方就同一事项的立法可以为中央立法积累丰富的立法实践经验，妥善解决中央立法在地方差异性方面遇到的难题，同时可以避免"中央立法者高高在上，脱离实际地出台'官僚式''一刀切'立法"。② 如果在"涉及中央统一管理的事项"上限制地方立法的调整，则无法为中央立法提供可借鉴的宝贵经验，也人为地增加了中央立法的试错成本，因而，没有必要对先行地方立法进行过多的限制。

如何具体划定共同立法事项是立法实践中的难题。比较来看，有些国家在立法上明确划定了中央和地方共同的立法事项，如 1848 年制定的《瑞士联邦宪法》就规定了联邦和州共同行使立法权的事项，包括水利事业、道路、贸易、工业和劳动、公立学校和教育、税收等事项。③《意大利共和国宪法》也规定了中央和区共同的立法事项，包括：区辖行政机关和行政单位的组成；市（镇）的境域；城镇和乡村的地方警察；交易会和市场；公共慈善事业和卫生医疗救护；手艺和职业的教育及对（经济困难的）学生的救济；地方机关的博物馆和图书馆；市政建设；旅游业和旅馆业；区辖电车和公路；区辖道路、输水管道和公共工程；湖水航运和港口；矿泉和温泉；矿山和泥煤矿；狩猎；内地水域的渔业；农业和林业；

---

① 乔晓阳主编《〈中华人民共和国立法法〉导读与释义》，中国民主法制出版社，2015，第 250 页。
② 汤唯等：《地方立法的民主化与科学化构想》，北京大学出版社，2002，第 90 页。
③ 李林：《立法理论与制度》，中国法制出版社，2005，第 328 页。

手工业；等等。① 我国现行立法只对中央专属立法事项进行列举，并未对中央和地方共同的立法事项进行详细的列举，我们认为，共同的立法事项主要包括以下几个方面：一是中央专属立法事项中非基本制度的事项；二是中央专属立法事项中尚未列举的其他事项，如教育、科学、文化、卫生、体育、环境保护、社会保障、水利、慈善、旅游、道路交通、林业、渔业、畜牧业、手工业、矿藏等社会经济、文化、生活各个方面的事项；② 三是已有中央立法由于立法纰漏所产生的事项空白，亦即中央已经就某一事项制定了法律和行政法规，但由于立法能力或者立法技术的原因，部分事项没有纳入相应的立法范围，就这一部分形成的立法空白事项，中央立法可以通过修改加以完善，地方立法可以发扬创新精神先行立法，这也体现了地方立法拾遗补阙的功能。此外，有观点对中央和地方立法之间的模糊空间和共有空间进行了区分，张荣在其硕士学位论文《谈地方性法规的"地方性事务"——对立法法第六十四条中"地方性事务"的理解》中指出立法的模糊空间并不能等同于共有空间，尽管二者都允许由具有不同立法权的立法主体进行立法，但共有空间范围相对明确，对于模糊空间的事务，谁有权介入此空间在认识上不明确，又缺乏必要的法律依据，一旦明确性质，就有可能不再属于共有空间的事务。就《立法法》的规定来看，区分中央和地方立法的模糊空间和共有空间的理论意义大于实践意义，因为《立法法》并没有明确规定中央和地方立法的共同事项，所以中央和地方的共有空间本身就是模糊的，在地方立法实践中的确存在无法确定应由中央立法调整还是应由地方立法调整的事项，比较可行的判断方法是，这些事项只要不属于《立法法》第11条规定的中央专属立法事项，均可以将其归结为地方先行立法的事项，无须再细分模糊空间和共有空间。

总的来说，共同立法事项的立法权对于地方立法主体来说是一种灵活性的权力，《立法法》并没有强制性地强加于地方立法主体，而是赋予其

---

① 参见《意大利共和国宪法》，百度百科，http://baike.baidu.com/link?url=H6_cMgagOI-Si4mR_4QBr59PR2Hd6Qhk1KthzvOjX0zBi0XC5XTq3fGcju9ux4lzYFQrl_ISkFYb_HaakZlSmaa，最后访问日期：2023年1月30日。

② 也有学者认为，中央和地方共同的立法事项应包括计划生育、资源开发利用、环境保护、市政建设、社会保险和教育、科学、文化、卫生、民政等，参见徐向华《中国立法关系论》，浙江人民出版社，1999，第62页。

一定的选择权,尽管我们无法具体列举共同立法的事项,但这也为中央立法和地方立法提供了更多的弹性空间,有利于双方在立法事项上进行协商和合作,这正是民主立法的要求和体现。

## 第三节　地方立法权限模糊性的限制

通常依据立法权限及立法内容的不同,将地方立法分为一般地方立法和特别地方立法,其中一般地方立法权限的明确化主要研究地方性法规立法权限的明确化、地方政府规章立法权限的明确化,还探讨地方性法规与地方政府规章权限边界的划分问题,至于特别地方立法与一般地方立法的权限划分问题前文已有论述,本节将重点探讨一般地方立法权限的明确化问题。

### 一　地方性法规立法权限的明确化

#### (一) 地方性事务的范围界分

《立法法》第82条规定了地方性法规的立法事项范围,其中第一项为执行性立法,是指地方立法主体为执行或者实施法律、行政法规的规定而进行的立法。执行性立法以既有的中央立法为依据,主要将中央立法中概括抽象的规范明确化和具体化,地方立法主体可结合自身的需要和实际情况进行立法,但不得与中央立法相抵触,这是地方立法实践中较为常见的立法方式。第二项为自主性立法,是指地方立法主体依据法律授权对中央没有必要或暂时没有能力解决的事项进行的立法,依《立法法》的规定,自主性立法规范和调整的主要是地方性事务。相比较而言,执行性立法以既有的法律、行政法规为依据,立法的针对性和目的性较为明确,而自主性立法的事项范围比较模糊,地方性事务涵盖了哪些可以进行地方立法的事项,难以确定,地方性事务本身就是一个极具概括性的法律术语,《立法法》既未进行具体的列举,又未明确判断的立法标准,立法机关更未对此进行立法解释,理论界的相关研究成果也较少,这使得实务界对地方性事务的把握仍停留在概念层面。从地方立法实践来看,由于缺乏明确的法律判断标准,地方性事务范围多是由地方立法机关基于本地区的实际需要加以选择的。

## 第四章 地方立法权限的明确化

以湖北省地方性法规立法为例，截至2015年1月，湖北省人大及其常委会共制定了189件地方性法规，排除执行性地方立法之后，共计有自主性地方立法61件（见表4-2），约占立法总量的32.28%，此类型立法调整事项即为地方性事务。从分布的立法领域来看，地方性事务涉及除了刑法之外的宪法、行政法、民商法、经济法、社会法及程序法等立法领域，几乎涵盖了所有的法律部门，但不同立法领域分布的数量并不均衡，其中经济法类型的立法最多，共计有37件，约占自主性地方立法总量的60.66%，涉及社会法领域的立法共11件，约占自主性地方立法总量的18.03%，而其他立法领域的数量比较少（见表4-3）；从具体的立法事项来看，地方性事务涉及地方政权组织建设、治安管理、公民权利保障、城乡建设与规划、环境保护、交通运输、工商行政管理、企业管理、农业、林业、水利、国土资源的保护及利用、财政预算、劳动就业、科技、教育、卫生、文化等事项，其范围较广，可谓包罗万象，以此来探究地方性事务的事项范围，足见划分难度之大。

**表4-2　湖北省本级现行有效地方性法规（自主性地方立法）分类**

| 制定时间与届别 | 法规名称 | 归口管理部门 | 省人大对口专委 |
|---|---|---|---|
| 1988年9月七届人大 | 《湖北省人民代表大会常务委员会议事规则》 | 省人大 | 法制委员会 |
| 1999年12月九届人大 | 《湖北省各级人民代表大会常务委员会讨论、决定重大事项的规定》 | 省人大 | 法制委员会 |
| 1999年1月九届人大 | 《湖北省行政执法条例》 | 法制办 | 法制委员会 |
| 1987年9月六届人大 | 《湖北省机关、团体、企业、事业单位治安保卫工作条例》 | 公安厅 | 内务司法委员会 |
| 1991年3月七届人大 | 《湖北省保护公民举报权利的若干规定》 | 监察厅检察院 | 内务司法委员会 |
| 1999年6月九届人大 | 《湖北省法制宣传教育条例》 | 司法厅 | 内务司法委员会 |
| 2000年7月九届人大 | 《湖北省人民代表大会常务委员会关于加强渎职侵权检察工作的决议》 | 检察院 | 内务司法委员会 |
| 2002年3月九届人大 | 《湖北省司法鉴定管理条例》 | 司法厅 | 内务司法委员会 |

续表

| 制定时间与届别 | 法规名称 | 归口管理部门 | 省人大对口专委 |
|---|---|---|---|
| 2003年9月<br>十届人大 | 《湖北省人民代表大会常务委员会关于预防和制止家庭暴力的决议》 | 省人大 | 内务司法委员会 |
| 2004年7月<br>十届人大 | 《湖北省人才市场管理条例》 | 人社厅 | |
| 2005年5月<br>十届人大 | 《湖北省预防职务犯罪条例》 | 检察院 | |
| 2006年5月<br>十届人大 | 《湖北省青年志愿服务条例》 | 共青团 | |
| 2007年12月<br>十届人大 | 《湖北省企业民主管理条例》 | 总工会 | |
| 2009年7月<br>十一届人大 | 《湖北省人民代表大会常务委员会关于加强检察机关法律监督工作的决定》 | 省人大 | |
| 2011年8月<br>十一届人大 | 《湖北省法律援助条例》 | 司法厅 | |
| 2012年12月<br>十一届人大 | 《湖北省流动人口服务和管理条例》 | 综治委 | |
| 1995年3月<br>八届人大 | 《湖北省集贸市场管理条例》 | 工商局 | 财政经济委员会 |
| 1996年7月<br>八届人大 | 《湖北省经济技术开发区条例》 | 发改委 | |
| 1997年3月<br>八届人大 | 《湖北省城市商业网点建设管理条例》 | 商务厅 | |
| 1998年7月<br>九届人大 | 《湖北省资源综合利用条例》 | 发改委 | |
| 2000年3月<br>九届人大 | 《湖北省经纪人管理条例》 | 工商局 | |
| 2002年1月<br>九届人大 | 《湖北省交通建设管理条例》 | 交通厅 | |
| 2003年4月<br>十届人大 | 《湖北省盐业管理条例》 | 盐务局 | |
| 2005年11月<br>十届人大 | 《湖北省企业负担监督条例》 | 工商局 | |
| 2006年9月<br>十届人大 | 《湖北省道路运输条例》 | 交通厅 | |

# 第四章 地方立法权限的明确化

续表

| 制定时间与届别 | 法规名称 | 归口管理部门 | 省人大对口专委 |
|---|---|---|---|
| 2007年9月<br>十届人大 | 《湖北省电子电器产品维修服务条例》 | 经信委 | 财政经济委员会 |
| 2009年3月<br>十一届人大 | 《湖北省高速公路管理条例》 | 交通厅 | |
| 2009年7月<br>十一届人大 | 《武汉城市圈资源节约型和环境友好型社会建设综合配套改革试验促进条例》 | 发改委 | |
| 2009年7月<br>十一届人大 | 《湖北省信息化条例》 | 经信委 | |
| 2012年9月<br>十一届人大 | 《湖北省构建促进中部地区崛起重要战略支点条例》 | 发改委 | |
| 2012年9月<br>十一届人大 | 《湖北省优化经济发展环境条例》 | 商务厅 | |
| 2012年12月<br>十一届人大 | 《湖北省水路交通条例》 | 交通厅 | |
| 2015年1月<br>十二届人大 | 《湖北省行政事业单位国有资产监督管理条例》 | 财经委 | |
| 1992年5月<br>七届人大 | 《湖北省技术市场管理条例》 | 科技厅 | 教育科学文化卫生委员会 |
| 2001年7月<br>九届人大 | 《湖北省公共图书馆条例》 | 文化厅 | |
| 2002年1月<br>九届人大 | 《湖北省发展中医条例》 | 卫计委 | |
| 2003年11月<br>十届人大 | 《湖北省爱国卫生条例》 | 卫计委 | |
| 2005年7月<br>十届人大 | 《湖北省实验动物管理条例》 | 科技厅 | |
| 2008年9月<br>十一届人大 | 《湖北省血吸虫病防治条例》 | 卫计委 | |
| 2014年9月<br>十二届人大 | 《湖北省人体器官捐献条例》 | 卫计委 | |
| 2015年1月<br>十二届人大 | 《东湖国家自主创新示范区条例》 | 教科文委 | |
| 1996年9月<br>八届人大 | 《湖北省散居少数民族工作条例》 | 民宗委 | 民族宗教侨务外事委员会 |

233

续表

| 制定时间与届别 | 法规名称 | 归口管理部门 | 省人大对口专委 |
|---|---|---|---|
| 1987年2月<br>六届人大 | 《湖北省神农架自然资源保护条例》 | 林业厅 | 农业与农村委员会 |
| 1995年7月<br>八届人大 | 《湖北省农村集体财产管理条例》 | 农业厅 | |
| 2002年9月<br>九届人大 | 《湖北省森林防火条例》 | 林业厅 | |
| 2006年9月<br>十届人大 | 《湖北省农业生态环境保护条例》 | 农业厅<br>环保厅 | |
| 2006年12月<br>十届人大 | 《湖北省农民负担监督管理条例》 | 农业厅 | |
| 2009年11月<br>十一届人大 | 《湖北省农村扶贫条例》 | 扶贫办 | |
| 2010年7月<br>十一届人大 | 《湖北省农村可再生能源条例》 | 农业厅 | |
| 2012年5月<br>十二届人大 | 《湖北省湖泊保护条例》 | 水利厅 | |
| 2013年5月<br>十二届人大 | 《湖北省促进革命老区发展条例》 | 扶贫办 | |
| 1997年12月<br>八届人大 | 《湖北省大气污染防治条例》 | 环保厅 | 城乡建设与环境资源保护委员会 |
| 1999年6月<br>九届人大 | 《湖北省燃气管理条例》 | 住建厅 | |
| 1999年11月<br>九届人大 | 《湖北省汉江流域水污染防治条例》 | 环保厅 | |
| 2001年1月<br>九届人大 | 《湖北省城市建设监察条例》 | 住建厅 | |
| 2001年5月<br>九届人大 | 《湖北省地质环境管理条例》 | 国土厅 | |
| 2002年1月<br>九届人大 | 《湖北省国土资源监督监察条例》 | 国土厅 | |
| 2006年5月<br>十届人大 | 《湖北省城市市容和环境卫生管理条例》 | 住建厅 | |
| 2006年9月<br>十届人大 | 《湖北省农业生态环境保护条例》 | 农业厅<br>环保厅 | |

第四章 地方立法权限的明确化

续表

| 制定时间<br>与届别 | 法规名称 | 归口管理部门 | 省人大对口专委 |
|---|---|---|---|
| 1999年9月<br>九届人大 | 《湖北省预算外资金管理条例》 | 财政厅 | 预算工作委员会 |
| 2001年1月<br>九届人大 | 《湖北省人民代表大会常务委员会关于加强省级预算审查监督的决定》 | | |

资料来源：《湖北省人民代表大会常务委员会办公厅关于开展省本级地方性法规清理工作的通知》（鄂常办〔2015〕20号）附件二。出于研究的需要，本书对附件二表格的内容进行了部分处理。

表4-3　地方性事务在不同立法领域的分布数量及比例

单位：件，%

| 立法领域 | 数量 | 比例 |
|---|---|---|
| 宪法 | 5 | 8.20 |
| 行政法 | 5 | 8.20 |
| 民商法 | 1 | 1.64 |
| 经济法 | 37 | 60.66 |
| 社会法 | 11 | 18.03 |
| 程序法 | 1 | 1.64 |
| 其他 | 1 | 1.64 |
| 总计 | 61 | 100 |

注：关于表格的数据需要说明的是，有关分类标准的不同认识将产生统计结果的差异，本书的分类主要来源于地方立法的实践，但也有学者认为地方性法规不可能有民商法、刑法这些类型，从而将地方性法规分为宪法类法规、经济类法规、行政类法规及社会类法规（参见俞荣根《不同类型地方性法规立法后评估指标体系研究》，《现代法学》2013年第5期）。上述观点值得地方立法主体认真借鉴，但也有继续探讨的必要，如《立法法》第11条只保留了法律对民事基本制度的规定权，这并不意味着地方立法不能涉及所有民事制度的事项，地方立法可以在保障民事主体民事权利、解决民事商事纠纷方面发挥更为积极的作用，因而，地方性事务可以涉及民商法领域的事项，但这些分类是相对的，分类标准之间并无绝对的界限，如我们将行政机关对社会主义经济领域的管理都归结为经济法的范畴，把环境保护与自然资源利用、城乡建设也归结为经济法的范围，这样直接导致经济方面立法的比例较高，在社会法方面，我们将教育、科技、文化、医疗、卫生、劳动就业等事项都归类为社会法，这也使得社会方面立法所占比重较大，有关其他地方立法的数据分析可参考周冶陶《湖北省人大常委会32年立法统计与分析——纪念地方人大常委会建立60周年》，张春生、朱景文主编《地方立法的理论与实践（2015年辑）》，法律出版社，2015，第279~288页。

叶必丰认为，地方性事务与地方事权一样，完全可以省略"性"而称为地方事务，地方事务是地方人大的事务管辖权，是中央和地方权力分工的标准。就地方立法而言，地方事务更多地表征了地方性法规的调整对象，地方事权则进一步表征了地方立法的自主性。① 从这个意义上讲，地方性事务范围的界定，与地方事权的确定具有密切的关系，"立法权的划分应当根据很确定的界限，并且以事权划分为前提，有什么事权，就有什么立法权"。② 除地方事权之外，和地方性事务含义同源的还有立法事权的概念，封丽霞认为，从中央与地方的职责来看，中央与地方的立法事权具有高度的同构性，中央与地方以及不同层级地方之间在立法事权方面缺乏合理化、精细化的区分。③ 在立法实践中，哪些事项可以由地方自主立法，哪些事项可由中央授权立法，《立法法》等法律并未进行明确的解释，立法事权的模糊性导致立法重复、立法抄袭、立法不作为以及立法越位等现象层出不穷，不仅浪费了地方立法资源，也妨碍了国家法制的统一。只有界定地方立法事权，才能形成稳定的央地立法格局以及明确的立法行为预期，才能有效发挥地方自主立法的规范功能和社会功能。

为表述方便，我们仍用地方性事务来指称自主性地方性法规所调整的立法事项。判断作为法律概念的地方性事务，一方面，应把握地方性事务的本质。地方性事务是相对于全国性事务而言的，因而，地方性事务并非区分地方性法规与地方政府规章的立法事项标准，而是区分中央立法与地方立法的立法事项标准，需要制定地方性法规的地方性事务，在本质上必定是本行政区域内具有全局性、根本性和长远性的并与人民群众切身利益相关的立法事项，这些事项应涉及公民的基本权利和基本义务，和民生大计相关，更关乎民心向背。2016年8月24日发布的《国务院关于推进中央与地方财政事权和支出责任划分改革的指导意见》明确了设定地方财政事权的原则，"将直接面向基层、量大面广、与当地居民密切相关、由地方提供更方便有效的基本公共服务确定为地方的财政事权"；并设定了地方财政事权的作用范围，"要逐步将社会治安、市政交通、农村公

---

① 叶必丰：《论地方事务》，《行政法学研究》2018年第1期。
② 张春生、林彦：《〈立法法〉修改前瞻——访中国立法学研究会会长张春生》，《交大法学》2014年第3期。
③ 参见封丽霞《中央与地方立法事权划分的理念、标准与中国实践——兼析我国央地立法事权法治化的基本思路》，《政治与法律》2017年第6期。

路、城乡社区事务等受益范围地域性强、信息较为复杂且主要与当地居民密切相关的基本公共服务确定为地方的财政事权"。上述指导意见从国家治理的角度区分了中央与地方的财政事权,地方的财政事权是地方事权在财政领域的职权形式,该指导意见虽然没有涉及事权与立法权的匹配问题,但为理解地方性事务的本质提供了认知参照点。

另一方面,要确定相应的判断标准,即以怎样的标准来判断某一事项属于地方性事务。有学者提出三项判断标准:一是依据事务所涉及的利益范围判断,如果事务涉及某地区的利益,则该事务属于地方性事务;二是依据事务实施的地域范围判断,如果事务以某地方为实施范围,则该事务属于地方性事务;三是依据事务的性质判断,如果事务适宜由地方根据实际情况进行特殊处理,则该事务属于地方性事务。[①] 上述判断标准在操作上具有一定的难度,很显然,纯粹涉及地方利益、地方区域的立法事项较为少见,通常相关立法事项的判断会进行国家利益与地方利益、整体利益与部分利益之间的权衡,再者,立法事项具有变动性,今日之地方性事务将来可能转化为全国性事务,如果单一适用上述判断标准,势必导致判断的不确定性,因此,应当采用综合的判断标准对地方性事务进行界定。也有学者依据2016年出台的《国务院关于推进中央与地方财政事权和支出责任划分改革的指导意见》中的相关内容,将中央与地方立法权的分配原则归纳为职能下属化原则、市场统一原则以及中央权威原则。即在一般情形下,立法事务尤其是带有服务性或供给性的事务应该尽量授权给较低层级的地方实施;若授权的立法事务影响到市场的统一或经济的整体性,则应当由中央负责立法,地方可以制定实施性规则;而那些影响政治安全、国家统一的事务,则不属于地方立法事项的范围。[②] 上述原则尽管指向中央与地方立法权的分配问题,但可以为地方性事务的判断提供参考的标准。我们认为,地方性事务的判断,应当以现有的立法规范为依据,在维护国家主权和法制统一的基础上,充分体现地方特色及其利益需求,并以提高地方治理的效能和促进全国统一市场的形成为基本依循。

---

① 参见孙波《论地方性事务——我国中央与地方关系法治化的新进展》,《法制与社会发展》2008年第5期。
② 参见俞祺《论立法中的"地方性事务"》,《法商研究》2021年第4期。

对于是否应具体划分地方性事务的范围，有学者表达了否定的意见，认为地方性事务或许并不需要如中央一般明确列举，原因在于当前的立法技术局限以及地方性事务的动态性增加了地方性事务列举的难度，加之我国单一制中央集权国家的结构形式无法排除中央立法对地方性事务的涉入，导致地方性事务范围的界定失去了必要性，因此，不必纠结于地方性事务的详细列举。在中央立法保留之外，凡是符合地方的实际情况和具体需求并具有地区特色和差异性的事项，均属于地方性事项。[1] 上述观点在理论上无可指摘，在规范上也契合了现有的制度设计，但可能会助长地方立法实践中地方性事务泛化的倾向。实际上，理论界并未放弃地方性事务具体化的努力，[2] 这使得地方性事务范围研究具备了一定的方法论基础。相对于反面排除中央立法事项的判断方法，正面列举地方性事务的范围并不乏积极的明示意义，如有学者对我国省、市两级地方立法涉及的事项进行了梳理，发现当前地方立法成果大致涵盖了 87 个具体事项，从而归纳出市级立法地方性事务的可能范围，[3] 对于地方立法主体而言，上述研究成果当然具有一定的指引作用。

从当前的立法实践来看，地方性事务至少包括：①《立法法》规定的设区的市可以进行地方立法的具体事项，以及各类单行法律明确规定由地方立法的事项；②具有典型的地方特色，未来不可能或目前尚未发展成为全国性事务，且中央在可预见的时间内不太可能进行专门立法的事项。[4] 至于地方性事务的可能范围，应该从宪法和《地方组织法》对地方人大职权的规定入手，结合国内外地方立法的实践，现将作为立法事项的地方性事务范围概括如下。

一是地方政权建设类的立法事项。包括：①地方人大立法机关的工作条例、议事规则；②地方性法规、地方政府规章的制定程序；③行政规范文件的制定程序及备案审查制度；④区域合作协议的签订、履行及监督；

---

[1] 参见曹瀚予《地方创制性立法研究》，中国社会科学出版社，2023，第 169 页。
[2] 如有学者探索了地方性事务认定的具体步骤与方法，参见俞祺《论立法中的"地方性事务"》，《法商研究》2021 年第 4 期；也有学者尝试从静态和动态两个方面构建判断地方性事务的标准体系，参见郑毅《规范视野下的地方性事务》，《中国法学》2022 年第 5 期。
[3] 参见杨惠琪《市级立法的权能、实践与优化——以主体扩容为分析背景》，中国法制出版社，2021，第 75 页。
[4] 王克稳：《地方性法规设定行政处罚的空间》，《法学研究》2022 年第 1 期。

⑤地方人大对本级政府、法院和检察院的监督；⑥农村、城镇基层政权建设和自治组织建设。

二是地方行政管理类的立法事项。包括：①治安管理事项，如户籍管理、社会治安秩序管理、枪支管理、违禁品管理、危险品管理、特种行业管理等方面的事项；②交通管理事项，如道路及桥涵隧道修建管理、道路路地管理、航运交通管理、道路交通安全管理等方面的事项；③工商管理事项，如市场主体登记管理、市场经营秩序管理、产品质量监督管理、消费者权益维护管理、反垄断执法管理、反不正当竞争执法管理等方面的事项；④民政管理事项，如防震救灾管理、社会组织团体管理、行政区划管理、婚姻登记管理、殡葬及儿童收养管理等方面的事项；⑤公用及公营事业管理事项，如供水管理、供电管理、供气管理、供热管理、邮政管理、通信管理、公共交通管理、物业服务管理、公共娱乐场所管理等方面的事项。

三是地方财政经济类的立法事项。包括：①水利、农业、林业、渔业、畜牧业等方面的事项，如水资源保护、防汛抗旱、农村土地承包经营、森林资源保护、陆地野生动植物资源保护和开发利用、自然保护区管理、渔政管理、渔港监督、畜禽屠宰管理等事项；②税收、预算、审计、统计等方面的事项；③城乡建设规划、基础设施建设、国有资产监管等方面的事项；④土地资源的开发及利用、土地市场的管理、矿产资源的勘查管理以及地籍测绘等方面的事项；⑤金融、科技市场、互联网信息化及知识产权等方面的事项，如民间融资管理、网络购物平台监管、网络交流平台监管等事项；⑥地方招商、投资、贸易、企业管理等方面的事项，如招商引资优惠、制定地方性行业管理标准、乡镇企业及民营企业监管等事项；⑦能源和环境保护等方面的事项，如污染防治、制定地方环境质量标准和污染物排放标准等事项。

四是地方社会民生类的立法事项。包括：①医疗、卫生等方面的事项，如医疗机构和医疗服务行业管理、制定食品安全地方标准等事项；②人口计划生育等方面的事项，如地方计划生育技术服务管理、计划生育特殊困难家庭扶助、流动人口计划生育服务管理等事项；③教育、科学、文化、体育、旅游等方面的事项，如教育基础设施配置管理、科技经费管理、科技成果管理、文化遗产管理、文化设施建设管理、公共体育设施管理、旅游行业规范管理、旅游质量监督管理等事项；④社会保险、社会救助、福利慈善、社会公益等方面的事项；⑤劳动就业等方面的事项，如制定工伤认定标准、制定职工工资和劳动报酬标准等事项；⑥住房保障等方面的事项，如房屋产权产籍管理、住房制度改革、社会保障性住房管理、物业管理、拆迁管理等事项；⑦特殊群体权利保护等方面的事项，如对老人、妇女、儿童、残疾人、归侨、侨眷等少数人权益进行立法保护等事项。

**（二）特别重大事项的范围界分**

地方人大常委会的设置，使得地方人大内部的权力结构呈现二元化的状态，并由此产生两方立法主体之间的立法权限划分问题。尽管《立法法》第 86 条规定为地方人大与其常委会立法权限的划分提供了规范借鉴，特别重大事项随之成为规范中的核心概念，但是特别重大事项是一个语境化极强的概念，不同的时空条件会造成对某类地方性法规是否涉及特别重大事项以及重大事项的"特别"程度的不同理解，这就给特别重大事项范围的界分带来较大的操作难度。有学者主张，着眼点在于加大地方人大立法工作的力度，而非解决地方人大与其常委会的分权问题，因为《立法法》关于特别重大事项立法权的规定并没有改变两个立法主体肩负同一使命的总体格局，地方人大在立法方面的职权范围既没有扩大也没有缩小，对特别重大事项的立法权，本来就是地方人大职权范围内的事，《立法法》的新意在于把对特别重大事项的法规制定权划归地方人大专有，不是赋予它新的职权，因此，机械地将特别重大事项与其他重大事项划界分割，意义不大。① 我们认为，上述观点并没有揭示《立法法》第 86 条的规范意义。从立法原意探究，特别重大事项的功能在于排斥地方人大常委会对该事项的立法介入，强化特别重大事项立法的民主性，保障地方人大立法的权威性和实效性，因此，界定特别重大事项范围实有必要。结合地方立法实践和理论界的研究成果，② 特别重大事项范围应该包括如下方面。

一是地方人大自身建设事项。地方人大与其常委会之间的立法权限关系应当是从属关系，地方人大常委会的立法权派生于地方人大的立法权，但由于代表制度、会期制度、组织制度、议事规则等方面的原因，地方人

---

① 参见梁国尚《对特别重大事项立法问题的审视与思考》，《法学杂志》2001 年第 4 期。
② 徐向华主编《立法学教程》（第 2 版），北京大学出版社，2017，第 143 页。

大未能充分行使自身的立法权,[1] 其立法权反而被地方人大常委会架空。在立法实践中,地方人大为履行职责而需要规范的程序性事项,大多由地方人大常委会代为立法,严重地违反了立法权限划分所应遵循的功能最适当原则,包括地方人大法定职责、地方人大代表履职、地方人大议事规则、地方立法程序等立法事项都应当属于特别重大事项,[2] 可由地方人大制定地方性法规。

二是实施国家基本法律事项。一般而言,全国人大制定的基本法律所调整的是在全国范围内具有全局性、根本性影响的重大事项。为确保基本法律在地方内的有效实施,需要根据本行政区域的实际情况作出具体规定的立法事项,应当属于特别重大事项。依我国立法规定,全国人大与其常委会在权限划分上是以"基本法律"为界的,然而,"基本法律"的认定存在较强的模糊性,有些法律明确属于基本法律范围,却由全国人大常委会制定,[3] 因此,应当综合根据法律规定以及事务的重要性来判断基本法律的属性。

三是行政区域内全局性事项。有关特别重大事项的权威解释,是从事项的性质角度进行阐述的,全国人大常委会法制工作委员会国家法室的同

---

[1] 宋方青、姜孝贤、程庆栋:《我国地方立法权配置的理论与实践研究》,法律出版社,2018,第266页。

[2] 部分地方立法将地方人大建设的立法事项与特别重大事项并列,如《广东省地方立法条例》(2016年修正)第18条规定:"下列事项由省人民代表大会制定地方性法规:(一)规定本省特别重大事项的;(二)规定省人民代表大会及其常务委员会立法程序的;(三)对省人民代表大会的法定职责、议事程序作出具体规定的;(四)其他必须由省人民代表大会制定地方性法规的。"再如《福建省人民代表大会及其常务委员会立法条例》(2016年修正)第5条规定:"下列事项由省人民代表大会制定地方性法规:(一)法律规定由省人民代表大会规定的事项;(二)属于本省的需要制定地方性法规的特别重大事项;(三)规范省人民代表大会自身活动需要制定地方性法规的事项。"上述立法仅涉及对特别重大事项范围的理解问题,地方人大立法主体对哪些立法事项属于特别重大事项具有事实上的立法裁量权。

[3] 一般来说,全国人民代表大会有权制定基本法律,当然也有权制定非基本法律(参见曹海晶《中外立法制度比较》,商务印书馆,2016,第182页),如《中华人民共和国中外合资经营企业法》《中华人民共和国中外合作经营企业法》《中华人民共和国外资企业法》《中华人民共和国企业所得税法》等法律,只能说属于对外开放领域和财税法领域比较重要的法律,就由全国人大制定;问题在于,全国人大常委会制定了《中华人民共和国担保法》(2020年废止)、《中华人民共和国侵权责任法》(2020年废止)、《中华人民共和国仲裁法》等民事基本法律,在事实上侵犯了全国人大的立法权。

志认为,"一般来说,凡涉及本地区全局的重要事项或者涉及较多群众切身利益或较多群众关心的事项,都可以认为属于特别重大事项"。① 上述解释从特征上描述了特别重大事项概念的合理内核,但从应用的角度来看,仍需要对上述特征进行更为具体的解释,许多地方立法用规范的形式沿用了这一表述方式,② 这就为具体的立法实践保留了更加灵活的立法空间。

总之,对特别重大事项的理解具有地方性知识的特征,这从地方立法的不同规定中就可以看出。我们赞同,《立法法》应当赋予地方人大对"特别重大事项"的解释权,并允许地方人大建立对常委会立法的追认制度,③ 在实践当中,也有地方立法规定了特别重大事项的认定程序,④ 上述举措可以有效缓解地方人大立法民主性与效率性之间的紧张关系。需要明确的是,特别重大事项应由地方人大通过,这并不意味着地方人大的立法权仅限于特别重大事项,对于属于地方人大职权范围内的其他事项,地方人大也可以制定地方性法规。

## (三) 设区的市地方性法规立法权限的明确化

新修改的《立法法》赋予设区的市地方立法权,这是我国立法体制的重大改革,地方立法主体的扩容对于实现地方治理的法治化具有重要的意义,地方治理过程中存在的利益诉求多元、社会矛盾突出、经济转型困难

---

① 乔晓阳主编《〈中华人民共和国立法法〉导读与释义》,中国民主法制出版社,2015,第258页。
② 如《临汾市地方立法条例》(2017年制定)第8条规定:"在地方立法权限内,下列事项应当由市人民代表大会制定地方性法规:(一)法律规定,由市人民代表大会制定法规的事项;(二)本市行政区域内城乡建设与管理、环境保护、历史文化保护等三方面工作中涉及全局且需要制定法规的特别重大事项;(三)规范市人民代表大会自身活动,需要制定法规的事项;(四)对市人民代表大会代表履职的问题,需要通过立法作出具体规定的事项。"再如《重庆市地方立法条例》(2017年修正)第7条第2款规定:"涉及本市改革发展全局和人民群众切身利益的特别重大事项的法规,规范市人民代表大会职权及其工作规则的法规,应当由市人民代表大会制定。"
③ 参见庞凌《论地方人大与其常委会立法权限的合理划分》,《法学》2014年第9期。
④ 如《哈尔滨市人民代表大会及其常务委员会立法条例》(2017年制定)第4条第2款规定:"前款第三项所指的特别重大事项由市人民代表大会主席团认定。"作出相同规定的还如《眉山市地方立法条例》(2016年制定)、《成都市地方立法条例》(2016年制定)、《广安市制定地方性法规条例》(2017年制定)、《齐齐哈尔市人民代表大会及其常务委员会立法条例》(2018年制定)。值得注意的是,《北京市制定地方性法规条例》以及《拉萨市制定地方性法规条例》有过类似的规定,但在近年的修订过程中将其删除,立法者可能考虑到上述规定在操作层面的局限性问题。

## 第四章 地方立法权限的明确化

等体制性障碍需要通过法治途径破除,而地方立法是提升法治化程度的必由之路,地方立法赋权的目的就在于,通过立法过程来约束和控制以"红头文件"为主要形式的地方决策恣意,从而将地方事权与地方决策纳入地方立法权的制度框架,此中蕴含着深刻的地方治理法治转型。① 然而,地方法主体扩容也面临一系列的挑战,如可能会出现部门保护主义、立法能力不足、立法质量不高等诸多问题,也有可能对法制的统一性造成消极的影响,有观点认为,如果赋予大量设区的市地方性法规的制定权,就会出现地方性法规之间冲突的现象以及增加地方性法规违反宪法和法律的可能。② 应该说,前述观点的判断存在一定的现实性,无论是地方利益的考量还是立法能力的欠缺,都有可能导致设区的市的立法与上位法之间的冲突,从这个意义上讲,实现法制的统一性是地方立法主体扩容之后的首要任务,而问题的关键在于明确设区的市地方立法权限,因为立法权限的意义不仅在于划定立法的事项范围,更重要的是实现对立法权的法律控制,从而使立法在法定的权限范围内运行。值得注意的是,新修改的《立法法》有关设区的市地方立法权限的规定有许多模糊的地方,需要进一步解释,以减少地方立法主体在认识和适用上的分歧。

我们认为,设区的市地方性法规立法权限范围包括但不限于城乡建设与管理、生态文明建设、历史文化保护、基层治理等方面的事项,理由如下。

一方面,从《立法法》第80条的内容来判断,作为标志授予公权力的立法虚词"可以"的确切含义为"可以不"而非"应当"。"可以"一词在我国《立法法》中具有多种用法,有时意味着授权上的"可以不",有时根据法律条文的上下文判断为"应当",有时只是表达具有某种意义上的用途,有时甚至不具有实质意义上的含义。③ 断定"可以"在立法中的含义需结合具体的法律语境,在立法尚无统一用词规范的情况下,试图借助理论上的规律性认识机械地确定"可以"的含义,无疑会犯下教条主义的错误,因而对"可以"的理解离不开系统解释方法,当然还有社会学解释方法,因为我们需要借助于经验的判断,这正是一种从经验

---

① 参见秦小建《立法赋权、决策控制与地方治理的法治转型》,《法学》2017年第6期。
② 焦洪昌、马骁:《地方立法权扩容与国家治理现代化》,《中共中央党校学报》2014年第5期。
③ 参见周赟《"可以"的语义及其在立法中的误用》,《语言文字应用》2009年第1期。

到理念的研究思路。立法在设定设区的市地方性法规立法权限时适用了"可以"一词,其立法含义需要结合具体的法律条文来判定,从立法虚词的适用来看,《立法法》第81条第1款中共出现一处"可以",一处"须",① 两处"应当",② 后两者的含义比较确定,其性质表明义务性规范应无异议,问题在于和其构成对比关系的"可以"该如何确定语义。我们无法忽略的一个事实是,同样是规范权力的条文,立法者在不同的内容上使用了不同的限定词,立法者在立法权限方面使用的是"可以"一词,而在立法程序方面使用的是"须"及"应当",通过对比发现,"可以"一词正是从"须""应当"的确切含义中获得了独立的用语含义,"可以"即意味着"可以不"而非"应当",其立法用意旨在凸显立法者"放权"而非"限权"的立场,由于设区的市是否制定地方性法规还要根据本市的具体情况和实际需要来决定,立法者一方面赋予了设区的市相应的制定选择权,另一方面规定了地方性法规可以侧重的立法事项范围,即重在就城乡建设与管理、生态文明建设、历史文化保护、基层治理四个方面的事项立法,但若超出该事项范围亦不违背立法者的本意。

另一方面,"等方面的事项"表明立法事项的不完全列举,首先,从"可以"一词的含义判断设区的市地方性法规的立法事项范围并不限于城乡建设与管理、生态文明建设、历史文化保护、基层治理四个方面的事项,"等方面的事项"表明存在其他方面的立法事项。其次,存在其他方面的立法事项并不意味着设区的市人大及其常委会可以无限制地立法,相反,《立法法》对地方性法规的立法事项范围进行了严格的确定,设区的市人大及其常委会可以根据本区域实际的立法需求在地方性事务的范围内进行立法。最后,《立法法》第81条第1款规定:"法律对设区的市制定地方性法规的事项另有规定的,从其规定。"该条文隐含了立法者对设区的市地方性法规在立法事项范围上扩张的认可,即地方性法规可以依据其他法律的规定拥有更为广泛的立法事项范围,这也是立法者规定"等方面的事项"的用意所在。

---

① 依《立法法》第81条第1款之规定,设区的市的地方性法规须报省、自治区的人民代表大会常务委员会批准后施行。
② 依《立法法》第81条第1款之规定,省、自治区的人民代表大会常务委员会对报请批准的地方性法规,应当对其合法性进行审查,认为同宪法、法律、行政法规和本省、自治区的地方性法规不抵触的,应当在四个月内予以批准。

总之，对于设区的市地方性法规的立法事项范围应该进行扩张解释，这样才符合立法者的原意。不过，扩张解释势必引发设区的市地方性法规与本省、自治区地方性法规立法权限重叠的问题，如何划分设区的市地方性法规与本省、自治区地方性法规之间的立法权限，成为地方立法实践当中颇有争议的难题。有学者认为，为了贯彻落实党和政府工作重心下移的决策，应当明晰省、自治区对设区的市立法的必要指导作用和必要的干预关系，上位法立法机关应当优先由设区的市独立行使立法权。凡属设区的市有条件、有能力实行规制的立法事项，省、自治区立法主体不应当与设区的市去"争""抢"这个立法权。只有在设区的市没有条件和能力独立进行立法，抑或交由省、自治区立法主体立法效果可能会更好的情况下，才能由省、自治区立法主体行使这些属于重叠部分的立法权。[①]上述观点实质上体现了地方立法体制中的"放权"思维，其基本的路径就是在有限注重设区的市的社会和经济差异性的基础上，根据地方的实际情况和需要，有步骤、有差异、积极稳妥地下放立法权。在立法权下放的过程当中，地方纵向立法关系往往呈现浓厚的非制度化色彩，具有一定的主观随意性，由于缺乏必要的制度保障，立法权不免有被截留的危险，权力下放就意味着权力有被"回收"的可能。正如前述观点所论，表面上看，省级地方立法机关优先保障了设区的市地方立法权的行使，但这种立法权的下放从根本上体现了省级地方立法机关的意志，两者之间形成了命令与服从的不对称权力关系，这一关系导致地方立法权的下放充满了不确定性。我们认为，当务之急是建立完备的地方立法分权体制，以立法辅助原则为基础构建设区的市地方立法与省、自治区地方立法之间立法集权与分权的关系。

立法辅助原则是一种由下至上的组织原则，在构建纵向不同主体之间的法律关系时，立法辅助原则的内涵可界定为：其一，上下不同层级主体应该在其专属的法定权限范围内依据所设定的目标行使职权；其二，在双方共有的立法权限范围内，当下级主体所采取的行动不足以达成预定目标，而基于该行动的规模或效果，由上级主体进行干预更易达成目标，或

---

① 参见宋才发《设区市立法权限、实践困境及法规质量提升研究》，《学术论坛》2020年第6期。

效果更好时,才由上级主体依据立法辅助原则行使职权。在地方立法分权体制中,设区的市人大与本省、自治区人大在充分表达各自利益诉求的基础上,尊重彼此独立的立法主体地位和自我价值,通过二者职能上的分立与协作、职责上的相互监督,在上下级之间通过一定形式的交流和对话,建构良性互动的立法协作关系,共同应对地方立法的需求。在此种情形下,省、自治区与设区的市通过立法分权,建立双向依赖和相互信任的基础,使良性互动取代零和博弈,最大限度地优化地方立法资源的配置,并增强上下级立法之间的统一性和协调性,避免二者之间的立法冲突和矛盾。依据立法辅助原则,在双方共有的立法权限范围内,依据由下至上的组织路径,首先应由设区的市立法,只有当设区的市立法的条件和能力不足以实现立法目标时,省、自治区才能介入该立法项目。或者通过综合考量,这一立法事项是省、自治区整体上的立法共性问题,而不仅仅是设区的市地方立法的个性问题,当省、自治区制定的立法能够取得更好的立法效果时,省、自治区才能制定地方性法规。①

### (四) 较大的市地方性法规立法权限的明确化

此次《立法法》的修改使得所有设区的市人大立法机关拥有了地方性法规的制定权限,原有的较大的市的立法权限也被限制在城乡建设与管理、生态文明建设、历史文化保护、基层治理等方面的事项范围之内,但这并不意味着较大的市人大及其常委会制定的地方性法规就此退出历史舞台。《立法法》第 81 条规定的"继续有效"条款,有效地解决了原有较大的市地方性法规的效力问题,体现了法不溯及既往的原则。理解"继续有效"的问题,需要把握好以下几个方面。一是该条款意味着较大的市立法机关实际拥有的立法权限要广于法律规定的立法权限,这种权限不一致的情况将造成立法规定与实践之间的脱节,对我国地方法制的统一性造成消极的影响,为避免消极影响的出现,应该对设区的市制定地方性法规的立法权限进行扩张解释,我们对此进行了相应的论证。二是"继续有效"意味着相关地方性法规效力的长期性、持久性,基于地方性法规自身性质的特殊考虑,为了保证立法的稳定性和权威性,应当对原有的地方性法规效

---

① 曹海晶、王卫:《设区的市立法权限限制研究》,《湖南大学学报》(社会科学版) 2020 年第 5 期。

力给予必要的尊重和维持,如果原有地方性法规不适应地方经济和社会发展的需要,或者地方性法规的上位法发生了变动,应当适时对其进行修改、补充或者废止,以实现地方性法规与时俱进,保证我国法律体系的和谐统一,当然,如果上位法的修改十分详细具体,又具有较强的可操作性,也可考虑适时废止原较大的市地方性法规。三是"继续有效"排除了较大的市就原有事项重新立法的权力,需要注意的是,《立法法》第81条第5款遵循的是"旧法老办法、新法新办法"的立法思路,立法者继续赋予较大的市地方性法规的效力,其目的是维护法律秩序的稳定性,防止出现大规模的立法变动给社会造成不必要的冲击,规定原有地方性法规"继续有效",只是表明了立法者对既有地方立法的态度,但较大的市立法机关并不能由此获得原有立法事项的立法权,较大的市立法机关同样受到设区的市制定地方性法规权限的约束,根据《立法法》,较大的市已经被纳入设区的市的范围,原有的较大的市立法机关也只能就城乡建设与管理、生态文明建设、历史文化保护、基层治理这四个方面的事项制定地方性法规,只有这样才能维护《立法法》适用的统一性,以免造成《立法法》有差别、不平等地适用。如果必须增加设区的市权限范围以外的事项,可以考虑由原较大的市废止现行法规,提请省、自治区人大常委会就有关事项重新制定相关地方性法规。四是谁有权对较大的市地方性法规进行变动的问题,我们认为,由较大的市权力机关进行原有地方性法规的立、改、废工作为宜,从立法的连贯性考虑,较大的市权力机关更熟悉原有地方性法规的立法工作,能从根本上把握地方立法的精神、思路,再加上立法机关对地方区情、舆情的深入了解,这些因素都促成较大的市立法机关成为变动原有地方性法规的合适主体。

## 二 地方政府规章立法权限的明确化

### (一)"根据"原则的科学理解

理论界通常将地方政府规章制定时需遵循的"根据"原则界定为"依据说",即地方政府规章应以上位法的规定为制定依据,若无上位法的依据,不得制定地方政府规章,由此带来的问题是,《立法法》第93条第5款规定的先行立法权是否构成对"根据"原则的违背。我们认为,先行立法权条款是对"根据"原则的有效补充,是行政立法上行使自由裁量权的体现。严格意义上讲,"依据说"并不利于地方政府通过立法应对复杂多变的公共事务,"根据"原则只是表明了在既有的上位法范围内对地方政府规章的约束。在上位法缺位的特殊情形下,《立法法》依然允许地方政府制定规章,其实质是赋予地方政府一定的立法裁量权,即地方政府可依据行政管理的需要决定是否制定规章,以期弥补"根据"原则在适用上理解过窄的缺陷。需要说明的是,行政立法并不排斥裁量行政,正如德国学者认为的那样,"所有的抽象或者具体的执法活动都位于完全的自由和严格的法律约束之间。即使受最严格指令约束的法律适用活动在方式和方法方面也存在一定的自由"。[①] 此外,地方政府在行使立法裁量权时,是否可以设定减损公民、法人和其他组织权利或者增加其义务的规范?由于地方政府是在地方性法规缺位的情形下行使自由裁量权的,依据《立法法》的规定,地方政府规章若无地方性法规的依据则不得设定减损公民、法人和其他组织权利或者增加其义务的规范,因而地方政府规章无权设定上述规范。

### (二) 具体行政管理事项的探讨

显然,依据《立法法》的相关规定,具体行政管理事项成为确定地方政府规章立法事项范围的"通关密语"。然而,哪些具体行政管理事项可以纳入地方政府立法的事项范围也是经常困扰立法者的难题。《地方组织法》第73条第5项规定了县级以上政府的职权,这些职权的调整事项基本上勾勒了具体行政管理事项的范围,但上述事项是否都可以制定政府规章存有疑问,在地方立法实践当中,地方政府规章的内容几乎涉及国家管理的方方面面,有学者曾以青岛市人民政府制定的地方政府规章为例,列举了规章所涉及的立法事项,共分为计划、财政、税务、审计、商贸、金融保险、工商行政、物价、物资管理、资产管理、企业改革、标准化、经济协作、交通、口岸管理、旅游、对外经贸、外事侨务、劳动、社会保险、人事、监察、公安、民政、司法行政、规划、建设、房产管理、土地管理、市容环境卫生、环保、绿化、公用事业、人防、军事、科技、教育、

---

① 〔德〕汉斯·J.沃尔夫、奥托·巴霍夫、罗尔夫·施托贝尔:《行政法》(第1卷),高家伟译,商务印书馆,2002,第346页。

文化、新闻出版、广播电视、卫生医疗、计划生育、农业、林业、渔业、水政、畜牧、资源管理、政府法制、机关工作及其他共50个项目,[①] 上述立法事项明确地印证了具体行政管理事项范围扩张的趋势。本书认为,具体行政管理事项范围虽广,但不能一概通过立法进行调整,应当严格限制地方政府的立法权。地方政府作为执法机关,其权力应该回归执法本位而非立法,只有严格限定立法权限、规范立法程序,才能减少地方政府规章追求自身利益的正当性质疑。

关于具体行政管理事项的范围,乔晓阳认为应当包括行政程序、行政机关自身建设以及不涉及公民基本权利义务的有关社会公共秩序、公共事务或者事业的具体管理事项,[②] 曹康泰认为,所谓的具体行政管理事项应当指有关行政机关自身建设的事项,[③] 上述观点都认可具体行政管理事项涵盖行政机关自身建设的事项。但并非行政机关自身建设所有的事项都可由地方政府制定规章,如涉及一级政府自身政绩的考评标准和机制,就不宜由行政机关自身立法,因为有违程序正义的要求,此时应提请同级人大制定地方性法规;还如,涉及公务员重要权利义务的事项,如辞退、开除等责任的设定以中央立法或者制定地方性法规为宜。[④] 总之,能纳入地方政府规章的具体行政管理事项是有限的、克制的,地方政府应该综合相关因素进行谨慎的评估。

总的来说,具体行政管理事项应该包括以下几个方面:一是行政机关自身建设方面的事项,主要指机关内部的自律性规则,如对公务员的要求、纪律、培训等事项;二是行政程序方面的事项,主要指行政机关的办事流程以及行政管理的工作规范等事项;三是地方政府依据法律的规定或者自身的实际需要制定的、针对某一类事或者某一类行为的特殊的具体的规则,如《立法法》明确规定设区的市制定地方政府规章所涉及的事项范围,这些事项当然属于具体行政管理事项;四是专业性、技术性、职业性、行业性比较强的事项以及被认为是短期性、临时性的管理类事项,[⑤]

---

① 转引自汤唯等《地方立法的民主化与科学化构想》,北京大学出版社,2002,第133页。
② 乔晓阳主编《立法法讲话》,中国民主法制出版社,2000,第277页。
③ 曹康泰主编《中华人民共和国立法法释义》,中国法制出版社,2000,第181页。
④ 参见陈军主编《地方政府立法权研究》,中国法制出版社,2012,第125~131页。
⑤ 汤唯等:《地方立法的民主化与科学化构想》,北京大学出版社,2002,第134页。

这些事项的立法可以充分发挥行政机关在行政管理上的专业优势、人才优势及经验优势；五是有关社会公共秩序、公共事务或者事业的具体管理事项，这些事项的立法和行政机关的管理职权是一致的，便于地方政府因地制宜地进行地方立法。

### （三）设区的市地方政府规章立法权限的明确化

设区的市地方政府规章的立法事项限于城乡建设与管理、生态文明建设、历史文化保护、基层治理四个方面，上述判断主要基于《立法法》中的明确规定。针对同样的立法事项，《立法法》第93条第3款和第81条第1款最大的不同在于，前者使用了"限于"而非"可以"的限定用词，表明了立法者对于设区的市制定地方政府规章立法权限的基本立场是限制而非扩张。这主要与地方政府规章的性质相关，尽管理论界比较关注地方政府规章自主性立法的空间问题，但不可否认的是，《立法法》在地方立法权的配置方面并没有一味强调地方人大与地方政府之间的均衡，而是将地方立法权的重心向地方人大倾斜，从而凸显地方人大作为地方立法机关的性质定位，这从《立法法》对两种立法权的要求就可以一窥端倪，《立法法》对设区的市制定地方政府规章的立法权进行严格的限制，其目的在于强化地方人大在地方立法中的主导作用。

值得注意的是，《立法法》中设区的市地方政府规章的立法事项也以"等方面的事项"进行列举，"等"字表示完全的列举，其本身并无实质的含义，此种理解与立法中"限于"的规定在内涵上是一致的，这也有别于设区的市地方性法规立法权限的规定，后者相关条文中对"等方面的事项"的规定是一种不完全的列举，表明还存在"等外"的事项。从这个意义上讲，如果说设区的市地方性法规立法权限的范围是以动态形式呈现的话，那么设区的市地方政府规章立法权限的范围便是以静态形式呈现，由此给予政府的立法指引较为明确，可以有效避免地方政府规章立法权限的任意扩张。

就具体的立法事项分析，设区的市制定地方政府规章的立法权限所涉及的四个方面的事项和《地方组织法》所规定的地方政府职权是一一对应的关系，这与设区的市地方性法规的立法权限与地方人大及其常委会的管理职权之间的对应关系是一致的。其中，"城乡建设与管理"立法事项对应于地方人民政府"城乡建设事业"的行政管理职权,城乡建设事业具有丰富的含义,涵盖了城乡建设工作的各个领域,诸如城乡规划、城乡基础设施建设与管理以及包括"城乡公共事业、公共设施和公共事务管理"在内的市政管理事项,都可归结为城乡建设事业的范畴,这就基本确定了"城乡建设与管理"的意义射程范围。"生态文明建设"立法事项对应于地方人民政府"生态环境保护"和"自然资源"的行政管理职权,[①] 在国家和地方环境治理的实践当中,生态环境保护与污染防治构成生态文明建设的重要内容,因此,"生态文明建设"立法事项可以从污染防治、节约资源、绿色发展、生态保护修复等方面加以认定。"历史文化保护"立法事项对应于地方人民政府"文化事业"的行政管理职权,"文化事业"是一个过于宽泛的规范概念,结合《中华人民共和国文物保护法》、《中华人民共和国非物质文化遗产法》以及《历史文化名城名镇名村保护条例》等法律法规对历史文化的相关规定,可以将历史文化理解为人类社会以往的文化存在,包括文物、古迹、传统工艺、风俗习惯等物质层面以及精神层面的文化形式,需要地方人民政府结合本地方人文地理、社会风俗、文化传统加以认定。至于如何理解"基层治理"立法事项,2021年印发的《中共中央 国务院关于加强基层治理体系和治理能力现代化建设的意见》将党全面领导基层治理、加强基层政权治理能力建设、健全基层群众自治制度、推进基层法治和德治建设以及加强基层智慧治理能力建设作为基层治理的重点任务。我们认为,结合该意见所部署的工作任务,"基层治理"立法事项对应于地方人民政府经济、教育、科学、卫生、民政、社会保障、司法行政、人口与计划生育等行政管理职权,设区的市人民政府可以就乡镇(街道)行政执法改革、乡村振兴、农业产业发展、人居环境建设、特殊留守群体社会保障[②]、市政市容管理、物业管理、流动人口服务管理、社会组织培育引导、基层医疗卫生建设、基层民主协商、基层应急

---

[①] 2022年3月11日,第十三届全国人大第五次会议审议通过了《地方组织法》的修正案,该法进一步明确了地方人民政府的行政职责,值得注意的是,"环境和资源保护"被修改为"生态环境保护""自然资源",这在一定程度上限定了地方人民政府的职权范围,这也对理解"生态文明建设"立法事项的含义具有规范上的指导意义,参见《地方组织法》第73条之规定。

[②] 即开展好留守儿童、留守妇女、留守老人关爱服务工作。

管理、社会治安防控、矛盾纠纷化解、基层群众自治、基层公共法律服务、公益慈善事业、基层志愿服务以及智慧社区建设等立法事项制定地方政府规章。从上述立法事项可以看出,"基层治理"和"城乡建设与管理"的立法事项之间的张力不可避免,不过,两者的区分也比较明显,"基层治理"主要涉及县域治理、乡镇治理、乡村治理、街道治理以及社区治理等不同类型的治理类型,但不包括设区的市的市政管理,而且,"基层治理"立法事项的内容比较精细,调整的社会关系更为具体,这在一定程度上可以为立法主体的选择明确基本的方向。

这些对应关系清晰地表明了地方政府规章制定权与执法权之间的关系,即规章制定权实质上是执法权的组成部分。申言之,依据人民主权原则,由民选的代议机构行使立法权方可使立法真正代表人民的利益,但随着经济和社会的迅猛发展,大量社会问题产生,各类社会矛盾频频出现,国家不得不动用行政权力对经济和社会生活进行干预,行政职能也随着扩张,渗透立法、司法领域,行政机关由此获得制定规则的准立法权,这种立法权的实质乃是派生于人大立法权的执法权,是行政执法权中的立法权,因而应该受制于权力机关,对于设区的市人民政府而言,《立法法》赋予的规章制定权是限定的、克制的而非无限的、任意的权力,政府应该根据上位法的规定就《立法法》所确定的立法事项制定地方政府规章。

与此相关的是较大的市地方政府规章的效力问题。《立法法》第93条第3款规定的"继续有效"条款已就较大的市制定的规章的效力作了规定,该规定与原有地方性法规效力规定的立法精神基本上是一致的,但如何理解"继续有效"的问题需要进行深入探讨。设区的市政府所享有的规章立法权限不同于设区的市地方性法规的立法权限,前者仅限于城乡建设与管理、生态文明建设、历史文化保护、基层治理四个方面的立法事项,后者包括但不限于前述立法事项,这就使得较大的市制定的地方政府规章和现有的立法规定存在紧张的冲突关系,因为两者所涉及的立法事项并不兼容,尽管《立法法》对前者的效力持肯定的立场,但原有地方政府规章始终要解决效力能持续多久的问题,我们认为,在较大的市地方性法规继续有效的情况下,在《立法法》对设区的市地方政府规章的立法权限进行严格控制的情况下,应对原有的地方政府规章逐步进行相应的废止，将相关事项的立法权交由同级地方权力机关来行使，这样可以最大限度地减少地方立法不统一的情形，有利于巩固地方人大在立法中的主导地位。

### 三 地方性法规与地方政府规章之间的权限边界

我国现行法律并没有对地方性法规和地方政府规章权限进行明确的划界，[①] 两者的立法边界仍然不够清晰。地方性法规的立法事项范围主要限于地方性事务，而地方政府规章的立法事项范围主要是本行政区域的具体行政管理事项，两者在名称上虽有区别，但在内容上必然有重叠。《立法法》对此并未进行确切的规范指引，因而，依据立法事项区分地方性法规与地方政府规章并非易事；另外，地方性法规和地方政府规章均可以为了执行法律、行政法规而制定，同样是执行法律、行政法规的规定，究竟是制定地方性法规还是制定地方政府规章，立法也没有提供可参考的标准，这使得两者之间的界限更加模糊，进一步增加了区分的难度。

然而，地方性法规和地方政府规章的区分具有现实的意义。因为两者区分的结果在于明确哪些立法事项该制定地方性法规，哪些立法事项该制定地方政府规章，如果该制定地方性法规的立法事项以地方政府规章的形式出现，势必影响地方人大作为地方立法主体的主导地位，同样，如果该制定地方政府规章的立法事项最终以地方性法规的形式出现，则无法充分发挥地方政府规章在调整社会关系方面的优势作用；从长远来看，地方性法规与地方政府规章之间的权限划分，不单是界定地方人大与地方政府各自的规则制定权，更是为了防止立法界限模糊导致的立法越位、错位甚至立法不作为现象的出现，防止部门利益和地方保护主义合法化；尤为重要的是，界定地方性法规和地方政府规章的立法权限，可以充分发挥地方人大和地方政府在地方治理现代化中的立法作用，使地方治理在法治轨道内运行。

---

① 需要注意的是，法律文本相对比较清晰的立法界限主要是来自《行政处罚法》《行政许可法》《行政强制法》对地方性法规和地方政府规章有关行政赋权的限制性规定，可参见第二章相关论述内容。

有关地方性法规和地方政府规章立法权限的划分标准早在20世纪90年代就已经开始被研究,结合其他学者的研究成果,[①] 可以对地方性法规和地方政府规章作出以下划分。

第一,法律、行政法规或者有关决定授权地方人大作出规定的事项,由地方性法规规定;法律、行政法规或者有关决定授权地方政府作出规定的事项,由地方政府规章规定。《中华人民共和国野生动物保护法》(2022年修订)第44条规定:"省、自治区、直辖市人民代表大会或者其常务委员会可以根据地方实际情况制定对地方重点保护野生动物等的管理办法。"该条实质上赋予了地方人大制定地方性法规的权限。而《中华人民共和国广告法》(2015年修订)第41条规定:"户外广告的管理办法,由地方性法规、地方政府规章规定。"该条表明地方性法规和地方政府规章均可以就相同的事项进行立法。

第二,因国家尚未立法而需要地方创制自主性规范时,可以由地方人大制定地方性法规,地方人大不宜制定地方性法规的,可以由地方行政机关制定地方政府规章。《立法法》第82条规定了地方人大的先行立法权,同时,第93条规定了地方政府制定临时行政措施的权限,上述规定明确了特殊情形下地方性法规的制定权以及地方政府规章的制定权。

第三,以实施对象的性质为标准,实施法律的具体办法,由地方性法规规定;实施行政法规的具体办法,由地方政府规章规定。依据《立法法》规定,地方立法主体在执行法律和行政法规时,可以制定地方性法规或者地方政府规章,为避免地方立法主体因竞相立法而产生冲突,可以根据地方立法的制定主体进行相应的分类,即由同是权力机关制定的地方性法规规定实施法律的具体办法,由同是行政机关制定的地方政府规章规定实施行政法规的具体办法,以充分发挥不同国家机关在权力配置系统内的沟通优势,实现全国人大对地方人大在法律上的监督以及国务院对地方各

---

[①] 参见陈端洪《划分地方立法权限几个问题的探讨》,《法商研究(中南政法学院学报)》1994年第3期;梁国尚《地方人大和政府的立法权限应如何界定》,《法学杂志》1994年第5期;苗连营《也谈地方立法的几个问题——兼与何建贵同志商榷》,《政法论坛》1997年第2期;河北省人大常委会研究室《地方性法规与政府规章立法权限研究》,《人大研究》2007年第3期;汤唯等《地方立法的民主化与科学化构想》,北京大学出版社,2002;崔卓兰等《地方立法实证研究》,知识产权出版社,2007;刘松山《地方性法规与政府规章的权限界分》,《中国法律评论》2015年第4期。

级人民政府的行政领导。

第四,以调整事项的内容为标准,地方性法规以地方性事务为立法事项,地方政府规章以具体行政管理事项为立法事项。但凡涉及本行政区域内政治、经济、文化、教育等具有全局性、长远性、根本性的事项,由地方性法规规定,这些事项主要包括有关地方人大及其常委会的组织、职权和运行程序方面的事项,有关规范行政行为、司法行为及监督活动的事项,有关工会、妇联、共青团等社会团体及其职权的事项,涉及保障公民的重大人身权利、民主权利和其他权利的事项以及有关基层直接民主的事项等。一般认为,上述事项属于仅能制定地方性法规的立法事项,有观点将之称为地方性法规保留的立法事项。[1] 而地方政府规章所调整的立法事项主要有行政管理活动中局部性、应时性的事项,行政管理活动中有关技术规范、方法措施类的事项,涉及行政机关自身活动规范、自身制度建设的事项等。[2] 需要指出的是,地方性事务与具体行政管理事项之间并不存在绝对的分界线,我们只能判断哪些事项适宜由地方性法规调整,哪些事项适宜由地方政府规章调整。从这个意义上讲,从调整事项上区分地方性法规和地方政府规章具有积极的意义。

在划分地方性法规和地方政府规章立法权限时,需要关注共同立法事项的问题。有学者将其形容为立法的共享空间,并将之归纳为六种情形:其一是在执行宪法的某些规定方面,既可以制定地方性法规,又可以制定地方政府规章;其二是对于同一事项,地方人大及其常委会与同级政府均可以行使职权的,既可以制定地方性法规,又可以制定地方政府规章;其三是为保证法律、行政法规以及上位阶地方性法规的执行,相关法律、行政法规没有对立法权限作出明确界分的,地方性法规和地方政府规章就存在共享的空间;其四是在减损相对人权利或者增加其义务的领域,地方性法规和地方政府规章也应当有共享的空间;其五是对于一些先行性、实验性改革措施,地方性法规与地方政府规章应当有共享的空间;其六是对于来不及制定地方性法规的事项,地方政府规章也可以进行规范。[3] 应该说,

---

[1] 参见宋方青、姜孝贤、程庆栋《我国地方立法权配置的理论与实践研究》,法律出版社,2018,第 226~230 页。
[2] 参见刘松山《地方性法规与政府规章的权限界分》,《中国法律评论》2015 年第 4 期。
[3] 参见刘松山《地方性法规与政府规章的权限界分》,《中国法律评论》2015 年第 4 期。

共享立法空间的存在使得地方性法规与地方政府规章之间立法权限的划分更加复杂化,面对共同的立法事项,究竟是地方性法规先行制定,还是地方政府规章先行制定,始终是前五种情形所要解决的问题,我们认为从功能上判断较为合理,申言之,厘清地方立法权限的边界并非人为在地方性法规和地方政府规章两种立法形式之间划清界限,而是要充分发挥各自调整社会关系的法的功能,最大限度地实现地方立法资源的合理配置,某种立法事项之所以由地方性法规调整抑或是由地方政府规章调整,除源于法律的直接规定之外,最有说服力的理由是相应的立法规制更有利于实现该事项的社会功能,因此,地方人大和地方政府之间在立法上应该分工明确、相互配合,只有这样才能实现地方人大立法与地方政府执法之间的良性互动。

此外,还需要关注设区的市地方性法规与省级地方政府规章之间的立法权限划分的问题。在立法实践中,设区的市地方性法规对于某类具体立法事项,是否可以作出与省、自治区地方政府规章不一致的规定?这就涉及设区的市地方性法规与省级地方政府规章之间的效力关系,对此,《立法法》并未进行具体的规定。考虑到设区的市地方性法规是经省、自治区人大常委会批准的,故不宜在《立法法》中统一要求设区的市的地方性法规不得同省、自治区的地方政府规章相抵触。同时,为了维护地方法制的统一性,《立法法》第81条第2款规定:"省、自治区的人民代表大会常务委员会在对报请批准的设区的市的地方性法规进行审查时,发现其同本省、自治区的人民政府的规章相抵触的,应当作出处理决定。"在立法实践中,处理决定可以有三种情况。其一,如认为设区的市地方性法规的规定合理,就可以批准设区的市的地方性法规。如果省、自治区人大常委会认为省、自治区地方政府规章不合适,不宜在其他地区执行,在批准设区的市的地方性法规的同时,可以撤销省、自治区的地方政府规章,或责成省、自治区政府作出修改。其二,如认为设区的市的地方性法规不适当,可以责成设区的市人大常委会对报批的地方性法规进行修改,如果设区的市不同意修改,可以不予批准。此种情形下,省、自治区的地方政府规章仍维持其立法原状。其三,如果认为设区的市的地方性法规与省、自治区的地方政府规章的规定均不适当,则可以分别要求各自制定主体作相应修改。[①]

综上所述，明确地方性法规与地方政府规章的边界，应当遵循以下原则。一是法定性原则。《宪法》、《地方组织法》、《立法法》以及其他法律，对地方性法规和地方政府规章的立法权限各有不同的规定，已基本上实现了我国地方立法权限配置的制度化、规范化，如《行政处罚法》《行政许可法》《行政强制法》对地方性法规和地方政府规章在赋权的限制方面进行了较为明确的划分，在地方立法实践当中，地方立法主体应当准确理解和把握上述立法精神，对所需立法事项进行深入分析，严格按照法律规定的权限行使立法权，尽量避免立法越位、缺位以及争权诿责等现象出现。二是灵活性原则。地方性法规与地方政府规章之间的权限划分的意义是相对的，并不是绝对的。一方面，地方政府规章在一定条件下可以调整属于地方性法规的立法事项。依据《立法法》第93条规定，应当制定地方性法规但条件尚不成熟的，因行政管理迫切需要，地方人民政府可以行使制定临时行政措施的先行立法权，这在一定程度上淡化了地方性法规与地方政府规章之间的权限边界。另一方面，地方性法规也可以制定属于地方政府规章调整事项的立法。由我国人民代表大会的政治体制决定，即使是适宜由地方政府规章调整的事项，也可由地方性法规予以规制，这在合法性上并不存在问题，如果地方政府规章对具体行政管理事项的立法明显违法，如在规定行政机关内部工作纪律时明显侵犯了公务员的基本权利，地方人大常委会仍可将其撤销，并有权就上述事项制定地方性法规。[②] 只是立法权的享有并不等同于立法权的必然行使，地方人大及其常委会在行使立法权的过程中，一般情况下不会主动通过立法调整具体行政管理事项，这充分体现了地方人大立法机关对地方行政立法权的尊重和信赖。因此，地方立法主体在选择立法形式时，应优先考虑地方的具体情况和实际需要，进行灵活把握。正如刘松山教授所言："法规与规章在地方治理的实践中，关键是要看是否管用，能否解决问题。在不损害法制统一、人民代表大会制度的体制和有利于保障公民、法人和其他组织合法权益的前提

---

[①] 参见陈国刚《论设区的市地方立法权限——基于〈立法法〉的梳理与解读》，《学习与探索》2016年第7期。

[②] 程庆栋：《新〈立法法〉视野下我国地方立法权的横向配置》，《河南财经政法大学学报》2018年第1期。

下，只要能实现这一目的，规章和法规应当受到同等重视和尊重。"① 也就是说，地方立法形式的选择应当以功能主义作为立法的出发点，敢于打破条框观念的限制，这就要求地方人大立法机关和地方人民政府之间加强沟通、注重协调、密切配合，最大限度地发挥不同地方立法形式的规范功能和社会功能。

---

① 刘松山：《中国立法问题研究》，知识产权出版社，2016，第200页。

# 第五章
# 地方立法权限争议的解决机制

在地方立法实践当中，地方立法事项的归属难题经常会引发地方立法权限的争议，地方立法权限争议的焦点在于相关地方立法主体是否有权就具有争议性的立法事项立法。如前文所论，地方立法权限的明确化，有利于消除地方立法权限模糊性的消极影响，最大限度地减少地方立法权限的可能性争议，但这并不意味着，地方立法权限明确化能够完全消除地方立法权限争议的问题。地方立法权限争议产生之后，如何充分利用本土的制度资源解决，是本章重点探讨的问题。如果说权限划分是对地方立法权限争议的预防手段的话，那么通过备案审查、法律解释、询问答复、立法清理等手段所形成的是解决地方立法权限争议的事后机制。本章将结合不同解决机制的制度功能，阐述其解决地方立法权限争议的具体情形。

## 第一节 地方立法权限争议概述

地方立法权限明确化就是一个不断化解地方立法权限争议的过程，但地方立法权限的争议并不能因此而完全消除，其背后蕴含的法理因素值得探究。本节将探讨地方立法权限争议产生的原因和表现形式，并辨析了地方立法权限争议与地方立法权限冲突两个易混概念。

### 一 地方立法权限争议的界定

地方立法权限的明确化主要解决一般地方立法中地方性法规及地方政

府规章的立法权限范围问题,即地方性法规与地方政府规章各自的立法事项范围以及两者之间的权限边界划分问题。《立法法》修改以后,设区的市以及原较大的市地方立法的权限范围也成为地方立法权限明确化着重研究的对象,地方立法权限的明确化旨在为地方立法主体提供明确的立法指引,使不同的地方立法主体在各自权限范围内有序运行。

尽管地方立法权限的明确化试图为地方立法活动划定清晰的界限,但在立法实践中地方立法主体之间仍然无法避免产生相应的矛盾。地方立法主体之间的矛盾由多种因素所致,如立法主体对立法事项范围的理解产生分歧,从立法技术层面考虑,我们难以为立法者提供一份穷尽列举的立法事项明细,而只能通过宏观的事项分类来实现对地方立法权限的明确划分,这将导致某些较为具体的事项成为具有争议的立法事项。如果地方立法主体竞相进行立法调整,势必产生立法权源合法性的问题,究竟何者为适格的立法主体不能不加以谨慎判断;如果地方立法主体竞相推诿,由此可能产生立法不作为的问题,适时确定合法的立法主体显得更为必要,无论何种情况发生,都源于立法事项自身的争议性。另外,从立法语言自身的特性来看,语言是将某人的思想传递给另一人的一种工具,是表达者(发出者)与承受者(接收者)之间的沟通工具,其沟通主要通过"符号—指陈的事实—意义"的方式予以实现,其中"符号"即语言表达,"指陈的事实"即符号所指涉的现实,"意义"即两者之间联系(的结果)。[①]当然,"意义"并不完全是语言表达和现实之间的关系,它既可能是发出者提供的将现实某一信息赋予语言表达的内容,也可能是接收者对该表达内容进行解释的结果。通常将前者称为"发出者的意义",在立法实践中被称作"立法者的意义",将后一种情形称为"接收者的意义",并可进一步区分为"表面上的意义"及"方法论决定的意义"。其中,"表面上的意义"是一种无意识的解释性推理,即接收者自发地赋予语言表达的意义,这意味着文本无须解释即可获得清晰的表达;"方法论决定的意义"是接收者基于有意识的解释研究而赋予语言表达的意义,接收者通过解释

---

① 胡平仁、杨夏女:《以交涉为核心的纠纷解决过程——基于法律接受的法社会学分析》,《湘潭大学学报》(哲学社会科学版)2010年第1期。

第五章　地方立法权限争议的解决机制

将表达置于比即时理解更为广阔的语境当中。[①] 以地方立法的权限为例，通过语言表达的地方立法事项反映的正是语言与现实之间的关系，这种关系对于立法者而言，表达的是立法者意欲表达的意志，是立法者基于地方现实需求而进行的权限分配，但对于地方立法主体来说，其接受的相关信息既有可能是清晰的，也有可能是模糊的，而借助于解释表达的结果既可能符合立法者的意愿，也可能有悖于立法者的意愿，这就导致地方立法主体对立法权限的范围产生异议。上述现象所反映的共同问题正是地方立法权限争议。[②] 一般来说，地方立法权限争议主要涉及立法事项的归属，某立法事项究竟是应制定地方性法规还是应制定地方政府规章，是进行一般地方立法还是特别地方立法，由此产生的争议便是地方立法权限争议。

从目前搜集的资料来看，理论界探讨较多的是中央与地方立法权限争议，而对地方立法权限争议的研究较少，基于研究主题的需要，我们将重点讨论地方立法权限争议的问题。究竟何谓立法权限争议？立法权限争议与立法权限冲突的内涵是否一致？上述问题通常为理论界所忽略。从词源上分析，争议本质上是一种不确定的状态，立法权限争议意味着立法权限面临不确定性的干扰，这种干扰有待于相关的解决机制予以排除。而冲突通常表现为一种对立的、互不相容的、不相一致的状态，就地方立法权限本身而言，《立法法》对省、自治区、直辖市一级的地方立法权限给予了较为原则性的规定，对于设区的市规定了相对明确的立法权限，因而，无法排除地方立法主体在适用上述规范时有违立法规定的情形，此种情形势必在地方立法主体之间产生旨在维护地方立法权限合法性的冲突。此等冲突也属于立法权限争议的表现形态，因为在冲突尚未结束之前，相关立法事项的归属亦处于不确定状态，从这个意义上讲，立法权限冲突属于立法权限争议的特殊情形。但立法权限争议并不完全等价于立法权限冲突，原

---

① 参见〔比〕马克·范·胡克《法律的沟通之维》，孙国东译，法律出版社，2008，第173~174页。
② 正如前文对科学化的理解一样，地方立法权限的明确化只是表明地方立法权限由模糊转向明确的一种状态，并未描述一种极端、彻底明确的完全状态，因而，地方立法权限的明确化无法消除立法权限的争议，甚至可以这样理解，地方立法权限的明确化是一个致力于消除地方立法权限争议的过程，但明确化的结果仍然无法避免地方立法权限争议的发生，其原因既包含了明确化自身的程度因素，也包含了地方立法主体对明确化理解层面的因素。

因在于，地方立法权限冲突通常发生在地方立法主体之间，而地方立法权限争议不仅发生在地方立法主体之间，还发生在地方立法主体自身上，譬如设区的市地方立法权限主要集中在城乡建设与管理、生态文明建设、历史文化保护、基层治理等方面的事项上，那么，针对教育事项立法属不属于地方性法规立法事项的范围？该疑问就属于立法权限争议的范畴，从这个意义上讲，地方立法权限争议是指因地方立法事项的归属问题而在地方立法主体自身或者地方立法主体之间产生的立法权限不明的情形。从定义中可以看出，地方立法权限争议由地方立法事项的归属问题引起，详而言之，通常因地方立法事项归由哪方地方立法主体进行立法调整产生争议。需要指出的是，地方立法权限争议有别于地方立法权限冲突，地方立法权限冲突是指调整同一法律关系的不同地方立法在适用过程中发生相互抵触、不相一致的情形，其类型主要有层级冲突、种属冲突、新旧冲突、地域冲突和管辖冲突等。[①] 地方立法权限争议与地方立法权限冲突根本的区别在于核心要素的不同，前者的核心要素是权限争议，关注的是立法主体是否有权立法的问题，后者的核心要素是权限冲突，关注的是立法效力的问题。对于地方立法权限冲突而言，立法主体制定立法的权限并无异议，产生异议的是不同立法之间的效力问题，因而不能将两个概念混为一谈。

## 二 地方立法权限争议的表现形式

### （一）产生于地方立法主体自身的立法权限争议

地方立法主体自身的立法权限争议主要是指地方立法权限范围的不确定性，从《立法法》的内容来看，地方立法权限的范围规定得较为原则化，因而需要进一步明确化，但明确化的结果只是减弱了地方立法权限的模糊性，并没有也不可能从根本上消除地方立法权限的模糊性，德国法学家基尔希曼曾断言："任何实在法的立法，哪怕准备一千年，也难逃漏洞、矛盾、晦涩、歧义的厄运。"[②] 这表明，再完美的立法技术也无法避免立法模糊性的出现，如上文所述，只要以法律语言为载体，法律就不可能达到极

---

[①] 参见顾建亚《行政法律规范冲突的适用规则研究》，浙江大学出版社，2010，第 12~13 页。
[②] 〔德〕J. H. 冯·基尔希曼：《作为科学的法学的无价值性——在柏林法学会的演讲》，赵阳译，《比较法研究》2004 年第 1 期。

致的明确性,总存在一些模糊的规定影响立法主体的适用,这也是我们在探讨了地方立法权限明确化之后继续研究地方立法权限争议的原因所在。

具体到每一级地方立法主体,都可能产生相应的立法权限争议,如省级地方性法规的立法可能因地方性事务的范围产生权限争议,省级地方政府规章的立法可能因具体行政管理事项的范围产生权限争议,设区的市地方性法规和地方政府规章的立法可能就城乡建设与管理、生态文明建设、历史文化保护、基层治理等方面的事项范围的理解各自产生权限争议,而对于原较大的市立法主体来说,其立法权限与修改后的《立法法》的规定存在明显的冲突,其立法权限引起的争议更值得讨论。民族区域自治立法中地方性法规与自治条例的关系以及经济特区法规与地方性法规的关系也容易产生立法权限争议的问题。总之,地方立法主体自身的立法权限争议是客观存在的,相关立法权限争议的解决对于充分发挥地方立法权的功能无疑有着积极的意义。

**(二)产生于地方立法主体之间的立法权限争议**

地方立法主体之间的立法权限争议主要是指地方立法主体之间因立法事项的权属问题产生的争议。一方面,立法本身是一个复杂的过程,地方立法更是如此,任何一部地方立法无不包含诸多价值判断和利益考量的因素,不同的立法者在社会历练、知识素质、职业岗位、性格特征、观察方法方面各有区别,故此,处在相同时代的立法者往往具有不同的法律认知,[1]该认知因素使得不同的立法者对立法权限产生差异性的理解。另一方面,立法与利益如影相随,韦伯对此进行了精辟的论断,"任何法律保障都是直接地为经济利益服务的。即使不尽如此,经济利益也是影响法律创设的极重要原因"。[2]在利益主体多元的现代社会,多方利益主体主要通过立法表达其利益诉求,利益的不断分化和聚合有时会使得地方立法沦为地方保护主义的工具,有时为了满足特殊的利益需求不惜超越立法权限立法,由此产生的立法权限争议应引起重视。总的来说,地方立法主体之间

---

[1] 谢晖:《价值重建与规范选择——中国法制现代化沉思》,山东人民出版社,1998,第389页。
[2] 〔德〕马克斯·韦伯:《论经济与社会中的法律》,张乃根译,中国大百科全书出版社,1998,第33页。

的立法权限争议主要体现在如下方面。

一是地方性法规侵犯地方政府规章立法权。此类立法权限争议主要体现在地方性法规调整了法律、行政法规专门授权地方政府规制的事项。如国务院《失业保险条例》（1999年制定）第8条规定，由省、自治区人民政府规定失业保险调剂金的筹集、调剂使用以及地方财政补贴的具体办法。而在四川省，上述立法事项由地方性法规进行规定。①

二是地方政府规章侵犯地方性法规立法权。此类立法权限争议主要表现为地方政府规章调整了本该属于地方性法规的立法事项，如为满足建设责任政府、法治政府的需要，我国许多省市政府相继出台了有关行政问责的地方政府规章，如北京市人民政府于2011年制定了《北京市行政问责办法》，湖北省人民政府于2016年出台了《湖北省行政问责办法》。然而，从立法的调整对象来看，有关行政问责的事项应由地方性法规调整为宜。原因在于，行政问责涉及对行政机关及其工作人员不履行、违法履行或怠于履行法定职责行为的责任追究问题，其问责的形式涉及公务员重要的权利义务，并且问责的程序以行政内部问责为主，如何体现行政问责的公正性是立法无法回避的问题，显然，由政府立法规定行政问责的事项有违程序正义的要求，再者，行政问责不仅与行政机关工作人员的切身利益相关，而且与社会公众利益的维护有密切的关系，因而，行政问责应属于地方性事务中的重大事项，适宜制定地方性法规而非地方政府规章。

上述争议是地方立法主体之间立法权限争议中常见的表现形式，从性质上来看，此两类权限争议可定性为积极的立法权限争议，此外，还存在消极的立法权限争议，主要表现为地方立法主体对相关事项拒绝立法或者拖延立法，亦即地方立法不作为，在地方立法实践中，若某事项难以确定具体的地方立法类型，加之出于对利益因素的考虑，很容易导致两种结果发生，要么竞相立法，要么拒绝立法，无论何种情况，都属于立法权限争议之表现情形。前文在讨论地方立法权限模糊性的消极影响时也谈及了上述情形，从逻辑上判断，地方立法权限争议与地方立法权限模糊性不无关系，因为立法权限的明确化是相对的，而立法权限的模糊性是绝对的，故地方立法权限争议难以避免，立法权限争议的情形正是立法

---

① 参见《四川省失业保险条例》（2001年制定）第13条之规定。

权限模糊性所产生的消极后果，两者具有内在的关联性，因此，在情形上两者几乎是一致的。

## 第二节 我国地方立法权限争议解决的主要机制

如何有效解决我国地方立法权限的争议，除继续深入推进地方立法权限明确化的工作之外，还应当充分发挥我国现有立法权限争议解决机制的功能。在我国的制度语境当中，不同的立法权限争议解决机制具有不同的适用条件，本节将在具体的讨论中予以明示。

### 一 备案审查机制

#### （一）备案审查机制界定

备案审查机制，指依法承担报备义务的立法主体，在法规规章颁布后一定期限内按照法律规定的程序向相应的国家机关报送备案，接受备案的机关依法对其进行合法性、合理性审查以解决相关立法争议的监督制度。

我国备案审查制度的立法规定主要体现在《地方组织法》《监督法》《立法法》《法规规章备案条例》等法律法规当中。全国人大常委会的备案审查工作始于1979年，当时的工作由全国人大常委会办公厅政法室承担。2004年5月，全国人大常委会法制工作委员会成立法规备案审查室，备案审查工作步入常规化，但由于种种原因，这段时期的备案审查工作刻意保持低调，对审查中发现的问题主要通过与制定机关沟通协商解决，当双方取得一致意见后，由制定机关自行纠正，备案审查工作的情况并没有对外公开，因此，社会各界对备案审查制度的运行缺乏一定的了解。2015年《立法法》的修改完善了备案审查制度，备案审查工作的力度进一步加大。2017年12月，第十二届全国人大常委会第三十一次会议首次听取和审议了法制工作委员会的备案审查工作情况报告，报告第一次向社会公布了备案审查制度运行的情况，并首次发布四起公民、组织提起的审查法规建议的案例，这标志着备案审查工作正式启动。自此，备案审查工作一改过去"备而不审、审而不纠、纠而不改"的局面，呈现出"有件必备、有备必审、有错必纠"的新气象，有力地推动了备案审查制度的深入实施。①

备案审查机制的确立，对于维护社会主义法制的统一具有重要的意义，通过对规范性文件进行备案审查，可以有效消除法规规章冲突，限制地方保护主义和部门保护主义的利益倾向，同时也实现了对立法主体立法权的监督和控制，可以促进立法主体依法、正当行使立法权，维护社会公众的合法权益。

### （二）备案审查的方式

从备案审查机制的定义可以看出，备案并不是简单的存档形式，它还包含了有权机关对相关地方立法文件的审查监督。② 关于备案审查的方式，存在两种不同的观点。一种观点认为，备案就是审查，有权机关对报送备案的法规规章在法定的期限内进行审查，但凡没有提出异议或相应审查意见，视为默认该法规规章的合法性。另一种观点认为，备案就是审查、登记、统计、存档，即备份在案，以便审查。有权机关只有在法规规章被提出异议之后才对其进行审查，这就是所谓的"不告不理"原则。③ 上述意见代表了两种不同的审查方式，即主动审查和被动审查。主动审查的优势在于有权机关能够及时发现法规规章存在的问题，由于需要审查的法规规章数量过多，加之备案审查的专业性强、工作量大，有权机关往往缺乏精力和时间对所有的法规规章进行备案审查，因而在实践中难以实现。被动审查的优势在于具有较强的针对性和目的性，便于准确发现法规规章在适用中存在的问题，被动审查程序通常因审查要求或者审查建议的提出而启动，④ 因而在实践中很难调动审查人员的工作热情，容易导致备案审查

---

① 有关全国人大常委会备案审查机制运行的情况，主要参见全国人大常委会法制工作委员会研究室编《我国改革开放40年立法成就概述》，法律出版社，2019，第335~338页。
② 有学者认为，备案并非一开始就与审查相联系，起始的备案制度只是存档以备查阅，并未包含有权机关的审查功能，随后，备案的审查功能才逐渐显现出来，并且经历了由事前审查到事后审查、由被动审查到主动审查与被动审查相结合的发展历程，参见宋鹏举、俞俊峰《论法规规章备案审查制度的完善》，《人民论坛》2011年第17期。
③ 汤唯等：《地方立法的民主化与科学化构想》，北京大学出版社，2002，第333页。
④ 需要指出的是，依据《立法法》第111条之规定，审查要求权和审查建议权对审查程序的影响有所区别，一般来说有权国家机关（主要有国务院、中央军事委员会、最高人民法院、最高人民检察院和各省、自治区、直辖市的人民代表大会）提出审查要求之后，必须启动正式审查程序，但公民、法人或者其他组织提出审查建议时，并不一定启动审查程序，需要有权机关研究后决定。

工作处于搁置的状态。

上述两种审查方式各有利弊,适宜结合起来以发挥各自优势。至于两种审查方式究竟是以主动审查为主还是以被动审查为主,存在不同的观点。有观点主张以被动审查为主,原因有二:其一,备案的法规规章数量较大,有权机关的组织力量有限,难以进行全面审查;其二,各种法规规章千差万别,所涉及的关系纷繁复杂,只有通过实施才能暴露出问题。[①] 我们认为,以被动审查为主并结合主动审查的方式适用于全国人大常委会,此次《立法法》的修改也体现了这一精神。[②]《立法法》之所以规定的是"可以"而非"应当"进行主动审查,考虑的正是报送全国人大常委会的规范性文件较多而从事备案审查工作的人员有限的特殊情形,因而,在中央层面的备案审查应当采取以被动审查为主并结合主动审查的方式。但在地方应当采取以主动审查为主并结合被动审查的方式,因为地方政府报送备案的法规规章数量有限,地方有权机关应该集中精力进行审查,以便及时发现问题、解决问题。

### (三) 备案审查机制在解决地方立法权限争议中的适用

《立法法》对备案审查的主体、方式、期限、范围及程序进行了具体的规定,[③] 唯独对备案审查的内容没有直接予以规定,也就是说有权机关对于报备的法规规章、自治条例及单行条例就哪些方面进行审查尚未明确规定。对于备案审查的内容,有观点认为《立法法》第107条进行了隐含性规定,[④] 改变或者撤销必然是在审查的基础上作出的,因而改变或者撤销的标准与审查的内容应该是一致的。实际上,审查是改变或者撤销的前置程序,如果没有审查,自然就无法得出改变或者撤销的结论,《法规规章备案条例》第10条规定的审查事项沿袭了《立法法》第107

---

① 参见杨景宇主编《监督法辅导讲座》,中国民主法制出版社,2006,第136~137页。
② 《立法法》(2023年修正)第111条第1款。
③ 参见《立法法》(2023年修正)第109~115条之规定。
④ 《立法法》(2023年修正)第107条规定:"法律、行政法规、地方性法规、自治条例和单行条例、规章有下列情形之一的,由有关机关依照本法第一百零八条规定的权限予以改变或者撤销:(一)超越权限的;(二)下位法违反上位法规定的;(三)规章之间对同一事项的规定不一致,经裁决应当改变或者撤销一方的规定的;(四)规章的规定被认为不适当,应当予以改变或者撤销的;(五)违背法定程序的。"

条规定的改变或者撤销的标准,这就使得审查的内容有了法律上的依据,两者内容的一致性也表明改变或者撤销是备案审查的结果选项,换言之,有权机关对报备的规范性文件进行审查,若认为相关规范性文件违背了《立法法》第107条规定的情形,则可根据实际的情形予以改变或者撤销。

依据《立法法》的规定,地方性法规要报全国人大常委会和国务院备案,省级地方政府规章需要向省级人大常委会、人民政府和国务院备案,设区的市、自治州地方政府规章需要向设区的市人大常委会、人民政府,省、自治区人大常委会、人民政府及国务院备案。对于地方性法规发生立法权限争议的,全国人大常委会可依据《立法法》第107条第1项"超越权限"予以撤销,这一类情形主要指地方性法规调整的事项超出了法律规定的权限范围,如果国务院发现了省级地方政府规章或者设区的市、自治州地方政府规章调整的事项超出了法定的权限范围,则由国务院法制机构建议制定机关自行纠正,或者由国务院法制机构提出处理意见报国务院决定,并通知制定机关,[①] 显然,国务院可以依据《立法法》第108条之规定,决定改变或者撤销不适当的地方政府规章。如果省级人大常委会发现省级地方政府规章调整的事项超出法定的权限范围,则可以撤销本级地方政府规章,同样设区的市、自治州人大常委会审查发现同级政府"超越权限"的,亦可撤销该规章。如果省级人大常委会发现设区的市、自治州地方政府规章有"超越权限"的情形该如何处理?此等情形有进一步讨论的必要。有的地方立法就该情形作了相应的处理,以《湖北省各级人民代表大会常务委员会规范性文件备案审查工作条例》第17条规定为例,省级人大常委会一旦发现设区的市、自治州地方政府规章有"超越权限"的情形,可交由设区的市、自治州人民政府予以修改或者废止,或者交由省人民政府或设区的市、自治州人民代表大会常务委员会进行处理,其中,省人民政府有权改变或者撤销该规章,而设区的市、自治州人大常委会有权撤销该规章。在这里需要明确的是,修改、废止权不同于改变、撤销权,前者属于立法权力,只能由制定立法的原立法

---

[①] 参见《法规规章备案条例》第14条之规定。

主体来行使，后者属于立法监督权力，其行使的主体是有权对立法进行监督的机关，因而，当设区的市、自治州地方政府规章出现"超越权限"的情形时，只能由设区的市、自治州人民政府加以修改或废止，而不能进行改变抑或撤销。

## 二 法律解释机制

### （一）作为地方立法权限解决机制的法律解释

在解决地方立法权限争议的机制中，法律解释同样值得重视，前文论证了法律解释在应对地方立法权限模糊性上的作用，我们得出的结论是，法律解释是减弱地方立法权限模糊性的主要路径。但从另一个角度来看，法律解释也是解决地方立法权限争议的重要手段，盖因地方立法权限争议多由地方立法权限的模糊性所致，法律解释既可以实现地方立法权限的明确化，又可以最大限度地减少、避免地方立法权限争议的发生。反之亦然，当地方立法权限争议发生时，运用法律解释适当解决，可以进一步促进地方立法权限明确化。需要注意的是，我们在探讨地方立法权限明确化时，主要阐释了法律解释在限制地方立法权限模糊性方面的作用以及如何适用正确的解释方法来应对地方立法权限模糊性，而在研究地方立法权限争议的解决时，我们将主要讨论法律解释主体的解释权配置问题，面对不同类型的地方立法权限争议，该如何选择适当的法律解释主体是着重研究的问题。

### （二）法律解释权配置中的地方解释

一般认为，法律一经制定，便成为客观意义上的行为规范和标准，需要人们的遵守和国家机关的执行、适用，进而实现立法对社会关系的调整及对社会秩序的规制。而在法律适用和执行的过程中，不可避免地会产生法律解释的问题，因为作为一种普遍存在的需要，法律解释存在于法律条文本身及其具体应用的过程当中。[1] 法律解释就其性质而言，应是执法者履行执行法律的职责时所隐含的权力，[2] 而非一种可供有关主体加以分配

---

[1] 张志铭：《法律解释操作分析》，中国政法大学出版社，1999，第234页。
[2] 袁吉亮：《论立法解释制度之非》，《中国法学》1994年第4期。

的独立权力。① 我国现有的法律解释体制已就法律解释权的配置进行了相应的安排，1981 年第五届全国人大第十九次会议通过的《全国人民代表大会常务委员会关于加强法律解释工作的决议》（以下简称《解释决议》）全面规定了我国法律解释权配置的具体方式，对立法解释、行政解释、司法解释以及地方解释进行了原则性的职权划分，对我国法律解释体制的建构具有决定性的作用。"八二宪法"赋予全国人大常委会法律解释权；修改后的《立法法》具体规定了全国人大常委会行使法律解释权的场景和方式，明确规定法律解释同法律具有同等效力，并对司法解释的范围、备案程序进行了严格的限制。上述有关法律解释的立法之间相互补充，构成了我国当代法律解释体制。

依据我国现有的法律解释体制，全国人大常委会、最高人民法院和最高人民检察院、国务院及其主管部门、地方立法机关和行政机关均可以成为法律解释主体。上述法律解释主体的活动分别对应立法解释、司法解释、行政解释及地方解释，② 鉴于立法解释在前文已有详细论述，我们将侧重探讨地方解释的问题。依《解释决议》的相关规定，能够行使法律解

---

① 有关法律解释权是不是一项独立的权力，在我国理论界存在争议，张志铭研究员就认为，当代中国法律解释体制所内含的一个基本观念是，在制度设计上，人们视法律解释为一种单独的权力，一种通过解释形成具有普遍法律效力的一般解释性规定的权力，而不是一种附属于法律制定权和法律实施权或决定权的活动，参见张志铭《法律解释操作分析》，中国政法大学出版社，1999，第 233 页。但也有学者认为，从我国行使法律解释权的主体看，任何一种主体都有自己专门的职责，如全国人民代表大会常务委员会是我国的立法机关，最高人民法院、最高人民检察院是国家最高司法机关，它们本身都不是专职的法律解释机关，而是在其日常工作中"顺便"解释法律，我国的法律解释权并没有统一授予某个机关，而是配置给一定层级以上的各个具有特定职能的国家机关，由它们在自己的职责范围内对法律进行解释。由此看来，法律解释权在我国并没有被视为一种单列的权力，而是附属于各个法律解释主体的职权当中，参见魏胜强《法律解释权的配置研究》，北京大学出版社，2013，第 152~153 页。我们认为，有关法律解释权是不是一项独立权力之所以存在争论，主要是因为论者对何谓独立权力并未达成共识，这场争论实为概念之争，若认为独立权力只能为专门的主体所行使，法律解释权显然不符合该标准。

② 通常依据法律解释主体对法律作出解释的效力不同，将法律解释分为正式解释和非正式解释，根据解释主体的不同，正式解释又分为立法解释、行政解释和司法解释，分别指代立法机关、行政机关、司法机关根据各自的权限，在不同的范围内对法律进行的解释，参见曹海晶《中外立法制度比较》，商务印书馆，2016，第 399 页。本书为方便讨论地方解释问题，在学理上对上述分类进行了调整，立法解释、行政解释及司法解释特指中央立法机关、行政机关、司法机关所作出的解释，而地方解释特指地方立法机关、行政机关对所立之法作出的解释。

释权的地方国家机关是省级人大常委会及省级人民政府主管部门，并且解释的对象限于地方性法规，具体而言，凡地方性法规条文本身需要进一步明确界限的，由制定法规的省、自治区、直辖市人民代表大会常务委员会进行解释，涉及地方性法规具体适用的问题，由省级人民政府主管部门进行解释。① 在实践中，尽管大多数地方立法主体以地方性法规制定程序或者立法条例的形式对地方性法规解释的内容、程序进行较为具体的规定，②但地方人大常委会多把立法工作的重心放在地方性法规的制定和修改上，而对地方性法规的解释关注甚少，殊不知立法解释也是地方立法中的有机组成部分，而且是成本较低、程序简单的立法方式。有学者认为，省级人大常委会作出的解释一般不以"解释"来冠名，而是冠以"实施办法""实施细则"等名。③ 我们认为，该观点模糊了地方性法规立法与地方性法规解释之间的界限，地方性法规立法虽属于立法范畴，但有别于制定法规，有其独有的内容、程序及方法，冠以"实施办法""实施细则"之名的地方性法规实质上属于执行性立法，其立法的重点是根据本行政区域的实际情况对法律、行政法规作出更为具体的规定，其着眼点为法律、行政法规的规定，而地方性法规解释的着眼点是地方性法规条文本身，显然有别于地方性法规立法。

需要注意的是，《解释决议》主要规定了省级地方性法规的解释问题，设区的市、自治州地方性法规的解释问题目前尚未找到法律、行政法规的依据，不过有些地方立法已经对此进行了相应的规定，如《湖北省人民代表大会及其常务委员会立法条例》（2015年修正）第59条赋予了设区的市、自治州人大常委会解释地方性法规的权力，④《广东省地方立法条例》（2016年修正）第87条明确规定了设区的市人大常委会拥有解释权，⑤ 而

---

① 参见《解释决议》第4条之规定。
② 有少数省市专门出台了地方性法规解释的地方立法，比如《安徽省人大常委会解释地方性法规的规定》《成都市人大常委会关于地方性法规解释的规定》等。
③ 魏胜强：《法律解释权的配置研究》，北京大学出版社，2013，第246~247页。
④ 《湖北省人民代表大会及其常务委员会立法条例》（2015年修正）第59条规定："报经批准的地方性法规、自治条例和单行条例的解释，由设区的市和自治州、自治县……解释作出后报省人民代表大会常务委员会备案。"
⑤ 《广东省地方立法条例》（2016年修正）第87条规定："设区的市的人民代表大会及其常务委员会制定的地方性法规，由设区的市的人民代表大会常务委员会解释。"

《安徽省人民代表大会及其常务委员会立法条例》（2015年修正）第65条也肯定了设区的市人大常委会的解释权，同时规定了解释的批准程序。[①] 从上述立法的规定可以看出，地方立法赋予了设区的市人大常委会解释地方性法规的权力，但在解释程序上有所差别，或者需要报省级人大常委会备案，或者需要报省级人大常委会批准，这也反映出不同地方立法主体在程序理念上的差别。

依据《规章制定程序条例》第33条，地方政府规章的解释权主要归属地方政府，具体来说，省级人民政府有权解释省级地方政府规章，设区的市、自治州人民政府有权解释其制定的规章。其他地方立法也规定了地方政府规章的解释问题，如《四川省人民政府拟定地方性法规草案和制定规章程序规定》《山东省政府规章制定程序规定》等，相对而言，地方立法对地方政府规章解释程序的规定具体一些，但尚未达到完善的程度，这也反映出地方政府规章解释在地方立法中并未受到足够的重视。

### （三）法律解释机制在解决地方立法权限争议中的适用

在我国的法律解释体制中，地方解释是最容易受到忽略的解释类型。我国现有地方立法权限划分不清，地方立法冲突普遍存在，地方立法技术有待改进，这些难题多由地方立法规范条文引起，自然需要通过地方解释来解决。遗憾的是，我国现有的地方解释工作几乎处于停滞的状态，许多地方人大常委会及人民政府几乎未行使过解释权。[②] 实际上，有关地方立法的许多疑难问题需要地方解释机制来解决，其中就包括地方立法权限争议问题。可见，地方解释在理解和实施地方立法方面仍具有广阔的适用空间。

如前文所述，地方立法权限争议的产生与立法技术相关，也与立法语

---

[①] 《安徽省人民代表大会及其常务委员会立法条例》（2015年修正）第65条规定："设区的市制定的地方性法规，由该市的人民代表大会常务委员会解释，报省人民代表大会常务委员会批准后生效。"

[②] 2006年4月13日，成都市第十四届人大常委会第二十四次会议依据《成都市人大常委会关于地方性法规解释的规定》的相关规定，以高票通过了"关于解决出租车司机从业年龄适用法规、规章问题"的"地方性法规解释"，允许近200名年龄即将达到55周岁的出租车司机继续从业到60周岁，这是成都市人大常委会历史上首次行使解释权，被誉为地方解释的"破冰"之举，参见李克杰《立法解释：地方立法机关全面履职的"破冰"之举》，《法治与社会》2006年第7期。

## 第五章 地方立法权限争议的解决机制

言相关。运用地方解释机制来解决相关争议，无疑是最为经济和便捷的方式。具体而言，若对某立法事项是否归属地方人大产生争议时，可以由地方有权国家机关、社会团体及公民向地方人大常委会提出地方性法规解释的要求或者建议，由地方人大常委会作出相应的解释；同样，若对某立法事项是否归属地方人民政府产生争议时，可由有关部门提出解释申请，最终由地方人民政府进行相应的解释。接下来需要讨论的问题是，上述情形都属于对地方性法规或者地方政府规章自身条文的含义产生争议时的处理办法，若上述争议并非产生于对地方立法自身理解的歧义，而是产生于对《立法法》相关条文的理解存在的分歧，此等情形该如何解决为妥，如对于某立法事项属于地方性事务或者具体行政管理事项存在不同的理解，由此难以决定对该事项进行地方性法规立法还是地方政府规章立法，该争议不仅涉及不同地方立法主体间的权限划分问题，还涉及对《立法法》中地方立法权限规定的理解问题，我们认为，此类权限争议可依据《立法法》第49条之规定，由省、自治区、直辖市的人大常委会提出法律解释要求，由全国人大常委会作出法律解释，以解决相关的地方立法权限争议。

在运用地方解释机制解决地方立法权限争议时，需要注意以下几个问题。一是地方解释的程序问题，以地方性法规解释的程序为例，地方性法规解释的程序应该包括以下几个步骤。首先，有权提出地方性法规解释要求的机关向相应地方立法机关提出解释要求。社会团体、企事业单位、其他组织和公民可以向地方立法机关提出解释的建议，由相关立法工作机构视情况决定是否拟定解释草案。其次，拟定地方性法规解释草案，由地方人大常委会工作机构研究拟定地方性法规解释草案。再次，审议地方性法规解释草案，地方性法规解释草案拟定后，通过主任会议提请常委会会议审议，经常委会分组审议后，再由法制工作委员会根据分组审议意见进行统一审议，拟定草案表决稿。从次，表决地方性法规解释草案，地方性法规解释草案一般实行一审制，如果地方性法规解释表决稿经过常委会审议后，常委会没有较大分歧，则由主任会议提请常委会全体会议表决，以常委会全体组成人员过半数通过。如果常委会组成人员对解释草案存在较大分歧，主任会议可以暂不付表决，交以后的常委会会议再次审议决定。最后，公布地方性法规解释。地方性法规解释由地方人大常委会发布公告予以公布。① 二是地方解释与上位法的冲突问题，有关地方立法权限争议的地方解释应当注意与上位法的规定保持一致，避免发生效力冲突的问题，如对设区的市地方性法规的地方解释要与法律、行政法规以及上位地方性法规的规定保持一致，不得与之相抵触。有关机关、组织或者公民如果认为地方人大常委会作出的地方解释与法律相抵触，就可以向全国人大常委会提出审查建议，此种情形下，地方解释仍有可能转化为立法解释的问题。

## 三　询问答复机制

### （一）询问答复概述

尽管法律解释在解决地方立法权限争议中拥有无可争议的地位，但法律解释的经常性缺位使得地方立法权限争议出现时难以发挥其正常的释义功能。不过，这一缺憾在某种程度上被《立法法》规定的询问答复机制加以弥补。依《立法法》第 69 条之规定，全国人大常委会工作机构针对中央、地方各国家机关及其所属部门在实际工作中遇到的法律问题，通常采取一问一答的方式予以答复，并报全国人大常委会备案。这种以全国人大常委会工作机构的名义所作的法律问题解答被称为询问答复。

询问答复机制源于 1957 年全国人大常委会办公厅法律室提出的《关于某些法律法令问题不能提会又不应由办公厅直接加以处理应如何解决的意见》，② 该意见开由全国人大常委会工作机构答复法律问题的先河，被认为是询问答复机制的滥觞，但因其程序性方面的缺失，此制度自 1979 年起便未再使用。③ 1981 年《解释决议》并未涉及询问答复机制的内容。1988 年全国人大常委会通过的《七届全国人大常委会工作要点》提出："属于人大工作中法律的具体应用问题，由常委会有关部门拟出答复意见，由秘书长召集有关人员会议研究决定后答复。"④ 1993 年全国人大常委会

---

① 参见阮荣祥主编《地方立法的理论与实践》，社会科学文献出版社，2008，第 336～337 页。
② 该意见提出："如果问题的时间性较急，而常务委员会又一时不能召开，可以由秘书长提请副委员长联合办公会议讨论，于请示委员长批准后，以常务委员会名义处理，并可将所作解释刊登公报。这种解释，也具有法律约束力。"
③ 参见乔晓阳主编《立法法讲话》中国民主法制出版社，2000，第 187 页。
④ 中国人大网，http://www.npc.gov.cn/wxzl/gongbao/2000-12/26/content_5002140.htm。

通过的《第八届全国人民代表大会常务委员会工作要点》指出:"属于人大工作等方面有关法律的具体适用问题,由常委会有关部门作出答复意见,按照一定的程序作出统一的答复。"① 根据这两个工作要点,全国人大常委会将人大工作中有关具体适用法律问题的答复权赋予全国人大常委会法工委,明确了答复的范围和程序,但并没有涉及询问答复的性质和效力问题,2000年出台的《立法法》第55条正式确立询问答复制度,从立法上明确了全国人大常委会工作机构对具体问题进行答复的主体地位。从《立法法》实施至2005年底,全国人大常委会法工委共作出164份询问答复,② 从答复的具体情况来看,其数量之巨、涉及法律部门之多、解决问题之复杂、对现实影响之深,大有超越法律解释之势,在有限的范围内填补了法律解释无法满足的需求空白。2015年及2023年修正的《立法法》继续保留了询问答复制度。

询问答复制度可以充分发挥人大常委会法工委了解立法原意的优势,缓解人大常委会立法解释的压力,但其性质和效力一直处于争议的状态。学术界对询问答复是否属于法律解释以及有无法律效力的问题存在不同的观点,褚宸舸认为,询问答复并非有权的法律解释,但对询问的主体具有事实上的约束力;③ 周宇骏认为,询问答复是"参与过相关立法工作的法工委的工作人员基于其对法律原意的认识而做出的一种带有官方性质的权威学理解释",在现行法律体系中并无强制效力;④ 梁红霞则认为,询问答复事实上已经部分承担起全国人大常委会应该履行的法律解释职能,只不过其效力远没达到普遍性的程度。⑤ 不过,从立法体例的安排来看,《立法法》中询问答复的内容并未纳入第二章第四节"法律解释"当中,而是列入第二章第五节"其他规定"中去,表明立法者认为询问答复与法律解释

---

① 中国人大网,http://www.npc.gov.cn/wxzl/gongbao/2000-12/28/content_5002973.htm。
② 参见全国人大常委会法制工作委员会编《法律询问答复(2000—2005)》,中国民主法制出版社,2006。
③ 褚宸舸:《论答复法律询问的效力——兼论全国人大常委会法工委的机构属性》,《政治与法律》2014年第4期。
④ 周宇骏:《试论全国人大法工委法律询问答复的效力》,《成都理工大学学报》(社会科学版)2014年第4期。
⑤ 参见梁洪霞《论法律询问答复的效力》,《重庆理工大学学报》(社会科学版)2010年第4期。

二者在性质和效力上不应等同,这与人大常委会法工委的相关解释是一致的,亦即"法律询问答复虽然不具有法律解释的法律效力,但其对法律的理解是比较权威的,各部门、地方应当把它作为理解执行法律的指导依据。如果对询问答复有不同的看法,可以根据本法第四十五条、第四十六条的规定,通过法定程序提出法律解释要求"。从上述解释可以看出,法律解释具有优先于询问答复适用的效力,对于询问主体而言,询问答复仅具有指导意义,并没有强制的法律效力。

### (二) 询问答复机制在解决地方立法权限争议中的适用

根据全国人大常委会法工委多年答复法律询问的情况,法律询问的范围如下:"(一)国务院所属机构在执行法律过程中提出的具体法律问题;(二)最高人民法院、最高人民检察院的工作机构在司法过程中提出的具体法律问题;(三)省、自治区、直辖市人大常委会工作机构在工作中提出的具体法律问题;(四)向全国人大常委会提出的法律解释要求,经研究不需要进行法律解释、可以采用法律询问答复的问题;(五)全国人大常委会领导交办的其他需要研究答复的问题。另外,还有人民团体和全国性社会团体在法律实施过程中向法制工作机构提出的具体法律问题。"[①] 上述内容当然包括了发生地方立法权限争议的情形。全国人大常委会法工委发言人办公室在中国人大网上公布了部分法律询问答复,其中与地方立法权限有关的问题,概括起来有以下几个方面。

1. 中央与省级地方立法权限划分事项

一般来说,中央与省级地方立法权限划分主要依据三个标准,即"不抵触"原则、法律保留事项以及地方性事务概念,从公布的答复样本来看,在答复有关地方立法是否与上位法相抵触的询问时,法工委在维护法制统一的前提下适用"不抵触"原则,如2022年5月27日,某省人大常委会法工委询问,地方性法规能否就未成年人监护、知识产权保护和个人破产制度作出规定。法工委回复称:"根据《立法法》的有关规定,未成年人监护、知识产权保护和个人破产制度属于民事基本制度。关于未成年人监护和知识产权保护,国家法律已有规定,地方性法规如需根据地方实

---

① 乔晓阳主编《〈中华人民共和国立法法〉导读与释义》,中国民主法制出版社,2015,第219~220页。

际作出实施性的具体规定,需遵循不得与上位法相抵触的原则,并不宜单纯重复上位法的规定。关于个人破产制度立法问题,目前有关修改法律项目已列入立法规划,全国人大有关专门委员会正在研究,地方性法规不宜就此作出规定。"① 对于在不确定相关立法事项是否侵犯《立法法》(2015年修正)第8条所规定的中央专属立法权时,法工委通常会强化法律保留事项的规范功能。如2004年8月13日,某省人大常委会法制工作委员会询问,该省某市人大常委会是否有权制定该市"人事争议处理条例",法工委回复称:"仲裁制度是全国人大及其常委会的专属立法权。因此,地方性法规不能规定仲裁制度。从该市草拟的'人事争议处理条例'的内容来看,该条例规定了人事争议仲裁制度,超出了《中华人民共和国立法法》规定的地方性法规的权限范围。"②

2. 设区的市人大立法事项

2015年修正的《立法法》将设区的市人大立法事项限制在"城乡建设与管理、环境保护、历史文化保护等方面的事项"范围内,如何理解这三个方面的事项范围成为划分地方人大立法权限的关键所在,从公布的答复样本来看,地方人大询问的内容集中在"城乡建设与管理"的立法事项方面,而法工委对该事项的内涵与外延进行了扩张解释,试图以此来拓展地方立法的空间。如2018年12月14日,某省人大常委会法工委询问,见义勇为条例是否属于设区的市立法权限范围,法工委回复称:"鼓励见义勇为行为,奖励和保护见义勇为人员,有利于弘扬社会主义核心价值观,促进社会主义精神文明建设,对于城市建设与管理具有重要意义。因此,设区的市制定见义勇为条例是可以的。但应当注重体现地方特色,严格把握条例的内容,不得与有关的上位法相抵触。"③ 再如,2021年6月9日,某省人大常委会办公厅询问,民营经济促进是否属于设区的市立法权限范围。法工委回复称:"'城乡管理'除了包括对市容、市政等事项的管理,也包括对城乡人员、组织的服务和管理以及对行政管理事项的规范等。设

---

① 《2022年法律询问答复》,http://www.npc.gov.cn/npc/c30834/202301/d4a387d222b8452e899f032f9e0a22d5.shtml。
② 《关于立法法等有关问题的询问答复》,《中国人大》2005年第9期。
③ 《2018~2019年法律询问答复》,http://www.npc.gov.cn/npc/c5948/202009/be1bc5414a424d069e00edc9fd73775a.shtml。

区的市对本地民营经济组织的服务和管理以及相关行政管理事项的规范，可以归为《立法法》规定的'城乡建设与管理'的范围。"①

3. 民族自治地方立法事项

民族自治地方立法是民族区域自治的集中体现，相关立法涉及复杂的民族关系，事关国家统一和民族区域稳定，因此，民族自治地方立法应该体现自治性，从公布的答复样本来看，地方自治机关询问的问题既包括一般地方立法与自治地方立法的关系问题，又包括自治地方立法的问题，法工委的相关答复体现了依法维护自治地方立法自治性的精神。如2001年2月6日，宁夏回族自治区人大常委会内务司法委员会询问，较大的市制定的地方性法规能否同本自治区的自治条例和单行条例相抵触？法工委答复称，自治区内的较大的市制定的地方性法规既不能同宪法、法律、行政法规和本自治区的地方性法规相抵触，也不能同本自治区的自治条例和单行条例相抵触。② 2020年8月7日，某省人大常委会询问，民族自治地方人民代表大会根据《中华人民共和国婚姻法》（以下简称《婚姻法》）第50条所作的关于结婚年龄的变通规定在《民法典》施行后可否继续实施？法工委答复称，在《民法典》编纂过程中，考虑到《民族区域自治法》和《立法法》已有相关规定，《民法典》婚姻家庭编没有保留现行《婚姻法》第50条规定的内容。民族自治地方的人民代表大会根据现行《婚姻法》第50条规定作出的有关变通规定，在《民法典》施行、《婚姻法》同时废止后，可以继续施行。③

上述答复样本表明，询问答复可以发挥解决地方立法权限争议的机制功能，但该机制具有自身的局限性，主要包括以下几点。其一，被动性。所谓被动性，是指询问答复并非主动的监督运行机制，其启动有赖于询问主体的主观意愿，如果地方立法机关不主动询问，全国人大常委会法工委也没有机会表达自己的立场，该机制形成的悖论是：在备案审查机制运行

---

① 《2021年法律询问答复》，http://www.npc.gov.cn/npc/c30834/202207/874b218d61d248dc9c581b1389b66e8e.shtml。
② 《较大的市制定的地方法规能否同本自治区的自治条例和单行条例相抵触》，http://www.npc.gov.cn/npc/c724/200109/06b70624ffe446098d0b3b659f493d68.shtml。
③ 《2020年法律询问答复》，http://www.npc.gov.cn/npc/c30834/202104/163264a37b394650a043ccdcb192a120.shtml。

不力的情形下，针对同一违反上位法的立法事项，询问的地方立法机关可能被阻止立法，而未询问的地方立法机关可以自行立法，久而久之，容易在立法市场中产生"劣币驱逐良币"效应，即遭到拒绝的询问主体也会选择回避这一程序，如果这一做法得到争相效仿和传播，询问答复机制必将陷入生存危机。其二，个案性。所谓个案性，是指法工委的答复只具备针对询问者的个案效力，而不具备适用通案的普遍效力，这导致基于人大机关上下级之间指导和监督的关系，询问的地方人大机关一般不会轻易僭越法工委答复的内容，但未询问的地方立法机关可以选择不受该答复的约束，如2004年法工委作出地方性法规无权就人事争议处理事项立法的答复后，仍有地方立法主体制定相应的地方性法规，如《浙江省劳动人事争议调解仲裁条例》（2015年制定）以及《山东省劳动人事争议调解仲裁条例》（2017年制定），也有相关的地方政府规章出台，如《陕西省劳动人事争议调解仲裁办法》（2015年制定）以及《广东省劳动人事争议处理办法》（2017年制定），法工委对上述有违反上位法嫌疑的地方立法只能"隐忍"，[①]可见，询问答复机制解决地方立法权限争议的功能在很大程度上依赖于地方立法主体对该机制规范价值的认同和践行。要想改变询问答复只具有"立法解释的实际功能而无其名分（法律地位）"[②]的状况，有待《立法法》在维护中央立法权威和激励地方立法创新的前提下进行平衡的制度设计。

### 四 立法清理机制

#### （一）立法清理概述

立法清理是指立法主体对现行有效的立法进行梳理和分析，并根据法律和法规的要求、国家的统一部署或者经济社会发展的需要，决定修改或废止抑或继续适用相关立法的活动。从性质上看，立法清理机制是立法后相关信息的收集分析机制，是对现行有效立法的调整机制，也是一种解决

---

[①] 中国政法大学中德法学院主编《立法权限划分——中德比较》，中国政法大学出版社，2015，第27页。

[②] 褚宸舸：《论答复法律询问的效力——兼论全国人大常委会法工委的机构属性》，《政治与法律》2014年第4期。

立法权限争议的监督机制。立法清理与立法的修改、废止密切相关,但两者不是同一个概念。立法清理可能会导致立法的修改或者废止,但这不是立法清理的唯一结果,制定机关认为立法仍然适应社会发展需要的,可以继续适用,此外还存在立法被宣布失效的情形。立法清理包括清理程序的启动、审查和意见处理三个阶段。立法修改和废止只是意见处理阶段的一种具体形式。[①] 目前我国没有相应的法律对立法清理机制作出明确的规定,但已经开展了三次大规模的立法清理工作,[②] 有效地维护了国家法制的统一,消除和减少了立法之间的冲突,促进了立法质量的提高。但是也应看到,目前的立法清理工作主要还是即时性、运动式的,缺乏长效的工作机制,立法主体在某一领域内的立法冲突较为严重以至于公众反映非常强烈时,才开始开展立法清理工作,而此时相关的立法冲突已经形成,其产生的负面影响无法避免;另外,立法清理的程序很不完善,如发动立法清理的主体、条件、范围、基本流程、效果审查等缺乏应有的规范,这就容易导致立法清理的随意性及对清理效果监控不力。[③] 因而,如何建立常规化、规范化的立法清理机制是值得理论界和实务界共同关注的问题。

### (二) 立法清理机制在解决地方立法权限争议中的适用

整体来讲,我国的立法清理具有阶段性、规模性和非正式性的特征,立法清理是基于特定的理由,在某一时间段内大规模地集中解决相关立法问题,并且是非正式的立法活动,立法清理的上述特征决定了其在解决地方立法权限争议中发挥的作用具有较强局限性。

从立法清理机制的启动来看,立法清理机制的启动带有一定的运动色彩,其清理不是针对个别的立法规范,也不是针对个别区域的立法规范,

---

① 雷斌:《地方性法规清理制度初探》,《人大研究》2009年第5期。
② 有学者总结,自十一届三中全会以来,我国进行过三次大规模的立法清理工作:第一次清理是1980年至1987年,主要对新中国成立以后至"文革"的国家的立法共计1500件进行清理,主要对有违第五届人大及其常委会制定的宪法、法律、法令的立法进行清理;第二次清理是1996年至1997年底,主要对有违《行政处罚法》的相关立法进行清理;第三次清理始于世纪之交,主要对有违世贸规则的立法进行清理。参见刘莘主编《国内法律冲突与立法对策》,中国政法大学出版社,2003。近年来,随着《行政强制法》的出台以及行政审批改革的推进,我国又相继进行了两次较大规模的立法清理。
③ 参见马怀德主编《我国法律冲突的实证研究》,中国法制出版社,2010,第222页。

而是在全国范围内开展的综合性的运动。立法清理通常凭借国家机关的自觉性自上而下来启动，国家机关的自觉性既依赖于主观认识因素，又受制于客观情势因素，因而具有较强的不确定性，很难为相关立法问题的解决带来稳定的预期。但从立法清理的过程来看，如果不采取大规模协同作战的方式又难以有效解决立法冲突的问题。一方面，立法清理的技术要求高，涉及面广，工作量大，难以经常进行；另一方面，立法清理间隔的时间不宜太久，否则立法累积的问题日益增多，由此产生的社会负面影响将进一步加剧，因而必须在最短的时间内进行，这也说明，运动式清理具有其内在的合理逻辑。

由上述内容可知，立法清理似乎无法解决地方立法权限争议，因为地方立法权限争议通常是个别性的、区域性的，但实际的情况并非如此。《立法法》修改之时，为避免大规模的立法权限争议发生，立法者对原较大的市的立法权限与新调整的设区的市的立法权限进行了相应的协调，《立法法》第81条第5款以及第93条第3款"继续有效"的规定，在一定程度上解决了设区的市的立法权限与原较大的市的立法权限可能会发生的争议问题，但并非彻底解决了相关的立法权限争议问题。依我们对设区的市地方政府规章的立法权限的分析，设区的市地方政府规章的立法事项范围应该限于城乡建设与管理、生态文明建设、历史文化保护、基层治理这四个方面，尽管《立法法》规定原较大的市地方政府规章涉及这四个方面事项范围以外的"继续有效"，但"继续有效"的期限应该是有限制的，随着立法重心由地方行政机关向权力机关转移，原先设区的市地方政府规章有必要进行一定规模的立法清理，通过阶段性的专项清理，以尽可能减少设区的市与原较大的市之间的立法权限争议，实现所有设区的市地方政府规章在立法权限上的一致性和公平性。

当然，从发展趋势来看，未来的立法清理机制应该实现工作的规范化、常规化和程序化，立法清理机制的启动也不能单凭国家机关的自觉性，应该调动社会公众的参与热情，通过公开征求社会公众和基层执法人员的意见，充分发挥专家学者的作用，以减少闭门清理的弊端。[①] 需要强

---

① 刘铮：《法治建设进程中的地方性法规再清理研究——侧重于浙江省的考察》，《安徽警官职业学院学报》2008年第3期。

调的是，立法清理机制在解决地方立法权限争议上的作用是有限的。一方面，该机制无法解决所有的地方立法权限争议，它只能解决与其特征相适应的地方立法权限争议，如存在于不同区域的、具有一定规模的、较大范围的地方立法权限争议可以考虑适用立法清理机制；另一方面，立法清理机制与备案审查机制、法律解释机制相互补充，备案审查机制通常由监督机关来解决地方立法权限争议，法律解释机制主要由有权解释机关来解决地方立法权限争议，对比之下，立法清理机制通常由制定机关来实现对争议的处理，故而对制定机关提出更高的"自制"的要求，此外，我国尚未建立立法清理的异议处理机制，因而需要加强对立法清理效果的评估和监督，以最大限度地发挥立法清理机制的作用。

# 第六章

# 明确地方立法权限的现实挑战

《立法法》修改以来，其所获得的赞誉与遭遇的批评令其备受关注，这种反差迥异的图景在地方立法领域体现得尤为明显。从立法实践层面考虑，地方立法主体的扩容有利于凸显人大在地方治理中的地位和权威，故而得到地方立法主体的积极回应；理论界却普遍表达出担忧，因为长期以来地方立法权运行中权限不清的问题并未得到根本解决，地方立法主体的扩容使得原本累积的问题进一步复杂化。

尽管《立法法》修改对设区的市立法权限进行了较为明确的划分，但这种事先划分范围的立法思路未必能够得到有效的验证，正如本书前述，将设区的市立法权限的事项局限于城乡建设与管理、生态文明建设、历史文化保护、基层治理等方面的事项范围是否能够满足相应地方的立法需求，有待立法实践的进一步检验。而《立法法》中设区的市立法权限该如何解释，在不同的学者之间亦有争论，有观点主张扩大解释，也有观点主张限缩解释，还有观点认为鉴于地方立法的负面影响广为人知，实无必要广泛赋予设区的市立法权。[1] 更有学者认为，《立法法》的重心应该实现从立法权限划分到事后审查监督的位移，因为立法权限划分并不能从根本上实现法律体系的和谐有序，"立法权限的划分是一项高度政治化的作业，其间交织着各种政治势力、利益主体错综复杂的反复较量和相互妥协。这样，各立法主体的立法权限在不同时期、不同情况下此消彼长、左右摇摆

---

[1] 参见肖金明《创新和完善地方立法权制度——兼谈地方人民代表大会制度的完善和发展》，《理论学刊》2014年第11期。

便是一种正常的政治法律现象,很难事先划出一条非此即彼的绝然界限"。① 上述争论表明,立法权限划分范围是一个值得深入探讨的问题,而究竟是把《立法法》的重点放在明确划分立法权限方面还是放在加强事后审查监督方面也需要立法者进行理性考量。

客观上讲,地方的立法需求具有一定的正当性,我们并不排除地方急于借助立法权强化地方政府权威的可能,问题在于如何规范地方立法权的行使以及如何划分地方立法权限范围。相对而言,在当前条件下,划分立法权限和事后审查监督孰轻孰重一时难以判断,与之相关的现实是,迄今为止,《立法法》中有关审查监督的规定发挥的作用极其有限。这意味着,即使寄希望于立法的事后审查监督,其面临的体制制约、程序缺失以及动力不足等问题亦是短时间内难以清理的陈账。就立法权限划分和事后审查监督的关系来看,两者非常密切,地方立法权限的明确化可以为事后审查监督确立标准,为之提供合法依据,事后审查监督则有利于促使地方立法主体严格划分立法权限,使得立法权限的划分落到实处,因而两者不可偏废。

本书在论证地方立法权限模糊性的基础上,运用法律解释理论尝试对地方立法权限进行明确的划分,也充分意识到事后审查监督的重要性,即使如此,地方立法权限划分能否付诸实施还面临诸多现实的挑战,主要体现在立法主体、立法内部及立法外部三个方面。

## 一 来自立法主体的挑战:如何应对立法能力的不足

立法权限是立法体制的核心问题,立法主体则是核心问题中的核心,任何立法权限的划分,不仅要考虑立法权配置的问题,还要考虑立法权运行的问题。在立法权运行的过程中,立法主体依照法定的权限,遵循法定的程序,主导整个立法活动的进行,因此,立法主体是立法权限划分过程中不可或缺的因素。从这个意义上讲,地方立法权限划分实质上解决的就是地方立法主体能够享有的立法职权问题,当划分了地方立法权限之后,如何保证地方立法权行使的规范性和正当性,单凭《立法法》的规制恐怕不够,地方立法主体的立法能力也是不容忽视的重要因素。

在地方立法主体扩容之后,基于对维护国家法制统一、防止地方立法

---

① 苗连营:《立法法重心的位移:从权限划分到立法监督》,《学术交流》2015 年第 4 期。

权被滥用、提高地方立法质量等方面的考虑，全国人大常委会法工委副主任郑淑娜在回答记者提问时提出了确保设区的市地方立法权规范运行的"五道防线"，其中，"第一道防线"便是"稳步推进，要求省一级人大常委会根据设区的市的人口数量、地域面积和经济社会发展情况以及立法需求和立法能力，综合考虑确定设区的市开始制定地方性法规的具体步骤和时间"，[①]"第一道防线"中的立法能力实际上是对设区的市设置了主观上的门槛性条件，如果立法能力达不到要求，地方立法的质量就难以获得保障，在此种情况下，地方立法权就不宜行使，但地方立法权的实际运行情况与制度设计存在较大的落差。有学者统计，"从 2015 年 5 月到 2016 年 12 月的约一年半时间内，全国 273 个设区的市、自治州中已有 268 个获得地方立法权，占总数的 98%，其中，有 10 个省、自治区实行一次性全部批准，如山东省一次性批准 14 个设区的市，甘肃省一次性批准 13 个，另有 10 个省、自治区虽实行分批放开，但其第一批批准的数量均在 6~13 个。而从 1984 年到 1993 年，国务院先后分四批共批准 19 个'较大的市'（其中重庆市后来升为直辖市）；从 1994 年到 2014 年，国务院没有再批准一个'较大的市'。地方立法主体扩容的步伐在不同时期形成巨大反差"。[②]设区的市地方立法权的快速推进，固然折射出相关地方强烈的立法需求，但也反映出中央"稳步推进"落实地方立法权的精神并未得到严格执行。当设区的市获得地方立法权之后，事实上，"设区的市一般都没有专司立法的专门委员会或工作机构，常委会组成人员中法律背景出身的人员比例极低，缺乏熟悉立法理论与实践的人才储备"。[③]这也印证了地方立法能力不足的现实窘况。而在地方政府法制机构，立法能力欠缺的难题同样存在，有从事政府立法的实务工作者这样描述地方政府法制机构的现状，"立法过分依赖部门的情况还没有根本改变。有的地方党委、政府不认为立法机关及立法工作者是专业性很强的岗位，而当作一般党政机关来对待，每年都分入大量军转干部。这些同志虽政治素质高，但不熟悉法律，

---

① 《五道防线管住地方立法权——全国人大常委会法工委负责人答问立法法修改》，《光明日报》2015 年 3 月 10 日。
② 李敏：《设区的市立法的法律控制机制研究——基于"五道防线"的思考》，《苏州大学学报》（哲学社会科学版）2017 年第 5 期。
③ 秦前红、李少文：《地方立法权扩张的因应之策》，《法学》2015 年第 7 期。

短期内不适应工作，从而造成缺少业务骨干和机关整体法律业务水准下降的问题"。① 这种说法在其他立法工作人员的描述当中获得了更为具体的补充，"政府法制机构（主要是地方政府）从事立法工作的人员整体素质偏低，对法律条文的理解差异较大，加之对立法的实际工作部门的业务不熟悉，调查和协调问题的能力较差，影响立法质量的提高"。②

可见，立法能力不足是地方立法遇到的普遍性问题，这就为地方立法权限的划分提出了现实的挑战。我们认为，地方立法权限划分不仅要解决"分蛋糕"的问题，还要充分考虑消化能力的问题，不同地方立法主体间的立法能力存在事实上的差异，相关立法事项的分配也应该以具体条件作为参考标准，不宜机械化地适用"一刀切"的分配标准。对此，有学者敏锐地指出，"城市对地方立法权的需求决定着地方立法权主体扩容的正当性，但是，城市具备相应的立法素质决定着地方立法权主体扩容的可行性"。③ 如果地方立法权限划分无视地方立法能力不足的现实，一味推进地方立法主体的扩容，诸如立法抄袭、立法重复、立法乱作为、立法不作为等地方立法固有的弊端则有可能逐步重现。但是，地方立法能力的提升绝非一日之功，还要受制于下列因素。

一是立法组织结构的合理程度。立法是一种组织化的集体行动，不同的组织结构决定着集体行动的效率，也决定着立法的成效，④ 因此，地方立法权的行使依赖于机构的组织化运作。在我国地方人大立法的过程中，地方人大常委会主要行使实体性立法权（如制定权、批准权、修改权、废止权等），程序性立法权（如提案权、审议权、表决权、听证权等）主要由地方人大专门委员会及人大常委会法工委来行使。作为地方立法权行使的重要主体，地方人大专门委员会及人大常委会法工委之间组织结构设置的完整性、立法分工的合理性以及立法工作的协调性，不但决定了地方立法的正当性和效率，⑤ 也成为衡量地方立法能力的重要标准。地方立法实

---

① 陈公雨：《地方立法十三讲》，中国法制出版社，2015，第62~63页。
② 任刚军：《刚军谈政府法制建设》，中国法制出版社，2009，第13页。
③ 秦前红、刘怡达：《地方立法权主体扩容的风险及其控制》，《海峡法学》2015年第3期。
④ 参见宋方青、姜孝贤、程庆栋《我国地方立法权配置的理论与实践研究》，法律出版社，2018，第283页。
⑤ 参见宋方青、姜孝贤、程庆栋《我国地方立法权配置的理论与实践研究》，法律出版社，2018，第266页。

践当中，立法机构设置不够完善、立法工作岗位编制不足等现象值得关注。关于立法机构设置的问题，有学者以设区的市为例，指出"由于立法法修订之前未赋予全部设区的市以地方立法权，导致有的市人民代表大会没有设法制委员会，人民代表大会常务委员会没有设法制工作委员会。有些市政府的法制工作机构不健全"。① 关于立法工作岗位编制的问题，全国人大常委会法工委主任沈春耀在第二十三次全国地方立法工作座谈会上的讲话中指出："地方人大法制机构的人员编制与承担的立法任务还很不匹配很不适应，有些省级人大法制工作机构仅10余人，人手十分紧张；有的设区的市人大常委会法工委仅3~5人，而且这些人还要服从当地统一安排驻乡、驻村开展工作，加上其他特定原因导致的减员，实际上在岗的就2~3人；还有一些地方存在'一人一委'的问题等。"② 以河南省设区的市人大常委会法工委为例，"截至2017年年底，河南省17个设区的市有7个法工委少于6人，其中有2个市仅有3人，5个市有5人，人员配备参差不齐"。③ 上述现象在一定范围内反映了地方立法机构设置的现状，地方立法机构设置的合理与否影响着地方立法分工的公平性以及立法协调的进展，进而在组织结构方面制约着地方立法能力的提升。

二是现有立法队伍的建设水平。立法是充满智慧和艺术的活动，具有非常强的专业性、技术性和可操作性，立法者只有具备过硬的政治素质、扎实的法律素养、丰富的社会经验以及高尚的职业伦理，才能完全适任地方立法工作。由于地方立法主体是一个抽象主体，它的立法活动由其组成人员依法开展，地方立法主体组成人员综合素质的高低直接影响立法的质量，这些人员不但包括组成地方人大常委会以及地方人大专门委员会的地方人大代表，也包括组成地方人大常委会法工委的立法工作人员。前者的问题在于地方人大代表的履职意识有待强化、履职能力有待提高，这在理论界和实务界已成共识；后者的立法工作人员在学术界被称为"隐

---

① 郑泰安、傅珊：《提升设区的市地方立法能力》，中国社会科学网，http://ex.cssn.cn/bk/bkpd_qklm/bkpd_bkwz/201706/t20170626_3559835.shtml，最后访问日期：2023年5月19日。
② 沈春耀：《适应全面依法治国新形势　进一步加强和改进立法工作——在第二十三次全国地方立法工作座谈会上的讲话》，《地方立法研究》2017年第6期。
③ 涂永珍：《设区的市地方立法权的运行现状、制度困境与完善路径》，《学习论坛》2018年第8期。

性立法者"①，亦被称为"立法官僚"②，他们尽管通晓立法技艺，但所立之法在合法性、适应性、可操作性、特色性方面仍有相当的作用空间，③尤其对民众需求的回应能力略显不足，从这个意义上讲，立法官僚化需要在补强地方立法的民主性方面接受更为严格的检验。

三是立法后备人才的培养机制。立法队伍除了要关注常规力量建设问题，还要解决后备力量供给问题，这样才能确保地方立法能力建设的可持续性。当前，地方立法队伍面临的最大问题是"在立法、行政执法、司法三支队伍建设中，立法队伍的人数最少、待遇最低、力量最薄弱"。④ 党的十八届四中全会高度重视我国立法队伍建设，提出要畅通立法部门与其他部门的干部和人才交流渠道，从符合条件的律师、法学专家中招录立法工作者，健全从政法专业毕业生中招录立法人才的规范便捷机制，完善职业保障体系，上述指导意见为地方立法后备力量建设指明了方向，有待地方立法主体进一步细化落实。为贯彻党的十八届四中全会的精神，2015年12月20日，中共中央办公厅、国务院办公厅印发了《关于完善国家统一法律职业资格制度的意见》，将立法工作者列入法律职业人员，并鼓励从事法律法规起草的立法工作者参加国家统一法律职业资格考试，可以预见的是，获得法律职业资格可能会成为未来立法工作者的入职条件，地方立法部门将面临与行政、司法部门进行人才竞争的问题。

综上所述，地方立法能力建设是一个战略性的系统工程，不可能一蹴而就，需要分步骤、分阶段进行，只有从根本上提升地方立法能力，才能应对地方立法权限划分引发的难题。

---

① 该称谓喻指在传统的规范主义进路中不被认为是立法者，却深刻影响甚至左右着立法形式、内容和进程的立法工作者，参见卢群星《隐性立法者：中国立法工作者的作用及其正当性难题》，《浙江大学学报》（人文社会科学版）2013年第2期。
② 该称谓主要用于描述中国立法机关中专门从事立法工作的人员及其所依托的工作机构所体现出来的专业分工和理性作业的特征，参见王理万《立法官僚化：理解中国立法过程的新视角》，《中国法律评论》2016年第2期。
③ 史建三、吴天昊：《地方立法质量：现状、问题与对策——以上海人大地方立法为例》，《法学》2009年第6期。
④ 朱宁宁：《年底实现设区的市立法培训全覆盖》，《法制日报》2016年9月13日。

## 二 来自立法内部的挑战：合宪性、立法解释及新兴立法形式

### （一）地方立法权限划分必须回应合宪性的质疑

地方立法权限划分主要解决的是中央与地方立法权限划分、地方人大与其常委会立法权限划分以及地方人大与政府立法权限划分的问题，它不仅事关地方立法体制的完善，而且事关整个国家立法体制的完善。因此，地方立法权限划分要有全局观念。《立法法》第1条开宗明义规定其"根据宪法"制定，表明了《立法法》中有关地方立法权限的规定要有明确的宪法依据并严格遵循宪法之规定，此为地方立法权限合宪性之基本要义。

从立法方面来讲，我们应该从整个宪法体系的有机构造方面来理解地方立法权限划分的问题，而不能囿于封闭的地方立法空间内孤立地进行制度设计。依照传统宪法理论的理解，"宪法"一词本身就含有体制、组织之义，因而，组织规范在整个宪法结构中居于不可或缺的地位。所谓组织规范主要指涉及国家机构及其授权的宪法规范，如民国宪法学者张君劢所言，宪法所规定的是国家权力如何确立与如何限制，[1] 这当然包括了立法机关及立法权的限制。从世界大多数国家的宪法规定来看，有关立法权限划分的规范多见于宪法本身，立宪者试图通过宪法的权威性来实现立法权力结构的稳定性。从我国现有的制度设计来看，本应当由宪法进行顶层设计的立法权限划分主要规定在《立法法》中，中央与地方的立法权限划分如此，地方的立法权限划分亦如此，作为宪法性法律的《立法法》规定立法权限划分是否有越俎代庖之嫌颇值得探讨，与此相关的合宪性追问往往使得《立法法》窘于应对。

在《立法法》修改伊始，针对地方立法权的宪法依据问题，学者展开了讨论，主要分为违宪说及合宪说两种对立的观点，袁明圣认为，《立法法》有许多规定明显不符合宪法的条文和精神，如《立法法》扩大了宪法中行政规章及地方性法规制定主体的范围，解决《立法法》相关规定的合宪性问题，是《立法法》修改获得坚实宪法基础的基本前提。[2] 有学者则对违宪说持保留意见，如王正斌认为，设区的市人大及其常委会的立法权

---

[1] 张君劢：《中华民国民主宪法十讲》，商务印书馆，2014，第8页。
[2] 参见袁明圣《立法法修改与完善的几个问题》，《学术交流》2015年第4期。

是由省级人大地方立法权派生而来的，其制定的地方性法规的效力由省级人大常委会赋予，因而不存在违宪之说，同样，地方政府规章的制定权来源于上位法（法律、行政法规、地方性法规）的赋予，从理论上讲也无须宪法直接赋予，违宪说也无从谈起。① 上述观点持有的理论立场和采用的论证方法各有侧重，但无一不关注地方立法权扩张对我国宪制产生的影响，有关地方立法权合宪性的讨论对于反思我国地方立法体制和法制统一的保障体系也具有实际的价值和积极的意义。

2018年3月11日，第十三届全国人大一次会议审议通过的《中华人民共和国宪法修正案》增加了设区的市可以依照法律制定地方性法规的规定，在规范上解决了设区的市人大制定地方性法规的合宪性问题，但并未从根本上平息理论界的争议。我国宪法仅规定省、直辖市及设区的市人大及其常委会具有制定地方性法规的权限，对地方政府是否享有规章制定权并未作出明确的规定，尽管《立法法》规定地方政府规章根据法律法规制定，② 巧妙地回避了规章的宪法依据问题，但《立法法》根据宪法制定的宣示条款，使得地方政府规章有无宪法依据的疑问无处遁形。事实上，我国有关地方立法权限的规定主要散见于《立法法》以及《地方组织法》当中，从某种意义上讲，我国宪法对地方立法权的规定相当简略，反映出我国宪制结构对地方自治所持有的保守主义立场，这使得地方立法权的行使饱受合宪性的困扰。从长远来看，"地方立法权的宪法依据问题仍旧是地方立法体制发展过程中绕不开的宪制性障碍"。③ 从宪法体系的组成来看，《立法法》作为宪法性法律当然可以就国家机构权力的设置进行制度性安排，但从法的效力层次上分析，《立法法》的效力不及宪法，对于《立法法》而言，形式上的合宪性和实质上的合宪性同等重要，这一点对于地方立法权限的划分同样适用。

值得注意的是，有观点认为政治主体基于某种政治利益和目标的考虑会采取扩张地方立法权的措施，因而在没有违宪的前提下发展了宪法，以

---

① 参见王正斌《〈立法法〉对设区的市一级地方立法制度的重大修改》，《中国法律评论》2015年第2期。
② 参见《立法法》（2023年修正）第93条之规定。
③ 焦洪昌、马骁：《地方立法权扩容与国家治理现代化》，《中共中央党校校报》2014年第5期。

此为《立法法》地方立法权的扩张寻求合宪性的支持。① 依照该观点的主张，我国现行宪法有关地方立法权的规定具有不确定性，政治主体可以通过立法或者修改法律的方式来阐明该不确定性，以推动宪法的变迁，实现宪法的发展。为回应宪法规范主义的质疑，该观点特别强调立法者通过政治过程阐释宪法的逻辑基础是政治性的或者社会性的，"比如确认它以公共利益作为目标、获得相当大的民主基础和民众支持、历经时间沉淀和检验（以及惯性的接受）等；质言之，它们应当有充分的理性依据并获得接受"。② 换言之，若可以证明地方立法权扩张的正当性及合理性，政治主体通过立法阐释宪法自然就具备了正当性的逻辑基础。从2015年《立法法》修改和2018年宪法修改的内容就可以看出，修改在先的《立法法》正是以"良性违宪"的方式推动宪法的变迁，"它虽然并未通过正式的程序去实现宪法规范的变动，但最终往往以宪法修改的形态使某些宪法条款的变更得到确认"。③ 设区的市人大立法权入宪即属于此种情况。

上述观点从某种意义上反映了宪法"政治性"与"规范性"之间的紧张关系。通常宪法解释都强调宪法的规范性，如何处理政治因素对宪法解释的影响是必须反思的问题，因为宪法规范本身就具有高度的政治性，宪法规定了国家政治决策的方向，规定了政治权力运行的边界与程序，因而对国家政治生活具有建构作用。④ 我们并不否认宪法是政治法，但这并不意味着政治可以超越宪法的边界，正如凯尔森所言，"宪法的政治功能就在于为权力的运用施以法律的限制"。⑤ 宪法为政治活动提供了框架性的法律秩序，政治活动必须受到宪法的控制，这也是现代立宪主义的基本主张。以特定的政治需求和目标解释宪法最直接地传达了政治因素对宪法解释影响的讯息，其可取之处在于实现了"社会科学对于法学的祛魅"，社会科学进路的引入打破了传统法学规范主义自我封闭的研究范式，但也蕴含着动摇法治主义的危险性，因为相应的宪法解释不可避免地以政治利益

---

① 参见李少文《地方立法权扩张的合宪性与宪法发展》，《华东政法大学学报》2016年第2期。
② 参见李少文《地方立法权扩张的合宪性与宪法发展》，《华东政法大学学报》2016年第2期。
③ 林来梵：《从宪法规范到规范宪法》，商务印书馆，2017，第300页。
④ 参见张翔《宪法释义学——原理·技术·实践》，法律出版社，2013，第30页。
⑤ 转引自许章润主编《民族主义与国家建构》，法律出版社，2008，第251页。

的实现为导向，导致宪法文本与结构无法形成制约的力量，终究也难逃被任意解释的命运。申言之，政治理论可以指引宪法解释，但必须包容于宪法文本，否则便构成对政治理论和宪法解释的双重滥用，即使是正当政治需求主导的宪法解释也应该"从文本出发获得对它的理解、应用、拓展和补强，而不是彻底脱逸于文本之外"。①

比如宪法文本只规定了地方性法规的制定权，并没有规定地方政府规章的制定权，也没有直接规定自治区人大及其常委会制定地方性法规的权限，②此种模糊性的情形无疑会让公众陷入认识上的误区。从规范主义的立场来看，没有规定并不当然等同于没有排除规定，因为对权力的设置不同于对权利的设定，通常前者强调法的稳定性和权威性，防止过度引申条文含义，以实现对权力的明确限制。因此，究竟有无排除规定还应回归制宪的历史以及规范的环境去考察。前文已述，宪法未全面规定地方立法权实质上反映了立法者对地方自治持犹疑的心态，这从"八二宪法"修订的时代背景方面判断是不难理解的，当时未规定设区的市立法权基本上排除了规定的可能。无论基于现实的政治需求还是广泛的民主基础，扩大地方

---

① 赵宏：《规范宪法的困境与未来——兼论如何克服司法审查缺失下的宪法实施困局》，《比较法研究》2014 年第 4 期。
② 《宪法》第 115 条规定："自治区、自治州、自治县的自治机关行使宪法第三章第五节规定的地方国家机关的职权，同时依照宪法、民族区域自治法和其他法律规定的权限行使自治权，根据本地方实际情况贯彻执行国家的法律、政策。"可以推知自治区拥有与省、直辖市国家机关相同的职权，这当然包括了制定地方性法规的立法权限，此外，《宪法》第 67 条规定："全国人民代表大会常务委员会行使下列职权：……（八）撤销省、自治区、直辖市国家权力机关制定的同宪法、法律和行政法规相抵触的地方性法规和决议"，该条隐含了自治区人大及其常委会拥有制定地方性法规的立法权限。可见，关于自治区人大及其常委会是否有权制定地方性法规，需要通过系统解释的方法依据法条上下文之间的逻辑联系作出合理、肯定的判断。至于立法者为何不明确在《宪法》第 100 条直接规定自治区制定地方性法规的权限，可能是出于对民族自治地方宪法地位的特殊考虑，从宪法的内容结构来看，《宪法》第三章第五节规定了地方各级人民代表大会和地方各级人民政府，第六节规定了民族自治地方的自治机关，民族自治地方的自治机关除了拥有地方各级人民代表大会和地方各级人民政府的全部职权，还拥有民族区域自治权，在立法权限方面，民族自治地方的自治机关除了拥有一般地方立法权，还有权制定自治条例和单行条例，其拥有的立法权限范围更大，为体现民族自治地方自治机关有别于地方各级人民代表大会和地方各级人民政府的特殊性，因而将其单独规定为第六节，立法者对两者关系的认识主要体现在《宪法》第 115 条的规定，其本意是将两者的权限进行明确的区分，既体现出一致性，又体现出差异性，在客观上却容易产生模糊性的认识效果，即自治区制定地方性法规的宪法依据源于推理而非直接的规定。

立法权首先应正视宪法文本这一事实，这便是宪法所留的空白，能否通过立法实现补白效果值得探讨。易言之，《立法法》的修改能否视为对宪法条文的阐释途径？实有必要对立法与宪法解释进行相应的界分，宪法解释通常是描述性的，以阐明宪法条文的固有含义为目的，因而解释者受宪法条文的制约，而立法通常具有规定性和创制性，在立法关系当中，立法主体处于支配的、相对自由的地位。[1] 两者的关系在于，我国立法须以宪法为依据，由此产生立法的合宪性问题，后者一般通过宪法解释来阐明，这意味着宪法文本是立法绕不过的门槛，宪法文本自身的弹性决定了可以通过立法实现宪法的具体化，这也是以立法解释宪法的逻辑基础。

综上所述，政治因素的介入只有在增强宪法解释的说服力和提高宪法解释的可信度时才是正当的，而作为宪法解释背景的政治理论必须能够使宪法解释的结果具有高度的一致性和可预见性，因而也不是解释者任意选择的。[2] 如何回应地方立法权的合宪性，依然需要进行更为深入、细致的研讨。

### （二）地方立法权限划分必须审视立法解释的局限

地方立法权限明确化在本质上属于宪法解释的问题，依据我国现有的法律解释体制，只有立法解释才能实现地方立法权限的明确化，但立法解释在理论和实践中均陷入了作用受限的困境。

一方面，立法解释在学术界备受争议，许多学者对立法解释的必要性和正当性进行质疑。[3] 如有学者认为立法解释和立法在主体和程序上并无二致，由全国人大常委会解释法律实属画蛇添足之举；[4] 有学者认为立法原意难以推究，"有权制定法律就有权解释法律"作为立法解释得以确立的认识依据并不具有合理性；[5] 也有学者依据三权分立的学说认为立法解

---

[1] 参见张志铭《法律解释学》，中国人民大学出版社，2015，第197页。
[2] 参见张翔《宪法释义学——原理·技术·实践》，法律出版社，2013，第52页。
[3] 以下观点主要引自张立刚《法律解释体制重构研究》，光明日报出版社，2014，第176~186页。
[4] 参见袁吉亮《论立法解释制度之非》，《中国法学》1994年第4期；袁吉亮《再论立法解释制度之非》，《中国法学》1995年第3期。
[5] 参见张志铭《中国的法律解释体制》，梁治平编《法律解释问题》，法律出版社，1998，第190页。

释不符合民主、法治原则；[①] 还有学者认为，立法者保持一种谦抑的姿态，自觉转为解释的旁观者，以防止立法权力失去必要的制约，最终导致立法者走向霸权。[②] 面对立法解释被质疑的情况，也有立法工作者从立法实践的效果及作用方面较为委婉地表达了否定意见，认为在我国的法律解释制度尚未完全理顺的情况下，仍有必要继续保留立法解释制度。但这种保留不过是过渡时期的权宜之计，更多的是为了备用而非经常使用。一旦到了我国的法律解释制度走向成熟，法律适用机关可以彰显法治之时，立法解释制度就显得多余了。[③] 质疑立法解释的观点在学术界不一而足，在此仅以数例说明，其基本的论点即欲以司法解释取代立法解释。需要强调的是，我们肯定并支持立法解释在应对地方立法权限模糊性方面发挥主导作用，并就此进行了相应的论证，简而言之，立法解释的合理性在于它符合我国人大议行合一的制度现实，适应了社会发展的特定需求，充分维护了立法的人民性。我国当前正处于法治建设伊始阶段，司法腐败、司法不公的现象并未得到根本的改观，司法机关的权威和能力尚不足以完全承担解释法律的重任，当司法机关任意扩大其解释权限，司法解释内容明显超出法条文义危及立法的安定性时，立法机关唯有进行纠正或者废止，方可实现其监督制约的制度功能，此时立法解释通常会成为最为理想的救济途径。值得注意的是，理论界对司法解释过高的功能期待主要植根于权力制衡学说，如何结合我国当前的宪法框架进行建设性的理论对话与重构，则是立法解释反对论者需要深思熟虑的地方。

另一方面，实践当中，立法解释的行使极为谨慎和克制，从发生的情形来看，往往是法律实施过程中人们对法条含义的理解产生重大分歧甚至成为社会热点问题之后，全国人大常委会才有可能介入进行解释，因而立法解释的条件具有高度的盖然性；从启动的程序来看，全国人大常委会并不主动释法，依据《立法法》的规定，只有国务院、中央军事委员会、最高人民法院、最高人民检察院和全国人民代表大会各专门委员会以及省、自治区、直辖市的人大常委会可以向全国人大常委会提出释法的要求，因

---

[①] 参见张明楷《立法解释的疑问——以刑法立法解释为中心》，《清华法学》2007年第1期。
[②] 参见谢晖《法律的意义追问》，商务印书馆，2003，第199页。
[③] 参见陈斯喜《论立法解释制度的是与非及其他》，《中国法学》1998年第3期。

而立法解释具有事后的被动性；从解释的效用来看，立法解释可以有效解决法律争议、司法分歧，指导法律的正确适用，因而具有类似于司法裁决的裁断性。[1] 立法解释的特点表明了其职权运行的特殊性，并非所有的法律解释都应该由立法机关完成，事实上，立法解释发生的概率极低，理论界将这种现象描述为"立法解释权的长期虚置化"。自2015年《立法法》修改以来，地方立法权限在立法实践中产生诸多争议，但这些争议不是通过立法解释加以明确的，而是通过一种颇有特色的渠道予以解决的。例如，关于如何理解设区的市立法三个事项后的"等"字是"等内"还是"等外"的问题，在《立法法》修改半年后的第二十一次全国地方立法研讨会上，全国人大常委会法制工作委员会主任李适时不得不对此问题作进一步的解释，他在研讨会的小结中特别强调："……这里的'等'，从立法原意讲，应该是等内，不宜再做更加宽泛的理解。在立法工作中，如果遇到具体立法项目是否属于三个方面的事项不好把握时，可以通过省区人大常委会法工委与全国人大常委会法工委沟通。"[2] 尽管上述解释并非法定解释，但基本上阐明了立法者的意图，有助于地方立法主体统一认识，正确把握立法精神，但是否真正消除了相关理解上的分歧、该解释是否具备立法上的效力，仍存在疑问，这也是法定的立法解释缺席的必然认识逻辑。

立法解释的困境使得立法解释在地方立法权限划分上的作用极其有限。实践当中，立法解释也存在解释权限不够明确、解释形式不够规范、解释程序不够具体等诸多问题，这些问题在某种程度上阻碍了立法解释功能的有效发挥，从这个意义上讲，如何运用立法解释来划分地方立法权限不单纯是一个理论问题，无论是具备立法解释所需的条件，还是有待立法解释制度自身的完善，都需要适当的时机才能付诸实现。

**（三）地方立法权限划分必须适应立法形式的变化**

对于一些新的地方立法形式，如何划分地方立法权限还需要认真探讨。在全球经济一体化的背景下，国内区域一体化逐步加强，传统意义上的地方性事务已经不能局限于固定的地域范围之内，像产业经济发展、人

---

[1] 参见张立刚《法律解释体制重构研究》，光明日报出版社，2014，第198~199页。
[2] 李适时：《全面贯彻实施修改后的立法法——在第二十一次全国地方立法研讨会上的小结（摘要）》，《法制日报》2015年9月17日。

文资源利用、自然灾害防治、交通运输管理、生态环境治理等事务已经超越了特定的地域范围,不同地方的事务彼此交叉、相互影响,导致区域性事务的产生,并促进了区域利益的形成,它要求区域内的各地方深化合作,打破区域壁垒。随着区域经济、社会一体化的不断发展,区域内各类经济、社会关系日益密切,许多区域性事务亟须相应的立法来调整,正如有学者认为:"区域开发和发展中涉及中央与地方、地方与地方、民族与民族、城市与农村、政府与企业、企业与企业以及公民与国家、个人与集体,各阶层、各行业、各部门等主体之间错综复杂的利益关系。显然,要处理好这些关系,是离不开法律和法制的调节和调整作用和功能的。"①

面对区域性事务的立法需求,地方立法主体若各自为政、争相立法,则不同地方立法的标准难以统一,地方立法之间的冲突无法避免;地方立法主体若画地为牢、相互推诿,则地方立法无所作为,相关事务会处于无法可依的困境。无论何种情形,地方居民的切身利益俱受不利影响。从现实的情况来看,地方立法恐难以承担供给区域发展立法的重任,现行的地方立法模式是一种以行政区划为效力范围的割据式立法模式,各地方立法仅处理属于本行政辖区内的地方性事务,各地方只认可本行政区域内地方立法的效力,这就导致法治在地方的实行形成以地域为中心的"碎片化"现象,② 地方立法无法满足区域规则一体化的需求。此种情况下,若均由中央统一立法,可能遭遇中央立法供给不足的难题,③ 区域内地方的利益诉求未必能够得到及时、充分的满足,另外,中央立法在很大程度上压缩了地方政府决策的自主空间,也会相应地压抑地方立法的积极性,从某种意义上讲,这也体现了长期以来中央集权下立法的思维惯性,即每当社会发展遇到问题时便期待中央通过包括立法在内的方式进行干预,这种思维并不利于中央与地方之间形成合理的立法关系,因此,中央立法对于区域立法的需求应当保持适当的克制。④ 综上所述,地方立法主体间唯有通过

---

① 文正邦:《区域法治研究纵论》,公丕祥主编《法制现代化研究》,南京师范大学出版社,2009,第382页。
② 参见王春业《区域合作背景下地方联合立法研究》,中国经济出版社,2014,第11页。
③ 需要说明的是,中央当然享有调整区域性事务的立法权力,如2017年12月列入第十三届全国人大常委会立法规划的《中华人民共和国长江保护法》,实质上就是一部专门调整长江生态环境保护事项的区域性法律。
④ 陈光:《区域立法协调机制的理论建构》,人民出版社,2014,第27页。

## 第六章 明确地方立法权限的现实挑战

对话、沟通、合作，方可使区域事务得以圆满处理。

为满足区域性事务的立法需求，我国相继出现了政府协议、区域行政立法、区域人大立法等区域立法的形式。其中，政府协议是互不隶属的地方政府之间为处理区域行政事务而达成的对等性合作协议，实践中，政府协议主要有合作宣言、备忘录、合作协议、议定书等诸多形式。政府协议的签订和履行主要依靠谈判、沟通、协商等非强制的方式，仅有道德约束、信用谴责及外部舆论的压力，[①] 因此，政府协议具有软法的属性，在区域事务的立法调整方面发挥的功能相当有限。区域行政立法是由区域内统一的行政立法机构制定出来的、能在该区域各行政区划内统一适用的行政立法，[②] 实践中，东北三省政府于2006年7月达成了《东北三省政府立法协作框架协议》，确定了政府立法协作的具体领域和具体模式，并促成了一批地方政府规章的出台。有学者认为，相对于中央立法协调而言，区域行政立法具有因地制宜性、适应性，能充分发挥地方立法的积极性、主动性；同时，区域行政立法还具有快捷性、程序简单等特点，能因时而变。[③] 尽管如此，区域行政立法的形式在全国范围内并未获得地方政府的有效采用，这可能与地方政府规章自身的运行体制有关。区域人大立法，又称为区域协同立法，是指区域内地方人大立法机关在地方层面进行立法协同，制定带有协同性质的地方性法规的活动，相较之下，区域人大立法的形式在我国的地方立法实践中较为活跃，前文已述，此处不再赘述。

总的来说，新兴的立法形式能够有效调整区域一体化过程中形成的社会关系，促进区域内特定社会关系主体共同利益的最大化，并有助于解决中央立法尚不能或者不便解决的问题，为中央立法探索和积累先行先试的立法经验。但也对我国现有的立法体制提出新的难题，区域立法在本质上仍属于地方立法，倘若将其纳入现有的地方立法体制，那么，哪些事务属于区域性事务，哪些区域性事务需要通过区域立法的方式进行调整，本书仅仅进行了初步的讨论，有待于理论界进行更加深入的探索。

---

① 陈军主编《地方政府立法权研究》，中国法制出版社，2012，第183页。
② 方世荣、王春业：《经济一体化与地方行政立法变革——区域行政立法模式前瞻》，《行政法学研究》2008年第3期。
③ 王春业：《长三角经济一体化中法制协调模式的选择——论区域行政立法模式及其构建》，《天津市政法管理干部学院学报》2007年第4期。

此外，当前理论界出现将地方的规范性文件纳入地方立法的呼吁，[①] 也有学者主张赋予县级市地方立法主体资格，[②] 这些理论动向蕴含了对扩大地方立法权的合理期许，对于地方立法发展的趋势而言，地方立法的扩张意味着更多层级地方立法主体面临立法权限划分的问题，地方立法权限的明确化必将面临更为艰巨的挑战。

### 三 来自立法外部的挑战：如何处理利益因素的影响

马克思认为利益是社会化的需要，是人们通过一定的社会关系表现出来的需求。在结构—功能主义者看来，现代社会从总体上正经历着由纵向整体利益结构向横向多样性结构的变迁，在市场机制的作用下，传统社会原有的整体同质的利益格局开始出现分化，形成不同的利益群体和多元的利益诉求。分化的利益之间必然会产生冲突和矛盾，而"对相互对立的利益进行调整以及对它们的先后顺序予以安排，往往是依靠立法手段来实现的"。[③] 因此，立法就是对各种利益进行权衡和协调的过程，也是表明和记载利益的过程。立法在此过程中充分发挥分配和调控各种利益诉求的功能，以妥善协调利益关系、平衡利益冲突、构建利益格局，立法过程在本质上就是利益主体表达利益和立法者整合利益的有机统一体。

需要注意的是，利益可以从不同的角度进行分类，利益主体也因利益内容的不同各有其归属。在政治利益上同属一类的利益主体可能会在经济利益上产生不同的分化，立法为适应利益调节而生，但并不意味着立法可以忠实地记录与反映每一利益主体的所有诉求，因为立法在表达利益诉求的同时也进行相应的利益选择。荷兰学者克拉勃认为："凡从事立法的人都必须具备两个条件：一是必须具备利益、利益选择、利益与立法调整关

---

[①] 较有代表性的观点参见王错《论地方立法权》，中国政法大学中德法学院主编《立法权限划分——中德比较》，中国政法大学出版社，2015，第84～90页。作者将地方的规范性文件分类为地方立法机关的规范性文件（如地方人大决议等）、地方行政机关的规范性文件（如地方人民政府决定、命令等）以及基层群众性自治组织的规范性文件（如村民自治章程、村规民约、居民公约等），并依据德国法上的二元法律观以及地方自治理论，论证了上述地方的规范性文件属于"实质的立法"，为充分实现地方团体自治，应当将这些规范性文件归结为地方立法。

[②] 郑毅：《对新〈立法法〉地方立法权改革的冷思考》，《行政论坛》2015年第4期。

[③] 〔美〕E. 博登海默：《法理学——法律哲学与法律方法》，邓正来译，中国政法大学出版社，1999，第400页。

系等方面的知识；二是必须能公平地解决利益冲突。"[1] 这在某种程度上反映出利益因素对立法影响之深广。在充分认识立法与利益的关系之后，我们不难理解地方政府在争取立法权过程中所表现出的积极姿态，对于地方政府而言，地方立法权是扩充地方权力的关键所在，是本地区经济、社会发展的制度助力，更是维护本地区利益的规范保障。如在《立法法》的修正案出台之后不久，2015年7月30日，湖北省第十二届人大常委会第十六次会议表决通过了《关于确定设区的市和自治州人民代表大会及其常务委员会开始制定地方性法规的时间的决定》，赋予12个设区的市与自治州地方立法权，实现了全省市级地方立法权的全面覆盖，这在一定程度上反映出地方立法需求的紧迫性。尽管如此，《立法法》只是概括性地授予设区的市地方立法权，并未就地方立法事项的范围进行明确的界定，这就给设区的市立法主体行使立法权带来适用上的难题，究竟该如何理解地方性法规与地方政府规章之间的立法边界，这是立法权限划分的问题，也是利益范围界定的问题。

地方立法主体可以就哪些事项进行立法，意味着与立法相关事项的利益关系被纳入地方立法的调整范围之内，地方立法权限的划分充分表明任何一个地方立法主体都不能实现对整个地方社会利益的整合，地方立法主体只能通过调整属于自身的立法事项来影响地方社会利益的格局，立法事项范围的大小往往具有特殊的利益考量。一般来说，立法事项范围越大，立法主体对地方社会利益格局可能产生的影响就越大；如果立法事项范围较为明确，那么相关利益的分配和调控也就相当确定；倘若立法事项的范围比较模糊，立法主体间进行立法资源竞争的情形也就无法避免。在立法事项的选择上，立法主体往往以能否给自身带来利益为考量的重点。比如对能够扩大本部门管辖权限的事项，尤其对涉及审批权、发证权、收费权、处罚权、年检年审权和培训权的立法项目更感兴趣，但对综合性、涉及面广、事关全局性、具有前瞻性的项目，即使有利于保护社会公众的利益，只要与本部门利益相抵触的，参与的积极性就不高。[2] 这些立法权运

---

[1] 〔荷〕克拉勃：《近代国家观念》，王检译，商务印书馆，1957，第96页。
[2] 陈洪波、王亚平、张明新：《略论地方立法中部门利益倾向的一般表现形式及其防治对策》，《法学评论》1999年第2期。

行的非理性倾向，如同俞荣根教授所言，"普遍的情况是，弱势部门想立法，试图立法扩权；强势部门不怎么立法，害怕立法规范自己的权力"，[①]一切皆是部门利益使然。同样，地方人大立法机关也出现政绩型立法活动，将立法的数量作为表征其工作业绩的量化指标，在此种情况下，"人大官员既有立法的压力，也有自觉不自觉的冲动"。[②]于是就出现了大量"形式意义大于实质意义、为立法而立法"的景观式立法，也出现了许多"倡导性、宣言性、鼓励性条款多，义务性、禁止性条款少，'法味不足'，责任不清"的道德式立法。[③]此等基于部门本位主义的利益追逐容易造成地方立法内容失衡。此外，地方立法过程中还出现许多隐形的利益诉求，相关利益主体的活动通常以非正常的方式隐藏在立法程序之下，如在禁止吸烟的立法中，烟草生产商和销售商的利益自然会受到影响，但这些利益诉求在立法内部讨论中更容易获得立法者的回应。社会弱势群体在社会地位、经济能力、舆论控制等方面处于不利境地，当他们的利益受到地方立法影响时，往往因缺乏有效的利益表达渠道而难以获得切实的保护。[④]如果无法克服利益因素的不当影响，该立之法而不立、不该立之法却立、已立之法越界的情形就无法避免，立法权限划分的努力自然会遇到障碍，因此，立法者在立法过程中扮演的角色就更加重要，在利益分歧日益增多的背景下，立法者应超越职业利益，除了要增加技术性知识，还应对不同阶层、不同群体的利益诉求有足够的敏感性，从而成为有"政治家责任"[⑤]的立法者。

综上所述，地方立法权限的明确化是一项复杂的系统性工程，本书只是尝试性地通过学理解释来划分地方立法权限边界，但这些努力需要在多种因素的综合作用下才可能奏效。2023年修改的《立法法》明确了区域协同立法的法律地位，并增加了浦东新区法规和海南自由贸易港法规两种新的地方立法形式，地方立法体制进一步完善，但地方立法权限的研究并不止步于此，仍有赖于立法实务工作者和立法理论工作者的努力探索。

---

① 转引自黄秀丽《"立法容易，不立法难"——一位人大官员谈立法的幕后》，《南方周末》2010年2月25日。
② 袁明圣：《我国地方立法权的整合问题研究》，中国政法大学出版社，2016，第135页。
③ 参见田成有《立良法》，法律出版社，2019，第141~142页。
④ 参见武钦殿《地方立法专题研究——以我国设区的市地方立法为视角》，中国法制出版社，2018，第129页。
⑤ 参见朱苏力《利益多元的立法难题》，《上海法治报》2016年11月23日。

# 参考文献

## 一 中文著作

白斌：《宪法教义学》，北京大学出版社，2014。

蔡定剑：《中国人民代表大会制度》，法律出版社，1998。

蔡立辉：《政府法制论——转轨时期中国政府法制建设研究》，中国社会科学出版社，2002。

曹海晶：《中外立法制度比较》，商务印书馆，2016。

曹瀚予：《地方创制性立法研究》，中国社会科学出版社，2023。

曹康泰主编《中华人民共和国立法法释义》，中国法制出版社，2000。

陈伯礼：《授权立法研究》，法律出版社，2000。

陈慈阳：《宪法学》，（台北）元照出版公司，2004。

陈光：《区域立法协调机制的理论建构》，人民出版社，2014。

陈金钊等：《法律解释学》，中国政法大学出版社，2006。

陈军主编《地方政府立法权研究》，中国法制出版社，2012。

陈俊：《区域一体化进程中的地方立法协调机制研究》，法律出版社，2013。

陈新民：《德国公法学基础理论》（增订新版·上卷），法律出版社，2010。

崔卓兰等：《地方立法实证研究》，知识产权出版社，2007。

封丽霞：《大国立法的逻辑》，商务印书馆，2022。

冯玉军主编《新〈立法法〉条文精释与适用指引》，法律出版社，2015。

付子堂主编《法理学进阶》（第3版），法律出版社，2010。

付子堂主编《中国地方立法报告（2018）》，社会科学文献出版社，2018。

高秦伟：《行政法规范解释论》，中国人民大学出版社，2008。

龚祥瑞：《比较宪法与行政法》，法律出版社，2003。

顾昂然：《立法札记——关于我国部分法律制定情况的介绍（1982—2004年）》，法律出版社，2006。

顾建亚：《行政法律规范冲突的适用规则研究》，浙江大学出版社，2010。

郭道晖主编《当代中国立法》，中国民主法制出版社，1998。

韩大元主编《公法的制度变迁》，北京大学出版社，2009。

何华辉：《比较宪法学》，武汉大学出版社，1988。

何渊：《区域性行政协议研究》，法律出版社，2009。

胡戎恩：《中国地方立法研究》，法律出版社，2018。

湖北省人大常委会法规工作室编《湖北省地方法规》，湖北人民出版社，2010。

吉雅：《民族区域自治地方自治立法研究》，法律出版社，2010。

季卫东：《法治秩序的建构》，中国政法大学出版社，1999。

江国华：《立法：理想与变革》，山东人民出版社，2007。

姜明安主编《法规审查与法规评价研究》，北京大学出版社，2014。

姜明安主编《行政法与行政诉讼法》（第6版），北京大学出版社、高等教育出版社，2015。

姜廷惠：《立法语言的模糊性研究——兼及对〈中华人民共和国刑法〉语言表述的解读》，中国政法大学出版社，2013。

孔祥俊：《法律规范冲突的选择适用与漏洞填补》，人民法院出版社，2004。

李步云：《论法治》，社会科学文献出版社，2008。

李步云、汪永清主编《中国立法的基本理论和制度》，中国法制出版社，1998。

李惠宗：《权力分立与基本权保障》，（台北）韦伯文化事业出版社，1999。

李克杰：《设区的市地方立法——理论探讨与实证研究》，中国政法大学出版社，2018。

李林：《立法理论与制度》，中国法制出版社，2005。

李林主编《中国法治建设60年》，中国社会科学出版社，2010。

李明璞：《地方立法的过程与方法》，湖北人民出版社，2013。

李培传：《论立法》，中国法制出版社，2011。

梁慧星：《民法解释学》，中国政法大学出版社，2003。

梁治平编《法律解释问题》，法律出版社，1998。

林尚立:《国内政府间关系》,浙江人民出版社,1998。

林文清:《地方自治与地方立法权》,(台北)扬智文化事业股份有限公司,2004。

刘爱龙:《立法的伦理分析》,法律出版社,2008。

刘小妹:《省级地方立法研究报告——地方立法双重功能的实现》,中国社会科学出版社,2016。

刘莘主编《国内法律冲突与立法对策》,中国政法大学出版社,2003。

刘莘主编《法治政府与行政决策、行政立法》,北京大学出版社,2006。

刘莘主编《立法法》,北京大学出版社,2008。

罗传贤:《立法程序与技术》,(台北)五南图书出版公司,2001。

罗志渊编著《立法程序论》,(台北)正中书局,1988。

马怀德主编《中国立法体制、程序与监督》,中国法制出版社,1999。

马怀德主编《我国法律冲突的实证研究》,中国法制出版社,2010。

苗东升编著《模糊学导引》,中国人民大学出版社,1987。

戚渊:《论立法权》,中国法制出版社,2002。

乔晓阳主编《立法法讲话》,中国民主法制出版社,2000。

乔晓阳主编《〈中华人民共和国立法法〉导读与释义》,中国民主法制出版社,2015。

秦前红:《宪法原则论》,武汉大学出版社,2012。

阮荣祥主编《地方立法的理论与实践》,社会科学文献出版社,2008。

沈荣华编著《中国地方政府学》,社会科学文献出版社,2006。

沈荣华、周传铭:《中国地方政府规章研究》,上海三联书店,1999。

宋才发等:《民族区域自治制度的发展与完善——自治区自治条例研究》,人民出版社,2008。

宋方青、姜孝贤、程庆栋:《我国地方立法权配置的理论与实践研究》,法律出版社,2018。

孙波:《中央与地方关系法治化研究》,山东人民出版社,2013。

台湾行政法学会主编《行政救济、行政处罚、地方立法》,(台北)元照出版公司,2001。

台湾行政法学会主编《公务员法与地方制度法》,(台北)元照出版公司,2003。

谭波：《我国中央与地方权限争议法律解决机制研究》，法律出版社，2014。

汤唯等：《地方立法的民主化与科学化构想》，北京大学出版社，2002。

田成有：《地方立法的理论与实践》，中国法制出版社，2004。

田芳：《地方自治法律制度研究》，法律出版社，2008。

童之伟：《国家结构形式论》，武汉大学出版社，1997。

汪全胜：《制度设计与立法公正》，山东人民出版社，2005。

王爱声：《立法过程：制度选择的进路》，中国人民大学出版社，2009。

王春业：《区域行政立法模式研究——以区域经济一体化为背景》，法律出版社，2008。

王沪宁：《国家主权》，人民出版社，1987。

王建华、杨树人：《地方立法制度研究》，四川人民出版社，2009。

王建学：《作为基本权利的地方自治》，厦门大学出版社，2010。

王名扬：《法国行政法》，北京大学出版社，2007。

王仰文：《中国公共政策冲突实证研究——以城市管理行政执法领域为例》，中国社会科学出版社，2011。

王釜屾：《地方立法权之研究——基于纵向分权所进行的解读》，浙江工商大学出版社，2014。

魏胜强：《法律解释权的配置研究》，北京大学出版社，2013。

翁岳生编《行政法》（上册），中国法制出版社，2009。

吴大英、任允正、李林：《比较立法制度》，群众出版社，1992。

武钦殿：《地方立法专题研究——以我国设区的市地方立法为视角》，中国法制出版社，2018。

夏勇主编《法理讲义——关于法律的道理与学问》（下），北京大学出版社，2010。

肖巧平：《地方人大与其常委会立法权限划分研究》，法律出版社，2015。

谢晖：《法学范畴的矛盾辨思》，山东人民出版社，1999。

谢勇、肖北庚、吴秋菊主编《立法权配置与运行实证研究》，民主与建设出版社，2018。

徐向华：《中国立法关系论》，浙江人民出版社，1999。

许俊伦：《地方立法论》，中国民主法制出版社，1997。

许宗力：《法与国家权力》，（台北）月旦出版公司，1993。

杨道波：《自治条例立法研究》，人民出版社，2008。

杨惠琪：《市级立法的权能、实践与优化——以主体扩容为分析背景》，中国法制出版社，2021。

杨解君：《走向法治的缺失言说（二）——法理、宪法与行政法的诊察》，北京大学出版社，2005。

杨仁寿：《法学方法论》（第2版），中国政法大学出版社，2013。

于兆波：《立法决策论》，北京大学出版社，2005。

张春生、朱景文主编《地方立法的理论与实践（2015年辑）》，法律出版社，2015。

张春生主编《中华人民共和国立法法释义》，法律出版社，2000。

张千帆：《宪法学导论》，法律出版社，2004。

张千帆：《宪法学讲义》，北京大学出版社，2011。

张千帆主编《宪法学》（第2版），法律出版社，2008。

张翔：《宪法释义学——原理·技术·实践》，法律出版社，2013。

张正修：《地方制度法理论与实用——本论》，（台北）学林文化事业有限公司，2000。

张正修：《地方制度法理论与实用——地方自治概念、国外法制及都市篇》，（台北）学林文化事业有限公司，2000。

张志铭：《法律解释操作分析》，中国政法大学出版社，1999。

郑春燕、田梦海主编《立法前沿》（第1辑），浙江大学出版社，2017。

中国政法大学中德法学院主编《立法权限划分——中德比较》，中国政法大学出版社，2015。

周旺生：《立法论》，北京大学出版社，1994。

周旺生：《立法学》（第2版），法律出版社，2009。

周旺生主编《立法研究》（第1卷），法律出版社，2000。

周旺生主编《立法研究》（第4卷），法律出版社，2003。

周赟：《立法用规范词研究》，法律出版社，2011。

朱景文、沈国明主编《地方立法的理论与实践（2016年辑）》，法律出版社，2017。

朱景文、沈国明主编《地方立法的理论与实践（2017年辑）》，法律出版社，2018。

朱力宇、张曙光主编《立法学》(第3版),中国人民大学出版社,2009。

朱力宇主编《地方立法的民主化与科学化问题研究——以北京市为主要例证》,中国人民大学出版社,2011。

## 二　外文译著

〔美〕安德雷·马默主编《法律与解释——法哲学论文集》,张卓明等译,法律出版社,2006。

〔英〕安德鲁·海伍德:《政治学》(第2版),张立鹏译,中国人民大学出版社,2006。

〔法〕安娜·瓦格纳、〔爱尔兰〕索菲·卡西圭蒂-法伊编《法律中的晦涩与明晰——前景与挑战》,苏建华等译,中国政法大学出版社,2014。

〔美〕安德瑞·马默:《解释与法律理论》(第2版),程朝阳译,中国政法大学出版社,2012。

〔美〕彼得·蒂斯马:《彼得论法律语言》,刘蔚铭译,法律出版社,2015。

〔德〕伯恩·魏德士:《法理学》,丁小春、吴越译,法律出版社,2003。

〔美〕伯纳德·施瓦茨:《行政法》,徐炳译,群众出版社,1986。

〔美〕布赖恩·比克斯:《法律、语言与法律的确定性》,邱昭继译,法律出版社,2007。

〔美〕布赖恩·比克斯:《法理学:理论与语境》(第4版),邱昭继译,法律出版社,2008。

〔美〕大卫·梅林科夫:《法律的语言》,廖美珍译,法律出版社,2014。

〔英〕蒂莫西·A.O.恩迪科特:《法律中的模糊性》,程朝阳译,北京大学出版社,2010。

〔美〕E.博登海默:《法理学——法律哲学与法律方法》,邓正来译,中国政法大学出版社,1999。

〔英〕弗里德利希·冯·哈耶克:《法律、立法与自由》(第2、3卷),邓正来、张守东、李静冰译,中国大百科全书出版社,2000。

〔英〕哈特:《法律的概念》(第2版),许家馨、李冠宜译,法律出版社,2006。

〔德〕汉斯·J.沃尔夫、奥托·巴霍夫、罗尔夫·施托贝尔:《行政法》(第1卷),高家伟译,商务印书馆,2002。

〔德〕黑格尔：《法哲学原理》，范扬、张企泰译，商务印书馆，1961。

〔德〕卡尔·拉伦茨：《法学方法论》，陈爱娥译，商务印书馆，2003。

〔美〕卡尔威因、帕尔德森：《美国宪法释义》，徐卫东、吴新平译，华夏出版社，1989。

〔奥〕凯尔森：《法与国家的一般理论》，沈宗灵译，中国大百科全书出版社，1996。

〔德〕考夫曼：《法律哲学》，刘幸义等译，法律出版社，2004。

〔美〕科恩：《论民主》，聂崇信、朱秀贤译，商务印书馆，1988。

〔美〕劳伦斯·索伦：《法理词汇》，王凌皞译，中国政法大学出版社，2010。

〔美〕罗纳德·德沃金：《法律帝国》，李常青译，中国大百科全书出版社，1996。

〔美〕罗纳德·德沃金等：《认真对待人权》，朱伟一等译，广西师范大学出版社，2003。

〔美〕罗斯科·庞德：《法律史解释》，邓正来译，商务印书馆，2013。

〔英〕洛克：《政府论》（下篇），叶启芳、瞿菊农译，商务印书馆，1964。

〔比〕马克·范·胡克：《法律的沟通之维》，孙国东译，法律出版社，2008。

〔澳〕麦可·史密生、〔美〕杰·弗桂能：《模糊集合理论在社会科学中的应用》，林宗弘译，格致出版社，2012。

〔法〕孟德斯鸠：《论法的精神》（上下卷），许明龙译，商务印书馆，2012。

〔英〕米尔恩：《人的权利与人的多样性——人权哲学》，夏勇、张志铭译，中国大百科全书出版社，1995。

〔日〕南博方：《行政法》（第6版），杨建顺译，中国人民大学出版社，2009。

〔日〕平冈久：《行政立法与行政基准》，中国政法大学出版社，2014。

〔美〕乔万尼·萨托利：《民主新论》，冯克利、阎克文译，上海人民出版社，2009。

〔美〕塞缪尔·亨廷顿：《变革社会中的政治秩序》，李盛平等译，华夏出版社，1988。

〔英〕汤姆·宾汉姆：《法治》，毛国权译，中国政法大学出版社，2012。

〔法〕托克维尔：《论美国的民主》（上卷），董果良译，商务印书馆，1996。

307

〔古希腊〕亚里士多德：《政治学》，吴寿彭译，商务印书馆，1965。

〔日〕盐野宏：《行政组织法》，杨建顺译，北京大学出版社，2008。

〔美〕约翰·吉本斯：《法律语言学导论》，程朝阳、毛凤凡、秦明译，法律出版社，2007。

〔美〕约瑟夫·F.齐默尔曼：《州际合作——协定与行政协议》，王诚译，法律出版社，2013。

## 三　中文论文

蔡定剑：《立法权与立法权限》，《法学研究》1993年第5期。

蔡定剑：《法律冲突及其解决的途径》，《中国法学》1999年第3期。

曹海晶、王卫：《设区的市立法权限限制研究》，《湖南大学学报》（社会科学版）2020年第5期。

陈端洪：《论我国的地方立法》，博士学位论文，中国社会科学院，1993。

陈端洪：《划分地方立法权限几个问题的探讨》，《法商研究（中南政法学院学报）》1994年第3期。

陈国刚：《论设区的市地方立法权限——基于〈立法法〉的梳理与解读》，《学习与探索》2016年第7期。

陈洪波、王亚平、张明新：《略论地方立法中部门利益倾向的一般表现形式及其防治对策》，《法学评论》1999年第2期。

陈金钊：《论法律解释权的构成要素》，《政治与法律》2004年第1期。

陈剩勇：《中国法治建设的法文化障碍》，《浙江学刊》2002年第1期。

陈书笋、王天品：《新形势下地方政府规章立法权限的困境和出路》，《江西社会科学》2018年第1期。

陈斯喜：《论我国立法权限的划分》，《中国法学》1995年第1期。

陈斯喜：《论立法解释制度的是与非及其他》，《中国法学》1998年第3期。

陈新民：《中央与地方法律关系的重建——检讨中国宪法中央与地方权限划分之制度》，《"中央与地方关系的法治化"国际学术研讨会论文集》，2007。

陈志英：《海南自由贸易港法规制定权之性质定位与合宪性审视——从2023年〈立法法〉修改来看》，《江汉大学学报》（社会科学版）2023年第4期。

程波、吴玉姣:《央地分权制衡视角下〈立法法〉的完善》,《湖南社会科学》2018年第3期。

程庆栋:《论设区的市的立法权:权限范围与权力行使》,《政治与法律》2015年第8期。

程庆栋:《地方补充性立法与行政处罚设定权的配置》,《政治与法律》2021年第5期。

程庆栋:《区域协同立法层级关系困境的疏解》,《法学》2022年第10期。

邓成明、蒋银华:《地方立法权扩容后的法制统一性研究》,《中国法学会立法学研究会2015年学术年会"完善以宪法为核心的中国特色社会主义法律体系——深化司法改革与立法工作的对接"论文集》(上),2015。

邓佑文:《论设区的市立法权限实践困境之破解——一个法律解释方法的视角》,《政治与法律》2019年第10期。

董晓波:《立法语言模糊性:一个法社会学视角》,《河南大学学报》(社会科学版)2007年第2期。

段东升:《设区的市地方立法的困境与进路》,《学术交流》2021年第4期。

方洁:《设区的市地方立法的范围之解释》,《浙江社会科学》2017年第12期。

封丽霞:《执政党与人大立法关系的定位——从"领导党"向"执政党"转变的立法学阐释》,《法学家》2005年第5期。

封丽霞:《中央与地方立法权限的划分标准:"重要程度"还是"影响范围"?》,《法制与社会发展》2008年第5期。

封丽霞:《中国地方立法三十年》,《学习时报》2009年9月7日。

封丽霞:《中央与地方立法事权划分的理念、标准与中国实践——兼析我国央地立法事权法治化的基本思路》,《政治与法律》2017年第6期。

韩大元:《论宪法解释程序中的合宪性推定原则》,《政法论坛》2003年第2期。

韩大元、刘松山:《宪法文本中"基本法律"的实证分析》,《法学》2003年第4期。

河北省人大常委会研究室:《地方性法规与政府规章立法权限研究》,《人大研究》2007年第3期。

姜廷惠:《"巴别塔"式的模糊性——法学与语言学语境下对语言"模糊

性"认定差异原因简析》,《语言文字应用》2013年第4期。

焦洪昌、马骁:《地方立法权扩容与国家治理现代化》,《中共中央党校学报》2014年第5期。

雷斌:《地方性法规清理制度初探》,《人大研究》2009年第5期。

李德旺、叶必丰:《地方变通立法的法律界限与冲突解决》,《社会科学》2022年第3期。

李林:《关于立法权限划分的理论与实践》,《法学研究》1998年第5期。

李茂武:《论"可以P"与"可以不P"的关系》,《江汉大学学报》(社会科学版)2001年第4期。

李森、王雨晴、王翰林:《政府间事权与支出责任划分改革历程、成效与经验》,《财政科学》2022年第10期。

李少文:《地方立法权扩张的合宪性与宪法发展》,《华东政法大学学报》2016年第2期。

梁国尚:《地方人大和政府的立法权限究应如何界定》,《法学杂志》1994年第5期。

梁国尚:《对特别重大事项立法问题的审视与思考》,《法学杂志》2001年第4期。

林圻、李秋悦:《浦东新区法规:法规家族新成员》,《上海人大》2021年第7期。

刘松山:《一部关于立法制度的重要法律(上)——〈立法法〉制定过程中争论的主要问题及其解决方式》,《中国司法》2000年第5期。

刘松山:《国家立法三十年的回顾与展望》,《中国法学》2009年第1期。

刘松山:《地方性法规与政府规章的权限界分》,《中国法律评论》2015年第4期。

刘雁鹏:《中央与地方立法权限划分:标准、反思与改进》,《河北法学》2019年第3期。

刘志刚:《〈立法法〉修改的宪法学分析》,《哈尔滨工业大学学报》(社会科学版)2015年第1期。

卢秋帆:《法律语言的模糊性分析》,《法学评论》2010年第2期。

马英娟:《地方立法主体扩容:现实需求与面临挑战》,《上海师范大学学报》(哲学社会科学版)2015年第3期。

苗连营：《试论地方立法工作中"不抵触"标准的认定》，《法学评论》1996年第5期。

苗连营：《也谈地方立法的几个问题——兼与何建贵同志商榷》，《政法论坛》1997年第2期。

苗连营：《立法法重心的位移：从权限划分到立法监督》，《学术交流》2015年第4期。

苗连营、张砥：《设区的市立法权限的规范分析与逻辑求证》，《地方立法研究》2017年第1期。

莫纪宏：《提升地方人大立法权利能力与行为能力的制度路径初探》，《江苏行政学院学报》2016年第5期。

潘红祥：《论民族自治地方自治立法权和地方立法权的科学界分》，《法学评论》2019年第3期。

庞凌：《关于经济特区授权立法变通权规定的思考》，《学习与探索》2015年第1期。

秦前红：《执政党领导立法的方式和途径》，《中国法律评论》2014年第3期。

秦前红、李少文：《地方立法权扩张的因应之策》，《法学》2015年第7期。

秦前红、刘怡达：《地方立法权主体扩容的风险及其控制》，《海峡法学》2015年第3期。

秦小建：《立法赋权、决策控制与地方治理的法治转型》，《法学》2017年第6期。

冉艳辉：《民族自治地方自治立法权的保障》，《法学》2015年第9期。

冉艳辉：《民族自治地方立法权的合理配置探析》，《学术交流》2017年第2期。

冉艳辉：《论民族自治地方自治立法权与地方性法规制定权的合理配置与规范运用》，《政治与法律》2020年第7期。

宋才发：《设区市立法权限、实践困境及法规质量提升研究》，《学术论坛》2020年第6期。

宋鹏举、俞俊峰：《论法规规章备案审查制度的完善》，《人民论坛》2011年第17期。

宋雄伟：《英国地方政府治理：中央集权主义的分析视角》，《北京行政学院学报》2013年第5期。

孙波:《论地方专属立法权》,《当代法学》2008年第2期。

孙波:《论地方性事务——我国中央与地方关系法治化的新进展》,《法制与社会发展》2008年第5期。

孙波:《论单一制国家结构形式与立法分权》,《河北法学》2011年第8期。

孙波:《地方立法"不抵触"原则探析——兼论日本"法律先占"理论》,《政治与法律》2013年第6期。

谭波:《海南自由贸易港法规的体系定位与衔接分析》,《重庆理工大学学报》(社会科学版)2021年第5期。

谭波、黄琰:《论我国经济特区立法的改革路径》,《江汉大学学报》(社会科学版)2013年第3期。

童建挺:《德国联邦制的"欧洲化"——欧洲一体化对德国联邦制的影响》,《欧洲研究》2009年第6期。

汪自成、衣婧:《"休眠"的地方政府规章——以〈立法法〉第82条为重点的分析》,《西部法学评论》2022年第2期。

王波:《法治新时代地方立法的挑战、机遇和对策》,《中山大学法律评论》2015年第2期。

王春业:《设区的市地方立法权运行现状之考察》,《北京行政学院学报》2016年第6期。

王春业:《论设区的市地方立法空间的释放》,《天津行政学院学报》2021年第1期。

王春业:《论我国立法被授权主体的扩容——以授权上海制定浦东新区法规为例》,《政治与法律》2022年第9期。

王建:《法律语言的模糊性及准确运用》,《西南政法大学学报》2006年第2期。

王建学:《改革型地方立法变通机制的反思与重构》,《法学研究》2022年第2期。

王建学、张明:《海南自贸港法规的规范属性、基本功能与制度发展——以〈宪法〉和〈立法法〉为分析视角》,《经贸法律评论》2021年第4期。

王锴:《〈立法法〉修改着力解决的根本问题》,《中国社会科学报》2014年9月24日。

王克稳：《地方性法规设定行政处罚的空间》，《法学研究》2022年第1期。

王浦劬、张志超：《德国央地事权划分及其启示（下）》，《国家行政学院学报》2015年第6期。

王仰文：《限量放权后"模仿式"地方立法困局的破解之道》，《北方法学》2017年第3期。

吴天昊：《社会主义法律体系形成后的地方立法创新》，《政治与法律》2012年第3期。

向立力：《地方立法发展的权限困境与出路试探》，《政治与法律》2015年第1期。

肖金明：《创新和完善地方立法权制度——兼谈地方人民代表大会制度的完善和发展》，《理论学刊》2014年第11期。

肖金明：《推进地方立法权制度的理论与实践创新》，《理论学刊》2018年第3期。

谢桂山、白利寅：《设区的市地方立法权的制度逻辑、现实困境与法治完善路径》，《法学论坛》2017年第3期。

谢坚持：《模糊数学中的辩证法》，《湘潭大学学报》（哲学社会科学版）1994年第3期。

熊勇先：《论海南自由贸易港法规制定权及其行使》，《暨南学报》（哲学社会科学版）2022年第8期。

杨登峰：《新行政处罚法对补充性立法的创设及其实施》，《法治现代化研究》2022年第1期。

杨海坤、金亮新：《中央与地方关系法治化之基本问题研讨》，《现代法学》2007年第6期。

杨利敏：《论我国单一制下的地方立法相对分权》，《厦门大学法律评论》2001年第1期。

姚建龙、俞海涛：《论浦东新区法规：以变通权为中心》，《华东政法大学学报》2023年第3期。

姚魏：《论浦东新区法规的性质、位阶与权限》，《政治与法律》2022年第9期。

伊士国：《论设区的市立法权扩容的风险及其防控》，《政法论丛》2017年第 4 期。

易有禄、武杨琦：《科学立法的内涵与诉求——基于"法治建设新十六字方针"》，《江汉学术》2015 年第 2 期。

应松年、薛刚凌：《地方制度研究新思路：中央与地方应用法律相规范》，《中国行政管理》2003 年第 2 期。

于立深：《行政立法不作为研究》，《法制与社会发展》2011 年第 2 期。

余凌云：《地方立法能力的适度释放——兼论"行政三法"的相关修改》，《清华法学》2019 年第 2 期。

俞祺：《设区的市立法及规范性文件领域分布研究》，《法制与社会发展》2017 年第 5 期。

俞祺：《论立法中的"地方性事务"》，《法商研究》2021 年第 4 期。

俞荣根：《不同类型地方性法规立法后评估指标体系研究》，《现代法学》2013 年第 5 期。

喻中：《再论"可以 P"与"可以不 P"的关系——兼与李茂武、黄士平先生商榷》，《江汉大学学报》（人文科学版）2004 年第 1 期。

袁吉亮：《论立法解释制度之非》，《中国法学》1994 年第 4 期。

张春生：《对全国人大专属立法权的理论思考》，《行政法学研究》2000 年第 3 期。

张放：《不法之法——试析纳粹立法对法律一般性原则的破坏》，《政治与法律》2014 年第 4 期。

张丽娟：《法国地方分权改革的新发展——以 2003 年法国宪法改革为中心》，《中共云南省委党校学报》2006 年第 5 期。

张千帆：《主权与分权——中央与地方关系的基本理论》，《国家检察官学院学报》2011 年第 2 期。

赵宏：《规范宪法的困境与未来——兼论如何克服司法审查缺失下的宪法实施困局》，《比较法研究》2014 年第 4 期。

郑辉：《上海人大立法三十年：历程、经验、前瞻》，《人大研究》2010 年第 5 期。

郑泰安、郑文睿：《地方立法需求与社会经济变迁——兼论设区的市立权限范围》，《法学》2017 年第 2 期。

郑毅：《对新〈立法法〉地方立法权改革的冷思考》，《行政论坛》2015 年第 4 期。

郑毅：《对我国〈立法法〉修改后若干疑难问题的诠释与回应》，《政治与法律》2016 年第 1 期。

郑毅：《〈立法法〉修改后自治州一般地方立法权与自治立法权关系研究》，《法学评论》2018 年第 4 期。

郑毅：《规范视野下的地方性事务》，《中国法学》2022 年第 5 期。

周旺生：《中国现行法律解释制度研究》，《现代法学》2003 年第 2 期。

周伟：《论设区的市立法权收与放的统一》，《法学》2017 年第 7 期。

周赟：《"可以"的语义及其在立法中的误用》，《语言文字应用》2009 年第 1 期。

朱福惠、赖荣发：《全国人大常委会宪法解释形式探讨——以宪法第 67 条为视角》，《江苏行政学院学报》2015 年第 2 期。

朱力宇：《立法体制的模式问题研究》，《中国人民大学学报》2001 年第 4 期。

朱应平：《以功能最适当原则构建和完善中国上海自由贸易试验区制度》，《行政法学研究》2015 年第 1 期。

图书在版编目(CIP)数据

地方立法权限／曹海晶，王岩著．-- 北京：社会科学文献出版社，2023.11
ISBN 978-7-5228-2188-7

Ⅰ.①地… Ⅱ.①曹… ②王… Ⅲ.①地方法规-立法-研究-中国 Ⅳ.①D927

中国国家版本馆 CIP 数据核字(2023)第 141220 号

# 地方立法权限

| 著　　者 / 曹海晶　王　岩 |
| --- |
| 出 版 人 / 冀祥德 |
| 责任编辑 / 胡庆英 |
| 文稿编辑 / 王　娇 |
| 责任印制 / 王京美 |

出　　版 / 社会科学文献出版社·群学出版分社（010）59367002
　　　　　　地址：北京市北三环中路甲29号院华龙大厦　邮编：100029
　　　　　　网址：www.ssap.com.cn

发　　行 / 社会科学文献出版社（010）59367028
印　　装 / 三河市尚艺印装有限公司

规　　格 / 开　本：787mm×1092mm　1/16
　　　　　　印　张：20　字　数：327千字
版　　次 / 2023年11月第1版　2023年11月第1次印刷
书　　号 / ISBN 978-7-5228-2188-7
定　　价 / 128.00元

读者服务电话：4008918866

版权所有 翻印必究